ERASMUS VON ROTTERDAM UND DIE EINLEITUNGSSCHRIFTEN ZUM NEUEN TESTAMENT

FORMALE STRUKTUREN UND THEOLOGISCHER SINN

von

GERHARD B. WINKLER

ASCHENDORFFSCHE VERLAGSBUCHHANDLUNG
MÜNSTER WESTFALEN

REFORMATIONSGESCHICHTLICHE STUDIEN UND TEXTE
In Verbindung mit Remigius Bäumer, Theobald Freudenberger, Klaus Ganzer, Konrad Repgen und Ernst Walter Zeeden herausgegeben von
Erwin Iserloh
HEFT 108

Gedruckt mit Unterstützung der Deutschen Forschungsgemeinschaft

Mit kirchlicher Druckerlaubnis
Nr. 305/6 - 37/73
Münster, den 17. September 1973
Dr. Spital, Generalvikar

Aschendorffsche Buchdruckerei, Münster Westfalen, 1974

ISBN 3-402-03715-7

Inhalt

Zweiter Teil: Ratio seu Methodus perveniendi ad veram theologiam (1518/19)

Vorwort

Die Arbeit, die ich hier vorlegen will, wäre nicht ohne eine Anzahl wertvoller Begegnungen zustande gekommen. Dafür zu danken ist eine angenehme Pflicht.

Durch die Einladung von Werner Welzig, Wien, in der auf acht Bände geplanten Erasmus-Studienausgabe der Wissenschaftlichen Buchgesellschaft Darmstadt mitzuarbeiten, stieß ich auf die Einleitungsschriften zum Neuen Testament. Es war das aktuell Reformerische, doch immer zu Ökumene und Ausgleich Bereite, das mich an den Texten unmittelbar fesselte. Ich war mir längere Zeit über die eigentliche Ursache ihrer suggestiven Kraft nicht im klaren. Endlich bemerkte ich bei genauerem Hinsehen, daß es die künstlerische Gestaltung sein mußte, der wir diese Wirkung verdanken. Es war die vollkommene Einheit von Form und Sinn, von Kunst und Theologie.

Es beeindruckte mich sehr, an einem durch Jahrhunderte verkannten Theologen verifiziert zu finden, worin mich die Lektüre der Bücher von Hans Urs von Balthasar nur bestärkt hatte, daß wirkungsvolle Theologie und Philosophie der Kategorien des *pulchrum* ebensowenig entbehren können, wie vollendete Kunst des *verum* und des *bonum*. Ich fand diese Transzendentalien der klassischen Metaphysik bei Erasmus in seltener Dichte integriert.

Mich auf diese Spur besonders aufmerksam gemacht zu haben, verdanke ich meinem Lehrer James Cameron, 1967/68 University of Notre Dame, Ind. Er verwies uns in seinen Seminaren immer wieder auf den legitimen Zusammenhang von sprachlicher Form und philosophisch-theologischer Aussage.

Als ich nun Einblick in das gelehrte Schrifttum über Erasmus nahm, fiel mir auf, daß Texte mit künstlerischen Qualitäten, wie sie in unserem Falle geschrieben wurden, leicht dazu verleiten, verschiedentlich, ja gegensätzlich ausgelegt zu werden. Das wäre gar nicht das schlimmste. Man ist das aus der Geschichte der Interpretation und Exegese gewöhnt. Eines meinte ich jedoch als Wurzel unnötiger Mißverständnisse erkannt zu haben, daß nämlich Textzitate bloß nach thematischen Gesichtspunkten gesammelt werden, um eindrucksvolle, vielfach vorgegebene Gedankengebäude zu garnieren. Es widersprach mir, organisch gestaltete Partien einfach zu verzetteln, um eine systematische Theologie eines eher unsystematischen Theologen zu bauen. Gewiß kann auch eine aprioristische Methode, mit Einfühlungsvermögen angewendet, vorzügliche Ergebnisse zeitigen. Wir haben dafür genug Belege. Mir schien jedoch dieser Weg beim vorliegenden Material problematisch. Es kann natürlich auch ein Anatom anhand von leblosen Präparaten Verbindliches über die Funktionen des lebenden Körpers aussagen. Aber der Unsicherheitsfaktor bleibt enorm. So meine ich, daß durch die häufig angewandte *loci*-Methode und ähnliche Vorgangsweisen viel wertvolle Erkenntnisse aus der Prosa des Erasmus gewonnen wurden. Schließlich ist ja die Schreibweise des *doctus poeta* sogar für die erbauliche Lektüre gedacht. Ich hoffe jedoch, durch meine induktive Methode einige Ergebnisse vielleicht etwas besser absichern zu können.

Im Laufe der Arbeit wurde mir immer deutlicher bewußt, daß man Erasmus in seinen Einleitungsschriften nur unter Beachtung seiner eigenen Mentalität einigermaßen gerecht werden kann: daß man das Variable, Unsichere und Vieldeutige als solches deklariert und beläßt, aber trotzdem nach einem sicheren Grund sucht, von dem aus eine begrenzte Vielfalt der Interpretation erst legitim wird. Indem er in seinem Stil absichtlich gewisse Dinge offen läßt, erweist sich dann diese *varietas* sogar als vom Autor gewollt.

Das, was man aber wirklich mit Sicherheit in einer Kunstprosa, wie Erasmus sie schreibt, feststellen kann, sind die Art der Komposition, die Technik des Aufbaus, die Folge der Abschnitte, die Art, wie die Teile zueinander passen, welche Themen die Exposition anschneidet, was die Konklusion bringt, die Ökonomie der Motive, die Weise, wann und wie Sprachbilder eingesetzt werden, die Art der Verwendung von Zitaten und die Bündelung der Gedanken durch Sentenzen, alles das ist mit einiger Sicherheit und Systematik zu erheben. Anders ausgedrückt, es sind die formalen Strukturen, die sich als geeignetes Fundament der Interpretation anbieten. Sie aufzuspüren, erschien mir obendrein die sicherste Gewähr, das zu ermitteln, was der Autor eigentlich wollte. Ich habe daher mit Absicht auf ein spektakuläres Thema und auf ein ebenso spektakuläres System als Ergebnis verzichtet. Wenn es in dieser Arbeit um „Formale Strukturen und theologischen Sinn“ geht, so sollte nur ausgedrückt werden, daß in der Art, wie die Einleitungsschriften abgefaßt sind, der Einstieg in ihre Theologie nur über die eben angedeuteten literarischen Darstellungsmittel sinnvoll und adäquat erfolgen kann. Ich gebe zu, daß ich versucht war, von einer Reformtheologie des Erasmus zu sprechen. Das wäre nicht ganz falsch gewesen, es hätte jedoch zu systematisch geklungen, wie es dem Geist des Autors nicht ganz entspricht. Die gelehrte Diskussion, ob er

Theologe gewesen sei oder nicht, würde ihn vielleicht heute noch befremden. Im Sinne seiner skotistischen Vergangenheit war er es wohl nicht, jedoch sicherlich im Sinne des Hieronymus. Im übrigen war er vor allem bestrebt, Erasmus zu bleiben und sich nicht leichthin etikettieren zu lassen. So schreibt schon der fiktive Johannes Löffelholz im 59. Brief des zweiten Teiles der *Dunkelmännerbriefe,* Erasmus sei „ein Mensch für sich", dessen Linie man zwar klar wisse, der sich aber weder mit den Pfefferkorns noch den Huttens noch sonst einer Partei leichtfertig einläßt. — So erhoffen auch wir von ihm Neues, indem wir ihn Erasmus sein lassen.

Erasmus hat Bemerkenswertes über die Kunst der rechten Auslegung geschrieben, vielleicht erwartet man daher mit Recht wenigstens von seinen Freunden, daß sie auch ihrerseits seine hermeneutischen Anregungen befolgen. Wir geben jedoch zu, daß jede Methode ihre Nachteile und Einseitigkeiten haben muß und daß keiner, der sie anwendet, ohne die Nachsicht des Lesers bestehen kann.

Manche meiner Vorgänger hätten sich Kritik ersparen können, wenn sie in ihrer Themenstellung weniger versprochen hätten, als sie tatsächlich halten konnten. Als kennzeichnendes Beispiel möchte ich die Vorzüge des Aufsatzes *Toward the Hermeneutics of Erasmus,* in: *Scrinium Erasmianum,* vol. II, ed. J. Coppens, Leiden, 1969, p. 13-49, von J. B. Payne, erwähnen gegenüber der von ihm heftig attackierten Arbeit J. W. Aldridge, *The Hermeneutic of Erasmus* (= Basel Studies of Theology, ed. Faculty of Theology, Basel, No 2), Zürich 1966. Der Grund für die Überlegenheit der ersten liegt einfach darin, daß Payne das Wörtchen *toward* verwendet, das mir so recht erasmisch vorkommt. Man tut dem „Proteus" ein wenig Unrecht, wenn man meint, seine Ideen mit Händen greifen zu können. Man wird ihm gerechter, wenn man sich vielmehr bemüht, sich von einer Richtung, eben dem *toward,* leiten zu lassen.

Es wäre mir wünschenswert, mit keinem hermeneutischen Ismus in Verbindung gebracht zu werden. Ich will nicht Strukturalist heißen, auch wenn mich die Strukturen der Sprache interessieren. Gleichwohl gestehe ich, daß mich in früheren Jahren die Bücher von Wolfgang Kayser und William Empson sehr beeindruckt haben und daß mir in jüngster Zeit die Arbeiten von Heinrich Lausberg unentbehrlich wurden.

Ich habe das Pferd von hinten aufgezäumt und vorerst den Untertitel meines Themas, gleichsam das Formalobjekt, zu erklären und zu rechtfertigen versucht. Es sei mir auch ein Wort über das Materialobjekt gestattet. Im gelehrten Schrifttum über Erasmus kann man, grob gesprochen, hinsichtlich der Quellenbenutzung zweierlei beobachten. Man wählt entweder eher *apriori* ein Thema, z. B. „Erasmus und das Papsttum", und durchforstet daraufhin den nicht leicht überschaubaren Wald der einschlägigen Schriften. Meist bleibt dann die Aufmerksamkeit bei einzelnen Texten stehen, die für das Thema besonders ergiebig erscheinen. Andere *loci* werden dann beigezogen, ohne daß man immer sein Unbehagen losbekommt, ob repräsentativ und erschöpfend zitiert wurde. Diese Gruppe von Forschern bekommt dann von Kritikern meist zu hören, daß ihre Ergebnisse deshalb nicht ganz entsprächen, weil sie die eine oder andere Schrift überhaupt nicht oder nur *obiter* verwendet hätten.

Eine zweite Gruppe von Autoren gibt auch schon in der Themenstellung offen zu, daß sie sich auf einige wenige, für eine Arbeitsrichtung vielleicht besonders brauchbare Texte konzentrieren, diese aber dafür auch möglichst auszuschöpfen trachten. In dieser, wie mir scheint, sehr empfehlenswerten Beschränkung wurden mir für mein Thema besonders drei Schriften vorbildhaft: die von Alfons Auer über das *Enchiridion militis Christiani* (1503), die von Rudolf Padberg über die katechetischen Schriften, des *Christiani hominis institutum* (1514) und der *Symboli apostolorum, decalogi praeceptorum, et orationis dominicae explanatio* (1533), und die von Ernst-Wilhelm Kohls über die Frühschriften *Epistola de contemptu mundi* (gedruckt 1521), die *Antibarbari* (gedruckt 1520) und abermals das *Enchiridion militis Christiani* (1503). Alle drei Arbeiten sind angesehene Habilitationsschriften. Durch ihr Beispiel fühle ich mich hinsichtlich der Beschränkung meiner Arbeit auf eine Reihe von Traktaten bestärkt. Übrigens hat mich von den drei Autoren Professor Padberg, Bochum, wiederholt in Gesprächen ermutigt, nachdem er mich schon durch eine freundliche Besprechung meines Erasmusbändchens in der *Theologisch-praktischen Quartalschrift* 117 (1969), S. 166, angestachelt hatte. Vollends bestärkte er mich in meinem Vorhaben durch seine Rezension der schon angeführten Habilitationsschrift von Kohls in der *Theologischen Revue* 64 (1968), Spalte 503-505, wo er auf die Notwendigkeit einer Weiterführung der Arbeit von Kohls hinwies, wenn man zu einer „Theologie des Erasmus" einigermaßen befriedigend kommen wolle. Besonders jene Schriften, wo Erasmus einen Punkt der „Reife" erlangt hat, ohne daß man ihm nachsagen konnte, er habe sich durch die Auseinandersetzung der Zwanzigerjahre auf den Rückzug begeben, hätten diesbezüglich besonders ergiebig sein müssen. Professor Padberg unterstützte mich obendrein mit aufmerksamem Interesse, Büchern und manchem Rat.

Zurückblickend muß ich hier meines jüngst verstorbenen Lehrers Hans Rupprich, Wien, gedenken, der mich als hervorragender Kenner der humanistischen Bewegung über Benedictus Chelidonius dissertieren ließ und mir so den ersten Geschmack für das Stoffgebiet vermittelte, das mich später eingehender beschäftigen sollte.

Ich müßte hier noch eine Reihe von Namen nennen, deren Träger mir meine Arbeit geistig ermöglichten und mich vor allem immer wieder im Gedanken der Einheit von Textanalyse, Geschichte und Theologie bestärkten.

Damit bliebt aber noch Maßgebliches unausgesprochen. Alles riskantere Beginnen bedarf der Geburtshilfe. Als ich der Fragen, Probleme, der Lösungsversuche und des Verlangens, das alles einmal auszuarbeiten, voll war, ermöglichte mir mein Lehrer aus der Linzer Zeit, Professor Josef Lenzenweger, Bochum, die konkrete Verwirklichung. Er hatte mich seinerzeit für sein Fach begeistert; unter seiner Anleitung hatte ich auch meine erste kirchengeschichtliche Arbeit verfaßt. Mit viel Vorschuß an Vertrauen übernahm er mein Thema als Habilitationsschrift für das Fach Kirchengeschichte der Neuzeit, um es als erster Referent zu verantworten.

Das Manuskript wurde im Juni 1971 abgeschlossen und an der Kath.-Theologischen Fakultät der Ruhr-Universität Bochum eingereicht.

Es war mir nicht mehr möglich, das inzwischen erschienene Buch von Manfred Hoffmann, Erkenntnis und Verwirklichung der wahren Theologie nach Erasmus von Rotterdam, Tübingen 1972 (= Beiträge zur Historischen Theologie, Bd. 44, hr. G. Ebeling, einzuarbeiten.

Den leitenden Herren des Corpus Catholicorum sei für die Aufnahme der vorliegenden Arbeit in die Reihe der Reformationsgeschichtlichen Studien verbindlichst gedankt. Die Deutsche Forschungsgemeinschaft ermöglichte durch einen Kostenzuschuß die Drucklegung.

Abkürzungen
häufig zitierter Quellenwerke und Lexika:

Allen	=	Opus epistolarum . . ., ed. P. S. Allen, aaO.
CSEL	=	Corpus Scriptorum Ecclesiasticorum Latinorum.
GCS	=	Die Griechischen Christlichen Schriftsteller der ersten drei Jahrhunderte.
H	=	Desiderii Erasmi . . . [Leidener Ausgabe],
LB	=	Desiderius Erasmus . . ., hr. H. Holborn, aaO. ed. J. Clericus, aaO.
LThK	=	Lexikon für Theologie und Kirche, ^{2}1957—1968.
PL	=	Migne, Series Latina.
PG	=	Migne, Series Graeca.
RGG	=	Die Religion in Geschichte und Gegenwart, ^{3}1957—1965.
WA	=	M. Luther . . . [Weimarer Ausgabe], aaO.
WABr	=	D. Martin Luthers . . . Briefwechsel, aaO.
WATr	=	D. Martin Luthers . . . Tischreden, aaO.

Einleitung

Die Entstehung der vorliegenden Schriften ist mit einem Ereignis verknüpft, dessen Wirkung für die Geistes-, Theologie- und Kirchengeschichte nicht ganz zu ermessen ist.

Als am 17. April 1515 der elsässische Humanist Beatus Rhenanus (1485—1547), langjährig Weggenosse und schließlich Biograph des Erasmus[1], ihm auf dessen Reise nach England[2] schrieb, Froben wolle sein Neues Testament haben[3], da waren die Würfel für eine Entwicklung gefallen, die in ihrer Bedeutung nicht nur privaten Charakter für den Lebenslauf des Adressaten besitzen sollte.

Die Frucht seines Lebens, näherhin die Mühe der letzten 10 bis 15 Jahre nach seiner ersten Englandreise 1499, eine griechische Ausgabe des *Novum Instrumentum* nebst einer neuen, von der Vulgata beträchtlich abweichenden lateinischen Version und zahlreichen kritischen Anmerkungen, sollte reifen. Der Verfasser war sich bislang noch nicht schlüssig gewesen, ob er für seine Edition nicht doch Italien des Vorzug geben sollte[4]. Ende Mai 1515 finden wir ihn

[1] Vgl. die beiden berühmten Nachrufe vom 15. August 1536, *Opus Epistolarum Desiderii Erasmi Roterodami,* ed. P.S. Allen, tom. I, Oxford 1906, p.52-56 (= Allen, I, p.52-56) und vom 1. Juni 1540, Allen, I, p.56-71. Die beiden Lebensbeschreibungen, die eine an den Kölner Erzbischof Hermann von Wied (1477—1552, Erzbischof von 1515—1547 bis zu seiner Entfernung wegen lutherischer Tendenzen), die andere an Kaiser Karl V. gerichtet, werden von Allen als Hauptquellen einer *Vita Erasmi* neben seinem Brief an Johann von Botzheim (um 1480—1535) vom 30. Jänner 1523, Allen, I, p.1-46, und dem ebenfalls von ihm selbst verfaßten und von Allen mit rund 2. April 1524 datierten *Compendium vitae,* Allen, I, p.46-52, seinem unersetzlichen Quellenwerk vorausgeschickt.

[2] Auf seiner vierten Reise nach England hatte er am 13. April 1515 das Festland in Flandern, St. Omer, Allen, II, [Oxford 1910], p.60-62, noch nicht verlassen, schreibt aber schon am 7. Mai 1515 von London, Allen, II, p.67f. Die Einladung, nach Basel zu kommen, erreicht ihn noch auf dem Kontinent.

[3] „Petit Frobennius Nouum abs te Testamentum habere, pro quo tantum se daturum pollicetur quantum alius quisquam." Allen, II, p.63. Ähnlich lakonisch lautet es noch einmal zwei Wochen später am 30. April 1515: „Frobennius Nouum Testamentum a te cupit habere", Allen, II, p.65.

[4] „Nam Romam auolamus" schreibt er noch am 1. März 1515 aus Basel an Reuchlin, Allen, II, p.50. Ebenda n.27 meint P.S. Allen „he was hesitating between Italy and England" und Allen, II, p.199, n.9, stellt er fest: „Erasmus may have talked of taking the New Testament to Asulanus [in Venedig] in case the negotiations with Froben should fail." Dazu und zu folgendem vgl.

schon auf der Rückreise in Antwerpen[5], im Juli treffen wir ihn bereits in Basel an[6], im August desselben Jahres beginnt die Arbeit[7]. Am 21. Februar 1516 noch beschäftigt mit der Abfassung von Einleitungsschriften[8], kann er am 7. März 1516 die Veröffentlichung des 1000 Seiten umfassenden Foliobandes verkünden.[9] Johannes Reuchlin (1455—1522) erhält bereits ein Exemplar über die Frankfurter Frühjahrsmesse des nämlichen Jahres.[10] Damit war aber auch ein Wettlauf gewonnen. Erasmus beklagte sich bitter über die Hast, die ihm und seinen Mitarbeitern[11] auferlegt wurde[12]. Der Grund ist bekannt. Die Basler Verleger wußten um die einmalige Gelegenheit. Es war ihnen obendrein nicht entgangen, daß die Spanier bereits am 10. Jänner 1514 mit viel Geld und Gelehrsamkeit in Alcalà die später sgn. Komplutenser Polyglotte fertiggestellt hatten. Das Monumentalwerk wurde erst 1520 von Rom zur Verbreitung freigegeben. Sein Initiator, der sonst allmächtige Kardinal-Regent Francisco Ximénez (1436—1517) war gegenüber den Zensurbehörden in Rom nicht so glücklich gewesen wie Erasmus, den jener gern in Spanien gesehen hätte[13].

I.

In diesem wie gesagt 1000 Seiten umfassenden Folioband des *Novum Instrumentum* vom März 1516 erschienen nun auch erstmals

die einleitenden Bemerkungen, Allen, II, p.181-184, zur Widmungsepistel an Leo X. vom 1. Februar 1516.

[5] Allen, II, p.90.

[6] Allen, II, p.118.

[7] „Excuditur et Nouum Testamentum Graecum, vt ab Apostolis est scriptum: Latinum, vt a me versum, vna cum nostris annotationibus", schreibt er als Arbeitsbericht am 30. August 1515 an Kardinal Wolsey (um 1474—1530), Allen, II, p.137.

[8] Allen, II, p.183, einschließlich der besagten Widmungsepistel an Papst Leo X.

[9] „Nouum Testamentum editum est", Allen, II, p.209.

[10] Allen, II, p.249.

[11] Allen, II, p.148. Dazu aaO, n.5: Brief des Johann Froben vom 22. September 1515: „Vff Matthei ist komen Ycolampadius von Heidelperg, auch Nicolaus Gerbellius von Strassburg, vnd wollen mir zu Hilff komen im Nouo Testamento, vnd sind in meym Hwss. Hetten wir solliche menner von erst gehebpt, bessert euch vnd vnss allen."

[12] „Praecipitatum fuit verius quam editum", schreibt er am 2. November 1517 an Willibald Pirckheimer (1470—1530), Allen, III (Oxford 1913), p.117.

[13] Ausführlicher versuchte ich diese Vorgänge zu schildern in Erasmus von Rotterdam, Ausgewählte Schriften. Ausgabe in acht Bänden lateinisch und deutsch, hr. W. Welzig, Bd. 3: *Erasmus von Rotterdam, In Novum Testamentum Praefationes.* Vorreden zum Neuen Testament. *Ratio.* Theologische Methodenlehre, übers., eing. und Anmerkungen G. B. Winkler, Darmstadt 1967, S. XIV ff. (= W, S. XIV ff.).

als Ansager und Herolde die drei *Praefationes Paraclesis, Methodus und Apologia.* Die neu erschlossene Quelle der *philosophia Christi* mußte auch recht angepriesen und vorweg verteidigt werden. Es sind noch eine Reihe anderer „Trabanten", denen die Aufgabe zukommt, die Texte zu erschließen. Neben einer sechs Seiten langen Schutzschrift[14], von einem Vorwort des Verlegers und des Herausgebers und von eingeschobenen Lebensbeschreibungen der Hagiographen aus den Vätern nebst kurzen Einführungsworten, den sgn. „Argumenten", aus der Feder des Erasmus[15] ragen zwei Schriftstücke aus der Zahl der übrigen heraus: Es ist das die Widmungsepistel an den päpstlichen Mäzen, Leo X., vom 1. Februar 1516[16], zweitens die Vorrede an den „frommen Leser", die den zweiten Teil des Foliobandes mit den *Annotationes* einleitet, verfaßt Dezember 1515[17]. Die Widmungsepistel ist voll von huldigenden Worten für den Papst, der die große Hoffnung der humanistischen Bewegung war. Die zweite Schrift enthält wertvolle Informationen über benützte Handschriften und über die Vorzüge einer nüchternen Kommentiertätigkeit. Aber gerade im Vergleich mit diesen auch relativ umfangreichen Gelegenheitsschriften fallen unsere drei *Praefationes Paraclesis, Methodus* und *Apologia* besonders auf. Wegen ihrer formalen und inhaltlichen Qualitäten erweisen sie sich als mehr denn bloße Gelegenheitsschriften wie die eben erwähnten „Trabanten". Sie waren von Anfang an qualitativ auch auf Eigenleben angelegt, was die spätere Verbreitungsgeschichte noch zeigen sollte. In der Ausgabe des *Novum Instrumentum* von 1516 waren sie zudem das letzte Mal in der ursprünglichen Weise vereinigt. In der Neubearbeitung[18] des nun *Novum Testamentum* genannten Folios vom März 1519[19] erscheint bereits die *Methodus* umgeschmolzen in die *Ratio verae theologiae,* die er Verfasser in einer Sonderausgabe November 1518 bei Dirk Martens (um 1450—1534) in Löwen her-

[14] Zur Beschreibung der ersten Ausgabe vgl. immer noch A. Bludau, *Die beiden ersten Erasmusausgaben des NT und ihre Gegner,* in: *Biblische Studien* 7 (1902), S. 426.

[15] Den Leser auf die *Argumenta* und *Annotationes* besonders hinzuweisen, fühlt er sich auch in der *Ratio verae theologiae* bemüßigt. W, S. 398. *Desiderius Erasmus Roterodamus. Ausgewählte Werke,* hr. H. Holborn und A. Holborn, München 1933, Reprint 1964, S. 273 (= H, S. 273).

[16] Allen, II, p.181-187.

[17] Allen, II, p.164-172.

[18] „Retexo ac recudo, et ita recudo vt *aliud opus* sit futurum", Allen, III [1913], p.117.

[19] *Bibliotheca Erasmiana.* Répertoire des oeuvres d'Erasme, 2e Série, Auteurs publiés, Traduits ou Annotés par Érasme. Liste sommaire et provisoire, ed. F. Vander Haeghen, Gent 1893, Reprint Nieuwkoop 1961, p.57.

ausgebracht hatte.[20] Das war übrigens die erste der Separatdrucke dieses Traktats, die mit einer Epistel des „Erzbischofs von Mainz und Magdeburg, des Primas Germaniens, des Kurfürsten und Markgrafen von Brandenburg“[21], jenes Albert (1490—1545), versehen war, dem die Hoffnungen ähnlich tragisch und unerfüllt entgegengebracht wurden wie dem kunstliebenden Medizeerpapst. Die *„Ratio Studii Theologici“* wird ihm, dem neuen Kardinal, gewidmet, der seine neue Würde von einem „untadeligen Papst weder gekauft noch erschlichen hat“[22]. Nicht nur Schmeichelei und Konvention, sondern auch versteckte Mahnung mag es sein, wenn es am Ende desselben Briefes vom Mäzen Ulrichs von Hutten (1488—1523) heißt, man müsse die Kirche für jene Bischöfe glücklich preisen, denen man Pallium und Hirtenstab nehmen könne, ohne ihnen ihre Anerkennung als Bischöfe verweigern zu müssen[22a].

Wir müssen aber noch einmal darauf zurückkommen, was mit den kleinen drei *Praefationes* geschah. Wie gesagt, die kleine *Methodus* (1516) schied durch ihre Umformung aus dem Rennen aus. Die *Apologia* (1516) hielt sich konstant als Einleitungsschrift der einzelnen Auflagen des Neuen Testaments und erfuhr daselbst auch immer wieder (März 1519, Februar 1522, März 1527 und schließlich, ein Jahr vor dem Tod des Erasmus, März 1535) verschiedene Änderungen und Anpassungen[23]. Erasmus hatte zwar schon am 30. Jänner 1523 in seiner grundlegenden autobiographischen Epistel an den Elsässer Gesinnungsgenossen Johann von Botzheim (um 1480 bis 1535), von 1512 bis zur Vertreibung in den reformatorischen Wirren 1527 Kanoniker zu Konstanz und Mittelpunkt gelehrter Gastlichkeit, für eine künftige Gesamtausgabe seiner Werke vorgesorgt. Mit den Worten „Ich Elender, daß meine Verteidigungsschriften einen ganzen Band füllen sollten!“ weist er für den in Aussicht gestellten achten Band einer Gesamtausgabe den *„Apologiae quae praeferuntur Nouo Testamento“*[24] einen letzten Platz vor der Streitschrift gegen Hutten (1523), vor den *Antibarbari* (gedruckt 1520) und der

[20] H, S. XV.

[21] Allen, III, p. 84 f. Schreiben dieser Art sollten natürlich als Schutzbriefe die Verbreitung der Schrift und damit der als gut intendierten Sache fördern.

[22] „a pontifice integerrimo nec emptum nec ambitum obtigit“, Allen, III, p.177.

[22a] Allen, III, p.178.

[23] H. Holborn verwendet diese Ausgabe und weist die Varianten entsprechend aus. H, S. 138 — S. 163-174. *Bibliotheca Erasmiana,* 2e Série, aaO., p.57-59. In dieser Zusammenstellung sind die vollständigen, neuaufgelegten „Folio“-Ausgaben zu beachten, nicht die zahlreichen an anderen Orten unverändert, vor allem auch gekürzt und in Quarto und Oktav erschienenen Ausgaben.

[24] Allen, I, p.41. Zum vorhergehenden vgl. die Einleitung dieser Epistel, Allen, I, p.1.

apologetischen Schrift über den freien Willen (1524) zu, durch die es bekanntlich zum Bruch mit Martin Luther kam.

Die *Paraclesis* (1516) löste sich schneller aus dem Zusammenhang der verschiedenen Folioausgaben des Neuen Testaments. Wie die Verbreitungsgeschichte zeigt, wurde sie überhaupt als eine Perle geistlichen Schrifttums angesehen, für die selbständige und verschiedenartigste Publizierung wünschenswert erschien. In der vierten (1527) und in der fünften Folio-Ausgabe des Neuen Testaments (1535) war sie nicht mehr eingebunden[25]. Dafür bekam sie eine Auflage als Separatdruck, die auch bei der reichen Verbreitung des Erasmischen Oeuvres überrascht. Von den Schriften, „quae instituunt ad pietatem"[26], wie Erasmus sagen würde, ist es wohl nur das „Handbüchlein des christlichen Streiters" (1503), das eine wesentlich weitere Verbreitung gefunden hat, was bei letzter Schrift schon durch Umfang und Anlage und durch den reformatorischen Kairos der zweiten Ausgabe (1517) bedingt war. In anderen Kategorien übertreffen natürlich die Auflagen des Neuen Testaments (1516) alle anderen Werke um ein beträchtliches, auch für die Paraphrasen zu den Paulusbriefen (1517) besteht eine größere Nachfrage als für die *Paraclesis.* Bei den berühmten Satiren und in der Kategorie der didaktischen Werke liegen die Auflagen bei verschiedenen Titeln auch sehr hoch.[26a]

Auch die frühen und mannigfaltigen Übersetzungen zeigen die Breitenwirkung der kleinen Schrift an. *Paraclesis Teütsch* heißt eine Quarto-Ausgabe von 1520.[27] *Vormanung das H. Evangeliu vnd der heyligen zwelfbote Schrifft fleissig zu lesen* ist eine Leipziger Quarto-Ausgabe von 1522. Eine andere unbekannter Herkunft und vom selben Jahr lautet: *Die verteütscht christl. Erinnerung, mit was grossem fleisz al christglaubig mensche die h. Schrift lernen... sollen. An exhortation to the diligent studye of scripture, in to englissh* heißt eine 1529 in Malborough besorgte englische Oktav-Ausgabe. Die *Paraclesis* darf in ihrer Bedeutung für die reformbegierige und frömmigkeitshungrige Leserschaft der ersten Hälfte des 16. Jhs. nicht unterschätzt werden.

Wer immer sich mit Erasmus beschäftigt, muß sich über kurz oder lang mit seiner Stellung zur Reformation und seinem Konflikt mit dem *tumultus* der zwanziger Jahre auseinandersetzen. Wie unausweichlich diese Konfrontation auch für Erasmus war, zeigt schon

[25] H, S. XIV. Vgl. auch Apparat H, S. 138-149.

[26] Allen, I, p.40.

[26a] *Bibliotheca Erasmiana,* 1re Série: Liste sommaire et provisoire des diverses éditions de ses oeuvres, und 2e Série, aaO., *passim.*

[27] *Bibliotheca Erasmiana,* 1re Série, aaO., p.140. Die im folgenden angeführten Titel im entsprechend alphabetisch eingeordneten Abschnitt, aaO., p.140-142.

diskret die Geschichte der *Ratio verae theologiae* (1518/19) an, wie sie meist kurz genannt wird.[28] Der vollständige Titel, der in den einzelnen Ausgaben gelegentlich geringfügig variiert wurde, hieß *Ratio seu methodus compendio perveniendi ad veram theologiam. Ratio* und *Methodus* wurden in etwa als synonym verwendet. Die Doppelbenennung soll die Verschmelzung zum Ausdruck bringen. Erasmus selbst spricht jedoch in der schon erwähnten Aufstellung seiner Werke vom 30. Jänner 1523 von der *Methodus verae theologiae*.[29] Am Schluß dieser Epistel will er die „Methodus verae theologiae, ex aeditione anni 1523 apud Michaelem Hillenium"[30] mit der *Paraclesis* dem vorgesehenen fünften Band der Gesamtausgabe mit Schriften, „quae instituunt ad pietatem", eingefügt wissen. Die Einleitungsschrift war zu einem selbständigen Traktat geworden, der in den ersten fünf Jahren, von 1518 bis 1523, bis zu vier Drucke pro Jahr aufzuweisen hatte und in diesem Zeitraum praktisch jedes Jahr neu bearbeitet und ergänzt wurde.[31] In der zweiten Folioausgabe des Neuen Testaments vom März 1519 war sie aber noch anstelle der kurzen *Methodus* (1516) als echte Einleitungsschrift abgedruckt. Die *Bibliotheca Erasmiana*[32] weist aber schon im nämlichen Jahr drei Oktav- und einen Quarto-Druck aus, nachdem die Schrift, wie schon gesagt, ein Vierteljahr früher, November 1518, bei Dirk Martens in Löwen als Sonderausgabe erschienen war.[33]

Diesen doppelten Charakter seines Werkes hatte Erasmus von Anfang an beabsichtigt[34], indem er es auch als *praefatio* zum

[28] So *Bibliotheca Erasmiana*, 1re Série, aaO., p.167-168.

[29] „Methodum verae theologiae iam saepius aeditam recognouimus ac locupletauimus anno 1522, ac rursus anno proximo", Allen, I, p.21. Übrigens ist das die letzte von Erasmus selbst autorisierte Fassung.

[30] Allen, I, p.40. Ende Mai 1519 bezeichnet er die *Ratio* einfachhin als „Methodum meam", Allen, III, p.601, nachdem Johannes Fabri (1478—1541), damals „Bischofsvikar" in spiritualibus von Konstanz am 26. April 1519 einfach vom „Verae Theologiae Compendium" gesprochen hatte. Allen, III, p.558. — Der Traktat wird in der Literatur gerne als *Ratio* bezeichnet, obwohl wir sie nicht mit einigen anderen Methodenlehren verwechseln dürfen, etwa mit der *Ratio studii* (1511), der *Ratio conscribendi epistolas* (1521) und dem *Ecclesiastes* oder *Ratio concionandi* (1535), um die Titel gekürzt anzugeben. Die Ähnlichkeit in der Wahl der Titel scheint nicht ganz ohne Absicht erfolgt zu sein.

[31] Vgl. die Zusammenstellung H, S. XV-XVII, einschließlich des kritischen Apparats H, S. 177-305. Daselbst ist kein Druck von 1521, weil keine veränderte Auflage, verwendet. Die im Apparat ausgewiesenen Einschübe ergeben für die Interpretation viele wichtige Details und Akzentsetzungen. Vgl. auch *Bibliotheca Erasmiana*, 1re Série, aaO., p.167 f.

[32] *Bibliotheca Erasmiana*, 1re Série, aaO., p.167.

[33] H, S. XV.

[34] „ut, si libeat, praefationis vice possit addi, sin minus, separatim legi....",

Neuen Testament konzipierte. Seit der Ausgabe von Hajo Holborn hat sich die Bezeichnung Einleitungsschriften für die drei *Praefationes* und die *Ratio* eingebürgert.

II.

Wir müssen jedoch auf ein interessantes kirchenpolitisches Detail zurückkommen, das das labile Gleichgewicht der Geister in den ersten fünf Entscheidungsjahren nach der großen humanistischen *utopia* von 1517[35] beleuchtet und manche Partien der *Ratio* erst im richtigen Licht erscheinen läßt. Nachdem Erasmus in diesen Jahren höchsten Erfolges, als er obendrein von seinen Ordensgelübden und damit von mancher seelischen Last entbunden[36] und zum kaiserlichen Rat[37] ernannt worden war, für sein Neues Testament bereits den Papst als Förderer gewonnen hatte, wollte er bezeichnenderweise seine *Ratio* dem ersten Prälaten des Reiches widmen. Von dem mit 23 Jahren zur erzbischöflichen Würde aufgestiegenen Brandenburgerprinzen Albert erwartete man sich mit einer Förderung der *bonae litterae* die Lösung aller anstehenden Kirchenprobleme. So war Erasmus sehr verärgert, als sein schon erwähnter Freund Beatus Rhenanus zwei der Separatausgaben von 1519, nämlich den Basler Quarto-Druck vom Jänner und den vom April, einem anderen Erasmianer widmete. Es war der schon erwähnte Generalvikar von Konstanz Johannes Fabri, eigl. Heigerlin, der spätere seeleneifrige Bischof von Wien (1530—1539, gest. 1541), der nach 1523 als treuer Diener seines Herrn, des Habsburgers Ferdinand I., fungieren sollte. Er, Erasmus, hätte nichts gegen die Widmung seines Freundes einzuwenden gehabt, wenn man ihn doch davon benachrichtigt hätte. Er habe nämlich die Sache mittlerweile schon dem „Praesul" von Mainz gewidmet. Seine Dedikation sei auch ohne Wissen seines Freundes veröffentlicht worden. Er wollte nämlich nicht zwei Widmungen im Neuen Testament haben, sonst werfe man ihm vor, er wolle mit einem Eimer zwei Wände tünchen. Seine Freundschaft zu Beatus solle aber dadurch für die Nachwelt

Ratio, W, S. 118; H, S. 177. „Atque ita temperaram libelli filum vt vel separatim legi posset vel illius operis pars esse", Allen, III, p.601 f.

35 Otto Schottenloher erwähnt jüngst in einer gründlichen Studie den „Traum des Erasmus von der Heraufkunft eines goldenen Zeitalters, den er in seiner besten Zeit, um 1517, der Verwirklichung nahe sah", O. Schottenloher, *Erasmus und die Respublica Christiana*, in: *Historische Zeitschrift* 210 (1970), S. 297.

36 Allen, II, p.433-436 (26. Jänner 1517). Allen, II, p.436-437 (26. Jänner 1517).

37 Allen, I, p.51 (um 2. April 1524). Allen, II, p.161 (22. November 1515: erste Erwähnung). Allen, II, p.205-208 (März 1516, „Principi Carolo").

nicht getrübt werden, wenn sich der Mann auch durch eigene Arbeiten besser berühmt machen könnte als durch fremde.[38] Aus dem Zusammenhang ergibt sich klar, daß Erasmus bei aller Freundschaft für Fabri, der ihm die *Ratio* in Superlativen lobt[39], seine theologische Methodenlehre, die er in innerem Zusammenhang mit seiner Arbeit am Neuen Testament sieht, dem deutschen „Papst" widmen und von diesem gefördert wissen will, wie er sein *Novum Instrumentum* dem Medizeer dediziert hatte. Es ist allzu verständlich, daß er es für seine Arbeit als vorteilhafter erachtete, wenn er den schmeichelhaften Brief vom 13. September 1517[40] anstelle der Epistel des kirchenpolitisch noch relativ unbedeutenden Fabri abgedruckt wissen wollte. Hatte nicht dort der erzbischöfliche „Jüngling" zum Ausdruck gebracht, daß er, der mit 24 Jahren den „Fürstenplatz unter den Bischöfen" zu Mainz durch Gottes Gnade erlangt hatte, den umarmen und fördern möchte, der nicht nur in Deutschland, sondern geradezu in ganz Eruopa den „Prinzipat" der Wissenschaften inne habe. Weniger schmeichelhaft war es allerdings für Erasmus, daß der von jugendlichem Selbstvertrauen erfüllte Mäzen es anscheinend trotz der Nähe Huttens[41] übersehen konnte, daß Erasmus nicht das Alte, sondern das Neue Testament herausgegeben hatte.[42] Das war peinlich und illustriert das Interesse, das selbst wissenschaftlich eingestellte Fürsten geistlichen Standes für Bücher aufbrachten. Aber entscheidend war, Albert hatte die biblischen Arbeiten des Erasmus öffentlich als eine überaus erstrebenswerte Sache deklariert. Darüber mußte Erasmus froh sein. Deshalb protestierte er auch mit Recht gegen gewisse Eigenmächtigkeiten des Beatus Rhenanus. In dem schon des öfteren erwähnten Dank- und Gratulationsschreiben vom 22. Dezember 1517, das er als Vorrede für die Separatausgaben der *Ratio* gedacht hatte, schreibt er, er wolle seine Dankesschuld durch Widmung jener Schrift abtragen, wenn auch nur in Raten. Der Fürst bleibe weiterhin sein Gläubiger.[43] Vielleicht erscheinen diese Vorgänge, Floskeln und Sorgen etwas oberflächlich und ahnungslos, angesichts der Tatsache, daß Luthers Protest vom 31. Oktober 1517 an die Adresse des nämlichen Albert gerichtet war und das Haus schon zu brennen begonnen hatte. Trotzdem würden wir wohl Erasmus Unrecht tun, wenn wir uns durch die augenscheinliche *levitas* seines Stils täuschen ließen.

[38] Allen, III, p.601 f. (Ende Mai 1519).
[39] Allen, III, p.558 (26. April 1519).
[40] Allen, III, p.84 f.
[41] „Huttenum habes domi, linguae Latinae delicium", Allen, III, p.178 (22. Dezember 1517).
[42] Allen, III, p.85 und die entsprechende n.17 von P.S. Allen.
[43] Allen, III, p.177.

Wenn wir den Ernst ins Auge fassen, mit dem er in der dem geistlichen Kurfürsten gewidmeten *Ratio* immer wieder, wie wir sehen werden, um die evangeliengemäße Form des geistlichen Amtes, besonders die des Bischofs, ringt, dürfen wir Schmeicheleien wie „Glücklich das Volk Christi, wenn es allethalben solche Bischöfe hat, denen nichts teurer ist als die Ehre Christi" ein wenig als Eulenspiegelei, mehr jedoch als die Sprechweise der Gattung Fürstenspiegel verstehen.[44] Wir können vielleicht Erasmus das eine oder andere nachsagen, nur nicht, daß er plump war. Bei aller Geneigtheit zur Utopie (und welcher Poet und Reformer wäre das nicht, Erasmus war beides) war er nicht naiv in der Einschätzung der tatsächlichen Mißstände, wie wir noch im Laufe unserer Analysen sehen werden. Das hinderte ihn allerdings nicht, auf Albert große Stücke zu setzen. Die Beharrlichkeit seiner Einstellung sollte ihren Gründen und Motiven nach noch deutlicher werden, als die *utopia* des Jahres 1517 ausgespielt war. Auch als der Erzbischof nicht mehr als der „jugendliche Prinz" galt, dem Erwartungen und Zuneigung maßgeblicher Kreise gehörten, als er wegen seiner skandalösen Finanzpraktiken mit Recht ins Kreuzfeuer der reformatorischen Kritik geraten war, widmete ihm Erasmus noch einmal die *Ratio*, und zwar die letzt autorisierte von 1523. Der Ton hat sich geändert wie die Umstände. Aber Erasmus ist sich selbst treu geblieben: In diesen Tagen sei alles schwierig geworden. Was der einen Partei schmeichle, mißfalle der anderen. Das Volk habe sich zu einem Monstrum mit vielen Köpfen entwickelt. Da sei es besser, die Tochter, die man einmal gezeugt hat, nicht einem neuen Mann zu vermählen. Darum wolle er ihm neuerdings das Buch „De Ratione Theologiae"[45] widmen. Es war gegenüber der Hochstimmung von 1517 nun ein Gefühl der Hilflosigkeit über den seinerseits gefeierten und auch jetzt noch von allen Parteien für ihre Sache zitierten Erneuerer der Schrift[46] gekommen. Es war ihm nicht gelungen, Frieden zwischen den Parteien zu stiften. „Interim quanta

[44] Allen, III, p.178. Wenn er an derselben Stelle die Allegorie von Aarons Gewand, die im Insgesamt des Amtsverständnisses der *Ratio*, W, S. 360; H, S. 261, eine gewisse Rolle spielt, in schmeichelhafter Weise auf den Erzbischof Albert anwendet, gehen wir wohl nicht fehl, neben der Parallelität der Ausdrucksformen auch eine Parallelität des Imperativs zu sehen. Albert sollte dem Idealbild eines Bischofs entsprechen, das er späterhin in der *Ratio* entwirft.

[45] Allen, V (Oxford 1924), p.287 (1. Juni 1523).

[46] Der „Höfling" Alberts, der spätere Lutheraner und allzeit treue Erasmianer Wolfgang Fabricius Capito (1478—1541) findet es zum „Kotzen", daß es keine „professio" gibt, die Erasmus nicht zum Führer ihrer Partei nominierte, „praepostera ratione", Allen, IV (Oxford 1922), p.597 (14. Oktober 1521).

clades concordiae Christianae!"[47] Mit dem Inbegriff seiner *utopia* um das Jahr 1517, mit *pax et concordia,* dem Kern des Christentums und aller Religion, dem Ziel aller Erneuerung und dem Leitthema der vorliegenden Schriften, besonders der *Ratio* war er nicht durchgekommen. Er fühlt sich niedergeschlagen und vor allem alt.[48] Je mehr man sich aus dem Streit herauszuhalten suche, desto mehr werde man hineingezogen. Daher müsse man den Herrn Jesus bitten, weil er allein es könne, daß er durch seinen Geist die Herzen des christlichen Volkes zur Liebe des Friedens und der Eintracht wende. Der Herr solle doch das ungestüme Schreien derer, die er erlöst hat, nicht überhören.[49] Nur mehr Verschworene fände man, jedoch keine Freunde. Was bleibt von unserer Religion, wenn du den Frieden nimmst? Lieber wolle er, Erasmus, als Gemüsegärtner in Einfalt und Stille sein Evangelium leben, als den Supertheologen abzugeben und sich in derartiges Gezänk zu verwickeln. Er könne beim Gericht nicht bestehen, wenn er sich nicht von diesem Gift freihalte. Bei den Theologen gelte nur mehr das, was nach Aufstand schmeckt.[50] — Trotzdem gibt Erasmus nicht auf. Zu Ende des Briefes beschwört er die Fürsten und damit auch seinen Gönner, den ihnen Anvertrauten selbstlos zu dienen. Das Volk habe die schon zu lange ertragen, die nur an ihren Ruhm, ihren Bauch und ihre Tyrannei dächten.[51] Gerade weil er nicht aufgibt und noch nach Kräften retten will, was zu retten ist, bietet er auch die neuaufgelegte Schrift und die darin enthaltene Botschaft an, die er ebenfalls zu Ende des Briefes in einigen Sätzen zusammenfaßt: Man beschäftige sich wieder mit ernsthaften Studien. Man flicke wieder die gestörte Ein-

47 Allen, V, p.288.

48 „Fuit hoc infelicitatis meae, vt mea senectus in hoc seculum inciderit." Allen, V, p.288.

49 Allen, V, p.288 f.

50 Allen, V, p.288.

51 Allen, V, p. 289. Erasmus verwendet hier ernste Worte, die auch mit der harten Stellungnahme der Geschichtsschreibung über Kardinal Albert übereinstimmen. Ihm, dem Zeitgenossen, war es aber nicht möglich, die Konsequenzen der Finanzpraktiken des Kurfürsten völlig abzusehen. Andererseits müßte uns die gewisse Wertschätzung hervorragender Zeitgenossen, wie es Erasmus und die späteren Lutheraner Hutten und Capito waren, zu denken geben. Man sollte es besser nicht mehr als Anomalie darstellen, wenn sich etwa Capito „trotz seiner reformatorischen Gesinnung" noch 1519 in den Dienst des Erzbischofs begibt. *Handbuch der Kirchengeschichte,* hr. H. Jedin, Bd. 4, Freiburg, Basel, Wien 1967, S. 85. Man wird neben seiner tragischen Verstrickung auch seine gewisse Offenheit für die Anliegen der Reform sehen, die mit Recht Anlaß zu gewisser Hoffnung geben konnte. Vgl. dazu neuerdings: A. P. Brück, Kardinal Albrecht von Brandenburg, Kurfürst und Erzbischof von Mainz, in: Der Reichstag zu Worms von 1521. Reichspolitik und Luthersache, hr. F. Reuter, Worms 1971, S. 257-270.

tracht. Man reinige sich vom Sauerteig des Hasses, des Zankes und des Streites. Man predige dem Volk das Evangelium rein und lauter. Man bringe die Dinge so, daß sie mehr die Erbauung als den Aufstand fördern. Man meide die böse Verurteilung. Man verfälsche nicht das Christentum. Aber wo es um das geht, was alle glauben müssen, beschränke man sich in Definitionen auf ein Minimum.[52] Dadurch wäre weniger Anlaß zu Streitigkeiten *(dissidia)* gegeben, und die christliche Religion könnte so überall leichter Anklang finden. — Wir müssen uns diese Bestrebungen des Erasmus vor Augen halten, wenn wir in der *Ratio* immer wieder den Versuch des Autors feststellen, einfache Lebens- und Glaubensformeln zu finden, die einen Raum schaffen, in dem Zwietracht und geistliche Tyrannei von seiten der führenden Schichten und unaufgeklärter Aberglaube auf seiten des kleinen Mannes nicht mehr gedeihen können. Gemäßigte Reformatoren und Erasmianer wie Philipp Melanchthon (1497—1560) wußten daher diese Schrift zu schätzen.[53] Mit ihm waren eines Sinnes diejenigen, denen es um eine konfessionelle Aussöhnung zu tun war. Robert Stupperich berichtet an der zitierten Stelle eine anschauliche Begebenheit aus den Leipziger Disputationen (1519), die wenn sie auch erfunden, so doch die Einstellung treffend illustriert: „Der Leipziger Mediziner, Dr. Heinrich Stromer von Auerbach, hätte während der Disputation zwischen Eck und Luther in Leipzig einen Mann beobachtet, der, statt dem Streit der Disputierenden zu folgen, sich in die Lektüre eines kleinen Buches[54] vertiefte. Den Mediziner und aufgeklärten Humanisten Stromer interessierte dieses Büchlein offenbar auch mehr als die Disputation; er mußte es auch früher schon gekannt haben, denn er stellte gleich fest, daß der Mann eine andere Ausgabe hatte, als die er kannte — das war ein halbes Jahr nach Erscheinen der Ausgabe.“[55]

III.

Zur Entstehungsgeschichte der vorliegenden Schriften und damit zu ihrem besseren Verständnis gehört auch eine kurze Besinnung auf

[52] „definitio contrahatur ad paucissima.“ Allen, V, p.288.

[53] R. Stupperich, *Die theologische Neuorientierung des Erasmus in der Ratio sev Methodvs 1516/18,* in: *Actes du Congrès Erasme* (Rotterdam 27-29 octobre 1969), ed. C. Reedijk, Amsterdam, London 1971, p.158.

[54] Die Leipziger Ausgabe der *Ratio* von 1519 war zum Unterschied von den Quartos der Löwener von 1518 und der Basler vom Jänner 1519 bereits eine handlichere Oktav-Ausgabe. *Bibliotheca Erasmiana,* 1re Série, aaO., p.167.

[55] R. Stupperich, *Die theologische Neuorientierung des Erasmus,* aaO., p.158. Auerbach (1482—1542) berichtet das fingierte Erlebnis in einem Brief an Hutten, welcher der Leipziger Quarto-Ausgabe von 1519 als *praefatio* diente.

die übrige literarische Produktion des Erasmus. Die Zeitspanne von 1516 bis 1519, d.h. also von der ersten Ausgabe des Neuen Testaments bis zur zweiten, damit auch die Zeit der Drucklegung unserer Einleitungsschriften, bedeutet eine deutliche Zäsur im Schaffen des Erasmus. Mit der Erstausgabe der *Adagia* (Dezember 1500), einer gezielten Sammlung klassischer Spruchweisheit, hatte er ein Bildungsbuch geschaffen, das er, bis drei Jahre vor seinem Tod immer wieder erweitert und modifiziert, einem lesehungrigen Publikum anbot. Durch dieses Werk hatte er sich einen breiten Kreis von Bewunderern und in größerem Umfang erstmals Eingang in ein revolutionierendes Medium der Kommunikation, in das Milieu der Buchdrucker und Verleger erkämpft. Die *Adagia* behielten ihre Aktualität durch beide Schaffensperioden ungeschmälert bei.[56] Bei diesem ersten Publikumserfolg war aber Erasmus schon über dreißig Jahre alt.[57] In diesen seinen ersten Lehr- und Wanderjahren vor 1500 war ihm die lateinische Poesie Mittel, sich erdichtend und übend Sprache und Geist des Altertums anzueignen. Aus dieser Periode, für die noch das Manuskript charakteristisch ist, sind für uns zwei Werke wichtig. Sie wurden beide im Kloster Steyn bei Gouda (von

[56] Ein sehr brauchbares Werksverzeichnis bietet neuerdings der Aufsatz J. Coppens, *Où en est le portrait d'Érasme théologien?*, in: *Scrinium Erasmianum*, ed. J. Coppens, vol. II (= *Scinium Erasmianum*, II, p.594-597), Leiden 1969, p.594-597. Die Zusammenstellung fußt ihrerseits auf Allen, XII (Indices, ed. B. Flower, E. Rosenbaum, Oxford 1958). Vgl. auch den sehr inhaltsreichen Überblick von H. Rupprich, *Erasmus von Rotterdam. Versuch eines Wesensbildes im Rahmen einer Geschichte der deutschen Literatur*, in: *Gestalt und Wirklichkeit*, Festgabe für Ferdinand Weinhandl, hr. R. Mühlher und J. Fischl, Berlin 1967, S. 359-374.

[57] Ich möchte mich hier nicht auf die immer noch ungelöste Diskussion der Frage einlassen, ob der 27. Oktober 1466 oder 1469 als sein Geburtsdatum anzunehmen ist. In den uns vorliegenden Einleitungsschriften wie an vielen anderen Stellen rechnet Erasmus selbst mit 1466. *Methodus*, W, S. 46; H, S. 153: „undequinquagesimum agens annum", *Ratio*, W, S. 140; H, S. 184: „quinquagesimum tertium ingressus annum", vgl. auch W, S. 141, Anm. 31. Wir müssen beachten, daß das Schreibdatum vom Veröffentlichungsdatum doch um einige Monate differiert. Jedoch beweisen diese Angaben nicht endgültig, weil sich vermutlich Erasmus selber über sein Geburtsdatum nicht im klaren war. Vgl. O. Schottenloher, *Erasmus und die Respublica Christiana*, aaO., S. 295, Anm. 1. Das gleiche gilt auch für viele seiner Zeitgenossen. Daß die Frage gelegentlich nicht völlig unerheblich ist, vgl. E.-W. Kohls, *Zur Frage der Schulträgerschaft der Brüder vom gemeinsamen Leben und zum Rektoratsbeginn des Alexander Hegius in Deventer*, in: *Jahrbuch des Vereines für Westfälische Kirchengeschichte*, 61 (1968), S. 33-44, derselbe, *Das Geburtsjahr des Erasmus*, in: *Theologische Zeitschrift* (= TZ) 22 (1966), S. 96-121. Dazu: R. R. Post, *Nochmals Erasmus' Geburtsjahr*, in: TZ 22 (1966), S. 319-333, dazu wieder E.-W. Kohls, *Noch einmal das Geburtsjahr des Erasmus. Antwort an R. R. Post*, in: TZ 22 (1966), S. 347-359. A. C. F. Koch, *The year of Erasmus' birth and other contributions to the chronology of his life*, Utrecht 1969.

1486 bis 1492) geschrieben. Es sind die Schriften *De contemptu mundi* (gedruckt 1521) und die *Antibarbari* (gedruckt 1520). Die so gegensätzlich scheinenden Tonlagen der beiden Traktate, devote Weltflucht und kulturfreudige Weltbejahung, bieten sich für eine biographische Auslegung unmittelbar an. Diese Spannung bleibt auch in unseren Einleitungsschriften bestehen, eher als gegensätzliche Fülle, denn als Kontradiktion. Erasmus wird auch in Zukunft in sich den Mönch wie den Epikureer in einem bejahen wie bekämpfen. Er weiß um die Spannung und trägt sie aus. Er weiß auch um die Einseitigkeiten seiner Barbarenkritik. Darum läßt er das Pendel im *Ciceronianus* (1528), einer Spätschrift der zweiten großen Periode, auch gerechterweise zu einer Kulturkritik umschlagen. Den unchristlichen *paganismus* gewisser Humanistenkreise findet er ebenso verwerflich wie die Barbarei. Er sucht den Weg der Mitte zwischen den Dunkelmännern, denen kein Solözismus zu schlecht ist, und den aalglatten Literaten, die bereit sind, Freunde und Glauben für eine gutgedrechselte Latinität zu verkaufen.[58]

Zu den ersten Veröffentlichungen, die im Druck erschienen, gehört die Edition einer Schrift, die für ihren Herausgeber eine entscheidende Begegnung bedeutete, einer Schrift, zu der er sich in der *Apologia*[59] als zu einem maßgeblichen Modell bekennt. Es waren das die kritischen *Annotationes* (1444) des für die historische Kritik auch sonst berühmt gewordenen Lorenzo Valla (1407—1457) zum lateinischen Neuen Testament. Erasmus hatte bekanntlich in schon Legende gewordener Humanistenmanier durch Zufall 1504 eine Handschrift im Prämonstratenserkloster Parc bei Brüssel gefunden und sie bereits im April 1505 in Paris herausgebracht. Diese Edition wurde für ihn Anreiz, Aufgabe und *auctoritas,* auf die zu berufen er sich nicht schämt. Andererseits ist er sich durchaus bewußt, daß er über Valla hinausgehen müsse. Überhaupt kann man seine kritisch distanzierte Weise, auch bewunderte Vorbilder zu rezipieren, an seiner Stellungnahme zum italienischen Humanisten gut studieren. Er bewundert Valla. Gleichwohl sei dieser mehr Rhetor als Theologe gewesen. Er sei auch theologisch mit ihm nicht immer einer Meinung. Andererseits hätten viele „Theologen" nicht so viel von der Schrift verstanden wie er.[60]

58 In unseren Einleitungsschriften bezieht sich Erasmus auf diese Spannung an pointierter Stelle zu Ende der *Apologia,* W, S. 112; H, S. 173.

59 W, S. 114; H, S. 174.

60 Allen, II, p.112 (Ende Mai 1515). „Laurentius, homo rhetoricus magis quam theologus", Allen, II, p.57 (März 1515). Daß ihm allerdings auch das „rhetoricus" mächtig imponierte, wird nicht zu leugnen sein. Vgl. neuerdings R. Stupperich, *Die theologische Neuorientierung des Erasmus,* aaO., p.150 f.,

Das *Enchiridion militis Christiani* (gedruckt 1503), das bei seiner Entstehung 1501 eigentlich noch der „handschriftlichen Vorzeit“ des Erasmus angehört, muß aus verschiedenen Gründen in unserem Zusammenhang erwähnt werden. Verfaßt als seelsorgliche Gelegenheitsschrift, wie man heute sagen würde, formuliert es den weltoffenen Frömmigkeitsstil, der Erasmus bei seinen englischen Freunden so beeindruckt hatte. Es gibt praktische Handreichungen, wie man als Weltmensch das Evangelium fromm leben könne. Ein Freund, der sich trotz guter Seiten im Laster zu verlieren droht, soll es lernen, im Evangelium zu meditieren und sich selbst zu finden. Wir müssen um diese Schrift wissen, damit wir nicht ähnliche Gedanken der „Laienfrömmigkeit“ in unseren Einleitungsschriften als völlige Unikate werten. Das *Handbüchlein* (oder auch *Handdolch)* wurde obendrein durch die Neuauflage von 1518 mit dem Geleitbrief an den elsässischen Benediktinerabt Paul Volz (1480—1544) aus dem Schlettstädter Humanistenkreis ähnlich wie die uns vorliegenden Traktate zu einer reformatorischen Erfolgsschrift. Der Abt von Hugshofen bei Schlettstadt sollte nach 1528 als evangelischer Prediger in Straßburg wirken, während sich sein Landsmann Beatus Rhenanus wieder schon 1526 vom reformierten Basel nach Schlettstadt zurückzog. So gingen alte Erasmianer getrennte Wege.

Auch didaktisches Schrifttum, „quae spectant ad institutionem literarum“[61], aus dieser Zeit wie die Quintilian nachgemachte *Copia verborum ac rerum* (1511) fließt in mannigfaltiger Weise, wenn auch in einem anderen *genre* und mit anderen Zielen, in unsere Schriften ein. Das Werk sollte sein Dank an die englische Nation und seine Freunde daselbst, vor allem den Dekan von St. Paul's, John Colet (um 1467—1519), und eine Hilfe für das aufblühende englische Schulwesen sein. Es war gedacht als Leitfaden der Stilistik, wie wir heute sagen würden. Dazu war es in der Form der Beispielsammlung Ausdruck jener Lust aller neu aufbrechenden Bildungsbewegungen, erstmals eine „Menge“ verfügbaren Wissens, in unserem Fall Worte für verschiedenste Situationen anzuhäufen, verbunden mit der Lust, sich „verschiedentlich“ und flexibel auszudrücken. Abgesehen davon, daß Erasmus in der *Ratio* auf die in der *Copia* verwendeten Kategorien vielfach zurückkommt, macht er, wie wir noch sehen werden, aus diesen rein „grammatischen“ Übungen später eine eigene Theologie der *varietas.* Er hebt das, was er in der

wo der Verfasser den „theologus“ für Erasmus gegenüber Valla energisch vindiziert.

[61] Allen, I, p.38. Dabei sei bemerkt, daß Erasmus dieses *genre* an den Anfang seiner geplanten Gesamtausgabe stellt, ähnlich wie in der *Ratio* die formale Erziehung zur Theologie den Anfang seines Ausbildungsplanes bildet.

Copia für den Grammatikunterricht in den Schulen geschrieben hatte, zu einem Bild und Gleichnis und verwandelt es zu einer Theorie der recht geübten Theologie. Ähnliches gilt auch für das zusammen mit der *Copia* veröffentlichte Büchlein *Parabolae sive similia* (1513), auf das sich der Verfasser ebenfalls in der *Ratio* bezieht.[62] Wenn wir die Entwicklung des Erasmischen Werkes studieren, sind wir von der zielstrebigen Geschlossenheit seines Tuns überrascht. Es macht den Eindruck, als ob er keine Studie betriebe und kein Buch verfaßte, ohne es wiederum als *praeludium*[63] für andere, oft äußerlich ganz anders geartete Produktionen zu verwenden.

Das gilt in besonders bezeichnender Weise auch für die Hieronymus-Edition (1516), die geradezu simultan wie das *Novum Instrumentum* aus der Presse der Froben'schen Druckerei in Basel kam. Hieronymus war, wie wir wieder sehen werden, Modell, Hilfe und Kommentar für diese Zeit des Zenits von 1516 bis 1519.

Ausdruck auch der politischen *utopia* dieser Jahre der Hochstimmung und der Hoffnung sind die ähnlich gearteten Schriften von 1516, der Fürstenspiegel, die *Institutio principis Christiani,* durch die sich ihr Verfasser als kaiserlicher Rat ausweist.[64] und die Trauerrede von der *Querela pacis.* Wir müssen um diese Bemühungen und Ideen wissen, wenn wir *pax et concordia* als Leitthemen unserer Einleitungsschriften, namentlich der *Ratio* immer wieder verfolgen.

War die erste Veröffentlichungsperiode, grob gesprochen von 1500—1518, in erster Linie charakterisiert durch *praeludia* und *exercitationes,* so sind für die zweite Periode von 1518—1536 die Paraphrasen zu den neutestamentlichen Texten und die von Erasmus, wie schon erwähnt, bejammerten Apologien kennzeichnend.[65] Eine von der letzten Kategorie verdient für unser Thema besondere Beachtung. Es ist das die *Apologia ad Fabrum Stapulensem (*allerdings schon von 1517). Jacobus Faber (um 1455—1536), auch genannt Lefèvre d'Etaples, Bibliothekar der Abtei St. Germain-des-Prés, wurde als Verfasser eines Kommentars zu den Paulusbriefen (1512) von Erasmus als eine Art Vorläufer angesehen. Das wollte er noch

[62] W, S. 150; H, S. 187. W, S. 412; H, S. 278.

[63] Erasmus drückt es auch noch mit dem griechischen Wort ähnlich aus: „Ab his *progymnasmatis* aggressus sum Nouum Testamentum", Allen, I, p.14. R. Stupperich, *Die theologische Neuorientierung des Erasmus,* aaO., p.150, legt auf diese Zusammenhänge großen Wert.

[64] „Praeterea libellus de principe Christiano, quem Carolo nunc Casesari porreximus, recens in aulae principalis famulitium acciti, vt essemus inter principis consiliarios", Allen, I, p.19.

[65] „Octauum occupent Apologiae. Me miserum!" Allen, I, p.41.

in den Einleitungsschriften besonders festhalten.[66]. Im übrigen war ihm Stapulensis in vielen Dingen sehr ähnlich. Umso schmerzlicher war es, von einem Freund kritisiert zu werden.[67] Die Auseinandersetzung war zwar andererseits nicht so unerwartet gekommen, hatte er doch von Anfang an aus der Unterschiedlichkeit seiner Ansichten kein Hehl gemacht.[68]. Von den literarischen Fehden, welche sein Neues Testament auslöste, verursachte die mit Stapulensis keine andauernde Verstimmung.

Als Apologien ganz anderer Art sind die Streitschriften mit Luther anzusehen. Das wäre in der Hauptsache *De libero arbitrio diatribe* (1524) und *Hyperaspistes diatribae adversus servum arbitrium Martini Lutheri* (1526) und davon der *Liber secundus* (1527). Diese Traktate werden in jedem Handbuch der Kirchengeschichte erwähnt, weil sich darin die Gegensätzlichkeiten der Standpunkte zwischen den beiden Parteien auszuformulieren beginnen. Damit fängt der eine Strom der Reformbestrebungen an, sich in zwei getrennte Rinnsale aufzuteilen. Wir können diese Traktate nicht als direkten Ausfluß der uns vorliegenden Schriften von 1516 bis 1518/19 auffassen. Es sei denn, wir erinnern uns an den späteren Ausspruch Luthers, daß er sich bei der Lektüre der *Paraclesis* zuerst von Erasmus entfremdet habe[69] und er in der *Ratio* Christus nur als Weltverbesserer und nicht als Erlöser erlebe[70]. Dazu kommt noch eins: Die hermeneutischen Gegensätze zwischen Erasmus und Luther liegen als tiefere Ursachen auch der Auseinandersetzung über den freien Willen zugrunde. Es sind letztlich im Menschenverständnis begründete Unterschiede der Auffassung von der „Klarheit der Schrift". Was Erasmus betrifft, war seine Position bereits in den Einleitungsschriften deutlich konzipiert. Für Luther ist die Schrift grundsätzlich aufhellbar und zugänglich, für Erasmus ist sie wesenhaft auch Rätsel und Gleichnis.[71]

[66] Wieder an pointierter Stelle der Konklusion zur *Apologia*, W, S. 114; H, S. 174.

[67] „Nec ob eum casum, tametsi grauem, illi nostram amicitiam renunciauerimus", Allen, I, p.22.

[68] Etwa auch Allen, II, p.112 f.

[69] „Hic primus locus fuit, qui alienavit animum meum ab Erasmo", WA Br 7, 32 (März 1534). Er meint die Stelle, wo Erasmus über die relative Heilsbedeutung des Heidentums spricht: „solus hic e coelo", W, S. 10; H, S. 140. W, S. 22 ff.; H, S. 145 ff. Ich verdanke diese Hinweise R. Stupperich, Die theologische Neuorientierung des Erasmus, aaO., p.158, Anm. 62.

[70] „Iam vero *Methodus* eius cum suis circulis, quid est, nisi irrisio Christi ...?" Man könne daraus nur Abscheu „fabulosae religionis" schöpfen, WA Br 7, 31 (März 1534).

[71] Vgl. O. Kuss, *Über die Klarheit der Schrift*. Historische und hermeneutische Überlegungen zu der Kontroverse des Erasmus und des Luther über den freien

Der siebte Band seiner geplanten Gesamtausgabe, der im Bedarfsfall auch in zwei Teilen hätte erscheinen dürfen, sollte die „Paraphrasen" zum Neuen Testament füllen.[72] Diese Form, die Schrift auszuwerten und zu einer Vielfalt von theologischen Themen Stellung zu nehmen, die auch in unseren Einleitungsschriften angeschnitten sind, war typisch für die Veröffentlichungsperiode nach den beiden ersten Ausgaben des Neuen Testaments. So wurde sein letztes Werk eine Paraphrase auf Psalm 14 *De puritate tabernaculi sive Ecclesiae christianae* (im Todesjahr 1536), geschrieben für einen Freund, den „Zöllner" von Boppard am Rhein.

Um die Motive unserer Schriften besser zu verstehen, müßten wir das schon 1497 als Gelegenheitsschrift verfaßte Ehebüchlein *Encomium matrimonii* (1518) und *Christiani matrimonii institutio* (1526), gewidmet der „Zierde aller Matronen, der Königin der Engländer, Domina Katharina", beachten, dazu die hochbrisante *Epistola de interdicto esu carnium* (1522). Die Behandlung dieser zunächst vielleicht peripher erscheinenden Themen, beleuchtet letztlich die auch in unseren Traktaten immer wiederkehrende Frage um die Disziplinargewalt der Kirche, die Freiheit des Christenmenschen und die rechte christliche Existenz innerhalb der Kirche. Die Wahl des neuen Papstes Paul III. (1534—1549) ließ seine Hoffnung auf Beilegung des konfessionellen Streites wieder aufflammen.[73] *De sarcienda Ecclesiae concordia* (1533) hatte schon das Anliegen zum Ausdruck gebracht, wie man die Einheit der Kirche wieder „flicken" könne.

So wie der Abschluß der *Ratio* noch eine Besinnung auf die Predigt der *philosophia Christiana* war, so ist auch eines seiner längsten Werke, das er noch knapp vor seinem Tode abschließen konnte, *Ecclesiastes sive de ratione concionandi (1535)*, diesem schon immer verfolgten Reform-Topos seiner Zeit gewidmet. Auch dieses Werk rundet die ecclesiologischen Fragen ab, die bereits in der *Ratio* angeschnitten waren.

Wenn auch diese letzten 18 Jahre in überwältigender Weise der theologischen Produktion gewidmet waren, so hatte er nicht vergessen, daß er *ex poeta theologus* geworden war, vielmehr beides in gleichem Maße war. Für unsere Erörterungen müssen wir das Lehrbuch der Stilistik oder *De conscribendis epistolis ratio* (1521) einsehen. Die Schrift war John Fisher von Rochester (1459—1535) gewidmet, von dessen Hinrichtung Erasmus noch ein Jahr vor seinem

oder versklavten Willen; in: *Theologie und Glaube* 60 (1970), S. 273-321, hier besonders S. 311.

[72] Allen, I, p.41.

[73] In seinem Glückwunschschreiben vom 23. Jänner 1535 vergleicht sich der Verfasser mit dem greisen Simeon, voller Hoffnung auf die „tranquillitas ecclesiae", Allen, XI [ed. H. M. Allen und H. W. Garrod, Oxford 1947], p.61.

Tode erfahren mußte. Er kommemoriert das fatale Ereignis in der Einleitung zum *Ecclesiastes* mit auffallender Zurückhaltung und verhaltenem Schmerz. Den englischen Freunden Colet, More und Fisher hatte er mehr zu verdanken gehabt als die Anregung, daß die *litterae* einer neuen *pietas* dienlich sein könnten. Es war das Zeugnis ihres gebildeten, humanen und frommen Lebens, das ihn zeitlebens bestimmt hatte. Ein unglückseliges Geschick hätte ihm More und Fisher entrissen. Aber einen Trost habe er, er werde bald mit ihnen vereint sein.[74]

IV.

Wir müssen noch einmal auf die Erasmische *utopia* von 1516 bis 1518/19 zurückkommen, wenn wir unsere Einleitungsschriften und namentlich das in ihnen gegebene Kirchenbild richtig abschätzen wollen.

In einem Einschub der *Ratio* von 1523, einer Zeit also, da die *utopia* bekanntlich einer tiefen Bestürzung gewichen war, schrieb er: „Schon an die 15 Jahre sehen wir große Umstürze, Spaltung, Kriege, Plünderungen. Wenn einer nach den Quellen sucht, wird er finden, daß das ganze Übel bei den Zeremonien seinen Ausgang nimmt."[75] Erasmus betreibt hier Theodizee. Über den Topos der „Zeremonien" werden wir noch zu sprechen haben. Er sieht in dem reformatorischen Hader, der ihn zutiefst bedrückt, die Symptome einer unerlösten Christenheit der Werkgerechtigkeit und nicht des Geistes, Krankheitserscheinungen, die er mit seinem Italienerlebnis assoziiert.

Als der 40jährige als Begleiter der beiden Söhne des Leibarztes des englischen Königs Heinrich VII. (1485—1509) im Herbst 1506 hoch zu Roß die Alpen überquerte, schrieb er sein *Carmen alpestre* (gedruckt 1511) über die Unannehmlichkeiten des Alters. Für ihn war es keine *gentleman's tour* wie für seine jungen Begleiter. Was ihn wirklich interessierte, waren die Druckereien, namentlich die des Aldus Manutius (1449—1515) und dessen Schwiegervaters Andreas d'Asola (Asolanus, 1451—1529) in Venedig. Seinen theologischen Doktorgrad erwarb er im Vorbeigehen in Turin. Das brauchte er, um rechtmäßig zur Theologenzunft zu gehören. Dadurch konnte er jenen Kritikern den Wind aus den Segeln nehmen, die ihn einen

[74] Desiderius Erasmus Roterodamus, *Opera Omnia,* tom. V., ed. J. Clericus, Leiden 1704, Reprint 1962, col. 769-770 (= LB V, col. 769-770). Die Folio-Ausgabe ist für viele Schriften des Erasmus immer noch unersetzlich.

[75] W, S. 336; H, S. 252.

[75a] Giovanni Battista Boerio aus Genua. Seine beiden Söhne, ebenfalls Johannes und Bernhard, werden Allen, I, p.519, als „exceedingly dull" bezeichnet.

Poeten und Grammatiker schalten und schon damals als Theologen nicht voll anerkennen wollten.[76] Vorerst sollte ihn das Interesse seiner Schutzbefohlenen bis Spätherbst 1507 in Bologna zurückhalten. Das waren jedoch unruhige Zeiten. Am 11. November 1506 erlebte er den pompösen Einzug des kriegerischen Papstes Julius II. (1503—1513). Grimmig schreibt er, „frigent studia, feruent bella", er denke an eine baldige Rückkehr.[77] „Julius, der Summus Pontifex, kämpft, siegt, triumphiert und fühlt sich wohl in der Rolle des Julius [Cäsar]."[78] Er hatte wenig Verständnis für die Rekuperationen des Rovere-Papstes, seine rücksichtslose Bündnispolitik und sein Spielen mit dem Krieg. Er mag dieses Papstbild vor Augen gehabt haben, als er später in der *Ratio* dem Sinn nach schrieb, wer im *circulus* der Priester die besten Qualitäten als Fürst entwickle, stelle immer noch Hefe und Bodensatz des Priestertums dar und sei meilenweit von der *philosophia Christi* entfernt.[79] Mars war ihm dem Wesen nach widerchristlich und der natürliche Gegner von Minerva. Das war auch der letzte Grund der humanistischen *utopia,* die man dem freundlicheren Nachfolger entgegenbrachte. Denn die *Christiana pietas* sei durch das Laster des Krieges zu Schanden gekommen.[80] In Venedig verlebte er fast ein Jahr bis Ende 1508. Neben dem Lärm der Druckpressen schrieb er fast aus dem Gedächtnis an seinen *Adagia.* Nach Beendigung der Arbeit übersiedelte er auf die *terra ferma* nach Padua, um sich dem jungen Erzbischof von St. Andrew's[81] als Studenten zu widmen. Doch der Krieg verjagte beide, den Tutor und den schottischen Prinzen, denn der Papst und die Genossen der sgn. Liga von Cambrai (1508) waren gewillt, den Venezianern die *terra ferma* abzujagen. So kam er, durch Mars vertrieben, nach Siena, nicht mehr so weit von Rom entfernt. Das war gerade das Jahr 1508, auf das Erasmus sich in der eingangs zitierten Stelle beruft, wenn er meint, seit jener Zeit habe das Unheil nicht mehr aufgehört, die Christenheit zu verwirren. Von Siena führt ihn anfangs 1509 ein flüchtiger Urlaub nach Rom. Dort trifft er sich mit Giovanni d'Medici, dem späteren Papst. Er kommt nochmals kurz auf einer Durchreise nach Neapel mit seinem Schüler zu-

[76] R. Stupperich, *Die theologische Neuorientierung des Erasmus,* aaO., p.148, legt auf diesen Punkt in seiner *vindicatio Erasmi theologi* größeren Wert. Allen, I, p.432 (4. November 1506), p.433 (16. November 1506).

[77] Allen, I, p.433 (16. November 1506).

[78] Allen, I, p.435.

[79] W, S. 192 ff.; H, S. 202 ff.

[80] Allen, II, p.184 in der schon zitierten Widmungsepistel an Leo X. vom 1. Februar 1516.

[81] Alexander Stewart (Inhaber des Erzstiftes 1504—1513), natürlicher Sohn des schottischen Königs Jakob IV. (1488—1513), der zusammen mit seinem Vater fünf Jahre später in der Schlacht bei Flodden gegen die Engländer fiel.

rück, verläßt aber schon Juli 1509 Rom und Italien, „um nie mehr zurückzukehren“, wie ein berühmter Biograph stimmungsvoll sagt.[82] Auch die Versprechungen des Kardinals Domenico Grimani (1451—1523) konnten ihn nicht halten.[83] Seine neue *utopia* war der gebildete König Heinrich VIII. (1509—1547). Da mußte er unverzüglich zu seinen Freunden nach England zurück. Dort fühlte er sich viel wohler als in Italien. Als er wieder auf dem Rücken des Pferdes über die Alpen zog, konzipierte er, in Erwartung angenehmen Wiedersehens, für Thomas Morus (1478—1535) das *Lob der Torheit.* Darin sann er unter anderem nach über die „Pest aller Sitten, den Krieg“, der so ungerecht ist, daß immer schlimmste Räuber seine besten Sachwalter sind.[84] Unter diesem Gesichtspunkt hatte es auf ihn keinerlei Eindruck gemacht, daß sich eben Michelangelo unter der Patronanz des *il terribile* angeschickt hatte, die Fresken der Sixtinischen Kapelle zu malen.

Vielleicht kann Leo den Sturm besänftigen, den Julius entfacht hat, das war die Hoffnung der Humanisten.[85] Krieg ist nur jenen ein Genuß, die ihn vom Feldherrnhügel aus erleben. *Dulce bellum inexpertis* (1517).[86] Den *„alter Moses“* hielt er für solch einen Generalstäbler. Das war auch der Grund, warum ihm seine Zeit die Autorschaft der bitteren Papstsatire *Julius exclusus* (1513) oder *Julius vor der verschlossenen Himmelstür* ohne weiteres zutraute, wobei er alle Mühe hatte, sie wiederholt von sich zu weisen[87]. Heute nimmt man seine Remonstrationen wieder ernster und sucht den Verfasser in den Pariser Humanistenkreisen, mit denen allerdings Erasmus wieder recht gut bekannt war und denen die antifranzösische Politik Julius II. so zuwider war, daß sie bekanntlich zu dem auch damals für einen Papst noch höchst gefährlichen Mittel des Konziliarismus griffen. Auf die gleichen Bestrebungen, denen wir das Konziliabulum von Pisa (1511—1512) und als geschickte Reaktion darauf das so unergiebige 5. Laterankonzil (1512—1517) verdanken, mag auch mit vorzüglichen Gründen die Entstehung

[82] J. Huizinga, *Erasmus,* übers. W. Kaegi, Basel ⁴1951, S. 78.

[83] Allen, II, p. 74 (15. Mai 1515).

[84] LB, IV, col. 484 D.

[85] „Iulius, certe non ab omnibus laudatus Pontifex, potuit hanc bellorum tempestatem exitare; Leo, vir doctus integer ac pius, sedare non poterit?“ Allen, I, p.553.

[86] Sprichwort aus den *Adagia,* das zu einem eigenen Essay ausgebaut wurde, zuerst unter dem Titel *Bellvm,* seit 1519 bzw. 1520 unter unserem Titel.

[87] „... fabulam actam in Gallia, vbi talium nugarum immodica licentia semper fuit“, Allen, III, p.45 (16. August 1517). Zum Fragestand vgl. auch W. P. Eckert, *Erasmus von Rotterdam. Werk und Wirkung,* (= „Zeugnisse der Buchkunst“ / Viertes Buch), Bd. 1 Köln, S. 161.

dieser Papstsatire zurückgehen.[88] Erasmus hat mit ihr allem Anschein nach nur die Gedankenwelt, die Ablehnung einer gewalttätigen Form von Prälatentum und damit von Anfang an ein besonderes privates Interesse[89] gemeinsam.

Dieses Interesse dürfen wir wiederum als Anzeichen für eine Haltung zum kirchlichen Amt und zum Papsttum werten, die in unsere Reformschriften Eingang fand, nachdem sie durch ein für Erasmus weniger erquickliches als folgenreiches Italienerlebnis nicht unwesentlich mitbestimmt wurde. Nur Monate nach der Abreise des Erasmus kam Luther nach Rom in anderem Auftrag und mit unterschiedlichen Anliegen. Er dürfte damals weniger kritisch und vielleicht sogar „frömmer" als sein literarischer Gegner der Zwanzigerjahre die heiligen Stätten erlebt haben. Erasmus suchte augenscheinlich keinen verständigen Beichtvater in Rom.[90] Sein aufgeklärter Geist ließ ihn aber schon damals die Wurzel des Übels erleben und formulieren. Das hinderte ihn jedoch nicht, das „Lob der Torheit" anzuschlagen und mit lächelnder Toleranz die Narretei der *utopia* zu pflegen. Bis knapp vor seinem Tod hielt er in Verkennung und Verbannung die Hoffnung auf einen Sieg der *philosophia Christi* hoch. Er hörte nicht auf, immer wieder einen Versuch auch mit den Päpsten seiner Zeit zu wagen.

V.

Wir konnten bereits wiederholt feststellen, daß die Erasmische *utopia* von 1516 bis 1518/19 mit ihrer tragischen Ironie nur von kurzer Dauer war. Man kann trotz einer gewissen Flucht vor dem Engagement Erasmus schwerlich den Willen zu einer weltweiten

[88] Neuerdings sucht C. Reedijk, *Erasme, Thierry Martens, et le Iulius Exclusus,* in: *Scrinium Erasmianum,* II, aaO., S. 351-378 in sehr packender Weise einen Indizienbeweis zu führen, daß der Verfasser in dem aus Forli in der seit 1504 rekuperierten Romagna stammenden Pariser Humanisten Publio Fausto Andrelini (um 1460—1518) zu suchen sei. Zur diesbezüglichen Kontroversliteratur führt der Verfasser, aaO., p.375 f., Anm. 116, eine umfassende Skala von Titeln an. Um die Alternative hatte P. S. Allen auch schon im Detail gewußt, sie jedoch entschieden abgelehnt, Allen, II, p.418-420 (15. Dezember 1516, Einleitung).

[89] Erasmus hatte sich selbst zumindest eine Abschrift der Satire angefertigt, Allen, II, p.419 (Einleitung).

[90] In der nicht unglaubwürdigen Sicht der Dreißigerjahre sieht sich Luther als frommen Rompilger: „Salve, sancta Roma!" WA Tr 5,6059. Er sagt, es habe ihm leid getan, daß seine Eltern noch lebten, gern hätte er sie sonst durch besondere Messen aus dem Fegefeuer erlöst, WA 31,1, S. 226. Zum wiederholten Male habe er nach einer Generalbeichte verlangt, sei aber bitter enttäuscht worden, WA Tr 3,3582 A. — Diese seelischen Strukturen einer Werkfrömmigkeit oder der „Zeremonien", wie Erasmus den Zustand nennen würde,

politischen Einflußnahme absprechen. Wenn er auch notwendigerweise in den Fürsten und Prälaten seiner Zeit auch die Patrone und Mäzene der *bonae litterae* gesucht hat, so erhoffte er sich nicht zuletzt von den Staatsmännern doch eine Förderung der *philosophia Christi* und damit des anstehenden Reformwerks. Daher war es auch für Christen und Geistliche sinnvoll, sich in an sich unevangelische Hofgeschäfte einzulassen.[91]

Nach der großen Vogue, die ihm die uns vorliegenden Schriften eingebracht hatten, schien es allerdings, als sei ihm das Gesetz des Handels entglitten. Die Aleander und Eck, die Karlstadt, Hutten und Luther beherrschten die Szene, eher Kombattanten, Visionäre und Gerichtsvollzieher als Gesprächspartner. Vielleicht waren *tumultus* und *discordia* wirklich unvermeidbar geworden. Oder gehörte Erasmus von Anfang an zu jenen Hamlet-Naturen, die mehr als andere wußten, daß durch das Schwert umkommt, wer danach greift, und daß durch abwartendes Zögern das Unheil ebensowenig vermieden wird wie durch die kecke Tat? In den Zwanzigerjahren so wie in jeder revolutionären Zeit galt das faustische Motto: Im Anfang war die Tat. Manche ehemaligen Erasmianer meinten nicht mehr warten zu können. Sie schlugen sich zu einer der Parteien. So bildeten sich die Gräben auf beiden Seiten. Mitarbeiter und Freunde wie Oekolampad (1482—1531), Capito (1478—1541) und Melanchthon (1497—1560) hatten sich zum Teil nach längerem Zögern, und auch später noch auf Ausgleich bedacht, der Lutherischen Partei angeschlossen. So war es kein Wunder, daß der Spätfünfziger das letzte Dutzend seines Lebens etwas isoliert erscheint. Wie so oft in der Geschichte prägen nun neue Männer, eine neue Generation und ein neuer Geist die Periode, obwohl die „Alten" noch leben, die der vorhergehenden ihren Namen gegeben hatten.

Von daher verstehen wir neben der bekannten Polemik Luthers, die für das Erasmusbild diesseits und jenseits des Grabens bekanntlich nicht ohne Belang bleiben sollte, das große Schweigen über den Mann, der sich keine evangeliengemäße Reform der Kirche ohne Frieden vorstellen konnte. Hatten ihn noch die Päpste bis Paul III. (1534—1549) der höchsten Ehre wert gehalten, so setzte nach seinem

und von denen sich Luther durch eine Eruption befreien mußte, wies der Rotterdamer immer als unevangelisch von sich. In der Hitze der Auseinandersetzung sagt er später einmal, von seinem Gegner, er sei vom Vater ein Jude, von der Mutter her ein Hussit, Allen, IX, p.456. Mit dem Juden meint er nicht ganz zu Unrecht die Zeremonialgerechtigkeit.

[91] Vgl. dazu R. Padberg, *Pax Erasmiana. Das politische Engagement und die „politische Theologie" des Erasmus von Rotterdam,* in: *Scrinium Erasmianum* II, p.301-312, S. 304 vgl. den Modellfall Thomas Morus und seine delikate Funktion bei Hof. Vgl. auch *Ratio,* W, S. 294; H, S. 236.

Tod die Indizierungswelle ein, die man in ihrer Wirkung nicht unterschätzen darf. War auch das Verbot seiner *Omnia Opera* durch den diesbezüglich nicht zimperlichen Paul IV. (1555—1559) eine Episode[92], so wurde nun Erasmus endgültig auch in katholischen Kreisen suspekt. Die kämpferischen Zeiten der Gegenreformation mußten den freimütig kritischen, immer aber auch ironischen Ton des katholischen Reformers als Gefährdung ihrer Bestrebungen ansehen. Dieser Umstand mag die fromme Begebenheit erklären, von der der Ordenschronist P. Pedro de Ribadeneira S. J. (1526—1611) in seiner *Vita Ignatii Loyolae* (1572) zu berichten weiß. Freunde hätten dem Ordensvater die Lektüre des *Enchiridion* (1503) zur Erbauung und Verbesserung seines Stils empfohlen. Ignatius habe es jedoch enttäuscht wieder aus der Hand gelegt und daraufhin seinen Brüdern die Lektüre aller Werke des Rotterodamers untersagt.[93] Der Papst, dessen Maßnahmen auch das Lebenswerk des Ignatius (1491/95—1556) schwerstens gefährden sollten, hatte ein Jahr nach dessen Tod auch den Ostrazismus über den etwas akademischeren, schon 20 Jahre verstorbenen Reformer aus dem katholischen Lager gesprochen. Solche Verbote blieben, wie gesagt, damals

[92] Sie erfolgte 1557, wurde im Gefolge des Tridentinums von Pius IV. (1559—1565) 1564 gemildert, von Sixtus V. (1585—1590) 1590 wieder in der ursprünglichen Schärfe eingeführt und erst 1596 durch Klemens VIII. (1592—1605) wieder abgeschwächt. Die uns vorliegenden Schriften blieben nicht gebannt, wohl aber die Satiren *Lob der Torheit, Kolloquien,* das Fastenbüchlein *De interdicto esu carnium, Lingua,* das Ehebüchlein *Christiani matrimonii institutio* und eine italienische Version der Matthäusparaphrasen. Übersichtliche Zusammenstellung vgl. R. Padberg, *Erasmus als Katechet* (= Untersuchungen zur Theologie der Seelsorge Bd. 9), Freiburg 1956, S. 9 f. Lateinischer Text ist leicht zugänglich bei A. Auer, *Die vollkommene Frömmigkeit des Christen nach dem Enchiridion militis Christiani des Erasmus von Rotterdam,* Düsseldorf 1954, S. 216, Anm. 89. Nach F. H. Reusch, *Der Index der verbotenen Bücher,* Bd. 1, Bonn 1883, S. 263 und A. Flitner, *Erasmus im Urteil seiner Nachwelt. Das literarische Erasmusbild von Beatus Rhenanus bis zu Jean Le Clerc,* Tübingen 1952, S. 39 f.

[93] Vita prima, I, cap. XIII. *Obras Escogidas del Padre Pedro de Rivadenaira,* ed. V. de la Fuente, Madrid 1952, p.30 (= Biblioteca de Autores Españoles tom.60). P. Petri de Ribadeneyra Collectanea, in: Fontes narrativi de S. Ignatio de Loyola et de Societatis Iesu initiis, vol. II: Narrationes scriptae annis 1557—1574, ed.C.de Dalmases, Rom ²1951, p.416 f., n.12 und 15. (= Monumenta Historica Societatis Jesu vol.73).
H. Jedin, *Thomas Morus - Martyrer des Gewissens,* in: *Kirche des Glaubens, Kirche der Geschichte.* Ausgewählte Aufsätze und Vorträge, Bd 1: Kirchengeschichtsschreibung, Italien und das Papsttum, Deutschland, Abendland und Weltkirche, Freiburg/Br. 1966, S. 370 f. hält die Ablehnung des Erasmus durch Ignatius für eine geringeres Problem als die entsprechende Freundschaft des Thomas Morus dem Rotterdamer gegenüber.

nicht ohne Effekt und mußten sich auch in den Programmen der Compagnia des Papstes spiegeln.

So jagten eifrige Kontrareformateure seine Bücher bis tief in die Zeit der Aufklärung hinein.[94] Vielleicht war man im Zeitalter der Gegenreformation weithin wirklich nicht mehr fähig, Erasmus ohne Gefährdung des als katholisch verstandenen Gewissens zu lesen. Ähnlich schwer wog auch das Verdikt Luthers für den orthodoxen Protestanten. So sehr hatte sich das Bewußtsein der abendländischen Christenheit durch den *tumultus* verengt.

Es ist daher kein Wunder, daß sich erst mit der Aufklärung wieder ein intensiveres Interesse Erasmus zuwendet. Unter Krisen und Verlusten mußte sich das Bewußtsein der Christenheit zur Toleranz öffnen. Die streitenden Brüder hatten eben zusammen zu leben. Es gehört daher zur Ironie der *historia,* daß die Geschichte der Erasmus-Renaissance als einen ihrer ersten Vertreter den lebensfrohen Spötter Christoph Martin Wieland (1733—1813) kennt. Seine Patronanz machte Erasmus zwar wieder in breiten Kreisen hoffähig, brachte ihn aber andererseits für die katholische Restauration des 19. Jhs. in Mißkredit, ähnlich wie das Interesse, das ihm der protestantische Liberalismus nach der Art eines David Friedrich Strauß (1808—1874) entgegenbrachte, seinem Andenken nicht nur nützlich war. Als Percy Stafford Allen 1906 den ersten Band seines *Opus Epistolarum* herausgebracht hatte, setzte ein breiter Strom von Erasmus-Forschung ein, die für die neue Romantik zwischen den beiden Weltkriegen charakteristisch wurde, eine Renaissance-Bewegung, die auch nach dem zweiten Weltkrieg nicht zu Ende gekommen ist. Vielleicht waren die Gedanken des Erasmus für seine Zeit tatsächlich eine platonische *utopia,* für deren Verwirklichung der rechte Augenblick noch nicht gekommen war.

Doch braucht es auch in den letzten Jahrzehnten noch einige Anstrengungen, Erasmus als Theologen ernst zu nehmen. Die Frage wurde ja immer gestellt, ihre Bejahung ist bis zum heutigen Tag

[94] Das geschah etwa noch in den Rekatholisierungsbestrebungen der Kaiserin Maria Theresia in den habsburgischen Erblanden. So berichtet der eifrige Zisterzienser von Wilhering, „p.t. Missionarius" P. Guido Pisreither in seinem Report an die Landesbehörde vom 2. August 1752, er habe bei seiner Bekehrungsreise in der Pfarre Schwanenstadt (Oberösterreich) nur zwei verbotene Bücher gefunden, und zwar ein lateinisches, vor 237 Jahren [1515] gedrucktes und noch ein anderes „Erasmi Roterdami", Stiftsarchiv Wilhering, ad 1752, Aug. 2. Das 1515 erschienene Buch wird höchstwahrscheinlich das *Moriae Encomium* gewesen sein, das in besagtem Jahr nach der *Bibliotheca Erasmiana* I, 1re Série, S. 122, in sieben Quarto-Ausgaben erschien. Es käme eventuell auch noch das *Enchiridion militis Christiani* in Frage, was aber für eine übergroße Ängstlichkeit des Berichterstatters in Fragen verbotener Bücher sprechen würde.

nicht unangefochten geblieben. In der kirchengeschichtlichen Standardbetrachtung von Josef Lortz[95] und Erwin Iserloh[96] ist er bei aller freundlichen Beurteilung, die man ihm fairerweise zukommen läßt, letztlich immer noch ein Versager, was die Reform der Kirche betrifft. Mangel an religiöser Tiefe, ausgeprägter Spiritualität und spekulativer Kraft werden als Gründe für seine augenscheinliche Unwirksamkeit in der Kirchenpolitik angeführt.

Seit längerer Zeit wird jedoch schon an einer anderen Schneise zum Verständnis des Erasmus gearbeitet.[97] Da war einmal ein überaus einflußreiches Büchlein von Louis Bouyer[98], eines Mannes der *via media,* der energisch die Orthodoxie des Erasmus gegenüber den sehr maßgeblichen, aber anders orientierten Studien von Augustin Renaudet[99] vertrat. Bouyer wurde neuerdings durch eine kleinere, aber überaus klare Studie des Löwener Erasmus-Forschers Joseph Coppens[100] sekundiert. Bleibendes Verdienst um die Erneuerung des Erasmus-Bildes nach dem Krieg hat sich, wie schon angedeutet, Alphons Auer[101] erworben. Einige seiner skeptischen Konklusionen werden zu überprüfen sein. Was den mystisch und spekulativ unbegabten Erasmus anlangt, scheint er mir eher die schon erwähnten Ansichten weiterzuführen. Gegen diese tritt Rudolf

[95] J. Lortz, *Erasmus — kirchengeschichtlich,* in: Aus Theologie und Philosophie. Festschrift für Fritz Tillmann zu seinem 75. Geburtstag, Düsseldorf 1950, S. 271-326. Dazu noch in unverminderter Heftigkeit: J. Lortz, Die Reformation in Deutschland, Bd 1: Voraussetzungen. Aufbruch. Erste Entscheidung, Freiburg [5]1962, S. 127-138.

[96] E. Iserloh, *Wie es zur Reformation kam,* in: Lebendiges Zeugnis s.n. (1964) Heft 2, S. 133-152. Derselbe ähnlich, aber mit differenzierter Zurückhaltung: *Handbuch der Kirchengeschichte,* hr. H. Jedin, Bd 3/2, Freiburg, Basel, Wien 1968, S. 737-740 und ebd. Bd. 4, aaO., S. 147-157.

[97] Wenn es schon anläßlich des Erasmus-Jubiläums von 1936 geheißen hat, daß die Forschungsliteratur über ihn bereits unüberschaubar sei, so gilt das heute in noch höherem Maße. R. Pfeiffer, *Besprechung der von Annemarie und Hajo Holborn herausgegebenen ausgewählten Werke des Desiderius Erasmus Roterodamus,* in: Gnomon 12 (1936), S. 633. Es können nur einige exemplarische Autoren angegeben werden, die auch heute noch immer im Gespräch sind.

[98] L. Bouyer, *Autour d'Érasme.* Études sur le Christianisme des humanistes catholiques, Paris [8]1955, p.97-140. Er führt neben den Kolloquien vor allem die *Ratio verae theologiae* ins Treffen, aaO., p.141-157. Ähnlich: R. Newald, *Erasmus Roterdamus,* Freiburg i. B. 1947, dem wir als Germanisten eine entschiedene Einschätzung Erasmus des Theologen verdanken.

[99] A. Renaudet, *Érasme, sa pensée religieuse et son action d'après sa correspondance, 1518—1521,* Paris 1926. Derselbe *Études Érasmiennes (1521—1529),* Paris 1939, u. a.

[100] J. Coppens, *Les Idées Réformistes d'Érasme dans les Préfaces aux Paraphrases du Nouveau Testament,* in: Analecta Lovaniensia Biblica et Orientalia, Ser. III, Fasc. 27 (1961), p.344-371, besonders p.349-351.

[101] A. Auer, *Die vollkommene Frömmigkeit,* aaO.

Padberg[102] jüngst in einer Tübinger Universitätsrede leidenschaftlich in die Schranken, nachdem er durch seine ebenfalls schon erwähnte Habilitationsschrift die Ergebnisse Auers ergänzt, zurechtrückt und weitergeführt hatte. Seine Betonung des Formalen bei Erasmus und des Pneumatischen[103] in seinem Kirchenbegriff wird einer zusätzlichen Erwägung wert sein.

In vieler Hinsicht Padberg verpflichtet, stellt Georg Gebhardt[104] die Kirchlichkeit des Erasmus deutlich heraus; er geht weniger „pneumatisch" vor als Padberg, was ihm wieder trotz vielem Lob auch den Vorwurf einer zu undynamischen Sicht des Erasmischen Kirchenbildes eingetragen hat.[105] Die Arbeit von Gebhardt zeigt in lobenswerter Weise, wie man auch durch eine umfassende, kritisch dialogische Begegnung mit der Forschungsliteratur zu neuen Aspekten kommen kann. Ein verzeihlicher Mangel der Untersuchung besteht vielleicht darin, daß Gebhardt als Profanhistoriker wohl in zu großer Breite theologisches Handbuchwissen referiert.

Die ebenfalls im Erasmusjahr erschienene und schon erwähnte Habilitationsschrift von Ernst-Wilhelm Kohls[106] wird praktisch noch in jeder neueren Untersuchung über Erasmus zitiert. Um eine Auseinandersetzung mit ihr wird man wohl kaum herumkommen. Ihr Literaturverzeichnis nimmt übrigens die Formen einer Bibliographie an und ist somit eine unumgängliche Weiterführung der Bibliographie von Jean-Claude Margolin[107]. Letzte Ergänzungen bieten die Festschriften der Kongresse zum Erasmusjubiläum, namentlich des *Scrinium Erasmianum,* deren Beiträge übrigens mit wenig Ausnahmen das von uns skizzierte *Renouveau Érasmienne* widerspiegeln. Damit wären Anregungen aufgegriffen, die Gelehrte wie Rudolf Pfeiffer[109] schon vor 35 Jahren, jedoch lange nicht genügend

102 R. Padberg, *Reformatio Catholica. Die theologische Konzeption der Erasmischen Erneuerung,* in: Volk Gottes, Festgabe für J. Höfer, hr. R. Bäumer und H. Dolch, Freiburg, Basel, Wien 1967, S. 293—305.

103 R. Padberg, *Erasmus als Katechet,* aaO., S. 158 und 98 ff.

104 G. Gebhardt, *Die Stellung des Erasmus von Rotterdam zur Römischen Kirche,* Marburg/Lahn 1966.

105 Neuerdings etwa O. Schottenloher, *Erasmus und die Respublica Christiana,* in: HZ 210 (1970), S. 298, Anm. 7.

106 E.-W. Kohls, *Die Theologie des Erasmus,* Bd. 1: Textband, Bd. 2: Anmerkungen und Register, Basel 1966.

107 J.-C. Margolin, *Douze Années de Bibliographie Érasmienne (1950—1961),* (= De Pétrarque a Descartes, ed. P. Mesnard, tom. 6), Paris 1963.

109 R. Pfeiffer, *Die Einheit im geistigen Werk des Erasmus,* in: *Deutsche Vierteljahrschrift für Literaturwissenschaft und Geistesgeschichte* 15 (1937), S. 473-487. Die angedeutete Forschungsrichtung darf auch noch Erfreuliches erwarten von den Arbeiten des belgischen Jesuiten Georges Chantraine, der mir freundlicherweise mitteilt, daß seine Löwener These *„Mysterium" et „Philosophia Christi". Étude de la Lettre à Volz et de la „Ratio verae theo-*

beachtet, ausgesprochen hatten. In diese Zeit war auch die immer noch unersetzliche Textausgabe von Hajo und Annemarie Holborn gefallen, durch die bis zum heutigen Tag ein weiterer Kreis von Forschern auf die theologische Bedeutung der Erasmischen Schriften aufmerksam wurde.

logiae" (1518), Löwen 1968, im Laufe des Jahres 1971 bei Duculot in Namur erscheinen soll.

Erster Teil

Die Praefationes: Paraclesis, Methodus, Apologia (1516)

Kapitel I: Paraclesis

Die rechte Beredsamkeit als Ausdruck einer neuen Theologie, die für alle Menschen bestimmt ist

1. Staatsrede oder *genus suasorium*

Als Erasmus Ende 1515 seine *Paraclesis ad lectorem pium* schrieb, um sie als Vorrede für sein *Novum Instrumentum* von Februar 1516 zu verwenden, da war er sich mehr als bei anderen Schriften bewußt, daß eine Sache noch so gut und nützlich sein konnte, daß sie wirkungslos bleiben mußte, wenn sie nicht mit der entsprechenden „*vis*"[1], wie es die alten Rhetoriker nannten, vorgetragen wurde.

Wußte er auch sonst wie jeder Gebildete seiner Zeit um die Regeln der *eloquentia* und ihre Anwendung, so macht er in der vorliegenden Schrift ein Modell rhetorischer Prosa, das zugleich als Chiffre oder Symbol für seine neue Theologie dienen soll. Im *exordium*[2] zur *Paraclesis* stellt er die Beredsamkeit als eine die Menschen bezwingende Gottesgabe dar. Für den *doctus poeta,* der die *bonae litterae* pflegt, sind bekanntlich die Grenzen zwischen Beredsamkeit und Dichtung, zwischen Rhetorik und Poetik, zwischen Dichtungslehre und Dichtung als Kunst fließend. Er macht da kaum Unterschiede. Er kennt kein *l'art pour l'art,* Dichtung ist für ihn zugleich eine Form gelehrter Äußerung. Dazu sind diese Menschen

[1] Etwa *Methodus,* W, S. 40; H, S. 150. Vgl. H. Lausberg, *Handbuch der literarischen Rhetorik.* Eine Grundlegung der Literaturwissenschaft (= *Großer Lausberg*), Bd. 2 (Registerband), München 1960, S. 840 f. Derselbe, *Elemente der literarischen Rhetorik.* Eine Einführung für Studierende der klassischen, romanischen, englischen und deutschen Philologie (= *Kleiner Lausberg*), München ³1967, S. 63, 91.

[2] W, S. 2—6; H, S. 139 f.

fasziniert von den Möglichkeiten der neuen Kunst des Buchdrucks, Breitenwirkung zu erzielen. So werden Traktate, Essays, Flugschriften, Satiren, ja eigentlich Dichtwerke im heutigen Sinn zu einem verlockenden Mittel des öffentlichen Wirkens in Fragen der Kirchenreform.

Wir müssen das im Auge behalten, wenn wir die Gattung der *Paraclesis* bestimmen. Sie ist engagierte Gelegenheitsschrift, Flugschrift, wenn wir wollen, um ein wichtiges reformatorisches Anliegen, nämlich die Verbreitung des *Novum Instrumentum* von 1516 zu fördern. Doch ist sie mehr als billiger Journalismus, wenn sie auch gut lesbar ist. Ihre Lebendigkeit zeigt ihren ästhetischen Eigenwert und ihre über dem Tagesereignis liegende Aktualität. Sie rührt in vollendeter künstlerischer Gestalt an letzte Fragen der christlichen Existenz und damit des Menschen überhaupt. Sie ist eine Vorrede, und doch wieder mehr; sie ist ein zu selbständiges Ganzes. Sie ist ein theologischer Kurz-Traktat, eine Art fachlicher Prinzipienschrift mit klaren wissenschaftlichen Zielen, und doch mehr; mit fachlichen Abhandlungen ähnlicher Thematik[3] verglichen, ist sie künstlerisch zu anspruchsvoll.

Die Darstellungsweise ist vielschichtig und komplex, auch die leitenden Begriffe sind keine abstrakten Termini, wie sie für wissenschaftliche Definitionen gefordert werden, sondern komplex, in vielen Farben schillernd, aber doch wieder so konsequent eingesetzt und auskomponiert, daß man das *genus* nicht einfach als Journalismus abtun kann.

Die *Paraclesis* ist weiterhin eine erbauliche Schrift — im besten Sinne des Wortes —; sie ist für eine Erbauungsschrift jedoch wiederum zu fachlich ausgerichtet, möglicherweise auch zu polemisch. Vielleicht ist es nicht ganz verfehlt, die Gattung in der Nähe jener Literaturform zu sehen, die man seit dem 17. Jh. in Europa als Essay bezeichnet, ein *genus,* das es im deutschen Sprachbereich weder zu wissenschaftlichen noch zu besonderen literarhistorischen Ehren gebracht hat[4]. Ohne feuilletonhaft oder gar seicht zu werden, kann Erasmus noch schwierige theologische Fragen und kirchenpolitische

[3] Es ist hier lehrreich, die *De divina institutione* von Laktanz, aus der Erasmus, wie wir sehen werden, viele Motive schöpft, zu vergleichen und dabei zu sehen, daß es formal und damit auch in den gehaltlichen Feinheiten ein ganz anders geartetes Gebilde ist.

[4] Die Bezeichnung taucht 50 Jahre nach Erasmus erstmals bei Montaigne auf (1580). In England gab es ab 1597 die religiösen Essays des Francis Bacon, die ein neues Medium gelehrter, erbaulicher und unterhaltsamer Mitteilung schaffen. Erasmus steht beiden Kulturräumen sehr nahe, besonders, wie wir wissen, dem englichen, dessen literarische Kultur ihn mehr als andere Landschaften geprägt hatte.

Probleme so behandeln, daß zwar der Intellekt, dazu aber auch der ganze Mensch durch ein suggestiv-ästhetisches Erlebnis erfaßt wird.

Zur näheren Bestimmung der literarischen Gattung der vorliegenden Schrift wird es zweckdienlich sein, noch einmal auf den Begriff der *eloquentia*[5] zurückzukommen, wie ihn Erasmus entwickelt.

Schon im Titel der Schrift, wie er von den Zeitgenossen verstanden und übersetzt wurde, etwa als *adhortatio* (1516), *Erinnerung* (1522), *Vormanung* (1522), *Vermanung* (1522), *exhortatio* (1529)[6], war es deutlich geworden, daß der Verfasser ein Stück Rhetorik machen wollte, eine programmatische Exhorte für ein wesentliches Christentum.

In einem für Erasmus bezeichnenden Verfremdungsvorgang dialektischer Art stellt er die vorliegende Schrift, pointierter als die lehrhaftere *Methodus* und *Ratio* und weniger emotionell als die „rhetorische“ *Apologia,* wie gesagt, als ein Stück guter Rhetorik dar, deren spezifische Eigenheit gerade darin liegt, keine Rhetorik im üblichen Sinne sein zu wollen. Dadurch wird aber die Wirkung keineswegs abgeschwächt. Alle hätten sie die *eloquentia* begehrt, wenn es galt, in wichtiger Sache eine Lanze für das Christentum zu brechen[7]. Immer hätten sie Cicero, die Verkörperung der Eloquenz, als Vorbild vor Augen gehabt. Ihm habe der große Laktanz nachgeeifert, der ähnlich wie er, Erasmus, das Christentum in kritischer Zeit verteidigen und verkünden wollte. Aber selbst dieser habe gewußt, daß er an Cicero, die verkörperte Eloquenz schlechthin, nicht heranreichen könne[8]. Diesen wiederum habe Hieronymus wegen seiner Sprache bewundert und ihn nebenbei einen „quasi quidam fluvius eloquentiae Tullianae“[9] genannt. Erasmus weiß genau, daß auch Hieronymus in dem Satz, in dem er preist, sich auch sogleich seine Vorbehalte gegenüber Laktanz reserviert: Hätte er doch vermocht, die christlichen Anliegen (mit seinem Talent) zu fördern, wie er mit Leichtigkeit Fremdes zerstörte[10]. Ähnlich ver-

[5] W, S. 2—6; H, S. 139 f. Wir sagen gerne für dieses *exordium* das „Eloquenzkapitel“.

[6] *Bibliotheca Erasmiana* I, 1re Série, p.140 f.

[7] W, S. 2; H, S. 139.

[8] Dabei verfremdet er auch schon Laktanz, indem er die Philosophen einmal den Rhetoren vorzieht und die Rhetorik nur gelten läßt, damit nicht angesichts der Unvollkommenheit dieser Welt die reine Wahrheit, die eigentlich „vi sua propria“ wirken sollte, zum Schaden der Menschen unbekannt bliebe. *De divina Institutione,* III, 1; PL 6, col. 348 G—D. CSEL, 19, p.177.

[9] *Epistolae* 58, 10 (ad Paulinum); PL 22, col. 585. CSEL, 54, p.539.

[10] „... utinam tam nostra affirmare potuisset, quam facile aliena destruxit ...“ aaO., nachdem er ein halbes Dutzend anderer Kirchenlehrer in ironischer Weise apostrophiert hatte.

fremdet nun auch Erasmus. Laktanz wollte es mit der Eloquenz Ciceros aufnehmen. Er verlange mehr. Wenn er nun gleichsam den Schlachtruf erklingen lasse und somit alle Menschen zum heiligsten und nützlichsten Studium der christlichen Philosophie aufrufe, möchte er, falls solche Wünsche etwas taugen, leidenschaftlich verlangen, daß ihm eine Redekunst verliehen werde, ganz *anders,* als sie Cicero besessen habe. Mit dem „longe aliam"[11] setzt er sich von seinem Vorbild ab, bejahend und verneinend zugleich: weniger „geziert" (rhetorisch im abträglichen Sinne) als bei ihm, dafür um so wirksamer.

Und wieder setzt er im klassischen Kolorit zur These an und beschwört alles, was sprichwörtlich war für die Kunst der Beredsamkeit[12]: Götter, Halbgötter, Feierliches und Satyrhaftes, den Philosophen, den Staatsmann und den Dichter, *verum, bonum, pulchrum,* den Menschen in seiner Fülle, dann geht ihm schier der Atem aus, er sucht nach etwas, was die Herzen zu gewinnen vermag, eine dünne Idee, die „Pitho flexanima"[13] ist seiner Weisheit letzter Schluß, die neun „Musen" sind eingeführt, der Inbegriff aller dichterischen Rhetorik aufgebaut, da wird alles wieder dialektisch negiert, und der Verfasser setzt zur verfremdenden Antithese an. All diese Beschwörungsformeln und Lieder, die mit der Kraft der Harmonie wahrhaft „begeistern", lassen wir sie! Gleichwohl wäre es eher zu wünschen, daß Christus selbst, dessen Sache hier vertreten wird, sie in die Hand nähme und in die Saiten der Leier greife, daß dieses Lied die Herzen aller durch und durch erschüttere und bewege, was zu erreichen es nicht der Spitzfindigkeiten und Floskeln der Rhetoren bedürfe[14]! Damit distanziert er sich zum dritten Mal[15] in diesem Einleitungskapitel vom herkömmlichen Rhetorentum und findet synthetisch den Ausweg im „Christus ipse"[16].

Um zu unserem Ausgangspunkt zurückzukommen: Der Verfasser will als rein literarisches *genus* nichts anderes als *a good piece of*

[11] W, S. 2; H, S. 140.

[12] W, S. 2—6; H, S. 139 f.: Der Aufbau ist so kunstvoll, als ob er sich über die „rhetorum epicherematis aut epiphonematis", W, S. 6; H, S. 140, mit Ironie und Selbstironie erheben wollte, oder um zu zeigen, daß er das Handwerk gar wohl versteht: Es sind genau neun „Rhetoren" angeführt: u. z.: 1 Gott (Merkur), 2 Halbgötter apollonischer Art (Amphion, Orpheus), 2 Halbgötter dionysischer Art (Ogmyos, Marsyas), 1 Philosoph (Sokrates), 1 Staatsmann (Perikles), 1 Dichter (Timotheus): 1 Allegorie (Pitho).

[13] W, S. 6; H, S. 139. [14] W, S. 6; H, S. 140.

[15] 1. beim Vergleich mit Cicero „minus picturatam", W, S. 2; H, S. 139; 2. „quae non aures tantum ... deliniat, ...", W, S. 4; H, S. 139; 3. zum Abschluß hier, W, S. 6; H, S. 140.

[16] „Hoc quod optimus non alia res certius praestet, quam *ipsa veritas,* cuius quo simplicior, hoc efficacior est oratio", W, S. 6; H, S. 140.

rhetoric. Durch seine Distanzierung von dem, was man herkömmlich Rhetorik nennt (wir haben das Verfremdung genannt), wird der Eindruck von echter Rhetorik, die in der dichterisch gestalteten Kunstprosa vorliegt, nicht vermindert, sondern bewußt gesteigert.

Die Raffinesse des Erasmus besteht nun darin, daß er sowohl die literarischen Ausdrucksmittel, mit denen er Eloquenz praktiziert, als auch seine Theorie von Beredsamkeit zu einem Theologumenon macht. Die von ihm in der *Paraclesis* geübte Eloquenz enthält in ihrer künstlerischen Gestalt all das, was sein erneuertes Christentum und seine *philosophia Christiana* ausmacht.

Wie Gestalt und Gehalt schon bei Erfassung des *genus litterarium* aufeinander abgestimmt werden, läßt sich mit einigen Hinweisen leicht aufzeigen. Die neue *Christiana philosophia* soll ja gerade nicht Geheimwissenschaft eines exklusiven Klüngels von „Theologen und Mönchen"[17] sein, steril, unverständlich und unfruchtbar, sondern unter Verzicht auf unnötige Kunst[18] soll sie gerade wie die gewählte literarische Form in die Herzen aller wirken[19]. So wie die neue Rhetorik nicht nur Ohrenkitzel[20] sein darf, so verzichtet auch die *philosophia Christiana* in Schlichtheit auf das Rankenwerk einer abenteuerlichen Theologie, die vom Menschen und nicht von Gott stammt[21]. Wie die neue Rhetorik andauernde Wirkungen in den Zuhörern hinterlassen[22], wie sie diese hinreißen, verwandeln und ändern will[23], so soll auch das von der Schrift gespeiste Christentum die Menschen mit ihrem Lebenswandel, die Gesellschaft, Kirche und Staat andauernd verwandeln, und „Christus ipse ... ipsa veritas"[24], das letzte Wort der Rhetoren, wird auch durch seine immer intensiver werdende Gegenwart „usque ad consummationem saeculi"[25] Welt und Menschen ständig reformieren. Letztlich ist es die Person des *Christus ipse,* in der Sprache und Inhalt, Chiffre und Bezeichnetes, Gestalt und Gehalt nahtlos verschmelzen. Die rechte Rhetorik erweist sich als Mittel, künstlerisch einigermaßen Vollendetes zu schaffen. Das künstlerisch geformte Erzeugnis der Beredsamkeit wird jedoch relativiert. Es soll transparent sein für den eigentlichen

[17] „... quos hodie vulgus theologos aut monachos vocat, ..." W, S. 14—16; H, S. 142.
[18] „... minus picturatam ...", W, S. 2; H, S. 139.
[19] „... multo magis efficacem." W, S. 2; H, S. 139.
[20] „... non aures tantum mox peritura voluptate deliniat ...", W, S. 4; H, S. 139.
[21] „... ex ipso venisse coelo ...", W, S. 10; H, S. 141.
[22] „... tenaces aculeos relinquat in animis auditorum, ..." W, S. 4; H, S. 139.
[23] „..., quae rapiat, quae transformet, quae multo alium dimittat auditorem quam acceperit." W, S. 4; H, S. 139.
[24] W, S. 6; H, S. 140.
[25] W, S. 28; H, S. 146 und Schlußkapitel: W, S. 36; H, S. 149.

Inbegriff aller Kunst, aller Rhetorik und aller Form und so zu einer Art greifbarem Theologumenon für das Wesen des Christentums werden.

Was wir durch Analyse des zur Diskussion stehenden Textes auf induktivem Weg erheben konnten, findet auch in den kunsttheoretischen Erörterungen, die Erasmus verschiedenerorts anstellt, ihre Bestätigung. Dazu kommt noch, daß wir die Lehre von den drei *genera* erheben und auf unsere Einleitungsschriften anwenden müssen, um so zu einem abgerundeten Bild der von Erasmus verwendeten Gattung zu gelangen.

So können wir unter anderem aus der Schrift *De conscribendis epistolis* (1521)[26] entnehmen, wie Erasmus den Brief im Sinne der klassischen Tradition bewußt als Kunstgattung auffaßt und als solche weiterentwickelt[27]. Aus dem Lehrgang für das rechte Briefschreiben wird eine Anweisung für die rechte Komposition und die rechte Verwendung verschiedener literarischer Gattungen je nach Gegenstand und Intention des Geschriebenen. Dabei wurden die Grundsätze der Rhetorik auf das Schreiben überhaupt angewendet[28]. Wir müssen das festhalten, wenn wir in unseren Einleitungsschriften, besonders aber in der *Paraclesis*, beobachten, mit welcher Selbstverständlichkeit vom Autor nach Grundsätzen der Eloquenz vorgegangen wird.

Unabhängig von dem, was Erasmus theoretisch entwickelt, können wir in den Einleitungsschriften verschiedene rhetorische Typen erkennen, deren rechte Einschätzung für die richtige Interpretation nicht unerheblich ist. Das wird besonders deutlich bei der *Apologia* ins Auge springen, die auch für den völlig unvoreingenommenen

[26] LB I, col. 341—484.

[27] E. P. J. Corbett, *Classical Rhetoric for the Modern Student*, New York 1965, p. 546 f. spricht von Erasmus hinsichtlich seines Einflusses auf das Schulwesen, die Kunst zu schreiben und die Entwicklung der literarischen Gattungen in England, wo im 17. Jahrhundert schließlich auch der Essay zu großer Blüte gelangte, als dem „most influential rhetorician". Durch den Einfluß des Erasmus sei die Kunst des Briefschreibens, die schon während des Mittelalters zu den „favourite classical exercises" gehörte, zu hoher Blüte gelangt und durch ihn zu einem hochentwickelten Medium gelehrter, kirchenpolitischer und reformatorischer Kommunikation geworden.

[28] „skilled in letter writing ... skilled in oratory", das war eine selbstverständliche Gleichung, E. P. J. Corbett, *Classical Rhetoric*, aaO., p.547.

[29] Die deutsche Formulierung der klassischen Termini entnehme ich mit gebührendem Dank der Studie von Renate Hildebrandt-Günther, *Antike Rhetorik und deutsche literarische Theorie im 17. Jahrhundert*, in: *Marburger Beiträge zur Germanistik*, hs. Josef Kunz und Ludwig Erich Schmitt. Bd. 13. Marburg 1966, S. 15, wo sich auch eine kürzere Erörterung des Problems hinsichtlich Erasmus findet. Dabei muß jedoch angemerkt werden, daß die deutschen Termini „Staatsrede", „Lobrede", „Gerichtsrede" den Sinn der Urfassung nur

Leser sofort als fiktive Gerichtsrede[29] erkennbar ist. Überaus deutlich sind die rhetorischen Elemente bei der *Paraclesis* erkennbar. Eines genaueren Hinsehens bedarf es bei *Methodus* und *Ratio,* wie sich noch zeigen wird.

Erasmus spricht nun von drei traditionellen, bei den Rhetoren üblichen Gattungen von Reden, denen er eine vierte, das *genus familiare* hinzufügen möchte. Ob diese letzte Erasmische Gattung für die Einordnung der *Ratio* in Frage kommt, soll der Erörterung am geeigneten Ort vorbehalten bleiben. Die drei alten Formen sind das *genus suasorium,* das *genus demonstrativum* und das *genus iudiciale*[30]. Wie gesagt, das letzte *genus* (Gerichtsrede), griechisch das δικανικὸν γένος[31], bietet in unserem Zusammenhang kein Problem, und die diesbezügliche Einordnung der *Apologia* bedarf keiner weiteren Beweisführung. Einer näheren Überlegung wert ist der Fall hinsichtlich des *genus suasorium* (1) (Staatsrede), auch *genus deliberativum,* griechisch das συνβουλευτικὸν γένος, und hinsichtlich des *genus encomiasticon* (2) (Lobrede), auch *genus demonstrativum,* griechisch das ἐπιδεικτικὸν γένος. Unsere These soll nun besagen, daß sich Erasmus den Kunstkniff erlaubt hat, in den drei *Praefationes* und, wie wir noch sehen werden, in der *Ratio,* auch zugleich Schulbeispiele der rhetorischen Gattungen zu verwirklichen. Unsere These lautet nun weiter, daß Erasmus die „suasorisch-deliberative" Form (1) für die *Paraclesis* und die „encomiastisch-demonstrative" Form (2) für die *Methodus* gewählt hat. Bei Form (1) geht es um eine *exhortatio* oder eben eine *suasio*[32]; es soll „überzeugende, einredende, beratende" Rhetorik, eine *deliberatio,* eine grundsätzliche Entscheidung im Zuhörer erzielt werden. Zum Beispiel: Die Athener sollen in der Volksversammlung davon überzeugt werden, daß für sie zu einem bestimmten Zeitpunkt Friedensschluß das beste ist. Es

teilweise wiedergeben und vor allem im Falle *Methodus* als „Lobrede" fast in die Irre führen könnte, was man von der lateinischen und griechischen Fassung nicht sagen kann. Die Anwendung auf das 16. Jahrhundert schien mir insofern statthaft, als es sich hier um überaus traditionsgebundene Formen handelt, die, von der Antike her übernommen, immer wieder neu aufgelegt werden. Ich bin mir auch des gewissen hypothetischen Charakters der Einordnung bewußt, wenn sich auch der Sachverhalt am deskriptiven Befund nachprüfen läßt. Dazu auch: J. E. Seigel, *Rhetoric and Philosophy in Renaissance Humanism. The Union of Eloquence and Wisdom.* Petrarch to Valla, London 1969.

30 *De conscribendis epistolis ratio,* LB I, 379.

31 Die nicht aus dem Erasmus-Text stammenden lateinischen und griechischen Bezeichnungen sind aus *Kleiner Lausberg,* aaO., S. 18, entnommen. Vgl. Anm. 29.

32 De conscribendis epistolis ratio, LB I, 381 fügt Erasmus zur Beschreibung dieses *genus* ein Kapitel (33) „Quid inter exhortationem et suasionem" ein, wo er den feinen Unterschied beider Begriffe herausarbeitet und darauf hin-

geht dabei um das grundsätzliche Ja oder Nein, nicht um die Art und Weise der Durchführung. Der Titel *Paraclesis* deutet schon in diese Richtung, ebenso das bereits analysierte Eloquenz-Kapitel, das mit der Anrufung der „Pitho vere flexanima"[33] endigt: Das Wort wäre lateinisch nicht schlecht mit *suasio* oder *persuasio* wiederzugeben. Das ganze Eloquenz-Kapitel handelt eigentlich davon.

Am besten illustriert das *exordium* zur *Methodus* mit seiner „Werkzeug"- und „Weg"-Metaphorik den delikaten Unterschied der beiden *genera*: Was treibst du ... da noch einen an, der schon läuft? Gib lieber den Weg und die Weise an, wie man an Hand eines Leitfadens zu jener vielgerühmten Philosophie gelangen kann. Denn nicht der geringste Teil des Geschäftes ist es, den Weg zu kennen, wie man das Geschäft anzupacken hat?[34] Die Athener „zum Laufen" zu bringen, daß sie Frieden machen, das ist Aufgabe des ersten *genus*, um bei dem eingangs verwendeten Vergleich zu bleiben, des „suasorisch-deliberativen"; den Athenern aber ein Friedensprogramm aufzustellen, ihnen das „Wie", den „Weg", die „Methode" zum Frieden darzulegen, ist Aufgabe des zweiten *genus*, des „encomiastisch-demonstrativen"[35]. Der Titel *Methodus* weist schon in diese Richtung ebenso wie die lehrhaft-didaktische Rhetorik, die in ihr aufgezeigt werden kann. Doch dieses *genus* wird im entsprechenden Kapitel näher bestimmt.

Diese etwas ausführlichen Erörterungen verdienen gleich zu Beginn unsere besondere Aufmerksamkeit. Die rechte Wertschätzung der künstlerischen und dichterischen Absichten der Humanisten wäre geeignet, das Bild, das die Kirchengeschichtsschreibung von ihnen hat, zu modifizieren. Denn sie werden, Erasmus nicht ausgenommen, zu den subtilen, aber nichtsdestoweniger gefährlichen Vorläufern der Reformation, vor allem auch wegen ihrer mangeln-

weist, daß es in diesem *genus* um den „stimulus" gehe, der bisweilen stärker „affectibus" als „argumentis" zu führen sei. Gerade das haben wir in der *Paraclesis* zum Unterschied von der *Methodus* zu beachten.

[33] W, S. 6; H, S. 139. Übrigens führt Erasmus diese Allegorie gleich zu Beginn des *Ciceronianus, sive De Optimo dicendi genere dialogus* ein: „Nosoponus: Est Diva, quae Graecis dicitur πιθώ. Bulephorus: Novi Deam flexanimam. No: Ut paucis dicam, mihi putet omnis eloquentia, praeter Ciceronianam." LB I, 973 f.

[34] „‚Quid tu iamdudum currentem (ut dici solet) incitas? Quin *viam* magis et *rationem indica*, qua cuivis liceat ceu compendio ad istam tantopere laudatam philosophiam pervenire. Quandoquidem non minima negotii pars est adeundi negotii *viam* nosse.'" W, S. 38; H, S. 150.

[35] „encomiastisch" heißt das „genus", weil das „Aufzeigen" vielfach auch die Funktion des „Lobens", daher „Lobrede", annahm. Entscheidend ist nur dabei, daß die „Bewegung" des Zuhörers schon vollzogen ist. Er will sich in einer bestimmten Richtung noch bestätigt wissen. Vgl. *Kleiner Lausberg*, aaO., S. 19.

den „Tiefe" und ihrer literatenhaft, ja publizistischen Einstellung, gezählt. Verglichen etwa mit Nikolaus von Kues (1401—1464) sei Erasmus seicht gewesen[37]. Das sind sehr schwerwiegende Vorwürfe, die für die Beurteilung aller Hauptakteure um die Reformation von Bedeutung sind. Je nachdem wie wir die Frage lösen, wird das Licht verschieden sein, in dem wir einen Leo X., einen Kardinal Albert von Mainz und einen Nuntius Aleander (1480—1542) etwa, Studiengenossen und später erbitterten Feind des Erasmus, sehen. Unsere Frage wird sich danach entscheiden, ob wir die poetischen Bestrebungen der Humanisten, wie sie sich in der eben gebotenen Analyse zeigen, als ein seriöses Unternehmen verstehen oder nicht. Wer der Seriösere war, Cusanus oder Erasmus, kann hier schwer entschieden werden. Zu unterschiedlich dürften doch die Gattungen sein. Wir streiten auch nicht, ob Kant „tiefer" war oder Goethe.

Es war eben die große Entdeckung der Humanisten, daß man die Gesetze der klassischen Rhetorik, die Kraft des Stils und der dichterischen Form für den Sieg der *philosophia Christi* mit Hilfe des Buchdruckerwesens einsetzen könne. Das war im Fall des Erasmus sicher ernst gemeint. Unmusische Humorlosigkeit braucht nicht unbedingt ein Zeichen von religiöser Tiefe zu sein. Vielleicht war das der tragische Irrtum mancher Gegner des Erasmus. Die rhetorischen *genera* wurden gewählt, weil man das Evangelium breiteren Kreisen zugänglich machen wollte, was einem mit dem Medium der *dialectica* nicht in dem Maße möglich schien. Die *Christiana philosophia* sollte aus sich selbst, in *simplicitas* und Schönheit, die notwendige *persuasio* zu Menschen- und Kirchenreform wirken.

2. Die *persuasio* im Aufbau: fundamentale Entscheidung für das rechte Christentum

Die *Paraclesis* hat in der lateinischen Textform die Länge eines besinnlich gesprochenen Vortrags von einer knappen Stunde[38]. Etwa in der Mitte der *Praefatio*[39] können wir eine Zäsur feststellen, die seine Zweiteilung deutlich hervortreten läßt. Die erste Hälfte umschreiben wir mit der thematischen Sentenz, die den Abschnitt beschließt: *„Nulli non licet esse theologum"*[40]. Die zweite

[37] E. Iserloh, *Wie es zur Reformation kam,* aaO., S. 139.

[38] Bei W, S. 2—36, 18 Druckseiten des lateinischen Textes, bei H, S. 139—149, etwas mehr als 10 Druckseiten.

[39] W, S. 22; H, S. 145.

[40] W, S. 22; H, S. 145.

Hälfte ist dem Gegenwärtigsein Christi in der Schrift gewidmet und könnte mit dem Epiphonema „*Usque ad consummationem saeculi*“[41] umschrieben werden. Teil I wird durch ein klar erkennbares *exordium,* die „*Invocatio*“ (W, S. 2—6; H, S. 139—140), eröffnet, so wie bei Teil II eine deutliche „*conclusio*“ (W, S. 34—36; H, S. 148 bis 149) sichtbar ist.

Bei Teil I folgen auf das *exordium* zwei weitere Unterabschnitte: (1) *zweierlei Philosophie* (W, S. 6—14; H, S. 140—142) mit nicht scharf getrenntem „Abgesang“ (W, S. 12—14; H, S. 141—142): „Neue Philosophie — Neue Quelle — Neue Voraussetzungen“, welches Kapitel mit dem Epiphonema „Non arcet omnino quemquam, nisi semet arceat ipse sibi invidens“ (W, S. 14; H, S. 142) endigt, — und (2) *Laien-Theologie durch die Philosophie Christi* (W, S. 14—22; H, S. 142—145) mit deutlich sichtbarem a. „Aufgesang“: Kenntnis und Befolgung der *Bergpredigt macht zum eigentlichen Theologen* (W, S. 14—18; H, S. 142—143), schließend mit dem berühmten „Engelslogion“ (W, S. 18—143), — und b. „Abgesang“: Wie diese „illiterata philosophia“ (W, S. 18—143) die Welt verändern kann (W, S. 18—22; H, S. 143—145), schließend mit der oben als Motto des Hauptteils angegebenen Sentenz: „Nulli non licet esse theologum“. (W, S. 22; H, S. 145).

Teil II zeigt ebenfalls außer der *conclusio* (W, S. 34—36; H, S. 148 bis 149) zwei deutlich erkennbare Unterabschnitte, die wir wegen ihrer fundamentaltheologischen Fragestellung mit schulmäßigen Termini überschreiben wollen:

1. Die *Demonstratio religiosa*[41a]: *Die Philosophie Christi innerhalb des Heidentums* (W, S. 22—28; H, S. 145—146), leitet mit dem klassischen *renascentia*-Logion ein und gliedert sich lose in drei dialektische „Stollen“:

[41] W, S. 28; H, S. 146.

[41a] Die im folgenden verwendete Terminologie („Demonstratio religiosa, christiana, ecclesiastica“) stammt zwar nicht aus dem Jahrhundert des Erasmus, soll aber andeuten, daß es sich hier um Problemstellungen handelt, die dann im 19. Jahrhundert Gegenstand einer neuen systematischen Disziplin, der Apologetik und Fundamentaltheologie, werden sollte. Daß sich im *auctor* des Erasmus, nämlich bei Laktanz mit seinen *Institutiones* (vgl. S. 98 ff.) Ansätze eines „apologetischen Lehrsystems“ fanden, darauf hatte schon etwa Anton Seitz [1]LThK (1930), Artikel „Apologetik“, Spalte 553 verwiesen. Auch ist bekannt, daß der Erasmianer Juan Luis Vives (1493—1540) mit *De veritate fidei Christianae* (gedr. Basel 1543) eine Schrift verfaßt hat, die man heute als Fundamentaltheologie bezeichnen würde. Vgl. J. P. Steffes, *Glaubensbegründung. Christlicher Gottesglaube in Grundlegung und Abwehr,* Bd. 1, Mainz 1958, S. 66.

1. Tugendkatalog der Philosophen (W, S. 22—24; H, S. 145),
2. Lasterkatalog der *via scholastica* (W, S. 24—26; H, S. 145—146), und schließt mit dem Abgesang,
3. Christus ist als *vivendi forma* in den Schriften gegenwärtig „usque ad consummationem saeculi" (W, S. 26; H, S. 146).

2. Die *Demonstratio christiana et ecclesiastica* (W, S. 28—34; H, S. 146—148). Der Unterabschnitt beginnt wieder mit zwei „Stollen" im „Aufgesang":

1. Menschliche „Regeln" (W, S. 28—30; H, S. 146—147), einsetzend mit dem „Liebesbrief"-Motiv (W, S. 28; H, S. 146). Es folgt
2. die Wahrheit der *via scholastica* (W, S. 30—32; H, S. 147) und schließt mit der „Diskretions"-Sentenz „Paulus diiudicari vult ..." (W, S. 32; H, S. 147) und endigt mit dem „Abgesang".
3. Die Autorisierung Christi und der Apostel (W, S. 32—34; H, S. 147—148), schließend mit dem Epiphonema „futuri quondam magni theologi tirocinium" (W, S. 34; H, S. 148).

Die folgende Übersicht soll die Struktur noch deutlicher sichtbar machen und vor allem das Überprüfen erleichtern:

W, S. 2—22; H, S. 139—145	*Motto: „Nulli non licet esse theologum*
	I. Teil:
W, S. 2—6; H, S. 139—140	*exordium* „Lactantius ille ... hoc efficacior est oratio."
W, S. 6—14; H, S. 140—142	1. *Zweierlei Philosophie*
W, S. 6—12; H, S. 140—141	1. „Aufgesang": „Querela". „Ac primum quidem ... cognoscimus, disquirimus, excutimus."
W, S. 12—14; H, S. 141—142	2. „Abgesang": Neue Philosophie — Neue Quelle — Neue Voraussetzungen
W, S. 14; H, S. 142	„Praesertim cum hoc sapientiae genus ... semet arceat ipse sibi invidens."
W, S. 14—22; H, S. 142—145	2. *Laien-Theologie durch die Philosophie Christi*
W, S. 14—18; H, S. 142—143	1. „Aufgesang": Kenntnis und Befolgung der Bergpredigt macht zum eigentlichen Theologen.

W, S. 18; H, S. 143	„Vehementer enim ab istis dissentio ... (Engelslogion) ... Christiani theologi munus est."
W, S. 18—22; H, S. 143—145	2. „Abgesang": Wie diese „illiterata philosophia" die Welt verbessern kann.
W, S. 22; H, S. 145	„Quod si quis obstrepet ...: *nulli non licet esse theologum.*"
W, S. 22—36; H, S. 145—149	*Motto: „... usque ad consummationem saeculi."*
	II. Teil:
	„Iam facile descendit ... si coram oculis conspicias."
W, S. 22—28; H, S. 145—146	1. *Demonstratio religiosa.* Die Philosophie Christi und das Heidentum.
W, S. 22—24; H, S. 145	„Aufgesang": „Stollen"
	1. Tugendkatalog der Philosophen.
W, S. 24; H, S. 145	„Iam facile descendit in animos... (renascentia-„Logion") ... Epictetus?"
W, S. 24; H, S. 145	„Stollen"
	2. Lasterkatalog der Scholasten.
W, S. 26; H, S. 146	„At eadem cum tanto plenius ... nolim enim offendi quenquam ..."
W, S. 26—28; H, S. 146	„Abgesang": „Stollen"
	3. Christus als *vivendi forma* in den Schriften.
W, S. 28; H, S. 146	„... sed quod existimem ... *consummationem saeculi,* ... audiri possit."
W, S. 28—34; H, S. 146—148	2. *Demonstratio christiana (et ecclesiastica).*
W, S. 28; H, S. 146	„Aufgesang": „Stollen"
	1. Menschliche Regeln (Liebesbrief-Motiv).

W, S. 30; H, S. 147	„Quid tamen ... non videantur esse sancta.
W, S. 30; H, S. 147	„Stollen"
	2. Die Wahrheit der Scholastik.
W, S. 32; H, S. 147	„Quid Alberto ... (Augustinus: Diskretions-Motiv) ... nihilo plus iuris postulat et suis."
W, S. 32; H, S. 147	„Abgesang": „Stollen"
	3. Die Autorisierung Christi und der Apostel.
W, S. 34; H, S. 148	„In his solis ... futuri quondam magni theologi tirocinium."
W, S. 34—36; H, S. 148—149	3. *conclusio.* „Quotquot in baptismo ... (Kinderkatechese) ... (Tod, Wandel) . . . (Reliquien-Motiv) ... coram oculis conspicias."

Die induktiv erstellte Gliederung des Prosatextes läßt abschließend folgende Beobachtungen zu:

Etwas weniger auffällig als in *Methodus* und anders als in *Apologia* liegt uns in *Paraclesis* eine deutliche Zweiteilung vor. Das Zweierprinzip finden wir auch in den Unterteilungen wieder vor: (1), (2); (1), (2). Das Kompositionsprinzip hält sich sogar noch bis zur nächsten Unterteilung: I (1) 1. 2., (2) 1. 2.; erst bei II kommt es zu einem geringfügigen Dreierrhythmus: II (1) 1. 2. 3., (2) 1. 2. 3. Aber auch hier setzt sich der Zweierrhythmus in der Paarung von 1. 2. zu einem „Aufgesang" durch, der einem „Abgesang" 3. gegenübergestellt ist.

Dieser Tatbestand soll zunächst festgehalten werden. Zweitens dürfen wir diese vom Verfasser sehr bewußt gesetzten Strukturen ihrerseits als Leitlinien für die Auslegung benützen. Der Autor konzentriert an den Nahtstellen in sentenzenhaften Formulierungen die wichtigen Themenstellungen und Aussagen, auf die es ihm ankommt. Man kann natürlich auch bei unreflektierter Lektüre mit

[42] P. Mesnard, *La paraclesis d'Érasme,* in: *Bibliothèque d'Humanisme et Renaissance.* Travaux et Documents, 13 (1951), p.26—42 (französischer Text: p.35—42) spricht p.29 von „une magnifique composition" und verweist dabei auf die kunstvolle zyklische Verzahnung der einzelnen Abschnitte. Er weiß ebd. um die „techniques héritées des orateurs latins", erkennt aber, wie mir scheint, nicht die rhetorische Zweiteilung, p.30, und kommt dadurch zu einer etwas diffusen Analyse.

etwas Verstand und Aufmerksamkeit erkennen, daß es dem Verfasser etwa im Sinn des allgemeinen Priestertums, das in der Diskussion der Reformatoren solche Bedeutung bekommt, um eine allumfassende Theologenschaft geht, um eine Theologie, von der niemand ausgeschlossen werden soll. Man wird einigermaßen unschwer sehen, daß er etwa im zweiten Teil eine umfassende „Diskretion", d. h. eine Scheidung und Kritik alles religiös und christlich Tradierten fordert und auf fundamentaltheologische Weise, wie wir sagen würden, die Glaubwürdigkeit Christi, der Schrift und der Apostel und deren letztes Autorisiertsein herausstellt und so alles Christliche auf seine Fundamente reduziert, ohne den unentarteten Strang der Tradition durch seine „Diskretion" entwerten zu wollen. Die Erkenntnis dieser Themen wird auch dem flüchtigen Leser nicht völlig entgehen. Aber es ist immerhin bemerkenswert, daß Pierre Mesnard[43] in seiner sonst ansprechenden Studie diese, wie mir scheint, wichtigste Bedeutungsebene nicht erkannt hat, und zwar weil er die rhetorischen Strukturen doch nicht eingehend genug studiert.

Auf Grund der theologischen Aussagen der *Paraclesis* müßte die Erasmusdarstellung künftig auch in der Frage des „undogmatischen Erasmus" diese seine fundamentalen Bemühungen um die Kriterien des Glaubens, mit heutigen Worten Erasmus den Fundamentaltheologen besser würdigen. Wenn man dann auch noch die respektvolle Beachtung der kirchlichen Tradition in seiner *demonstratio ecclesiastica* ins Auge faßt, dann kann der Vorwurf des Erasmischen Biblizismus, als einer der entfernten Ursachen der Reformation nicht mehr ganz unangefochten bleiben. Drittens gibt uns der Aufbau, wenn wir um die Grundsätze der Rhetoren wissen, nicht unerhebliche semasiologische Hinweise.

Für die Abschnitte des Teiles II etwa haben wir etwas apriorisch die Titel *demonstratio religiosa, christiana, ecclesiastica* gewählt. Diese stammen zwar aus der Schulterminologie, sind jedoch der Sache nach in der Praxis und Theorie der Rhetoren verankert. Denn nach den Prinzipien der alten Redekunst soll das *corpus* der Rede in seinem ersten Teil die *propositio* des Themas oder auch die *narratio* der einzelnen Punkte eines Tatbestandes darlegen, wogegen in seinem zweiten Teil die *argumentatio* zu erfolgen habe, die nun wieder jeweils in einer positiven *probatio* und in einer negativen *reputatio* der gegnerischen Position ausgetragen wird[45]. Auch das Ziel des weltlichen Rhetors war es, πίστις, *fides* oder

[43] P. Mesnard, *La Paraclesis*, aaO., p. 26—42.

[45] *Kleiner Lausberg*, S. 29, *Großer Lausberg*, Bd. 1, S. 190—236. Auf diesen Umstand wollen wir im nächsten Kapitel als auf die „dialektische Schreibweise des Autors" zurückkommen.

Glaubwürdigkeit[46] bei seinen Zuhörern zu erreichen, und zwar, wie gesagt, im zweiten Teil seiner Rede der *argumentatio.* Wir haben diese *probationes* des zweiten Teiles jeweils mit *demonstratio* überschrieben und meinen, in diesem Teil eine kleine Fundamentaltheologie entdeckt zu haben. Der Verfasser hinterfragt und relativiert die Religionen und Philosophenschulen und rekurriert von ihnen auf ein wesentliches Christentum, er kritisiert die Schultheologie und verweist sie auf die Quellen echten Christentums und auf *Christus ipse,* er stellt menschliche Autoritäten in Frage und sucht beweisführend und argumentierend zu einer kritisch apostolischen Kirchlichkeit zu erziehen.

Das Prinzip der Zweiteilung erfüllt dazu noch in anderer Weise eine dem Rhetoren selbstverständliche Forderung[47]. Das *genus suasorium* oder *deliberativum* führt ähnlich wie das zweite, nämlich das *genus demonstrativum,* beim Zuhörer zu einer Entscheidung. Er soll zu einem klaren Ja oder Nein gebracht werden. Struktureller Ausdruck für diese Alternative soll die Zweiteilung sein. In der *Paraclesis* drängt der Verfasser in dramatischer Zuspitzung zu einer existentiellen Entscheidung für die Philosophie Christi, die vor allen anderen Wegen glaubwürdig zu machen, Anliegen seiner *persuasio* sein soll.

Der äußere zweigeteilte Aufbau ist ein bescheidenes, aber durchaus konsequentes Mittel, die antithetisch-dialektische Spannung, die den ganzen Essay durchzieht, mit auszudrücken und damit zu einer einheitlichen künstlerischen Wirkung beizutragen. Es ist das dialektische Zweierlei, auf das wir im nächsten Abschnitt zu sprechen kommen und das sich durch die ganze *Paraclesis* zieht. Erasmus weiß immer um die Janusköpfigkeit[48] aller geistigen Vorgänge. Das Ja und Nein an der Rhetorik, der Philosophie, der Wissenschaft, der Tugend, der Lebenswahl und der Religion (wie es Gegenstand des nächsten Kapitels sein soll) findet schon in den Strukturen des Aufbaus sein passendes Gehäuse.

[46] *Großer Lausberg,* Bd. 1, S. 190.

[47] *Kleiner Lausberg,* S. 29. *Großer Lausberg,* Bd. 1, S. 241 ff.

[48] Den gar nicht schmeichelhaft gemeinten Lutherschen Aphorismus, „Erasmus est anguilla. Niemand kann yhn ergreiffen denn Christus allein. Est vir duplex.“, WA Tr. 1, 131, sollte noch im katholischen wie im evangelischen Lager Schule machen.

3. Dialektische Schreibweise und die Neuheit des Christentums

Schon Pierre Mesnard[49] deutete an, daß Erasmus seine Argumentation nicht linear und gleichsam kapitelweise führt, sondern zyklisch, etwa spiralenförmig, indem er auf einer höheren Ebene und mit neuem Beweismaterial ausgestattet immer wieder auf das gleiche Anliegen zurückkommt. Erasmus setzt seinen dialektischen Dreischritt vorerst bei konkreten Phänomenen an, der Schilderung einer Philosophenschule, eines religiösen Brauchtums oder einer kirchlichen Praktik, um diese Erscheinungen vorerst grundsätzlich zu bejahen (*via affirmationis*). Er versäumt aber nicht, den vorgegebenen „Thesen" seine kritische Befragung entgegenzusetzen (*via negationis*), um im Sinne einer Überhöhung eine neue Lösung auf dritter Ebene zu finden (*via eminentiae*). Der zweite Weg, die Negation, wird häufig als selbstverständlich impliziert und in der Überhöhung mitgesagt. Durch diese dialogische Struktur seiner Prosa befindet sich Erasmus ständig in Gespräch und Auseinandersetzung mit dem Leser und nimmt ihn so in die Debatte hinein. Wir konnten im letzten Kapitel feststellen, daß sich dieser Zwei- und Dreitakt sogar im äußeren Aufbau des Essays abzeichnet. Mit den ersten zwei Schritten führt er jeweils neue Gesichtspunkte ein und begründet den Fortschritt der Darstellung, mit dem dritten Schritt findet er jeweils zu Thema und Anliegen zurück und begründet so die Konstanz und Einheit der Darstellung.

Wir müßten noch einmal mit der „zweifachen Rhetorik" des *exordium* beginnen. Wir finden dort den dialektischen Dreischritt gleich dreimal:

Für Laktanz sei Cicero zunächst das große Vorbild der Beredsamkeit; er weiß aber, daß er diesem nicht gleichen kann. Auch für Erasmus ist Cicero unerreichtes Vorbild (*via affirmationis*); aber für ihn und sein Anliegen ist tullianische Beredsamkeit zu wenig; „longe aliam" verlangt er sie, „minus picturatam" (*via negationis*), jedoch „multo magis efficacem" (*via eminentiae*)[50]. Gerade in dieser Negation und gewissermaßen im Verzicht sieht er die neue und eigentliche Chance evangelischer Beredsamkeit gewährleistet.

Der Verfasser stellt zweitens halbironisch seinen „Musenchor" mit literarischem Rankenwerk auf, das dem klassisch gebildeten Leser

[49] P. Mesnard, *La Paraclesis,* aaO., p.29. Alfons Auer, *Die vollkommene Frömmigkeit,* aaO., S. 215, Anm. 69, übernimmt von seinem Namensvetter Albert Auer, *Leidenstheologie im Spätmittelalter,* St. Ottilien 1952, S. 128 f. (= Kirchengeschichtliche Quellen und Studien Bd. 2) die Bezeichnung „antithetische oder dialektische Sprechweise".

[50] W, S. 2; H, S. 139.

seiner Zeit geschmacklich entgegenkommen muß[51]. Diese göttliche Beredsamkeit sei ihm jetzt zur Förderung seiner „res omnium saluberrima omnibus“[52] vonnöten (*via affirmationis*). Aber am besten nähme „Christus ipse“ seine Sache in die Hand; „ipsa veritas“[53] werde die Rede zum eigentlichen Erfolg führen (*via negationis*: implicit, *via eminentiae*).

Der Verfasser impliziert drittens eine ähnlich kritische Dialektik dadurch, daß er einleitend in seinem Nebensatz Hieronymus als einen Bewunderer der Laktanz'schen Sprache erwähnt. Der in den Vätern bewanderte Leser weiß jedoch hellhörig gleich zu Beginn, daß er das ganze nicht wörtlich nehmen darf, kritisiert doch gerade Hieronymus, eigentlicher *auctor*, an der zitierten Stelle[54] diesen wegen seiner zersetzenden Kritik und seiner zu destruktiv geübten Rednergabe.

Erasmus nimmt diesen Sarkasmus seines Vorbildes Hieronymus gewandt auf und stellt damit alle menschliche Rhetorik im Interesse der *ipsa veritas* in Frage. Alle drei Dreischritte zusammen münden stetig gesteigert in der Synthesis „Christus ipse ... ipsa veritas“[55], die sich wie eine vertikale Achse vertieft, sich aber in der Richtung nicht verändert und als Einheitsprinzip wie als rhetorisches Konzentrationselement die Spiralen der übrigen Kapitel zusammenhält.

Zum Thema Neuheit und Transzendenz des Christentums bietet sich als nächster Dreischritt I (1) die Dialektik der „Philosophenschulen“ an. Die persönliche Bindung an das Haupt unserer „Philosophenschule“ entscheidet darüber, ob wahre Weisheit erlangt wird oder nicht. Die Angehörigen der verschiedensten Schulen sterben lieber, als daß sie das Schutzverhältnis, das „patrocinium“[56] ihres Gründers verließen; sie schlagen sich für die Lehren ihrer Partei[56]. So weit, so gut. Das ist die *via affirmativa*. Der Einsatz und die persönliche Bindung sind vorbildhaft. Aber diese Lehren hätten keinerlei existentielle Bedeutung und trügen zu Glück und Unglück des Menschen nichts Wesentliches bei[56]. Außerdem sei es mit ihrem Wahrheitsgehalt nicht weit her; sie seien völlig unverbindlich, weil ihre Vertreter ihren Gründern andichteten, was sie wollten. Diese Lehren kämen bloß von den Menschen[55], sagt er in *via negationis*.

Die Philosophie Christi allein stamme nicht bloß aus einer exotischen Weltgegend, „ex Agypto Syriave“, sondern einzig „ex ipso

[51] W, S. 2—6; H, S. 139.
[52] W, S. 6; H, S. 139.
[53] W, S. 6; H, S. 140.
[54] *Epistolae* 58, 10 ad Paulinum, PL 22, 585. CSEL 54, p.539.
[55] W, S. 6; H, S. 140.
[56] W, S. 8; H, S. 140.

coelo“[57] (*via eminentiae*). Die „Exotik“, um es kraß auszudrücken, und das völlig einzig dastehende *novum*[58] des Christentums wird mit dreifacher Antithese in das Mysterium der Inkarnation hineingesteigert: „... ut traderet mortalibus, is qui deus erat, factus est homo (1), qui immortalis, factus est mortalis (2), qui in corde patris erat, sese demisit in terras“ (3)[59]. Christus „rekapituliert“, wörtlich verstanden, was die Philosophenschulen je gedacht haben. An dieser Stelle spricht Erasmus auch deutlich aus, daß sich mit seiner Synthesis jeweils eine neue Einfachheit (*simplicitas*) mit neuerer Gesetzlichkeit findet. Nach der verwirrenden Fülle des Wissens in den gängigen Philosophenschulen, nach einer allseitig wuchernden „Divergenz“, soll es in dem „tam admirabilis auctor“[60] zu einer vereinfachenden und erlösenden „Konvergenz“ kommen, die nun in ihrer „einfachen“ personengebundenen Art sich für alle anbietet und so das theologische Arkanwesen überwindet. Dadurch ist die Voraussetzung für das Motto des ersten Teiles „Haec omnibus ex aequo sese accommodat“[61] geschaffen.

Der nächste Schritt ist der Ambiguität christlicher Lebensführung, des Ordenswesens und autorengläubiger Gelehrsamkeit gewidmet, die mit der Autorität der Apostel nicht vergleichbar ist. Ein dialektischer Dreischritt ähnlicher Art führt in der Synthesis zum *„Weltfrömmigkeitskapitel“*[62]. Ein einfaches Leben nach den Grundsätzen der Bergpredigt machte zum eigentlichen neuen „Theologen“ (*via eminentiae*). Jene Kreise, die sonst Frömmigkeit und Theologie für sich gepachtet wüßten, „quos hodie vulgus theologos aut monachos vocat“[63], werden grundsätzlich bejaht (einschlußweise: *via affirmationis*), aber: Sie sollten zuerst einmal in Wissenschaft und Leben verwirklichen, was ihr Name bedeutet, die Theologen sollten nicht vom Irdischen, sondern vom Himmlischen reden, und die Mönche mögen die Armut Christi nicht nur mit ihren Lippen bekennen[64] (*via negativa*).

Im zweiten Teil, in dem die dialektische Struktur noch gesteigert wird, liegt bei II (1) der Hauptton auf der *via affirmationis*, dem „Tugendkatalog“ der Philosophen[65]. Wenn die Heiden sich zu höchsten sittlichen Forderungen wie zum Verzicht auf Rache zu einer

[57] W, S. 10; H, S. 141.
[58] W, S. 10; H, S. 141.
[59] W, S. 10; H, S. 141.
[60] W, S. 10—12; H, S. 141.
[61] W, S. 12; H, S. 141.
[62] W, S. 16; H, S. 143.
[63] W, S. 14—16; H, S. 142.
[64] W, S. 16; H, S. 143.
[65] W, S. 24; H, S. 145.

vom Jenseits bestimmten Lebenseinstellung bekennen, um wieviel mehr, *a fortiori,* müssen wir uns um die Lehre Christi bemühen, wo doch bei ihm all diese Werte noch viel besser dargestellt sind (*via eminentiae*), obwohl die Scholasten meinen, diese Botschaft Christi für ihre „Quidditäten" und „Formalitäten" verraten zu dürfen (*via negationis*). Die neue Forderung und unersetzliche Synthese ist wieder die in der Schriftmeditation vorbildhafte Präsenz des Herrn, der als Archetyp und Urbild den Christen Lebensnorm und „... usque ad consummationem saeculi"[66] in Forschung und sittlichem Streben nahe sein müßte.

In II (2) wird ausgehend von dem metaphorisch verwendeten „Liebesbrief"-Motiv die Bedeutung, die heilige Bücher wie Ordensregeln für Religionen und bestimmte Gruppen von Christen besitzen, hervorgekehrt (*via affirmationis*). Zugleich wird aber auch ihre Beschränktheit angedeutet, wenn es von der Benediktus-Regel etwa heißt „ab homine eoque paene idiota et idiotis scripta"[67] (*via negationis*). Was machten jedoch die Christen mit ihrer Regel, Christus habe sie allen übergeben und alle hätten in gleicher Weise bei der Taufe darauf die Ordensprofeß abgelegt[68] (*via eminentiae*). Zweitens um eine Stufe gesteigert: Bei allem Glanz der *Scholastiker* mit ihren klingenden Namen, ihre Verdienste möge niemand schmälern[69] (*via affirmationis*), möge man wie Paulus und Augustinus die Geister kritisch unterscheiden[70] (*via negationis*), aber nur in den biblischen Schriften könne man anbeten, was man nicht verstünde (*via eminentiae*). Und dann wird als Synthese die Autorisierung Christi und der apostolischen Kirche breit ausgeführt. Dieser habe seine Vollmacht von Gott Vater selbst. Sein Geist lebe in Petrus und seinem Amt, „Christianae doctrinae pabulo"[70] zu weiden. In Paulus sei Christus nahezu wiedergeboren. Ähnliches gelte für Johannes. Kann man einen Scotus oder selbst Thomas mit solchen Autoritäten vergleichen?

In der *conclusio* vollzieht er den Dreischritt noch ein letztes Mal mit eindrucksvoller Anschaulichkeit, gleichsam um einen Punkt zu setzen. Jeder weiß, wie viel die Christen für Reliquien übrig hätten: Zeige einer die Spur, die der Fuß Christi zurückgelassen hat, wie fielen da die Christen auf die Knie, um anzubeten![71] (*via affirmationis* und zugleich ist eine *Kritik*[72] als *via negationis* impliziert).

66 W, S. 28; H, S. 146.
67 W, S. 28; H, S. 148.
68 W, S. 30; H, S. 147.
69 W, S. 30; H, S. 147.
70 W, S. 32; H, S. 147.
71 W, S. 37; H, S. 148.

Jedoch, warum verehrten wir nicht in diesen Schriften sein lebendiges und atmendes Bild?[73] (*via eminentiae*). Dieser Schritt wird noch zweimal wiederholt und gesteigert mit dem Beispiel von der Tunika des Herrn und frommen Gnadenbildern und mündet zum Abschluß des Ganzen in die Dialektik vom materiellen und geistigen Bild Christi[74].

Wir könnten das Vorhergehende unter folgenden Titeln zusammenfassen: zweimal Rhetorik (*exordium*); zweimal Philosophenschule I (1) und zweimal Neuheit des Christentums I (1); zweimal christliche Lebensführung I (2), zweimal Tugend II (1) und zweimal Regeln II (2); zweimal autorisierte Gelehrsamkeit II (2) und zweimal Religion (*conclusio*).

Was Erasmus hier mit seiner „dialektischen" Methode treibt, wurden wir heute Ideologiekritik nennen. Er hinterfragt die religiösen, sittlichen, geistigen und kulturellen Werte der Heiden und Christen. Prüfstein ist ihm dabei *ipsa veritas ... Christus ipse*. Er ist die Achse, um die sich die Spirale dreht.

Durch diesen kritischen Vorgang kommt es zu einer Personalisierung des Christentums. Die Tunika Christi, seine Fußstapfen oder seine Wohnungsgegenstände mögen ihn uns sehr handgreiflich präsent machen, aber was ist das verglichen mit seiner in den Schriften lebenden und atmenden *imago*?

Dabei wird aber durch seine Methode das, was Menschen etwas wert war, nicht einfachhin ikonoklastisch zerstört. Es wird nicht ersetzt durch die *philosophia Christi,* die wir in der Schrift finden können, sondern überhöht. Die Wertschätzung etwa, die wir der Benediktus-Regel entgegenbringen, sollte uns auf die noch würdigere Schrift verweisen. Es kommt dadurch zu einer Verinnerlichung des Christentums.

Oder was das scholastische Bildungswesen anlangt: Erasmus beherrscht es[75] und scheint es im *sic et non* seiner Dialektik spielerisch zu praktizieren. Nur was soll das für eine *auctoritas* sein, wenn ich einen Scotus und Averroes zitiere, wo wir doch in Petrus, Paulus und Johannes ganz andere Lehrmeister haben? Wir finden demnach auch einen neuen Autoritätsbegriff, der sich den Schullehrern gegenüber kritischer erweist, bei dem die Interpretation des *imago* auch immer mehr Bedeutung gewinnt. Aber in dieser Form des „Bibli-

[72] Erasmus versteht es hier in einem, affirmativ und negativ, seinen reformatorischen Topos kritisch vorzubringen.

[73] W, S. 37; H, S. 148.

[74] W, S. 36; H, S. 147.

[75] Auf diesen Umstand hat jüngst wieder R. Stupperich, *Die theologische Neuorientierung des Erasmus,* aaO., S. 148, hingewiesen.

zismus" eine Ursache der Reformation zu sehen, bedeutet, jeden Fortschritt in der Geistesgeschichte herabzusetzen, damit die Errungenschaften ja keiner Revolution Vorschub gäben. Fragestellungen dieser Art müssen ins Uferlose führen. Konsequenterweise wäre dann auch etwa Bernhard von Clairvaux (1090—1153) für das Geschehen vom 31. Oktober 1517 verantwortlich zu machen[77]. Dazu käme noch der Nominalismus, die deutsche Mystik und die *devotio moderna*. Dabei wird *de facto* das Verdikt nicht wesentlich milder, wenn man zwischen moralischer Schuld und historischer Ursächlichkeit unterscheidet.

4. Sentenzen und Kurzformeln als Bedeutungsträger: *simplicitas, renascentia, transformatio*

Die dialektische Sprechweise gibt dem Stück Kunstprosa die innere Spannung. Wir haben diese spiralenförmig immer wieder auf das einzige Ziel, nämlich auf die Virtual-Präsenz Christi in den Schriften gerichtete Dynamik die dritte Dimension des Stückes genannt.

Von anderen Mikrostrukturen der sprachlichen Gestaltung, die als Bedeutungsträger dem Gedankengang Farbe verleihen, sei hier auf die Technik der Sentenzen hingewiesen. Durch sie wird das rhetorische Gebilde erst voll strukturiert. Es sind das knappe, treffende, epigrammatische Formulierungen, die als Epiphonemata eine längere Darstellung meist zum Abschluß bringen, als Enthymenata gelegentlich auch wichtige Abschnitte (wie II (1) *renascentia*-Logion[78], II (2) „Liebesbrief"-Motiv[79]) einleiten, indem sie das Wesentliche wie in einem Brennpunkt einprägsam zusammenfassen[80]. Sie sind ein Mittel der Konzentration und der Steigerung. Daher erscheinen sie in II besonders massiert, auch die Abschnitte einleitend, wie

[77] Über die oft frappierenden Parallelen des Erasmischen „Biblizismus" zum Bernhardinischen läßt sich über P. Norber, *Lectio vere divina: St. Bernard and the Bible*, in: *Monastic Studies* 3 (1965), p. 165—181, Wertvolles nachlesen.

[78] W, S. 22; H, S. 145.

[79] W, S. 28; H, S. 146.

[80] Über die theoretischen Grundlagen dieser Überlegungen informiert bestens *Großer Lausberg*, Bd. 1, S. 431—434, Bd. 2 (Registerband), S. 804—808, mit zahlreichen Verweisen. — Erasmus und seine späteren Herausgeber bis zum uns vorliegenden Text von Holborn berücksichtigten diese Strukturen weithin im Druck durch die entsprechenden Absätze. Daher ist es relativ leicht, diese gnomischen Gebilde zu finden, wenn man einmal aufmerksam geworden ist.

bereits erwähnt, und gegen Ende überhaupt sprudelnd und überschäumend, als sollte der Leser gleichsam „hingerissen" werden[81]. Sie sollen nicht bloß ästhetisierende Spielerei sein[82], sondern „haftende Stacheln", die in den Herzen der Zuhörer zurückgelassen werden[83], und sind wie alle Kunstmittel des Aufbaus und der Sprechweise natürlich inhaltlich bezogen. Sie sind daher auch für die Inhaltsanalyse gleichsam Themen und Titel. Sie dienen als *argumentum* im alten Sinn; ihre Zusammenstellung ersetzt uns eine Inhaltsanalyse und hebt zugleich die wichtigsten gehaltlichen Motive hervor.

Wie wir bereits aus unseren einleitenden Erwägungen wissen, beschäftigte Erasmus die Frage des Sprichworts zeit seines Lebens. Durch seine erste Ausgabe der *Adagia* (1500) war ihm bekanntlich der Durchbruch in die Öffentlichkeit gelungen. Einer der ersten mächtigen Gönner, William Blount, vierter Baron von Mountjoy (um 1479—1534), der Erzieher des späteren Königs Heinrich VIII. (1509—1547), war Adressat und hatte bei diesem Buch Pate gestanden[84]. Bis drei Jahre vor seinem Tod ergänzte und erneuerte er es immer wieder. Das Werk, dessen Wirkungsgeschichte noch geschrieben werden müßte, wurde ein Bildungsbuch ersten Ranges für das 16. Jahrhundert, wirkte aber noch fort bis in die deutsche Klassik und das 19. Jahrhundert hinein. Für eine Zeit, da sich Kardinäle, Prinzen und Gelehrte gerne nochmals auf die Schulbank setzten, war das *genus* der Sentenz besonders geeignet und erwünscht.

Es ist kein Wunder, daß diese Gattung, die damals derart begehrt war, auch in die vorliegenden Schriften, wenn auch angepaßt und modifiziert, Eingang gefunden hat[85].

Erasmus eröffnet die Reihe seiner gezielt gesetzten gnomischen Gebilde mit einem rhetorischen Topos, der aber für sein Denken von fundamentaler Bedeutung ist. Die eigentliche Kunst der Überzeugung, die *persuasio* schlechthin, liegt in der Konsequenz begründet, mit der die *veritas ipsa* zur Darstellung kommt:

[81] „. . . rapiatur . . .", W, S. 4; H, S. 139.

[82] „. . ., quae non aures tantum mox peritura voluptate deliniat, . . .", W, S. 4; H, S. 139.

[83] W, S. 5; H, S. 139. Die Sentenzen stehen im besonderen Dienst der *eloquentia*, von der das *exordium* handelt.

[84] *Bibliotheca Erasmiana*, 1re Série, p.1—8. Dazu sind wir gründlichst informiert durch *Bibliotheca Erasmiana. Bibliographie des oeuvres d'Érasme. Adagia*, Extrait de la Bibliotheca Belgica, ed. F. van der Haeghen, R. van den Bergen, T. J. I. Arnold, Gent 1897 (die folgenden Bände bis 1915). (= *Bibliotheca Erasmiana* II).

[85] Meines Wissens wurden diese sehr ins Auge springenden Befunde bis jetzt in der Forschung kaum beachtet.

Das, was man anstrebe, leiste keine andere Sache sicherer als die Wahrheit selbst; je einfacher die Rede diese enthält, desto wirksamer sei sie[86].

Mit diesem Epiphonema schließt der Verfasser das Exordium über die zweifache Rhetorik ab, in dem *Christus ipse* als letzter Rekurs aller Versuche, die neue Theologie anzubieten, übrig bleibt. Die *ipsa veritas* der Rhetorik, deren Wirkung in ihrer geraden Schlichtheit beruhen soll, erscheint hier hypostasiert. Es ist letztlich die Persönlichkeit Christi, die durch die neue *philosophia Christiana* in Lehre und Leben deutlich gemacht werden muß. Es handelt sich hier also bei Erasmus gleich von Anfang an um keine abstrakte, sondern um eine lebendig gestalthafte „Wahrheit".

Wahrheit, die dergestalt begriffen wird, macht das Christentum zu einem Gemeingut für alle: Die Sonne sei folglich allen Menschen nicht so gemeinsam und zugänglich wie die Lehre Christi. *Sie halte durchaus niemanden ab, es sei denn, einer halte sich selbst ab, weil er auf sich selber neidisch ist*[87]. Zum Thema von der zweifachen Philosophie faßt diese Einheit den Gedanken zusammen, daß die gemeinchristliche Lehre nicht einer exklusiven Minderheit von „Theologen und Mönchen", sondern allen Menschen guten Willens, besonders allen Getauften, erreichbar sein muß. Ein altes stoisches[88] Ideal macht hier Erasmus zu einem reformatorischen Gemeinplatz.

Wenn Theologie für alle da ist, dann darf sie folgerichtig nicht in fruchtlose Gedankenspielereien ausarten: Auf welche Weise die Engel erkennen, das könne ein anderer, vielleicht ein Nichtchrist subtiler erörtern, aber das zu erreichen, *daß wir bereits hier, rein von aller Befleckung, ein engelgleiches Leben führen, das sei schließlich die Aufgabe eines christlichen Theologen*[89]. Eine intellektualistische Pseudo-Theologie, wie Erasmus sie im Collège

[86] „Hoc quod optamus non alia res certius praestet quam ipsa veritas, cuius quo simplicior, hoc efficacior est oratio." I (1), W, S. 6; H, S. 140. (Die Ziffern nach den Zitaten bedeuten die im Aufbauschema gefundenen Abschnitte.) Über den historischen Ort dieser Motive erfahren wir noch unter anderem im nächsten Kapitel, soweit es den Rahmen dieser Arbeit nicht sprengt.

[87] „Sol hic non perinde communis et expositus est omnibus atque Christi doctrina. Non arcet omnino quemdam, nisi quis semet arceat ipse sibi invidens." I (2), W, S. 14; H, S. 142.

[88] Über die Bedeutung der von Erasmus vollzogenen Seneka-Rezeption (erste Folio-Ausgabe 1513) informiert die *Bibliotheca Erasmiana* I, 2e Série, p. 49 bis 51. Die stoische Seneka-Tradition formte in der europäischen Geistesgeschichte bis zum Ende des 18. Jahrhunderts maßgeblich das Bild der Antike.

[89] „Qua ratione intelligent angeli, fortasse subtilius disserat alias vel non Christianus, at illud persuadere, ut hic puri ab omnibus inquinamentis vitam exigamus angelicam, id demum Christiani theologi munus est." I (3) a, W, S. 18; H, S. 143.

Montaigu über skotistische Schultradition (Herbst 1495—1499) erlebt hatte und wie sie sein eher negatives Paris- und Scholastikbild prägten, ist für ihn nicht die Aufgabe von Christen oder gar christlichen Theologen. Im Grunde hält er solch eine Theologie für *paganismus,* worin er so wie im *Iudaismus* evangelienfremde Haltungen versteht[90].

Daher fordert er als Alternative zu Ende der ersten Hälfte des Essays in einer geistigen Tradition, welche die Kritiker als „devotes Erbe"[91] bezeichnen würden, eine Theologie des Lebensvollzugs oder, wenn wir wollen, des geistlichen Lebens: Diese Gattung Philosophie habe ihren Sitz eher in den Affekten als in den Syllogismen, sie sei eher Leben als Diskussion, eher Einsprechung als Bildung, eher Lebensänderung als Vernunft[92]. Gelehrt zu sein, sei wenigen gegeben, aber niemandem sei es verboten, Christ zu sein, niemandem, fromm zu sein, und er wage noch kühn hinzuzufügen: *Niemandem sei es verboten, ein Theologe zu sein*[93].

Es wird hier zusammengefaßt, was im wesentlichen Gegenstand der ersten Hälfte der *Paraclesis* war, eine Relativierung und gewissermaßen Zurückstellung der *ratio,* d. h. unsachgemäßen Vernünftelns in der Theologie gegenüber der *transformatio,* Betonung gnadenhafter, von Gott gegebener „Bildung", des *afflatus,* Theologie als Lebensform und Prinzip der Lebensänderung. Der Verzicht auf überalterte Formen der Schulweisheit soll freien Raum für ein allseitiges Theologentum schaffen.

Man versteht schon, daß Karl August Meissinger[94] hier bereits ein Problem, wenn nicht gar eine gewisse Widersprüchlichkeit in den Ansichten des Erasmus festgestellt hat. Als seien hier seine zwei Seelen, die der devoten *pietas* mit der von Lorenzo Valla

[90] Etwa Allen, VIII, p. 113. Erasmus sieht, nachdem er zeit seines Lebens gegen Aberglauben und „Zeremonialismus" gekämpft hatte, Ende der Zwanzigerjahre die Kirche durch glatte Religionslosigkeit bedroht, für die er auch eine entsprechend quellenfremde Theologie alten Stils verantwortlich macht.

[91] K. A. Meissinger, *Erasmus von Rotterdam* (= Veröffentlichungen des Instituts für Reformationsforschung Bd. 1), Berlin ²1948, S. 206 und S. 219. Die Zusammenhänge mit der *devotio moderna* wurden schon in der älteren Erasmusforschung theologiegeschichtlich aufgearbeitet. Dazu unter anderem P. Mestwerdt, *Die Anfänge des Erasmus. Humanismus und „Devotio Moderna"* (= Studien zur Kultur und Geschichte der Reformation, Bd. 2), Leipzig 1917.

[92] Man beachte immer wieder die Dreigliedrigkeit, alter Rhetoren- und Dichterbrauch, der im psychophysischen Rhythmus des Menschen begründet erscheint.

[93] „Hoc philosophiae genus in affectibus situm verius quam in syllogismis, vita magis est quam disputatio, afflatus potius quam eruditio, transformatio magis quam ratio. Doctus esse vix paucis contingit, at nulli non licet esse Christianum, nulli non licet esse pium, addam audacter illud: nulli non licet esse theologum." I (3) b, W, S. 22; H, S. 144 f.

[94] *Erasmus von Rotterdam,* aaO., S. 209.

genährten Idee von der gelehrten *humanitas* im Widerstreit, was dann sogar in einer gewissen Dialektik zu den bildungsmäßigen Forderungen der *Methodus* zum Ausdruck käme. Abgesehen davon, daß Deutungen dieser Art zu wenig beachtet, daß für den *duplex* Erasmus die Bewältigung solcher Gegensätze typisch ist, kommt noch hinzu, daß der Freund des Thomas Morus einen Sinn für die *utopia* hatte, auch in seinen theologischen Programmen. Das Ganze sollte auf lange Sicht eine nicht unwirksame Zielvorstellung werden, wenn es auch im einzelnen nicht realisierbar war.

Die zweite Hälfte der *Paraclesis* beginnt mit einem Enthymema, von dem Karl August Meissinger[94] sagte, es gehöre zu den wichtigsten Formulierungen, die Erasmus zu Papier gebracht habe. Ernst-Wilhelm Kohls[95] kritisiert, wie mir scheint, nicht ganz zu Recht, daß Meissinger die humanistische Rechtfertigungsformel für eine augustinisierende wie pelagianisierende Deutung offen läßt. Ich habe den Eindruck, daß auch Kohls das *renascentia*-„Logion" konfessionell überfordert. Erasmus intendiert es sicher nicht als dogmatische Definition, sondern eben als literarische, und daher offene Sentenz. Der Zusammenhang besteht nun tatsächlich einerseits darin, daß das Christentum niemanden von der neuen Theologenschaft ausschließt, was in ihrer Artgemäßheit, „Natürlichkeit" und Anpassungsfähigkeit begründet ist. Andererseits eröffnet das Enthymema den „Tugendkatalog der Philosophen", wo vorerst die sittlichen und religiösen Werte des Heidentums dargestellt werden. Die Wirksamkeit des Christentums ergibt sich aus seiner „Natürlichkeit", die die Affinitäten innerhalb der unerlösten Menschheit wahrnimmt und in einem Vorgang der *accommodatio* berücksichtigt: Leicht gelange zu den Herzen aller, was am meisten der Natur entspricht. Was aber sei die Philosophie Christi, die er selbst Wiedergeburt nennt, anderes als die Erneuerung der gut geschaffenen Natur?[96]

Die recht vertretene *philosophia Christi* wird nach der Erasmischen *utopia* deshalb gerne angenommen, weil die Menschen in diesem Christentum den verschütteten, verborgenen und niedergehaltenen Kern ihres Menschseins, sozusagen ihr besseres Ich, kennen lernen. In aller Weisheit der vorchristlichen Philosophen kündigt sich schattenhaft die Philosophie Christi, deren eigentliches Prinzip, an. Das Wesen des Christentums ist die johanneische

[95] *Die Theologie des Erasmus,* Bd. 1, S. 152 f. und Bd. 2, S. 119, Anm. 564. Meissinger habe zu wenig aus dem Zusammenhang interpretiert.

[96] „Iam facile descendit in animos omnium, quod maxime secundum naturam est. Quid autem aliud est Christi philosophia, quam ipse renascentiam vocat, quam instauratio bene conditae naturae?" II (1) a, W, S. 22; H, S. 145.

Wiedergeburt; diese *Renaissance* stellt in einem organischen Wachstumsprozeß[97] die ursprünglich nicht verderbte Natur wieder her.

Diese Formulierung kennt *Natur* nicht als Gegensatz zu *Übernatur,* wie es spätere Jahrhunderte verstehen. Er vermeidet eines begriffliche Schematisierung, durch die *de facto* die Perichorese der beiden Seinsebenen geleugnet wird. Die Natur des Menschen ist wie eine platonische Idee gleichsam sein besseres Ich, das es wiederherzustellen gilt. Was man sonst Übernatur, Rechtfertigung und Erlösung nennt, wäre demnach für Erasmus Wiederherstellung. Die *philosophia Christi* versteht er hier als das Prinzip der Rechtfertigung, das mit der johanneischen Wiedergeburt, bildlich gesprochen, identisch ist. Wenn wir wollen, können wir sagen, daß Erasmus in seinem humanistischen Konzept von Rechtfertigung das pelagianische Anliegen aufgreift, ohne Pelagianer sein zu wollen. Er vermeidet aber schon das neuplatonische Requisit von *caro, anima* und *spiritus,* auf das Kohls[98] auf Grund seiner Beobachtungen im *Enchiridion* (1503) großen Wert legt und das er nicht ganz berechtigt in die Deutung unseres um 13 Jahre älteren Textes hineinträgt. Es ist durchaus bemerkenswert, daß Erasmus in den reifen Mannesjahren von 1516 auf die einigermaßen krause Theologie der Jugendschrift verzichten kann. Die *simplicitas* des Evangeliums, dem nun über ein Jahrzehnt seine Aufmerksamkeit in besonderem Maße gegolten hatte, und auch das Ideal der neuen Theologie, das er in den Einleitungsschriften zu entwerfen sucht, hat seine Wirkung getan.

Renascentia und *transformatio* sind für Erasmus verwandte Begriffe. Wer diese fromme „Philosophie" betreibt, die nach Verwandlung in diesem Sinne trachtet, und in dieser Absicht die heilige Schrift liest, erfährt immer mehr ihre endgültige Verbindlichkeit für das Heil: ... wenn einer darin [in den heiligen Schriften] fromm philosophiert, eher betend als argumentierend, eher auf Lebensänderung bedacht als auf Bewappnung, werde er gar wohl finden, daß nichts ist, was für das Glück des Menschen, nichts, was sich auf irgendeine Aufgabe seines Lebens bezieht, was nicht darin über-

[97] Vgl. W, S. 34; H, S. 148: „... adolescant in virum robustum in Christo." Erasmus bindet so durch Aufgreifen des gleichen, wenn auch abgewandelten Motivs Anfang und Ende des Abschnittes (II) zusammen. Das *renascentia*-„Logion" steht nicht ohne Absicht auch formal genau in der Mitte und am Höhepunkt der *Paraclesis* und hält zugleich alle anderen Motive zusammen. Durch das strukturelle Studium sind wir erst in der Lage, den Kontext richtig zu bestimmen.

[98] E. W. Kohls, *Die Theologie des Erasmus,* aaO., Bd. 1, S. 87 ff. und S. 152 f., Bd. 2, S. 119, Anm. 564.

liefert, behandelt und abgeschlossen wäre[99]. Diese Heilswirkung kommt beim gläubigen Meditieren der Schrift dadurch zustande, daß Christus in einer Wirklichkeitsdichte durch die Lektüre gegenwärtig wird, welche die Konfrontation mit dem historischen Christus übertrifft: Weniger hätten die Juden gesehen, weniger gehört, als du siehst und hörst in den Schriften der Evangelien, man müsse nur die Augen und Ohren, mit denen jener wahrgenommen und gehört werden kann, auftun[100].

In diesem Motiv, das in der Konklusion noch deutlicher hervortritt, beginnt sich das Hauptthema der zweiten Hälfte der *Paraclesis* abzuzeichnen: Es ist die Präsenz Christi in der Schrift[101]. Es ist merkwürdig, daß dieses Motiv in der Forschung meines Wissens kaum Beachtung gefunden hat[102]. Dabei darf man die Frage in der geistesgeschichtlichen Entwicklung nicht unterschätzen. Wenn Erasmus gerade zum effektvollen Abschluß der *Paraclesis*[103] die lebendige Gegenwart Jesu in der Schrift der vergleichsweise sehr dürftigen Gegenwart in den Reliquien gegenüberstellt, so handelt es sich geistesgeschichtlich um die Überwindung eines verdinglichten Frömmigkeitsstils, dessen Mängel im Spätmittelalter auf einmal besonders bewußt wurden. Erasmus geht in dieser Entwicklung um einen Schritt weiter als sein Geistesverwandter Nikolaus von Kues (1401—1464), wenn dieser die Unzulänglichkeiten des Reliquienwesens abstellen will, indem er auf die religiösen Vorzüge der eucharistischen Gegenwart verweist[104].

[99] „... in quibus si quis pie philosophetur orans magis quam argumentans et transformari studens potius quam armari, si nimirum comperiet nihil esse, quod ad hominis felicitatem, nihil, quod ad ullam huius vitae functionem pertinear, quod in his non sit traditum, dicussum et absolutum." II (1) b, W, S. 26; H, S. 146. Man beachte die symmetrische Anordnung der Glieder als Ausdruck der dialektischen Gegenüberstellung der verschiedenen Wege, dazu den dreigliedrigen Abschluß, der gleichsam zum Ausdruck bringt, daß im Evangelium das absolut letzte Wort an den Menschen gerichtet ist.

[100] „Minus videbant, minus audiebant Iudaei, quam tu vides et audis in evangelicis litteris, tantum ut oculos et aures afferas, quibus ille cerni et audiri possit." II (1) c, W, S. 28; H, S. 146.

[101] Abschließend wird das noch gesteigert durch den Hinweis, daß diese „pneumatische", verbale Gegenwartsweise allen Frömmigkeits-„Realismus" übertrifft, mit dem man sonst etwa im Reliquienkult des Herrn habhaft zu werden glaubt.

[102] P. Mesnard, *La Paraclesis d'Érasme,* in: *Bibliothèque d'Humanisme et Renaissance. Travaux et Documents,* 13 (1951), p.26—34, müßte in seiner geistvollen Studie darauf zu sprechen kommen. Weil er aber die Strukturen des Aufbaus nicht richtig analysiert, p.30, entgeht ihm dieses Thema in seiner Bedeutung.

[103] W, S. 36; H, S. 148 f.

[104] Vgl. dazu immer noch E. Vansteenberghe, *Le Cardinal Nicolas de Cues*

Die Verbindlichkeit der im Schriftwort präsenten Gestalt Christi unterstreicht noch der Verfasser durch die Forderung nach einer allseitigen Kritik alles Menschenwortes, auch der angesehensten Autoren, mit anderen Worten aller Theologie. Er fordert diese Unterscheidung der Geister, der sich selbst die Propheten unterwerfen müssen, unter Berufung auf Augustin[105]: Paulus wolle die Geister der Propheten unterscheiden, ob sie aus Gott sind. Augustinus, der alle Bücher mit kritischem Urteil las, fordere auch nicht mehr Recht für die seinen. *Nur in diesen Schriften müsse man, auch was man nicht verstehe, dennoch anbeten*[106].

Mit dieser epigrammatischen Formulierung, deren *auctoritas* bei Laktanz noch im nächsten Kapitel gezeigt werden muß, markiert der Verfasser eine Auffassung von der Schrift, die, wie wir schon in der Einleitung andeuten konnten, in den zwanziger Jahren kontroverstheologische Bedeutung erlangte. Für Erasmus bleibt die Schrift sprachlich Gestalt, und sie birgt die Gestalt Christi, beide sind zugleich enthüllend und verhüllend. Es bleibt in diesen „Bildern" bei allem legitimen Bemühen um Interpretation ein „unaussprechlicher" Rest, den es vorerst fundamental anzunehmen gilt. Wie schon erwähnt, hat Otto Kuß[107] diesen Punkt der Kontroverse als springenden herausgestellt. Für Luther ist danach bekanntlich die Schrift an sich „klar", die Unklarheit komme durch die Erbsündlichkeit des Lesers und seine Unkenntnis der „Grammatik" zustande. Dadurch bekommt die Schrift für Luther eine apodiktischen, „satzhaften" Charakter, der Erasmus bei aller Verbindlichkeit, die er gerade in der *Paraclesis* äußert, fern ist. Die Verbindlichkeit, die er in den uns vorliegenden Partien mit fast erschreckender Stringenz fordert, bleibt die Verbindlichkeit von Bild und Gleichnis, die der dialogischen Produktivität des Lesers und Interpreten noch einen Raum der Freiheit läßt, wenn auch unter fundamentaler Annahme und *adoratio* der „Gestalt".

Mit dieser Einstellung an das Wort Gottes heranzugehen, schafft nach Erasmus, wie er abschließend feststellt, eine neue Art von Theologie und einen neuen Theologentyp: Jenes möge nur wahrlich

(1401—1464). L'Action-La Pensée, Paris 1920, Reprint Frankfurt/M. 1963, p.97 ff.

105 *Contra Faustum Manichaeum,* XI, 5; PL 42, 248 f. CSEL.

106 „Paulus diiudicari vult spiritus prophetarum, num et deo sint. Augustinus omnes libros cum iudicio legens nihilo plus iuris postulat et suis. In his solis litteris et quod non assequatur, tamen adores." II (2) c, W, S. 32; H, S. 147.

107 O. Kuss, *Über die Klarheit der Schrift,* aaO., S. 311 ff., WA 18, S. 606. Er unterscheidet bei Luther zwischen äußerer und innerer Klarheit, S. 308, WA 18, S. 609. Die innere sei jeweils durch den Geist gegeben, die äußere Klarheit sei eine Sache der Grammatik und der Vokabel.

Sache der, wenn es beliebt, sublimen Theologen sein; *in diesen jedoch werde sicherlich einmal ein künftiger großer Theologe seine Probe ablegen*[108].

Durch diese neue Theologenschaft kann jeder Mensch seine endgültige *transformatio* erfahren, wenn die „Studien" einmal nicht mehr sind, sie aber unser Leben durchdrungen und sich in ihm manifestiert haben: Nach diesen [den Schriften] mögen daher alle aus ganzem Herzen dürsten, diese möge man umarmen, in diesen sich beständig aufhalten, diese küssen, mit ihnen schließlich sterben, in sie sollte man verwandelt werden, wenn die Studien einmal übergehen in unser sittliches Leben[109].

Mit dem Motiv vom „Tod des Philosophen", auf das wir noch gleich zurückkommen werden, findet er den „devoten" Ton, den er ja für seinen Traktat mit beabsichtigte, den er zu denen rechnet, „quae instituunt ad pietatem"[110].

5. Laktanz als *archetypus*: Die „Katholizität" der neuen Weisheit

Vor der großen *utopia* von 1516 bis 1518/19 hatte sich Erasmus bekanntlich als Herausgeber in erster Linie klassischer antiker Autoren betätigt. Seine Kirchenvätereditionen beginnen bezeichnenderweise mit seinem Hieronymus (1516), im Jahre des *Novum Instrumentum* und der *Paraclesis* und reißen von nun an nicht mehr ab; etwa jedes Jahr erscheint ein neuer Kirchenvater: Basilius (1518), Cyprian (1520), Arnobius (1522), Hilarius (1523), Prudentius (1524), Chrysostomus (1525), Irenäus (1526), Ambrosius, Origenes, Athanasius (1527), Augustin (1528 und 1529). Die Edition (1529) der Werke des L. Caecilius Firmianus Lactantius (um 250 bis nach 317) waren sein letztes neues Kirchenväterprojekt, das er noch vor seinem Tod in Angriff nahm[111].

108 „Iam vero sint illa sane, si libet, sublimium theologorum; at in his certe sit futuri quondam magni theologi tirocinium." II (2) c, W, S. 34; H, S. 148.

109 „Has igitur toto corpore sitiamus omnes, has amplectamur, in his iugiter versemur, has exocculemur, his demum immoriamur, in has transformemur, quandoquidem abeunt studia in mores." Konklusion, W, S. 36; H, S. 148. Das Ganze ist eingebettet in eine Häufung von bildhaften, pointierten Wendungen, die mit dem schon wiederholt erwähnten Hauptthema und seiner sentenzenhaften Einkleidung endigt: „..., denique totum ita praesertim reddunt, ut minus visurus sis, si coram oculis conspicias." Konklusion, W, S. 36; H, S. 149.

110 Allen, I, p. 40.

111 J. Coppens, *Portrait d'Érasme*, in: *Scrinium Erasmianum* II, aaO., p.569 f.

Die *Paraclesis* zeigt uns jedoch, daß Erasmus wenigstens die *Divinarum Institutionum Libri VII* (304—313) des afrikanischen Apologeten, Weltbürgers und Rhetoren schon 1516 gut kannte, nachdem er in seinen Briefen meines Wissens nur einmal, allerdings sehr früh und in bezeichnendem Zusammenhang, den christlichen Cicero erwähnt. In einer Epistel an seinen Mäzen, den obersten Hofprälaten des Burgundischen Zwischenreichs, Heinrich von Bergen (um 1450—1502), Bischof von Cambrai, beklagt er sich schon am 7. November 1496[112], daß viele seiner christlichen Zeitgenossen sich einen Catull, Tibull und Properz zum *archetypus* wählten, nicht aber einen heiligen Ambrosius, Prudentius oder Iuvencus[113]. Dann erwähnt er Laktanz, den der Westfriese Rudolf Agricola (1442/44 bis 1485), Jugend-Vorbild des Erasmus, den „christlichen Cicero" zu nennen pflegte.

Erasmus wählt nun Laktanz, „den Schützer der christlichen Religion gegen die Heiden"[114], zu seinem literarischen *archetypus*[115]. So werden die Texte des Kirchenvaters zu einem Kommentar für die *Paraclesis,* der wichtige gehaltliche Linien wie die Allverfügbarkeit des Christentums besser erklärt und deutlicher sichtbar macht. Dazu wollen wir allerdings gestehen, daß ein Motiv wie das der *philosophia Christiana* schon ein Jahrtausend alt und weitverstreuter Topos ist[115a], daß wir nicht einfach behaupten wollen, Erasmus

112 Allen, I, p. 163.

113 Man sollte auch solche Details festhalten, um die herkömmliche Auffassung, daß Erasmus erst durch sein Englanderlebnis 1499 zu Schrift und Kirchenvätern und damit unter der Patronanz eines More, Fisher und Colet zum „christlichen Humanisten" geworden sei, zu modifizieren. Vgl. jüngst immer noch: J. Ijsewijn, *Erasmus ex poeta theologus,* in: *Scrinium Erasmianum,* II, aaO., p. 383: „Dubitantem fortasse iuvenem firmaverunt demum amici Britannici."

114 W, S. 2; H, S. 139.

115 Das macht Erasmus übrigens technisch in unseren Schriften jeweils unter anderem auch durch Angaben im *exordium.*

115a Schon Adolf von Harnack hatte sich über dieses altchristliche Apologetenmotiv der „νέα φιλοσοφία" und seine Funktion in der Argumentation Gedanken gemacht. Für einen Justin oder Clemens von Alexandrien habe ein Vergleich des Christentums mit den heidnischen Religionen etwas Bedenkliches an sich gehabt. Ein Vergleich mit den heidnischen Philosophenschulen habe dagegen Vorteile dem Staat gegenüber mit sich bringen können und andererseits etwas Kennzeichnendes über das „Didaskaleion" der christlichen Gemeinschaft ausgesagt. Ders., *Die Mission und Ausbreitung des Christentums in den ersten drei Jahrhunderten,* Bd. 1, Leipzig [4]1924, S. 270 ff. Von ihm stammt ebd. S. 271 bekanntlich das Wort, daß man hinter der „Dreistigkeit" dieser Vorstellung (wie sie etwa von Tatian, Theophilus und Tertullian vorgetragen wurde) die „Großartigkeit und Kraft des Selbstbewußtseins" nicht übersehen dürfe. — Wenn Erasmus nun mit diesem Apologetenmotiv arbeitet, dann schmäht er versteckt die spätscholastische Philosophie und Theologie als

habe ihn exklusiv durch die Begegnung mit Laktanz übernommen, was aber auch nicht positiv auszuschließen ist. Wichtiger als diese Fragen ist für uns die Tatsache, daß sich Erasmus mit der Wahl des Laktanz als seines *archetypus* für die *Paraclesis* als Apologet des wahren Christentums versteht, der dazu besonders geeignet sei, weil er in sich Cicero und Hieronymus vereinigt.
Wir konnten als Leitmotiv des ersten Teiles und als eine der wichtigsten Ideen der *Paraclesis* die Frage der Allverfügbarkeit der *philosophia Christiana* feststellen. Diese Katholizität des Christentums bringe es mit sich, daß dieses nicht nur eine Sache der Theologen und Mönche sei, sondern allen, *omnibus,* gehöre[116].

Laktanz nimmt zu dieser Frage im III. Buch der *Divinae Institutiones (De falsa sapientia philosophorum)* ausführlich Stellung. Schon im I. Buch (*De falsa religione deorum*) hatte er das Problem angeschnitten, indem er einleitend ähnlich auf menschliche Rhetorik verzichtet wie Erasmus. Eigentlich unerasmisch teilt er die Christen in zwei Klassen ein, in *docti* und *indocti,* daß sowohl die Gelehrten zur wahren Weisheit geführt würden als auch die Ungelehrten zur wahren Religion[117]. Das alles sei ihm wichtiger als alle Rhetorik. Diese führe nämlich nicht zur Tugend, sondern bloß zu einer scharfsinnigen Bosheit. Auf diese *pie atque innocenter ... vivere* käme es an, die Kunst *bene dicendi* sei dem unterzuordnen. Daher seien bei den Griechen die Philosophen in höherem Ansehen gestanden als die Redner. Sie wurden nämlich für *recte vivendi doctores* gehalten. Das letzte sei nun viel besser, weil das Schönreden immer nur für wenige in Frage komme, sittlich gut zu leben aber für alle[118]. Die *praecepta coelestia,* mit denen er sich beschäftigen wolle, gingen jedoch alle an[119].

Auch Erasmus folgert aus der allgemeinen Berufung zu einer christlichen Lebensführung und Lebensänderung die „Katholizität" der *philosophia Christi.* Im schon angeführten Buch III, Kapitel 25 *(De addiscenda philosophia; et quantact eius studium sint necessaria)* wertet nun Laktanz auch die Philosophie gegenüber der eigentlichen *sapientia* ab, und zwar weil eben gerade die Philosophie, trotz ihrer Überlegenheit als *recte vivendi*[120] *doctrina* gegenüber der Redner-

Heidenzeug, in ähnlicher Weise, wie die altchristlichen Apologeten die heidnische Philosophie bekämpft haben.

116 W, S. 16; H, S. 142.

117 „ut et docti ad veram sapientiam dirigantur et indocti ad veram religionem"; *Divinae Institutiones,* I, 1; PL 6, 114 A. CSEL, 19, p. 1 f.

118 Div. Inst. I, 1; PL 6, 114 B.; CSEL 19, p. 3 „... quoniam bene dicere, ad paucos pertinet, bene autem vivere ad omnes."

119 Div. Inst., aaO., I, 1; PL 6, 114 A.; CSEL 19, p. 3.

120 Div. Inst., I, 1; PL 6, col. 114 A.; CSEL 19, p. 3.

kunst, nur wenigen Menschen zugänglich sei. Die Philosophie sei mit dem Urteil weniger zufrieden, indem sie selbst den Rat der Menge flieht[121]. Nicht haben wir es also mit Weisheit (*sapientia*) zu tun, wenn sie die Gemeinschaft der Menschen scheut. Denn, wenn dem Menschen die Weisheit gegeben ist, dann müsse sie ohne jeden Unterschied *allen* gegeben werden, daß es künftig niemanden gibt, der sie nicht fassen könne[122]. Hier deckt sich der *sapientia*-Begriff des Laktanz mit dem, was Erasmus unter *philosophia Christiana* versteht. Christentum wäre demnach auch in diesem Zusammenhang mehr als ein gnostistischer Geheimbund für eine Minderheit von Eingeweihten.

Wenn Erasmus gegen die „pauculos istos ... theologos et monachos"[123] als die Kreise zu Felde zieht, welche die *philosophia Christiana* für sich gepachtet zu haben meinen, so finden wir bei Laktanz eine deutliche Parallele, wenn er sagt, jene verwalteten die dem ganzen Menschengeschlecht verliehene Gabe [*sapientiam*], daß es scheint, als ob sie allein ein öffentliches Gut, das allen gehört, genießen wollten, so neidisch, wie wenn sie den übrigen die Augen verbinden oder auskratzen wollten, damit sie die *Sonne*[124] nicht sehen. Denn was sei es anderes, den Menschen die Weisheit zu verweigern, als ihrem Geist das wahre und göttliche Licht zu nehmen?[125] Die anschließenden, vom stoischen Denken gefärbten Ausführungen erscheinen fast wörtlich als Vorlage für jene Stellen bei Erasmus, wo er davon spricht, daß allen Völkern, allen Ständen, den Handwerkern und Bauern, den Frauen und Kindern die *philosophia Christi* nahegebracht werden sollte[126]. Wenn die Natur der Menschen der Weisheit fähig sei, müßten sowohl die Handwerker als auch die Bauern, die Frauen und schließlich alle, die ein menschliches Wesen besitzen, darin belehrt werden, daß sie weise seien; es müßte

[121] Div. Inst., aaO., III, 25; PL 6, 428 B.; CSEL 19, p. 257.

[122] Div. Inst., aaO., III, 25; PL 6, 428 B — 429 A; CSEL 19, p. 257: „... quoniam si sapientia homini data est, sine ullo discrimine omnibus data est, ut nemo sit prorsus, [429 A] qui eam capere non possit."

[123] W, S. 6; H, S. 142.

[124] Vgl. auch die „Sonnen"-Metaphorik in der *Paraclesis*, W, S. 14; H, S. 142: „Die Sonne ist da nicht allen Menschen so gemeinsam und zugänglich wie die Lehre Christi ... Sol hic non perinde communis et expositus est omnibus atque Christi doctrina." Vgl. auch W, S. 30; H, S. 147, weniger deutlich W, S. 12; H, S. 141, wo alle menschlichen, auch religiösen Werte vor der Offenbarung Christi jeweils verblassen wie die Sterne vor der aufgehenden Sonne. Die Metapher dient zur Darstellung des relativen Wertes der irdischen Wirklichkeiten.

[125] Div. Inst., III, 25; PL 6, col. 429 A.; CSEL 19, p. 257.

[126] W, S. 14; H, S. 142: „... omnes mulierculae legant ... a Scotis et Hibernis, ... agricola ... textor, ... viator. Zur Kinderkatechese vgl. W, S. 35; H, S. 148.

ein Volk zusammenströmen aus jeder Sprache, jedem Stand, Geschlecht und Alter[127].

Ähnlich wie Erasmus entthront er die alte Philosophie und bemüht für seinen neuen Begriff von der universalen *sapientia* bereits die alten Philosophen: Als wichtigstes Argument verbleibe daher, daß die Philosophie weder zur Weisheit hinführe, noch selbst Weisheit sei und ihr Mysterium nur durch Bart und Mantel gefeiert werden könne. Das hätten schon die Stoiker begriffen, wenn sie forderten, sowohl Sklaven als auch Frauen müßten philosophieren; übrigens vertrete auch Epikur diese Ansicht, wenn er auch die wissenschaftlich Ungebildeten zur Philosophie einlädt; ebenso Plato, wenn er den Staat aus den Weisen (*sapientibus*) bauen wollte. Nach Erasmus war die alte Philosophie kraus, unverständlich und beschwerlich gewesen; durch die *philosophia Christi* werden diese alten Voraussetzungen hinfällig. Daher öffnet sich auch die neue Philosophie für alle, auch die sogenannten Ungebildeten[128]. Ähnlich setzt die Philosophie bei Laktanz eine Vielzahl von Wissenschaften voraus, die z. B. Frauen und Sklaven nicht erlangen könnten, ebensowenig viele Arme, Arbeiter, Bauern und Handwerker[129]. Auch das Sprachenmotiv des Erasmus, man müsse die Schriften übersetzen, damit alle Menschen, auch Türken und Sarazenen der Philosophie Christi teilhaftig würden[130], ist bei Laktanz vorgebildet, wenn er tadelnd auf die nationale Exklusivität des antiken Philosophentums hinweist und die Notwendigkeit des Sprachstudiums hervorkehrt: Von den Barbaren sei keiner als Philosoph bekannt, außer der Skythe Anacharsis, der sich aber auch die Philosophie nicht einmal hätte träumen lassen, hätte er nicht Sprache und Wissenschaft vorher gelernt gehabt[131]. Wenn demnach alte Hindernisse der menschenverwandelnden *doctrina caelestis* wie Laktanz[132] und der *philosophia Christiana,* wie Erasmus[133] sie nennen würde, wegfallen, wenn nach Laktanz die Gottesweisheit „matrem delictorum

[127] Div. Inst., aaO., III, 25; PL 6, 429 A.; CSEL 19, p. 257: „... populumque ex omni *lingua,* et *conditione,* et *sexu,* et *aetate* conflari." Vgl. dazu nahezu wörtlich *Paraclesis* W, S. 12; H, S. 142: „Nullam haec *aetatem,* nullum *sexum,* nullam fortunam, nullam reicit *conditionem.*"

[128] W, S. 12; H, S. 141.

[129] Div. Inst., aaO., III, 25; PL 6, 430 A.; CSEL 19, p. 257.

[130] W, S. 14; H, S. 142.

[131] Div. Inst., III, 25; PL 6, col. 431 A.; CSEL 19, p. 259.

[132] Div. Inst., III, 16; PL 6, 431 B.; CSEL 19, p. 259.

[133] Zur „transformatio" vgl. außer den einschlägigen Kapiteln: „... (eloquentia), quae transformet ...", W, S. 4; H, S. 139; „transformatio magis quam ratio", W, S. 22; H, S. 145; „... in has transformemur, quandoquidem abeunt studia in mores", W, S. 36; H, S. 148.

stultitiam"[134] sogar ohne Bücher und andere gelehrte Hilfsmittel vertreiben könne, was sind dann die neuen Voraussetzungen der *sapientia* bzw. der *philosophia Christiana?* Diese Frage beantwortet Erasmus parallel zu seiner Vorlage, wenn er fordert, man solle nur zusehen, daß man einen frommen und willigen Sinn mitbringt, der sich vor allem durch einen reinen und einfachen Glauben auszeichnet[135], und wie schon angeführt, die Sonne sei da nicht allen Menschen so gemeinsam und zugänglich wie die Lehre Christi[136]. Laktanz verwendet wieder wie Erasmus die Sonnenmetapher, um die Gemeinsamkeit der *doctrina caelestis* und der von ihr erworbenen *sapientia* zu veranschaulichen: Gnadenhaft geschehe das, leicht und schnell[137]. Nur mögen sich die Ohren öffnen, und das Herz dürste nach Weisheit. Niemand scheue sich: Wir verkaufen das Wasser nicht, und nicht bieten wir die Sonne um Geld feil[138].

Diese Öffnung der neuen Weisheit für alle findet sein Komplimentär in dem alle menschliche Gelehrsamkeit und alles menschliche Bemühen transzendierenden Charakter der christlichen Offenbarung. Der Gedanke der Neuheit des Christentums, daß nämlich die *philosophia Christi* einzig und allein *e coelo*[139] stamme, zieht sich als ein Hauptthema durch die *Paraclesis.* Für Laktanz kann die Wahrheit, d. h. das innerste Geheimnis des höchsten Gottes, der alles erschaffen hat, durch Talent und eigenen Verstand nicht begriffen werden: Andernfalls gäbe es zwischen Gott und Menschen keinen Unterschied, wenn menschliches Denken auf die Ratschlüsse und Anordnungen jener ewigen Majestät kommen könnte[140].

Diese fundamentale Allverfügbarkeit des Christentums setzt etwas voraus, das alle nachvollziehen können. Das ist für beide Autoren eine primäre Annahme des Christentums: Für Erasmus ist

134 Div. Inst., III, 16; PL 6, 432 B.; CSEL 19, p. 260.

135 „Tantum fac afferas pium ac promptum animum et in primis simplici puraque praeditum fide." W, S. 12; H, S. 141.

136 „Sol his non perinde communis et expositus est omnibus atque Christi doctrina." W, S. 14, H, S. 142.

137 Div. Inst., III, 16; PL 6, 432 B.; CSEL 19, p. 260: „Gratis ista fiunt, facile, cito; ..." Erasmus formuliert das Motiv vom geschenkhaften Charakter der Weisheit noch deutlicher, wenn er den „Lehrer Geist" einführt: „Ipsa (philosophia) suppeditat doctorem spiritum, qui nulli sese libentius impartit quam simplicibus animis." W, S. 12; H, S. 141.

138 Div. Inst., III, 16; PL 6, 433 A.; CSEL 19, p. 260 f.: „... modo pateant aures, et pectus sapientiam sitiat. Nemo vereatur: nos aquam non vendimus, nec solem mercede praestamus ..."

139 W, S. 10; H, S. 141.

140 Div. Inst., I, Praefatio; PL 6, 113 A.; CSEL 19, p.2: „... quia veritas, id est arcanum summi Dei, qui fecit omnia, ingenio ac propriis non potest sensibus comprehendi: alioqui nihil inter Deum hominemque distaret, si consilia et dispositiones illius majestatis aeternae cogitatio assequeretur humana."

das fundamentale Begegnung mit einer Welt, die in sich köstlich und werthaft ist, eine Begegnung, die der wissenschaftlichen Kritik vorausgeht und durch sie nicht zu ersetzen ist. Für den Römer hat dagegen die Verbindlichkeit des Gotteswortes etwas gewalttätig Dekretives an sich. Für Erasmus soll bekanntlich jede von Menschen gemachte Theologie und jeder menschliche Autor in Frage gestellt werden. Sogar die Propheten müssen überprüft werden, ob sie aus Gott sind. Auch Augustinus, der die Bücher aller (Autoren) mit kritischem Urteil gelesen habe, fordere keine diesbezüglichen Privilegien für die seinen[141]. Menschliche Autoren sind demnach so viel wert wie ihre Argumente. Die heiligen Schriften dagegen gehören einer anderen Kategorie an: Nur in diesen Schriften bete man auch das, was man nicht verstehe, dennoch an[142]. Erasmus hatte diese Gedanken bei Laktanz vorgefunden, wenn dieser mit juridischer Härte feststellt, das Wort Gottes sei kurz und schmucklos überliefert. Es hätte sich nämlich nicht geziemt, daß Gott seine Worte mit Argumenten vorgebracht hätte, als ob man ihnen keinen Glauben entgegenbringen müßte. Er sei der Richter, dem es nicht zukommt zu argumentieren, sondern zu verkünden: Das Wahre schlechthin als Gott[143]. Erasmus verwendet zum Unterschied von der harten juridischen Sprechweise des Römers die persönlichere Kategorie der inneren Anerkenung, die nicht durch vorausgehende intellektuelle Absicherung zustande kommen muß. Diese *fides* schafft einen adäquateren Zugang zum Offenbarungswort als scholastische Argumentation, sie ist ähnlich notwendig als Präambel wie das vorausgehende ästhetische Erlebnis für einen Gelehrten, der sich mit Kunst befaßt. Die damit vollzogene vorläufige Wertung ist eine Voraussetzung für eine systematische, beweisfolgernde und die letzten Grundlagen erforschende Auseinandersetzung mit dem Kunstwerk, wenn die Arbeit adäquat sein soll. So ersetzt die *fides* nicht die wissenschaftliche Argumentation, diese bekommt jedoch in ihrem relativen Wert erst durch sie ihren Sinn.

Der *auctor* des Erasmus macht uns noch deutlicher, als wir schon an anderer Stelle sehen konnten, daß es dem Verfasser der *Paraclesis* um die Herausstellung der eigentlichen personalen Fundamente aller Theologie und allen Dogmas geht. Dabei bleibt für ihn in der Schrift die *imago Christi* zu „suchen". Er muß es aber vor-

141 W, S. 32; H, S. 147.

142 „In his solis litteris et quod non assequor, tamen adoro." W, S. 32; H, S. 147.

143 Div. Inst., III, 1; PL 6, 350 B.; CSEL 19, p.179: „... iudex, cujus est non argumentari, sed pronuntiare. Verum ipse, ut Deus."

erst glaubhaft machen, daß sie in ihr zu finden ist. Beide Autoren versuchen einen Glaubwürdigkeitserweis, Laktanz mit solch intellektuellem Aufwand, daß er meinte, alles Nichtchristliche, Religion wie Philosophie, im Interesse des Christentums erledigen zu müssen, so daß es sogar dem Hieronymus zu viel wurde. Erasmus muß sich gleichfalls die Vorbehalte des Hieronymus zu eigen machen, weil er bei aller Christlichkeit seines Humanismus die heidnischen Autoren doch zu sehr schätzt, als daß er den radikalen Ton des Laktanz übernehmen könnte[145].

Laktanz fordert fast wörtlich so wie Erasmus eine „nova non philosophandi philosophia"[146] und meint damit das Christentum, indem er kritische Tendenzen dieser Art bereits bei den alten Philosophen vorzufinden behauptet: So führe sich die Philosophie selbst *ad absurdum.* Als das Arcesilos, der Gründer der Akademie, erkannte, habe er das, was sich alle gegenseitig vorzuwerfen hatten, zu sammeln begonnen, nämlich das Bekenntnis der Unwissenheit der berühmten Philosophen: und er habe sich gegen alle gewappnet. So habe er die neue Philosophie des Nicht-Philosophierens begründet. Seitdem gebe es zwei Arten von Philosophie. Durch diesen „Bürgerkrieg" sei die Philosophie allgemein desavouiert worden. Menschliches Philosophieren führte sich zwar selbst *ad absurdum*; eine reine Quelle der Erkenntnis müsse es aber geben. Laktanz fügt nun radikaler als Erasmus hinzu: Aber nicht einmal sie selbst (die neue Philosophie) werde bestehen können. Denn völliges Nichtwissen sei undenkbar[146]. Die *nova non philosophandi philosophia* des Laktanz ist nicht das gleiche wie die *philosophia Christiana* des Erasmus, weil es für den Kirchenvater im Grunde kein *et — et,* keine echte Dialektik und keine Gerechtigkeit für das Heidentum und seine Philosophie gibt. Auch seine *vera sapientia* stimmt nicht völlig mit der Erasmischen *philosophia Christiana* überein, weil zum Unterschied von Erasmus die *sapientia* nur den gebildeten Christen zugänglich ist, während Laktanz nicht ganz unrealistisch für die Ungebildeten die *vera religio* als angebracht erachtet. Jedenfalls wird die *vera sapientia* als oberste Form des durch das Christentum bewirkten Menschseins angesehen. Das gilt auch für die Erasmianische *philosophia Christiana,* aber sein Begriff ist, wenn wir wollen,

[145] Hieronymus, *Epistolae* 58, 10 (ad Paulinum), PL 22, 585. CSEL 54, p.539.

[146] Div. Inst., III, 4; PL 6, 358 A—G.; CSEL 19, p.185 f.: „... ita se ipsa philosophia consumit, et conficit, quod cum intelligeret Arcesilas [sic!] Academiae conditor, reprehensiones omnium inter se collegit, confessionemque ignorantiae clarorum philosophorum, armavitque se adversus omnes. Ita constituit *nouam non philosophandi philosophiam.* Eo igitur auctore, *duo philosophiae genera* esse coeperunt: ... Sed ne ipsa [nova philosophia] quidem stabit, quia non potest omnino nihil sciri."

utopischer, demokratischer und katholischer in einem. Die Philosophie ist für Laktanz nur ein Entwicklungsstadium, das sich selbst *ad absurdum* führt. Erasmus anerkennt sie in ihrer relativen Bedeutung, schafft aber mit seinem Begriff einen dialektischen Gegenpol. Denn die *philosophia Christiana* ist eben gerade nicht Philosophie im üblichen Sinn, sondern eben die neue Philosophie, das neue Christentum und die neue genuine Theologie.

Das einzige, das Laktanz die Philosophie diskutabel macht, ist der Umstand, daß sie Lebensweisheit ist. Nach Seneca sei die Philosophie nichts anderes als die *recta ratio vivendi*[147].

Die Philosophen wollten „recte vivendi doctores“[148] sein und würden als solche bei den Griechen höher geachtet als die Rhetoren. Und das mit Recht. Es sei jedoch nichts so falsch wie, daß die Philosophie eine „regula vitae“[148] genannt werde. Sie verhinderte und verwirre vielmehr den Zugang zum rechten Weg. Sie mache alles unsicher, schaffe das Gesetz ab, halte Kunst und Wissenschaft für nichts, stürze die Ordnung um, verderbe die Regel und vertreibe das Wissen[149]. Bestenfalls helfe die Weisheit der Philosophen, die Laster zu verhüllen, nicht aber sie auszurotten. Jedoch einige wenige Gebote Gottes könnten dergestalt den ganzen Menschen ändern und ihn nach Preisgabe des alten neu machen, daß man nicht mehr erkennt, daß er der gleiche ist[150]. Beiden Autoren, Laktanz und Erasmus, ist es gemeinsam, daß sie nur gelten lassen, was eine Lebensreform bewirkt. Die Akzente, mit denen das gesagt wird, sind jedoch bei beiden verschieden. Der Apologet Laktanz lehnt die Philosophie zugunsten des Christentums schroff ab, während Erasmus dialektisch-ironisch mit einem Instinkt für das Analoge, aber auch das Vorläufige der Wahrheitsfindung die *philosophia Christi* auch bei den Heiden verwirklicht findet, immer jedoch weiß, daß die eigentliche „Lydia regula“ in der Gestalt Christi zu suchen ist.

Könnte ein kritischer Vergleich zweier Autoren, die über 1000 Jahre auseinander liegen, zeigen, daß der jüngere ein humaneres Gottesbild, eine menschlichere Auffassung von der Autorität der Schrift, eine größere Katholizität der Heilshoffnung, dazu eine

[147] Div. Inst., III, 15; PL 6, 390 B.; CSEL 19, p.220: Erasmus sagt dafür, Christus sei die „Vivendi forma“, der „archetypus“. W, S. 28; H, S. 146.

[148] Div. Inst., III, 15; PL 6, 391 A.; CSEL 19, p.220.

[149] Div. Inst., III, 15; PL 6, 391 B.; CSEL 19, p.220 f.: „... omnia reddit incerta, legem abrogat, artem sullam putat, rationem subvertit, regulam depravat, scientiam ... tollit.“

[150] Div. Inst., III, 16; PL 6, 433 A.; CSEL 19, p.261: „Itaque sapientia eorum, ut plurimum efficiat, non excidit vitia, sed abscondit. Pauca vero Dei praecepta sic totum hominem immutant, et exposito vetere novum reddunt, ut non cognoscas eundem esse.“

größere Weite und selbstverständlichere Toleranz für das sogenannte Nichtchristliche aufwiese, dann hätte sich die Mühe gelohnt. Ich meine, daß wir dieses Ergebnis für diesen Abschnitt in Anspruch nehmen dürfen. Dazu müssen wir für eine Charakterisierung des Erasmus festhalten, daß er zwar die Motive aus seiner reichen Belesenheit in den Vätern gewinnt, daß er aber gemäß seinen Prinzipien diese durchaus nach seinem Maß umformt. In der Freiheit, die er sich nimmt, meinen wir geradezu den Fortschritt in der Überwindung von Atavismen zu sehen, die bei Laktanz zweifellos da sind. Erasmus war kein Prophet, er hatte auch, soweit überliefert, kein Erleuchtungserlebnis, es scheint jedoch, daß seine kritische Rezeption christlicher Traditon, wie wir sie eben studierten, ein evangelischeres Prinzip der Erneuerung darstellt als die ikonoklastischen Hammerschläge der Propheten.

Kapitel II: Methodus

Die Kunst der Poeterei und die rechte Theologie

1. Lobrede oder *genus demonstrativum*: *ars et ingenium* als reformatorisches Problem

Als Erasmus mit dem *Novum Instrumentum* von 1516 den zweiten von den beiden Einleitungsessays drucken ließ, mußte er darauf bedacht sein, daß die Schrift nicht länger als *Paraclesis* und *Apologia* würde und daß somit kein „aliud opus“[1] neben dem vordringlichen Editionswerk entstünde. Er leistete sich jedoch den Kunstkniff, ein Prosastück von vollkommenem Eigenwert zwei Jahre später zu einem Traktat von etwa zehnfacher Länge auszubauen und in diesen hineinzuintegrieren. So wurde die *Methodus* (1516) zu einem *argumentum*, das in der *Ratio verae theologiae* (1518/19), wenn auch in einem neuen *genus*, seine Ausführung erlangte.

Trotzdem besitzt die *Methodus* kraft ihres spezifischen *genus* so viel literarischen Eigenwert, daß wir auch gehaltlich nicht auf ihre Interpretation verzichten können. Dazu ist sie inhaltlich und formal mit den beiden übrigen *Praefationes* einerseits und mit der *Ratio*

[1] Vgl. dazu die einleitenden Erörterungen des Erasmus in seiner *Ratio*: Er habe bei der Abfassung der *Methodus* schon gefürchtet, ihre Länge würde den Charakter einer Einleitungsschrift (*Praefatio*) sprengen, weil er nicht beabsichtigt habe, ein „aliud opus operi“, W, S. 118; H, S. 177, hinzuzufügen: Das „Vorwort“ oder die „Einführung“ dürfe nicht wichtiger erscheinen als das „opus“, nämlich Text und Übersetzung des N. T. selbst.

andererseits so verzahnt, daß wir sie zur Abrundung des Gesamtbildes ebenfalls nicht umgehen wollen. Trotz gleicher künstlerischer Qualitäten hat die *Methodus* nicht den unmittelbar reformatorisch wirkenden Flugschriftcharakter wie die *Paraclesis.* Sie ist nicht so exhortenhaft wie die Vermahnung und eher lehrhafter Natur. Wie treibst du da (wie man zu sagen pflegt) noch den an, der schon läuft? Gib lieber den Weg und die Weise an, wie man gleichsam an Hand eines kurzgefaßten Leitfadens zu jener vielgerühmten Philosophie gelangen kann[2]. Beim „Leitfaden", dem *compendium,* interessiert jetzt in erster Linie das Inhaltliche, und das findet man in der *Ratio* viel ausführlicher und daher vielleicht auch besser. Jedoch das kurze *genus* schafft einen schnelleren Überblick und bietet so in der Konzentration eigene gehaltliche Nuancen.

War die *Paraclesis* für uns die *Staatsrede,* durch die Zuhörer und Leser zur *persuasio* gelangen, daß es sich lohne, nach der *philosophia Christi* zu streben, so verstehen wir das „Lob der Methode" als *kunsttheoretische* Anweisung, die, ähnlich wie die alten Poetiken verbindliche Grundsätze für die Dichtkunst der jeweiligen Periode erstellen, ihrerseits den Zugang zur *philosophia Christiana* ermöglichen will. So wie die alten Kunst-Trichter die inneren Strukturen des dichterischen Wortes zu entdeckten und aufzuklären trachteten und damit neben den Anleitungen zum rechten künstlerischen Schaffen auch wichtige Hilfen für die Interpretation der Dichtwerke lieferten, will auch Erasmus die Architektur des biblischen Wortes aufzeigen, um so Hilfen auf dem interpretatorischen Weg zur *philosophia Christiana* zu geben, der Philosophie, die vollends zu besitzen er von sich nicht behaupten möchte.

Wie sich im folgenden erweisen wird, ist für Erasmus die *philosophia Christiana,* wie sie in erster Linie in den neutestamentlichen Texten zu suchen ist, am besten noch der Dichtkunst zu vergleichen und daher, wenn schon mit profanen Methoden, dann mit den Methoden der Poetik am adäquatesten zu begreifen. Müsse man schon längere Zeit bei den profanen Wissenschaften verweilen, so würde er in der Tat jene vorziehen, die den heiligen Schriften am nächsten verwandt sind[3]. Damit meint er im Zusammenhang *poetice* und *rhetorice* als *Interpretationswissenschaften* im Gegensatz zur, wie er meint, artfremden und inadäquaten philosophischen Methode der *dialectice* und *sophistice.* Erasmus folgt nun gutem Humanistenbrauch, wenn er der *doctus poeta* zu dem, was er in analogem

[2] „Quid tu ita iamdudum currentem (ut dici volet) incitas? Quin viam magis et rationem indica, qua cuivis liceat *ceu compendio* ad istam tantopere laudatam philosophiam pervenire." W, S. 38; H, S. 150.

[3] „Quod si diutius, immorandum sit profanis litteris, equidem id fieri malim in his, quae proprius affines sint arcanis libris." W, S. 52; H, S. 155.

höheren Sinn als vom Geist gegebene Poesie auffaßt, seine Poetik schreibt, kurzgefaßt[4], ungekünstelt und allgemeinverständlich[5], nicht für Fachgelehrte, sondern für das einfache Volk dargestellt[6]. Es soll also etwas wie ein Kurz-Essay dichtungstheoretischen Inhalts der „Dichtung“ im höheren, analogen Sinn vorausgeschickt werden.

Erasmus pflegt ja, wie wir schon in der *Paraclesis* sehen konnten, in seinem jeweiligen *exordium* nicht nur die *auctores*, sondern auch die literarische Art und damit auch die Intention seiner Schrift anzugeben[7]. So versucht er die eben ausgeführten Beobachtungen durch einen Hinweis auf die *Ars poetica* des Horaz und ein Zitat daraus zu unterstützen:

> Dienen will ich als wetzender Stein, der scharf kann machen das Eisen, doch selbst nicht fähig des Schneidens[8].

Mit der in diesem Zitat gegebenen Metapher vom Werkzeug, das für andere bereitet wird, und den beiden vorausgeschickten vom Seefahrer, der selbst nicht ans Ziel gekommen ist, anderen aber Ratschläge für die Reise gibt, und der vom Wegzeiger, der auch selbst das Ziel nie erreicht, deutet er mit dem Dichter an, daß auch einer, der zwar selbst nicht dichten kann, doch nützlich die inneren Gesetze der Dichtkunst verstehen und als Anweisungen vermitteln kann. Der Verfasser sieht nun seinen eigentlichen Gegenstand unter der Gesamtmetapher Dichtung und Dichtungslehre, *Poesie* und *Poetik,* wie er die *Paraclesis* unter die Metapher Überzeugen und Überzeugungskunst, *Eloquenz* und *Rhetorik* gestellt hatte. Was er aber schließlich mit der *Methodus* und mit dieser Gesamtmetapher ausdrücken will, ist der Gedanke: Ich besitze zwar nicht die *philosophia Christiana,* ich werde sie auch nie ganz verwirklichen, so wie ich auch nicht selber dichten kann[9], aber ich verstehe etwas davon, weiß um ihre innere Eigenart und kann verbindliche Grundsätze darstellen, gleichsam die Marschroute, um zu ihr zu gelangen. Die *philosophia Christiana* muß demnach jeder einzelne im Text des

[4] „non solum quam fieri potest brevissime“, W, S. 38; H, S. 150.

[5] „crassius et pinquiore quod aiunt Minerva“, W, S. 38; H, S. 150.

[6] „quippe qui non excellentibus viris ista paramus, sed plebeis et inferioris venae ingeniis.“ W, S. 38; H, S. 150. Hier handelt es sich um typisch Erasmische Utopien, die insofern einen realen Kern haben, als die *poetica* zum Unterschied von der *dialectica* auch für den gebildeten Nichttheologen zugänglich ist.

[7] Vgl. in der *Paraclesis* die Einleitungspassagen zur „Eloquenz“, W, S. 2—6; H, S. 139—140.

[8] „fungar vice cotis, acutum reddere quae ferrum valet, exsors ipsa secandi.“ Horaz, *De arte poetica,* VV. 304—305.

[9] Diesen Bescheidenheitstopos verwendet auch Horaz, und man wird ihm in beiden Fällen den ironischen Ton nicht absprechen können. Erasmus versteht natürlich etwas vom Dichten.

Neuen Testamentes für sich suchen, Hilfe für die rechte Interpretation, die adäquate Suche des verborgenen theologischen Sinnes soll jedoch in der methodischen *Praefatio* angeboten werden.

Ein näherer Vergleich mit der *Ars poetica* zeigt, daß Erasmus mit seiner „Methode" ein analoges *genus* beabsichtigt. Übrigens haben wir es schon äußerlich bei Horaz mit einer Art Vers-Essay kunsttheoretischen Inhalts zu tun[10]. Auch gehaltlich geht es Horaz um ähnliche Fragestellung wie Erasmus. Die beiden Pole sind bei Horaz *ingenium* oder *ars*[11]. „Ingenium misera quia fortunatius *arte* / credit et excludit sanos Helicone poetas / Democritus ...", oder in späterer Sprechweise geformt: Soll der Künstler Originalgenie oder Handwerker sein? Horaz will mit den „ungeschorenen, ungebadeten, bärtigen, verrückten" Bohèmiens, nichts zu tun haben. Darum bekennt er sich bescheiden zur *ars*, um nur Werkzeug zur Purgierung der römischen Dichtung zu sein. Die Auswüchse gehören bekämpft. Bei Erasmus sind es die scholastischen Theologen, bei Horaz die tollwütigen Dichterlinge, die jeden, dessen sie habhaft werden können, wie losgelassene Bären und wie unersättliche Blutegel anfallen[12]. Gegen wahnwitzige, selbstmörderische Dichterlinge, die sich wie Götter gebärdeten, sei kluge Kenntnis der Regeln, sei *ars* die einzige Hilfe[13]. Wohlmeinende Kritik sei echter Freundschaftsbeweis und das einzige Mittel zur Überwindung der pragmatischen Unkultur der Römer. Die verstünden ja nur das Geldzählen[14]. Wenn man Talent, *ingenium*, finden möchte, solle man es bei den Griechen suchen, die allein nicht nach Mammon gierten[15]. Diese „reformatorische" Hinwendung zu den Griechen als den echten *auctores* wahrer Poesie, von denen die Römer einzig lernen könnten, greift nun Erasmus in einem Zitat[16] auf, das in sich allein betrachtet einen fast banalen Sinn hätte: Du mußt bei Tag und Nacht die Schrift lesen! Erasmus setzt aber an einer Stelle, wo es um die methodische innere Aneignung der heiligen Schriften zum Erwerb der *philosophia Christiana* geht, damit die *auctores* des Horaz (nämlich die Griechen) gleich den *auctores* der christlichen Theologie (nämlich den Verfassern der Heiligen Schrift). Die

[10] Die Gattung wird in neoklassizistischen Strömungen des 17. und 18. Jahrhunderts wieder aufgegriffen und für analoge Zwecke verwendet, wie es in der *Methodus* geschieht.

[11] *Ars poetica*, vv. 295 ff.

[12] „... certe furit ac velut ursus, / ... non missura cutem nisi plena cruoris hirudo!" *Ars poetica*, vv. 470 ff.

[13] *Ars poetica*, vv. 408 ff.

[14] *Ars poetica*, vv. 325 ff.

[15] *Ars poetica*, vv. 323 f.

[16] „nocturna curet versare manu, versare diurna", d. i. *Ars poetica*, vv. 269: „nocturna versate manu, versate diurna." W, S. 66; H, S. 159.

Gleichung lautet demnach: Wie Horaz durch seinen Vers-Essay und die damit gegebenen Grundsätze, seine *ars*, die römische Dichtkunst reinigen, den Dichterlingen den Spiegel der Kritik vorhalten und sie auf die rechte Quelle der Griechen verweisen wollte, so will Erasmus durch seine neue *Ars poetica* die christliche Theologie und das Christentum als ganzes erneuern, den Scholasten durch die Gabe der Unterscheidung (*delectu iudicioque*[17]) die Irrwege aufzeigen und sie den wahren Ursprüngen des Christentums, der Schrift und den Vätern, zuführen. Das *genus demonstrativum*, das der neuen Poesie, der *philosophia Christiana*, die Wege bereiten soll, ist die vorliegende neue „Dichtungslehre", die „Poetik" des Erasmus.

Die Anmerkungen des Erasmus zu Horaz wurden erst ein Jahr nach seinem Tod, nämlich 1537, veröffentlicht[18]. Die hier erörterten Zusammenhänge wurden ähnlich wie das Verhältnis der *Paraclesis* zu den *Divinae Institutiones* des Laktanz meines Wissens kaum irgendwo in der Literatur erwähnt.

Wir wollen jedoch diese Dinge festhalten, weil sie helfen, den oft gehörten Vorwurf zu entkräften, Erasmus habe sich nur aus Verantwortungsscheu und mangelnder Civilcourage aus den reformatorischen Wirren heraushalten wollen, so als wollte er sich mit dem schmutzigen Geschäft der Zwanzigerjahre nicht beflecken, als hätte ihn der *tumultus* der gärenden Zeit nur in seinen Kreisen gestört, so daß letztlich doch alles Egoismus von seiner Seite gewesen sei[19].

Es war für Erasmus nicht das mimosenhafte Erschrecken des Ästheten, der sich erstmals mit dem Schmutz der Wirklichkeit konfrontiert sieht, wohl aber die Reaktion des Mannes der Form, den die gewalttätige Barbarei der Kraftgenies abstieß. Er ist in seiner Art, Theologie zu betreiben, wohl sicher nicht als Aufklärer und Rationalist zu bezeichnen[20], aber in seinem Argwohn gegen das wilde *ingenium*, und in seiner Wertschätzung der *ars* verkörpert er die immer wiederkehrenden zum Klassizismus und zur Formstrenge

[17] W, S. 70; H, S. 160.

[18] *Bibliotheca Erasmiana*, I, 2nd Série, p.32.

[19] J. Lortz, *Erasmus — kirchengeschichtlich*, aaO., S. 283, mit Wohlgefallen allerdings die Ansichten D. Sargent, *Thomas More*, Luzern 1935, S. 78, u. a. referierend.

[20] Für einen Aufklärer im eigentlichen Sinn hielt er zu viel vom *Bild*-Charakter des Wortes und vom *mysterium*. In dieser Frage ist einiges zu erwarten von den Studien, die Georges Chantraine betreibt. Davon ist schon zugänglich: derselbe, *Mysterium et Sacramentum dans le „Dulce Bellum"*, in: *Colloquium Erasmianum*. Actes du Colloque International réuni a Mons du 26 au 29 octobre 1967 à l'occasion du cinquième centenaire de la naissance d'Érasme (= *Colloquium Erasmianum*), Mons 1968, p.33—45. J. Lortz, *Erasmus — kirchengeschichtlich*, aaO., S. 280, findet die Rezeption des Erasmus durch die Aufklärung eher verdächtig.

neigenden Richtungen der Geistesgeschichte, die sich gelegentlich mit dem *ingenium* anzulegen hatten. Was seine hier angedeutete Leichtigkeit der Form in Schrift und Leben betrifft, verstehe ich daher Joseph Lortz[21] nicht, wenn er Erasmus für einen typischen Germanen hält. Hinsichtlich seines Verhältnisses zu *ars* und *ingenium* ist er wohl eher den romanischen Einflüssen seiner Herkunft und Bildung verpflichtet.

Hajo Holborn[22] sieht jüngst im Grobianismus der reformatorischen Auseinandersetzungen ein folgenreiches Phänomen. Man ist stolz auf seine Formlosigkeit und macht sie als Ausdruck genialischer Ehrlichkeit noch zu einer Tugend. Die Schule, die der grobianistische Ton der Führer gemacht hatte, mußte auch das innerprotestantische Gespräch vergiften und verhinderte letztlich den vollständigen Sieg der reformatorischen Bewegung in Deutschland. Und was an tragische Ironie grenzt, man verzichtete bewußt auf das christliche *humanum* eines Erasmus, um in weniger evangelischer Weise als Konfession zu überleben. Dazu brauchte man Fronten und Mauern. Ähnliches Konfessionsdenken mag auch den päpstlichen Karriere-Diplomaten Hieronymus Aleander (1480—1542) veranlaßt haben, vor Erasmus bitter zu warnen. Auch „Praktiker" dieser Art fürchteten eine Aufweichung der Fronten[23]. Ich meine, daß wir von der Verschiedenheit dieser geistigen und geistesgeschichtlichen Strukturen die Differenzen auch zwischen Erasmus und Luther besser erklären können. Beide haben sie sich als Gefährdung erlebt. Das kann man menschlich und kirchenpolitisch verstehen. Das berechtigt uns aber heute nicht mehr, Erasmus überhaupt als *die* Bedrohung der Christenheit hinzustellen.

2. „Demonstrativer" Aufbau: Entscheidung für die rechten *auctores*

Das *genus* fordert die Entscheidung der Zuhörerschaft für den einen der beiden Wege. Das Talent des Redners erweist sich, wenn der von ihm in der *Lobrede* angepriesene Weg vom Publikum eingeschlagen wird.

Symmetrie und Zweiteilung verwendet daher der Verfasser in

[21] J. Lortz, *Erasmus — kirchengeschichtlich,* aaO., S. 274, wegen seines sogenannten „Moralismus".

[22] H. Holborn, *Deutsche Geschichte der Neuzeit,* Bd. 1, München, Wien, Übersetzung ³1970, S. 107 und S. 238.

[23] Vgl. E. Iserloh, *Wie es zur Reformation kam,* aaO., S. 144, der die Rolle Aleanders für diesen in freundlicherem, für Erasmus in feindlicherem Lichte sieht.

diesem Essay als besonders augenfälliges Kompositionsmittel. Wir können in der vorliegenden Schrift die Symmetrielinie fast blind mit dem Lineal ziehen, und man wird mit Ende des entsprechenden Absatzes (W, S. 58; H, S. 156) eine schlüsselhafte Formulierung vorfinden, die den Essay in zwei natürliche Teile I (W, S. 38; H, S. 150 — W, S. 58; H, S. 156) und II (W, S. 58; H, S. 156 — W, S. 76; H, S. 162) trennt.

Die maßgebliche Stelle lautet in bewußt lehrhaft gehaltener Formulierung: Auf den Vorwurf hin, daß ohne diese Autoren [die heidnischen Philosophen] kein Theologe sein könne, so tröste er sich durch das Beispiel so vieler berühmter Männer, eines Chrysostomus, eines Hieronymus, eines Ambrosius, eines Augustinus, schließlich eines Clemens, ja sogar eines Petrus und Paulus, die jene [die heidnischen Philosophen] nicht nur nicht gekannt haben, sondern sogar des öfteren verdammen[25]. Der Bildungsstreit oder die *studiorum collatio,* wie Erasmus sie in der Konklusion[26] nennt und wie sie jedes Jahrhundert von neuem ausfechten muß, d. h. die Auseinandersetzung um das rechte Bildungsideal oder die rechte Methode, zeitgemäße Bildung zu erwerben, durchzieht ebenfalls als dialektisches Prinzip unsere Schrift. Diese Auseinandersetzung spitzt sich zu den Gegensätzen *pietas* versus *disputatio, syllogismus* versus *oratio* zusammen[27], um bereits an der Nahtstelle zwischen I und II auf die *auctores* verwiesen zu werden. Diese seien nun die Apostel, die Apostelschüler, Päpste und Kirchenväter aus Ost und West, in einem Wort die apostolische Tradition: und diese entschieden den Methodenstreit im Sinn des Erasmus. Es ist letztlich wieder die fundamentaltheologische Frage nach der Glaubwürdigkeit derer, die die *philosophia Christiana* verwalten und tradieren.

An dieser „Nahtstelle" teilt nun Erasmus mit der Ausformulierung dieser zentralen Frage den Text in die beiden Teile, von denen wir I *„Via" formalis* (formale Schulung), II *„Via" materialis* (inhaltsbezogene Schulung) umschreiben wollen. In der üblichen Einleitung (E) gibt der Autor in bildhafter Umrahmung[28] das Thema für das Ganze an: „... viam magis et rationem indica ..."[29] Beide Teile erarbeiten nun verschiedene Wege mehr formal bildender und mehr „materialer" Art, um zu zeigen, wie man

[25] „Quod si quis clamabit absque his non esse theologum, equidem consolabor me ipsum tot insignium virorum exemplis, ... / ..., qui ista non solum non calluerunt, verum etiam damnant aliquod ..." W, S. 56—58; H, S. 156.

[26] W, S. 76; H, S. 162.

[27] W, S. 76; H, S. 162.

[28] Mit den Metaphern vom Läufer, der bereits im Rennen ist, aber noch einen Wegweiser braucht, und von den Seefahrern und ihren Instruktoren.

[29] W, S. 38; H, S. 150.

Christus in Reinheit lehren könne[30]. In der Einleitung (E) verweist er im zweiten Absatz in gewohnter Weise noch auf die patristische Quelle für die *Methodus* (und später auch die *Ratio*), nämlich auf die hermeneutische Schrift *De doctrina Christiana* von Augustinus.

Der erste Abschnitt (I) ist einfacher und klarer gegliedert als der zweite (II); dieser ist mit Schlußakkorden aufgefüllt und wirkt dadurch eher barock in seiner überschäumenden Rhetorik. Die formale Schulung zum rechten Erfassen der *philosophia Christiana* sieht Erasmus im wesentlichen in *drei* Schritten, die auch in der äußeren Gliederung zum Ausdruck kommen:

(1). Ethische Voraussetzungen (W, S. 38; H, S. 150 — W, S. 42; H, S. 151 bis zum Absatz) müßten *a.* im Freisein von Lastern („vitiorum") und bösen Begierden („cupiditatum"), *b.* in der Lernbegier („ardor discendi"), einem übernatürlichen Hunger nach Wahrheit, *c.* im Freisein von grimmigem Stolz („supercilium") und *d.* in der *religiösen* Ehrfurcht vor dem Mysterium, was *e.* zum Verlangen nach allseitiger *Lebensverwandlung* und beständigem Fortschritt in der *pietas* führen soll, diese Voraussetzungen sollen die *philosophia Christiana* schon zu Beginn als Ziel vorwegnehmen und fortschreitend gnadenhaft wiederspiegeln[31].

Der nächste Bildungsschritt sind

(2). Philologische Voraussetzungen (W, S. 42—50; H, S. 151—154), d. h. das Studium der „trium linguarum", *a.—b.* Die Vulgata allein genüge aus verschiedenen Gründen nicht. Nur das Original gebe (a') Schattierungen (*lux*: W, S. 44; H, S. 152), (b') Schönheit (*gratia)*, (c') Akzente (*emphasis*) und (d') Feinheiten (*minutiora*) wieder. Außerdem seien (e') Textverbesserungen des Hieronymus verloren gegangen, (f') der Hieronymianische Text sei verderbt worden, (g') die Mittel, womit Hieronymus gearbeitet habe, seien ohne Sprachstudium nicht überprüfbar, (h') sogar päpstliche Dekrete wiesen auf die Notwendigkeit des Sprachstudiums hin, (i') außerdem zeigten peinliche Irrtümer größter Theologen die Notwendigkeit eines neuen Weges an. *c.* Auch fortgeschrittenes Alter (*aetas,* W, S. 46—48; H, S. 152—153) möge niemanden abschrecken, neu zu beginnen. *d.* Die LXX genüge allein ebenfalls nicht (W, S. 48; H, S. 153). *e.* Schließlich werde eine heitere, musische Grundhaltung (*felicitas et alba ... indoles*: W, S. 48; H, S. 153) durch eine gute Allgemeinbildung erzielt, auch durch ein Allgemeinwissen, das das philologische ergänzt. Das Verständnis des Mysteriums hänge nicht selten von der Philologie ab. Daraus ergeben sich konsequent

[30] Schlußsatz: „Abunde magnus doctor est, qui pure docet Christum. METHODI FINIS." W, S. 76; H, S. 162.

[31] „... speculo ... reluceat ... veritatis imago." W, S. 40; H, S. 150.

(3'). Musische Voraussetzungen. Die Kenntnis der literarischen Gattungen sei notwendig zur Interpretation der heiligen Texte; Interpretation bedeute aber auch zugleich Kritik („iudicium": W, S. 50; H, S. 154). (W, S. 50—58; H, S. 154—156). Das erhelle aus folgenden Umständen: *a.* Auch Augustinus habe das von seinem Licentius gefordert, weil man mit bloßer sophistischer Dialektik zwar in der Diskussion oberhand behalten könne, jedoch ohne poetische Schulung versage man bei der Interpretation. Wenn man sich schon mit profanen Wissenschaften beschäftige, dann mit jenen, die der Quelle am nächsten und ihr am artgemäßesten sind.

b. In den Schriften fänden sich nun die *Strukturen der Poesie* und der Rhetorik, nicht aber philosophische Spekulation. Überall sonst lege man Wert auf die arteigene Quelle (*principes et auctores*: W, S. 54; H, S. 155). Was für einen Virgil Homer, das müßten *c. die apostolischen Glaubensquellen für* den christlichen Theologen bedeuten (und die müsse man mit anderen Methoden als mit der der „dialektischen Spekulation" lesen).

Mit der schon besprochenen Übergangssentenz an der Nahtstelle ist das Stichwort für eine Hinwendung zum mehr Stofflichen gegeben. In zwei Unterabschnitten wird (A) die methodische Erarbeitung der heiligen Schrift als Glaubensquelle dargestellt (W, S. 58 bis 68; H, S. 156—160: Stichwort: ... „in fontibus ..."), (B) wird an Sekundärliteratur die Bedeutung der Kirchenväter („veteres": W, 68; H, S. 160) vindiziert. (W, S. 68—76: H, S. 156—162: Stichwort: „... in his scriptoribus, qui proxime ...").

Zu *(A)* sei *(1)* zu beachten, daß man als Grundlage für alle Interpretation (als „scopos[32], ad quos cetera conferat": W, S. 58; H, S. 156) zuerst *a.* die sittlichen Forderungen der Bergpredigt („dogmata": W, S. 58; H, S. 156) in kurzer Zusammenfassung („summa": W, S. 58; H, S. 156) erarbeiten müsse. Hierauf seien *b.* die Hauptstationen des Lebens Jesu und der Umwelt Jesu unabdingbare „scopi" der rechten Auslegung, die durch die Verwendung der klassischen vier *sensus* allein nicht gewährleistet sei. Es müßten Bedeutungsschichten („gradus"), Differenzierungen („differentiae") und Kerygma („tractandi ratio")[33], ebenso die verschiedenen Heilszeiten („tempora") und das Phänomen der Ironie beachtet werden[34].

c. Fehlinterpretation komme dadurch zustande, daß man nicht „ex ipsis fontibus" zitiert und außerdem vorgefaßte Meinungen („decreta") und brauchmäßig Sanktioniertes in die Schrift hineintragen dürfe (W, S. 62; H, S. 158), Beispiele dafür gebe es genug, wie man

[32] Eigentlich als „Zielsteine", die man beim Wettlauf vor sich hat.
[33] W, S. 60; H, S. 157. [34] W, S. 62; H, S. 158.

zu irrigen theologischen Auffassungen komme, weil man den Kontext nicht beachtet („decerpisse verbula": W, S. 64; H, S. 158). Nebenbei dürfe man auch die durch die Fremdsprachen bedingte biblische Idiomatik („theologici sermonis proprietas", W, S. 64; H, S. 158) nicht vernachlässigen.

Um daher hauptsächlich den Kontext und damit die eigentliche Bedeutung der Wörter recht zu erfassen, *(2)* empfiehlt sich die Sammlung von Schriftstellen im Sinne einer *Realkonkordanz,* wodurch das innere betende Vertrautsein („iugi meditatione": W, S. 66; H, S. 159) und das kritikfähige Daheimsein („ad verbum ediscere", W, S. 68; H, S. 159) in den Schriften bewirkt werde. Dunkle Schriftstellen könnten aus der Schrift selbst erklärt werden[35].

Zweitens *(B)* werden auch Kommentare als Quellen zugelassen. Hatte sich die Kritik bei den Schriften („fontibus") auf die Weise der Zitation und Auslegung bezogen, so müsse erstens neben der kritischen Durchleuchtung der individuellen Autoren, zweitens eine Scheidung der Autoren selbst vorgenommen werden. Zur kritischen Benützung der Sekundärliteratur im allgemeinen seien erstens Fehlerquellen sowohl bei den Kirchenvätern („veteres") aus Ost und West *a.*[36], als auch bei den neuen Theologen („neoterici") *b.*[37] zu beachten. Bei den „veteres" seien es a' Unwissenheit („ignorabant"), b' Unachtsamkeit („dormitarunt"), c' kontroverstheologische Vereinseitigung („vincendis haereticis"), d' Apogryphes („falso titulo"), e' Verfälschungen („multa admixta sint aliena")[38]. Das Urteil über die „neoterici" ist offensichtlich. Sie seien a' Abschreiber und Sammler, aber keine Interpreten („coacerbatores")[38], wegen ihrer philologischen Unkenntnisse b' verstümmelten sie („mutilum ac decurtatum"), sie verwässerten c' wegen Quellenfremdheit die Autoren, d' sei ihr Gestammel („balbuties")[39], selbst wenn sie Wahres bringen, schlimmer, als wenn die *veteres* sich einmal irrten. — Nach dem so Dargelegten ergibt sich die Scheidung der Autoren (2) klar zugunsten der „veteres" (W, S. 72—76; H, S. 161—162). Die *neoterici* hätten die Schuld am Verfall der *philosophia Christiana,* weil sie die Theologie zu einer Philosophie gemacht hätten. Jede Wissenschaft habe ihre Provinz und solle sie respektieren. Vor den „wissenschaftlichen" Ansprüchen der Neuerer könnten absurderweise auch Hieronymus und Paulus nicht bestehen. Die inadäquate „wissenschaftliche" Frage sei oft problematisch: a' weil sie die Pietät verletze („parum pium"), weil sie b' das Heil gefährde („salutis dispen-

[35] „mystica scriptura mysticam item scripturam exponat"; W, S. 66; H, S. 159.
[36] W, S. 68; H, S. 160.
[37] W, S. 70—72; H, S. 160.
[38] W, S. 70; H, S. 160.
[39] W, S. 72; H, S. 161.

dium"), weil das Suspendieren eines vorschnellen Urteils („ambigere", W, S. 74; H, S. 161) oft der Wahrheit dienlicher sei. Alle Studien solle man respektieren, aber die Provinzen und Prioritäten müsse man beachten. Die *veteres* hätten die Leistung für sich, die *neoterici* hätten mit ihren Methoden bislang weder einen Heiden noch einen Häretiker bekehrt. Die Erneuerung komme durch die *veteres*, nicht durch die unverbindlichen Syllogismen der *neoterici.*

Die nachfolgende Übersicht möge das schon Gesagte noch einmal veranschaulichen:

W, S. 38—58; H, S. 150—156	I. Teil: „Via" formalis.
W, S. 38; H, S. 150	(E): *Exordium:* „viam magis et rationem". *Quellenangabe:* Augustinus, „De doctrina Christiana"
W, S. 38—42; H, S. 150—151	(1) *Ethische Voraussetzungen:* a. Laster, Begierden b. ardor discendi c. Hochmut d. religio e. vita
W, S. 42—50; H, S. 151—154	(2) *Philologische Voraussetzungen* a. Tribus linguis b. Ungenügen der Vulgata c. aetas d. Ungenügen der LXX e. Allgemeinbildung
W, S. 50—58; H, S. 154—156	(3) *Musische Voraussetzungen* a. Wichtigkeit der Poetik und Kenntnis der Poesie für die Interpretation b. In den Schriften finden sich die Strukturen der Poesie c. Unsere *auctores* sind die Apostel mit ihrer Tradition
W, S. 58—76; H, S. 156—162	II. Teil: „Via" materialis.
W, S. 58—68; H, S. 156—160	(A) „in fontibus". (1) *„scopos, ad quos cetera conferat"* a. Bergpredigt b. Leben Jesu

		c. Fehlinterpretation durch Vernachlässigung des Kontextes
W, S. 64; H, S. 158	(2)	*„locorum collatio“* Schrift aus der Schrift erklären.
W, S. 68—76; H, S. 160—162	(B)	„in his scriptoribus, qui proxime ...“
W, S. 68; H, S. 160	(1)	*Fehlerquellen, allseits gegeben, erfordern Kritikübung.*
W, S. 68; H, S. 160		a. Bei *„veteres“:* a' ignorabant b' dormitarunt c' Polemik d' Apogryphes e' Verfälschung
W, S. 70; H, S. 160		b. Bei *„neoterici“:* a' Abschreiber b' Sprachmängel c' Verwässerung d' Gestammel
W, S. 72; H, S. 161	(2)	*Scheidung der Autoren zugunsten der „veteres“*
W, S. 76; H, S. 162	(S)	Conclusio: „Abunde magnus doctor est, qui pure docet Christum.“

Im kleinen *genus* seiner *Lobrede* war ein Thema deutlicher herausgekommen als in der langen *Ratio,* wo es eher in der Fülle der hermeneutischen Fragen untergeht, und zwar ist das die Scheidung der rechten *auctores* und die Entscheidung des Bildungsstreits. Die Frage nach dem rechten Bildungsideal und den rechten Methoden zu dessen zeitgemäßer Verwirklichung sollten in den auf Erasmus folgenden Jahrhunderten jeweils neu gestellt werden.

Erasmus will den Leser durch sein *encomion* der *veteres* davon überzeugen, daß die *philosophia Christiana* und damit die allseitige *transformatio* des einzelnen und der Gesellschaft nur über die rechten *auctores* gefunden werden kann: Das seien die Evangelien, die Apostelbriefe, die Kirchenväter, oder, mit der *Ars poetica* zu sprechen, die „Griechen“. Trotz aller Freiheit, mit der er selbst bereits seinen *auctores* gegenübersteht, stellt er seine ganze Bildungsproblematik so dar, als ob es nur auf die Wahl zwischen den zwei Gruppen der *auctores,* den *veteres* und den *neoterici,* ankäme. Dabei sucht er sein „Lob“ so zu lenken, daß zwischen beiden Gruppen ein Qualitätsunterschied sichtbar wird, der ihm den vereinzelten

Irrtum der *veteres* noch erträglicher macht als die sogenannte Wahrheit der *neoterici.* Deren Mangel besteht gerade darin, daß sie die Quelle der *philosophia Christiana* nicht repräsentieren. Mit dieser Vorstellung von *auctoritas* ist Erasmus am Ende des Handschriftenzeitalters und zu Beginn einer Neuzeit der Druckpresse äußerlich noch nach dem Mittelalter orientiert. Es sind noch hundert Jahre bis auf René Descartes (1596—1650) und John Locke (1632—1704). Er weiß aber seinen Autoritätsbegriff so zu präsentieren, daß er auch für die künftige Kritik an den „Traditionslosen" (von Giovanni Battista Vico, 1668—1744, bis Johann Georg Hamann, 1730—1788) seinerseits bleibende Traditionen schuf.

3. Das Bildwort als Bedeutungsträger: *via et ratio*

Häufiger und gezielter als in der „rhetorischen" *Paraclesis* verwendet der Verfasser in der *Methodus* metaphorische Wendungen. Der Grund liegt eher im didaktischen Ziel des *genus demonstrativum.* Veranschaulichung wie vertiefte Sinnvermittlung gehen dabei Hand in Hand.

Die folgende Übersicht soll zeigen, wie den einzelnen Titeln der Gliederung in sparsamer Ökonomie jeweils ein Bildwort zugeordnet ist, wobei Häufungen gegen Schluß eines entsprechenden Abschnittes nicht ausgeschlossen sind.

BILD — HÄLFTE — *SINN*

W, S. 38; H, S. 150	I (E)	Läufer	1	„... viam ...
W, S. 38; H, S. 150		Seefahrer		
W, S. 38; H, S. 150		Mercuriales ... statuas (Wegzeiger)		
W, S. 38; H, S. 150		cotis (Wetzstein)	2	... et rationem ..."
W, S. 38; H, S. 150	(Ü)	Minerva		bonae litterae: Poesie
W, S. 40; H, S. 150	(1)	amne placido ... Spiegel ... reluceat ... veritatis imago.	1	vita
W, S. 40; H, S. 151		... scholam seu templum ... adyta ...	1	Tugend der religio
W, S. 40; H, S. 151		... margaritum ...	2	"
W, S. 42; H, S. 151		cibus ... stomacho ... viscera ...	2	vita

	BILD — HÄLFTE	— *SINN*
W, S. 42; H, S. 151	(2) … clara …	
W, S. 52; H, S. 154	(3) … aureum … flumen …; rivulos … fonti respondere 1	… auctores …
	… hortis … 1	
	… spineta … 2	
	2	
W, S. 56; H, S. 155	Wermut 1	… Erkenntnis-
W, S. 56; H, S. 155	Sonne: Augen- 2	theorie
	stern 3	
W, S. 56; H, S. 156	… condire …	
W, S. 58; H, S. 156	II (A)	
	(1) scopos 1	gezielte Aneignung: neu wesentliches Christentum
W, S. 64; H, S. 158	(2) nidulos: Nest: Sammlung 2	
W, S. 68; H, S. 160	supellex: Hausrat	Besitz, Hilfe,
W, S. 68; H, S. 160	Vorratskammer: pennario	„Nahrung“ für
	… nova et vetera	andere …
W, S. 68; H, S. 160	bibliothecam …	innerliches Da-
W, S. 68; H, S. 160	ferragine: Futter	heimsein,
W, S. 72; H, S. 161	(B) (1) transfusis … lacu … fontis	ein Irrtum im einzelnen ist noch besser, als wenn die ganze Substanz wegen schlechter Quellen verfälscht ist.
W, S. 72; H, S. 161	(2) palaestram … pugilem: „battle of books“	[*Paraclesis:* W, S. 6; H, S. 140 … refricare querelam] Kampf der Bildungsideale: Verzicht auf „Sieg“
W, S. 76; H, S. 162	fasciculis … syllogismis …	
W, S. 76; H, S. 162	(S)	… studiorum collationem …

Der Verfasser bestimmt den Charakter des ganzen Essays, indem er wie ein Leitmotiv gleich zu Beginn in Bildworten das Thema *via et ratio* einsetzt[40]. Diese Sprechweise führt schon auf den ersten Seiten in Intention und Gattung der Schrift ein. Der Leser ist bereits wie ein „Läufer" durch die Staatsrede der *Paraclesis* begeistert für das Ziel, er rennt schon, er braucht nur noch jemanden, der ihm den Weg weist. In drei Bildern drückt er nun aus, was wir auch als die notwendige *captatio benevolentiae* auffassen können: Der Verfasser selbst fühlt sich außerstande, die „laudata philosophia"[40] für seine Person zu verwirklichen, aber trotzdem weiß er sich berufen, Wege aufzuzeigen, die anderen nützlich sein könnten. Man dürfe auch aus dem Irrtum lernen und die daraus gewonnene Erfahrung weitergeben: Einer begibt sich auf Entdeckungsreise und erleidet Schiffbruch. Das hindert ihn aber nicht, andere zu beraten und auf Gefahren aufmerksam zu machen. Auch die Wegzeiger und Merkurstatuen[41] hätten ihre berechtigte Funktion, indem sie ständig auf das Ziel verwiesen, das sie zwar selbst nicht erreichten. Schließlich müsse es auch Menschen geben, die die Messer schleifen, auch wenn sie selbst nie zum Schneiden kommen. — Der gelehrte Mann, der den „Kunst-Trichter" bereitstellt, braucht deshalb noch kein schöpferischer Dichter zu sein. So könne er, Erasmus, Anweisungen für die christliche Vollkommenheit geben, ohne selbst vollkommen zu sein.

Man kann Äußerungen dieser Art bei Erasmus sehr leicht überlesen. Oder wenn man sie beachtet, versteht man ihm daraus einen Strick zu drehen. Weil er sich selbst nicht als Helden und Heiligen darstellt, vermißt man bei ihm den „aufbauenden, religiös echten, fordernden Ernst".

Die gleiche Kategorie des Bildwortes greift der Verfasser parallel zu (E) in II A (1) wieder auf. Die kurzgefaßten Prinzipien der Bergpredigt werden zu „scopi", Zielsteinen[41], nach denen sich der Läufer orientieren kann, gleichsam zu Objekten konzentrierter Aufmerksamkeit. An derselben Stelle scheint parallel der „Werkzeug"-Typ der Metaphorik wieder auf II A (2). Er vergleicht die thematisch gesammelten, miteinander verglichenen, auswendig gelernten und meditativ durchdachten Bibelstellen mit dem Hausrat[43], den man ständig wie der neutestamentliche *Pater familias* in seinem Innersten, wie in einer Vorratskammer oder einer Bibliothek zum Dienst für andere bereit hält. Das innerliche Daheimsein in den Schriften wird durch die heimische Nuancierung der Metapher, wie auch der

[40] W, S. 58; H, S. 150.
[41] W, S. 58; H, S. 156.
[43] „... supellex ... pennario ...": W, S. 68; H, S. 160.

Nester[44], in die man die Schriftstellen sammeln solle, stimmungsmäßig angedeutet.

Als Abschluß der eben besprochenen Bildwort-Reihe II A (2) wird für die nicht aus den gemeinen Quellen geschöpfte, unexistentielle Theologie der vulgäre Ausdruck Futter[45] verwendet, damit in paralleler Stellung eine Metaphorik aufgegriffen, die auch I (1) charakterisiert. Wir könnten sie die *vita*-Metaphorik nennen. Das Studium der *philosophia Christiana* dürfe nicht bewirken, daß die Gelehrsamkeit bloß im Gedächtnis wie unverdaute Speise in einem Magen liegen bleibe, sondern ihre Kraft müsse Herz und Sinn im innersten durchdringen[46]. Durch diese derben Mittel der Anschauung drückt der Verfasser wirkungsvoll und doch zurückhaltend seine Polemik gegen ein falsches Bildungsideal und eine falsche „Philosophie" aus, will aber auch dabei auf die Notwendigkeit des praktischen Lebensvollzugs beim Betreiben der Theologie verweisen. Er weiß das auch feinsinniger auszudrücken, wenn er das christliche Leben als Voraussetzung aller echten Theologie fordert: In ihm müsse sich „veritatis imago" in „amne placido" wie in einem Spiegel reflektieren[47]. Im Grunde wird hier ähnliches ausgedrückt wie im Bild von der Speise, nur daß bei der organischen Metapher mehr die das Leben verwandelnde und den Körper durchdringende Wirkung, im Spiegelbildgleichnis dagegen eher die Notwendigkeit des Lebenszeugnisses zum Ausdruck kommt.

Als eine dritte Gruppe von Metaphern haben jene eine Art Leitfunktion, die zum Ausdruck bringen, daß es bei der Wissenschaft um die adäquate Methode geht. In der Sprechweise des ausgehenden Mittelalters und der beginnenden Neuzeit hieß das die Suche nach den rechten *auctores*. Bei den Kirchenvätern (*veteres*) findet sich die Lehre wie ein goldhaltiger Strom[48], weil er zeitlich und vor allem geistig der eigentlichen Quelle nahesteht; bei den *recentiores* sind es dünne, verunreinigte Rinnsale, die mit der Reinheit ihrer ursprünglichen Quelle nichts mehr zu tun haben[48]. Es wird hier der Sinn der *vita*-Metaphorik weitergebildet, daß sich die gemeinsame *philosophia Christiana* nicht nur im Leben des Lernbeflissenen, sondern vor allem auch in den Methoden und besonders den *auctores*, mit denen es dieser zu tun hat, spiegeln müßten. Bildhaft auf die Ebene der Sinnen-Psychologie sich begebend, heißt das: Wenn du Gaumen und Zunge an den Wermut gewöhnst, wirst du ihn bei allem, was du künftig ißt, mitschmecken; und wenn du dich zu sehr dem grellen

[44] „... nidulos ...": W, S. 64; H, S. 158.
[45] „... pabulo ...": W, S. 68; H, S. 160.
[46] W, S. 42; H, S. 151.
[47] „... reluceat ...": W, S. 40: H, S. 150.
[48] „... aureum ... flumen ...": W, S. 52; H, S. 154.

Licht aussetzt, wird dein Auge geschädigt, und die Wahrnehmungsbilder werden von dieser organischen Schädigung bestimmt, ja verfälscht erscheinen[49]. Mit anderen Worten: Eine inadäquate Vorbildung wird den Studenten der Theologie derart vorformen, daß er gar nicht mehr imstande ist, das Wesen der Theologie artgemäß zu erfassen.

Da es sich in Abschnitt I (3) eher um wissenschaftstheoretische (und erkenntnistheoretische) Fragen dreht, bietet sich eine Metaphorik, die aus dem Bereich der Sinneswahrnehmung, des Sehens und des Schmeckens genommen ist, als besonders passend an[50]. Ihre Aussage wird unterstützt und abgewandelt durch ein Bild aus dem ästhetischen Erleben von geordneter Gestalt: Wenn du dich in den *veteres* aufhältst, kommst du dir wie in einer gepflegten Gartenanlage vor, bei den anderen dagegen läßt du dich in Dornengestrüpp abmühen und zerfetzen[51].

Diese Parallelität des Metaphern-Typus wird auch noch nach vorne gezogen, wenn in II B (1) davon die Rede ist, daß es unter Umständen besser sei, den Irrtum in einzelnen Aussagen zu riskieren, als wenn die gesamte Darstellungsweise inadäquat, d. h. quellenfremd wird. Quellwasser ist, selbst wenn es etwas verschmutzt wäre, wiederholt vermischtem, abgestandenem und aus Pfützen zusammengestohlenem Wasser vorzuziehen[52].

Für das schon an anderem Orte beobachtete spiralenförmige Fortschreiten der Darstellung und die ökonomisch zurückhaltende Verwendung bildlicher Ausdrucksmöglichkeiten ist zu beachten, wie die Übernahme der Licht- und der Speisensymbolik in I (3) parallel zur entsprechenden Metaphorik in I (1) verläuft.

In diesen Passagen behält Erasmus nur mehr zum Schein die Vorstellung von *auctoritas* und *auctores*, bei, wie sie besonders für das Mittelalter charakteristisch ist. Für ihn gilt letztlich nicht mehr der klingende Name eines Autors als solcher. Quellwasser und Zisternenwasser sind für ihn qualitativ verschiedene Dinge. Kein Autor gilt mehr für sich selbst. Er zählt nur insofern, als er den *fontes* des Christentums entspricht. Von der Pflicht zu dieser Frage wird kein künftiger Theologe mehr dispensiert.

[49] W, S. 56; H, S. 155.

[50] Vgl. auch: Die Verwendung heidnischer Philosophen durch die *recentiores* könne man auch nicht mehr als „Würzung" der *philosophia Christiana,* sondern man müsse sie als vollständige Verfälschung derselben ansehen: W, S. 56; H, S. 156.

[51] W, S. 52; H, S. 154. Dabei ist auch die Hinwendung zum Bereich des Tastsinnes nicht zu übersehen.

[52] „. . ., sed a saepius collectis ac transfusis collectaneis velut e decima lacuna suffuratur, ut paene nihil resipiant sui fontis?" W, S. 72; H, S. 161.

In einem vierten Typus von Bildworten wird das *battle of books,* der humanistische Kampf um das rechte Bildungsideal angezeigt. Durch einen Verzicht auf die Schultheologie kann ein künftiger Theologe vielleicht in der Debatte den Kürzeren ziehen. Auf den Sieg in diesem Sinne müsse oder dürfe man schließlich als Christ verzichten. Es sollen ja keine Boxer, sondern Theologen herangebildet werden; daher zähle es auch wenig, wenn einer für die scholastische Arena als Ringkämpfer zu wenig ausgebildet ist[53].

Diese *battle-imagery,* die den wichtigen Schlußteil II B (2) mit der schon in II B (1) einsetzenden und schließlich den ganzen Essay auch I (3) und II A (2) durchziehenden Thematik von der „studiorum collatio"[54] beherrscht, gipfelt zu Ende in so etwas wie einem Schlachtruf: Hier „fasciculi", hier „syllogismi"[55], um damit das Thema der ganzen Schrift zu fixieren.

Die vorliegende Analyse der bildlichen Sprechweise in der *Methodus* zeigt erstens vom Formalen her, daß die Metaphern in der Horizontalen jeweils das Thema eines jeden Abschnittes signalisieren und damit verdeutlichen, daß sie aber auch in der Vertikalen helfen, die künstlerische Verzahnung des Prosatextes zu gewährleisten und zugleich das spiralenhafte Fortschreiten des Gedankenganges anschaulich zu nuancieren.

Von den Gegenständen her erweist sich zweitens eine auffallende Volkstümlichkeit der *imagery.* Sie ist wörtlich verstanden elementar: Licht, Wasser, Nahrung bilden die *copia rerum* und alles, was das damit verbundene „Sinnliche" betrifft: das Sehen, das Schmecken, das Tasten. Wollte der Autor in dieser auffallend niederländischen Art einer sinnbetonten, häuslich volkshaften „Malerei" auch den Charakter seiner Philosophie unterstreichen, die „sane perfacile"

[53] „... parum instructus fuero ad palaestram scholasticam. Neque vero nos pugilem instituimus, sed theologum ...", W, S. 72; H, S. 161. Hier sei auch nebenbei darauf aufmerksam gemacht, wie auch hier eine gewisse gestalterische Parallelität der *images* zu I (2) gegeben ist, wo es bei der Frage um das Erlernen der drei Sprachen etwas vulgär heißt: Zucke nicht zurück, wie von einer Keule („clava") getroffen. W, S. 42; H, S. 151.

[54] W, S. 76; H, S. 162.

[55] W, S. 76; H, S. 162. Vgl. auch die Parallelstelle W, S. 490; H, S. 304. K. A. Meissinger, *Erasmus von Rotterdam,* Berlin ²1948, S. 217, übersetzt das „fasciculis", das Erasmus in unseren Schriften als Hapaxlegomenon verwendet, mit „Scheiterhaufen". Das hieße also, daß es heute so wenig Häretiker gebe, verdanke man eher den „Scheiterhaufen" als den Syllogismen. Erasmus scheint hier die spätmittelalterliche Latinität zu überspringen und auf klassisches Latein zurückzugreifen, wo „fasciculus epistolarum, librorum, litterarum" gut belegt ist. Der Kontext spricht für „Bücherbündel, Bücherfaszikel" u. ä. Die metonymische Gegenüberstellung leuchtet ein: Gegenüber einem spekulativen Theologisieren durch „Syllogismen" wird eine positive Theologie gefordert, die aus den Texten der Glaubensquellen schöpft.

für die breite Masse, „numero“, taugen soll?[56] Selbst wenn sich der Verfasser darin wieder als Meister der *utopia* erweisen sollte.

Drittens zeigt eine Analyse der Bildworte, daß Erasmus ein Thema herausstellen will: Wie finde ich den rechten Weg, die adäquate Methode und den entsprechenden *auctor,* um in der unbeirrbaren Suche nach der *philosophia Christiana* die neue Theologie zu begründen.

4. Sentenzenhafte Kurzformeln als Bedeutungsträger: Genuine Tradition im Dienste der *simplex pietas*[57]

Der Gedanke der Allverfügbarkeit der *philosophia Christi,* den wir in der *Paraclesis* als von Laktanz übernommenes und nach dem Maß des Erasmus modifiziertes Motiv studieren konnten, war keineswegs allen Vertretern des deutschen Humanismus gemeinsam. Wir können Erasmus mit seiner „demokratischen“ Bildungsidee sogar als Reaktion auf eher esoterische Kreise seiner Gesinnungsgenossen verstehen.

Die Vorbilder für dieses stille, fromme Gelehrtentum, das die „Menge“, die Öffentlichkeit und sogar das Bücherschreiben scheute, konnte man in Florenz finden. Es waren die exklusiven Freundes- und Jüngerschaften um einen Niccolo Niccoli (1364—1437) in Florenz und Vittorino da Feltre (1378—1446) in Padua und später Mantua.

In Deutschland pflegte der Hesse Konrad Mutianus Rufus (1471 bis 1526) als Inhaber eines Kanonikats in Gotha inmitten des sogenannten Erfurter Humanistenkreises die unpolitische *hesychia,* „die Mutter aller Tugenden“[58]. Dieser liebenswerte Philosoph hatte ähnlich wie Erasmus in Deventer bei dem Westfalen Alexander Hegius (um 1433—1498) seine Ausbildung genossen. Aber Erasmus teilte nicht seinen Kult der *tranquillitas.*

Für ihn ist die *philosophia Christi,* wie wir aus der *Paraclesis* wissen, keine esoterische Angelegenheit für einen erlesenen Kreis

[56] W, S. 38; H, S. 150.

[57] Die Verwendung des Wortbildes ist in der *Methodus* ausgeprägter als in der *Paraclesis.* Beim Gebrauch der Sentenz ist es umgekehrt. Dem eher didaktischen Charakter des *genus demonstrativum* entsprechend, sind in ihm die gnomischen *argumenta* wortreicher und breiter angelegt.

[58] H. Rupprich, *Die deutsche Literatur vom späten Mittelalter bis zum Barock.* Erster Teil: *Das ausgehende Mittelalter, Humanismus und Renaissance 1370 bis 1520,* in: Geschichte der deutschen Literatur von den Anfängen bis zur Gegenwart, hr. H. de Boor und R. Newald, Bd. 4/1, München 1970, S. 553, vgl. auch S. 552—555.

von Eingeweihten. Dieses für ihn zentrale Anliegen greift er in der *Methodus* neuerdings auf, wo er von den sittlichen Voraussetzungen der neuen Theologie spricht. Dieses erste Erfordernis könne man nämlich auch sehr leicht der sogenannten „Masse“ zutrauen. Denn wo es auf die *vis,* Sinn und Wirksamkeit der Rede ankomme, müsse man auf alle die weitaus größte Aufmerksamkeit legen. Und wie es beim Vorschreiben sehr wenig Mühe braucht, brauche es sehr viel beim Vorleben des guten Beispiels[59].

Auf der einen Seite ist es dem Verfasser klar, daß ein Leben gemäß der *philosophia Christi* schwieriger ist als die entsprechende Lehre, andererseits kann diese Voraussetzung unabhängig von scholastischer Vorbildung von jedermann erworben werden. Damit ist aber eine fundamentale Bedingung für die neue Theologenschaft erfüllt.

Bei diesen fast etwas hausbackenen Erwägungen, die übrigens schon ein halbes Jahrhundert früher ebenfalls einen Mann, der der *devotio moderna* nahe steht, nämlich Nikolaus von Kues (1401 bis 1464), beschäftigten[60], mag ihm das Beispiel seiner Erzieher aus der Deventer Zeit vor Augen gestanden haben. Diese Brüder vom gemeinsamen Leben verkörperten schon in etwa diesen praktischen Theologentyp: Nur dann sollst du meinen, Fortschritte gemacht zu haben, nicht wenn du scharfsinniger disputierst, sondern wenn du fühlst, daß du anders wirst, weniger eingebildet, weniger zornmütig, weniger lebensgierig, wenn täglich von den Lastern etwas schwindet, etwas zur Frömmigkeit hinzuwächst[61]. Wenn der Verfasser in seiner zweiten Stufe der Voraussetzungen für die *philosophia Christi* zu hohen philosophischen Anforderungen für den künftigen Theologen hinüberwechselt, so wurde das wohl zu unrecht als ein für Erasmus kennzeichnender journalistischer Widerspruch angesehen[62]. Sein Gedanke von dem allgemeinen Theologentum ist ein hohes Ideal, wenn wir wollen seine *utopia.* Aber konkret werden seine Projekte in der Forderung des Dreisprachenstudiums. Seine Vorstellungen fand er im *Collegium trilinque* zu Löwen verwirklicht,

[59] „Itaque quod primo statim loco praecipiendum erat, id sane perfacile et ut isti loquuntur numero dici potest. / Ceterum quod ad vim attinet, omnium est longe primum ac maximum. Et ut in praecipiendo minimum est negotii, ita in praestando plurimum“: I (1) W, S. 38/40; H, S. 150.

[60] Das Ideal der Laienfrömmigkeit der *devotio moderna* faßt er 1450 in der Schrift *De Idiota* zusammen; sie besteht aus *De sapientia dialogi duo, De mente* und *De staticis experimentis,* alles Laiengespräche.

[61] „Ista demum tibi videare profecisse, non si disputes acrius, sed si te senseris alterum fieri, minus elatum, minus iracundum, minus vitae cupidum, si cotidie vitiis decedat aliquid, aliquid acrescat pietati.“ I (1) W, S. 42; H, S. 151.

[62] K. A. Meissinger, *Erasmus von Rotterdam,* aaO., S. 219.

das von den einflußreichen Brüdern Hieronymus (1470—1517) und Ägidius Busleiden (1465—1536) gestiftet worden war, ebenso in Cambridge, wo sein Gönner und Freund John Fisher (um 1469 bis 1535) seit 1504 Kanzler war[63].

Erasmus meint, man könne im Interesse des Sprachstudiums auf manchen scholastischen Ballast verzichten. Insofern hält er auch hier die Linie der *simplicitas* durch: Selbst wenn man auch alle übrigen gelehrten Disziplinen verachtete, so könne man auf keinen Fall, was geschrieben ist, verstehen, wenn man der Sprache, in der geschrieben ist, unkundig ist[64].

Nachdem er mit Vorbildern berühmter Männer den künftigen Theologen ermutigt hatte, fügt er moralisierend hinzu: Nichts gebe es auf der Welt, was nicht der Menschengeist bewirken könnte, wenn er sich nur selbst befiehlt und ehrlich will[65]. Die Forderung ergehe natürlich in erster Linie an die junge Generation von Theologen. Aber auch die Alten brauchten nicht den Mut zu verlieren: Besser daran sei diesbezüglich freilich die Jugend; aber auch Greise sollten nicht verzagen. Jene habe zwar die größeren Chancen, doch leistete diesen bisweilen die Glut der Seele, was den anderen nicht die Kraft des Alters leistet[66].

Letztlich ist dieser mühsame Weg doch der kürzere und auch weniger dornenvolle, weil er tatsächlich zum Ziel führt. Flucht vor philologischer Genauigkeit führe zwar oft zu aufgeblähtem Wortreichtum, lasse aber das Eigentliche vermissen. Den Wortsinn müsse man daher zuerst gründlich erheben: Nicht selten hänge gerade von der tatsächlichen Eigenart eines Dinges das Verständnis des Mysteriums ab[67].

Auch in der dritten Stufe seiner Forderungen an den künftigen Theologen verlangt der Verfasser zwar Kenntnis der rhetorischen und poetischen Strukturen, die ihm zum Verständnis der Schrift am geeignetsten erscheinen, jedoch in der darin mitgemeinten Ablehnung der *dialectice* als einer brauchbaren Methode, hält er damit ebenfalls am Ideal der *simplicitas* fest: Denn der Theologenberuf

[63] Vgl. etwa *Ratio,* W, S. 132; H, S. 181 f. und W, S. 488; H, S. 303.

[64] „Nam ut omnes ceteras humanas disciplinas negligamus, nulla ratione fieri potest, ut intelligas quod scriptum / est, si sermonis, quo scriptum est, fueris ignarus." I (2), W, S. 42; H, S. 151—152.

[65] „Nihil est rerum, quod non efficiat humanus animus, modo sibi imperarit, modo im-/pense velit." I (2), W, S. 46/48; H, S. 153.

[66] „Felicior quidem hac in parte iuventus, at non desperandi senes. Illa plus spei de se praebet, at huic nonnumquam ardor animi praestat, quod aliis non praestat aetatis vigor." I (2), W, S. 48; H, S. 153.

[67] „... non raro ex ipsa rei proprietate pendet intellectus mysterii." I (2), W, S. 50; H, S. 154.

sei mehr auf Affekten als auf Spitzfindigkeiten begründet[68]. *Affectus* ist zwar für Erasmus nicht nur das Gefühl, sondern die wertende Reaktion des ganzen Menschen auf die erstrebenswerte *philosophia Christi,* die ihm in den Bildern und Figuren der Schrift begegnet. Er meint die vernünftige Haltung, die der Mensch etwa einem Kunstwerk oder einer ansprechenden Person entgegenbringt. Bei diesem Vorgang ist natürlich auch der Intellekt beteiligt, aber nicht isoliert von den sonstigen Regungen des Menschen. Diese nun eher unintellektualistische Verhaltensweise traut er der *simplicitas* der „Menge" eher zu als den Panzer des Scholastizismus.

Ein inadäquater Intellektualismus versagt nach Erasmus bei der Erklärung der Schrift: Unsterblicher Gott, wie sehen wir sie bei der Behandlung der heiligen Schrift darniederliegen, vor Kälte erstarren, ja, gar nicht mehr leben![69] Dichtung und Dichtungslehre, die mit den *affectus* der Menschen viel zu tun haben, sind jedoch für ihn nicht Selbstzweck des Ästheten: Wenn man schon längere Zeit bei den profanen Wissenschaften verweilen müsse, so solle man in der Tat jene vorziehen, die den heiligen Büchern am nächsten verwandt sind[70]. Sie sind für ihn nur die gemäßen und artverwandten Disziplinen und daher als „Hilfswissenschaft" und Methode besonders zu empfehlen. Jede Wissenschaft habe eben ihr arteigen *principes et auctores.* Man brauche fremde Wissenschaften und Methoden nicht zu verachten. Aber man müsse wissen, was man wolle. Wenn die neue Theologie für alle, nicht aber bloß für eine exklusive Anzahl Auserwählter bestimmt ist, wenn der künftige Theologe ein „Volkstheologe"[71] sein wird, dann müsse man erst recht auf die Vermeidung unnützer und artfremder Gelehrsamkeit achten.

Wenn man ihm, Erasmus, daraufhin den Wissenschaftscharakter abspräche, so tröste er sich wahrlich durch das Beispiel so vieler berühmter Männer, eines Chrysostomus, eines Hieronymus, eines Ambrosius, eines Augustinus, schließlich eines Clemens, ja sogar eines Petrus und Paulus, die jene [die heidnischen Philosophen] nicht nur nicht gekannt haben, sondern sogar des öfteren verdammen[72].

68 „... professio theologica magis constat affectibus quam argutiis ..." I (3), W, S. 50; H, S. 153.

69 „..., ceterum in tractandis divinis litteris, deum immortalem, quam videmus istos iacere, frigere, immo quam non vivere?" I (3), W, S. 52; H, S. 154.

70 „Quod si diutius immorandum sit profanis litteris, equidem id fieri malim in his, quae proprius affines sint arcanis libris." I (3), W, S. 52; H, S. 155.

71 „..., nos plebeium instituimus theo-/logum." I (3), W, S. 54—56; H, S. 155.

72 „Quod si quis clamabit absque his non esse theologum, equidem consolabor meipsum tot insignium virorum exemplis, Chrysostomi, Hieronymi, Ambrosii,

Wir konnten im vorhergehenden Abschnitt (2) bei der Analyse des Aufbaus zeigen, daß sich dieses längere Epiphonema mit seinem Rekurs auf die apostolische Tradition genau an der Nahtstelle des Essays liegt. Solche kompositorischen Feinheiten können bei Erasmus leicht übersehen werden, haben aber bei ihm zweifellos semantische Bedeutung[73]. Vom Vorwurf mangelnder theologischer Qualitäten, weil er Pythagoras, Plato, Aristoteles und Averroes zu wenig berücksichtige, reinigt er sich durch die Berufung auf die Kirchenväter aus Ost und West, auf die apostolische Tradition, auf Petrus und Paulus. Dieser Umstand wird nicht genügend beachtet, wenn es heißt, Erasmus habe die Bibel isoliert und nicht in und mit der Kirche gelesen, so als ob er die kirchliche Tradition durch die Philologie ersetzen wolle. Wenn er nach den rechten *auctores* forscht, geht es ihm nur um die Suche nach der genuinen kirchlichen Tradition. Ja, wenn er von den *recti auctores* spricht, hat man eher den Eindruck, daß er in erster Linie nicht die Verfasser der heiligen Bücher meint, sondern den lebendigen Strom einer von der Bibel und nicht von der *dialectica* gespeisten Theologie. Einerseits hält er es für besser, ein bißchen weniger Sophist zu sein, als weniger Geschmack an den Evangelien und den Paulinischen Briefen zu finden[74]. Andererseits wolle er lieber mit Hieronymus ein frommer Theologe als mit Scotus ein unbesiegter sein[75]. Die neutestamentlichen Schriften nicht ohne die patristische Tradition fallen unter seinen Begriff der *recti auctores*. Wenn Erasmus traditionskritisch vorgeht, dann in erster Linie hinsichtlich der Schultheologie, die er mehr für eine Philosophie als für eine genuine Theologie hält[76]. Er verwirft auch die scholastische Theologie nicht vollkommen. Er meint nur abschließend, man könne das, was man bei den Syllogismen an Zeit einspare, besser für das Gebet verwenden[77]. — Damit endigt auch die *Methodus* entgegen der Ansicht K. A. Meissingers[78] in Geist und Stil der *devotio moderna*. Das soll ein Beleg mehr für den nicht unmaßgeblichen Umstand sein, daß sich bei Erasmus devote *pietas* und gelehrte *humanitas* nahtlos durchdringen. Diesen

Augustini / denique Clementis, immo Petri et Pauli, qui ista non solum non calluerunt, verum etiam damnant aliquoties." I (3), W, S. 56—58. H, S. 156.

[73] Vgl. Kapitel II: Methodus, Aufbaufragen, S. 36 ff.

[74] „Praestat paulo minus esse sophistam quam minus sapere in euangeliis ac Paulinis litteris." W, S. 74; H, S. 162.

[75] „Denique malim cum Hieronymo pius esse theologus quam cum Scoto invictus." W, S. 74; H, S. 162. Gegen Schluß häufen sich wie gewöhnlich die Sentenzen, nachdem sie im zweiten Teil des Essays kaum von Bedeutung waren.

[76] W, S. 74; H, S. 161.

Gedanken formuliert er in dem abschließenden Epiphonema: „Abunde magnus doctor est, qui pure docet Christum“[77].

5. Bestätigung der poetischen Methode durch *recti auctores*: Augustinuszitat

Die Zitation von Namen und Autoren hat in der *Methodus* primär die Funktion, den künftigen Theologen darauf vorzubereiten, die *auctores* kritisch zu sichten. So werden Listen von Scholastikern Reihen von Kirchenvätern gegenübergestellt, die *veteres* den *neoterici,* die Spekulation dem Textstudium.

Dazu ist noch der Modellcharakter der *De doctrina Christiana* des Augustinus zu erwähnen, auf den Erasmus einleitend zu sprechen kommt; maßgebliche Bedeutung hinsichtlich der Verwendung des Stoffes erlangt diese Quelle erst in der *Ratio.* Die *Methodus* bietet ja vielfach die Themen nur gleichsam in Überschrift dar. Wegen ihrer Kürze war es gar nicht möglich, längere Partien aus Augustinus direkt zu übernehmen. So merken wir in der *Methodus* fast noch stärker als in der *Ratio,* wie wenig sklavisch Erasmus zu seinen *auctores* steht. Wegen der essayhaften Knappheit der kurzen *praefatio* kommt daher die Vorbildhaftigkeit der *Ars poetica* deutlicher zum Vorschein, worauf wir schon eingangs hinweisen konnten. Im übrigen setzt der Verfasser bei seinem Publikum eine große Belesenheit in den Kirchenvätern voraus. Die Zitate sind vielfach nur Anspielungen auf Inhalte, die zusätzliches Licht auf den Erasmus-Text werfen.

Eine zu sklavische Anwendung der *4 sensus* zur Erklärung der Schrift durch die scholastischen Autoren wurde durch die Humanisten mit Kritik und Spott quittiert[79]. Erasmus nimmt zu dieser Frage diskret Stellung, indem er die ausführliche Erklärung der Abrahamsgeschichte durch Origenes[80] andeutet und dem Leser überläßt, aus seiner Textkenntnis zu ermessen, daß die *4 sensus* für die Auslegung zwar brauchbar seien, aber nicht genügten.

Ähnlich werden die Väter-Kenntnisse der Leserschaft vorausgesetzt, wenn er an wichtiger Stelle, I (3), wo es um die geeigneten „principes et auctores“[81] geht, auf das bezeichnende Kapitel in den Bekenntnissen des Augustinus[82] verweist: *De Victorino rhetore ad*

[77] Conclusio, W, S. 76; H, S. 162.
[78] K. A. Meissinger, *Erasmus von Rotterdam,* aaO., S. 219.
[79] Vgl. etwa *Epistolae obscurorum virorum,* Teil I, Brief 28.
[80] W, S. 62; H, S. 157 f. *In Genesim homilia* 8; PG 12, 203 ff. GCS 6, p.77 ff.
[81] W, S. 54; H, S. 155.
[82] *Confessiones* VIII, 2; PL 32, 749 ff. CSEL 33, p.171 ff.

fidem converso. Es sei gut, daß er, Augustinus, über die Vermittlung des Victorinus gleich auf Plato gestoßen sei. Von Victorinus habe man gehört, er sei als Christ gestorben. Plato sei kein Philosoph „secundum elementa huius mundi", Kol. 2, 8, gewesen. Bei ihm sei alles auf Gott und auf das Wort bezogen. Erasmus muß annehmen, daß seine Leser diese Stelle in vollem Umfang parat haben, wenn seine Argumente für die rechten *auctores* wirksam sein sollen.

Das gleiche gilt für die sehr einprägsame, weil groteske Situation aus Augustinus, *De ordine*[83], welche Erasmus andeutet, um den Wert der Poesie für die Theologie hervorzukehren. Licentius meint in jugendlichem Schülereifer puritanisch die Kunst ablehnen zu müssen. Schöner sei die Philosophie als Thysbe, als Pyramus, als Venus und Cupido. Er hätte aufgeatmet und Christus für die neue Einsicht gedankt. Da sei er auf dem Locus gesessen, und ein Psalmvers über die Bekehrung sei ihm an diesem falschen Ort nicht aus dem Kopf gegangen. Mit Skrupeln über die erzwungene fromme Anmutung an unpassendem Ort habe er sich geschämt und gewehrt: Es treibe ihn zu den Musen, heißt das wirklich *in Deum converti*? Aber schließlich freut er sich, daß seine Skrupel über den unpassenden Ort unrichtig waren, und er bleibt wieder den Musen treu.

In der *Methodus* ist für Erasmus, wie wir wissen, die Kenntnis der Strukturen und Gesetze der *poetica* die adäquateste Methode, mit der Schrift umzugehen. So ist für ihn mit einiger Ironie Bekehrung zur Poesie und Poetik gleichzusetzen mit einer Bekehrung zur *philosophia Christi*. In diesem Gedanken fühlt er sich durch die zitierte Augustinusstelle bestätigt. In der *Ratio* wird das später noch näherhin ausgeführt. Wir können aber schon jetzt festhalten, daß Augustinus für Erasmus, anders als für Luther, nicht so sehr als systematischer Theologe denn als Methodologe interessant war.

Noch mehr überfordert Erasmus heute den Leser, wenn er in der Frage der biblischen Ursprachen I (2) zu einem exegetischen Detailproblem ein halbes Dutzend Kirchenväter in der Knappheit eines verschachtelten Satzes zitiert[84]. Dabei zeigt er mit erstaunlicher Präzision nicht nur, daß man sich mit der Septuaginta allein nicht begnügen dürfe, daß man auch das Hebräische erlernen müsse, sondern vor allem auch, daß man selbst seine hochgeschätzten *veteres*

[83] I, 8, 23—24; PL 32, 988 f. CSEL 63, p.136 f.

[84] „Porro sententiam Hilarii (Tract. in psalm. 118; PL 9, 529) et Augustini (Epist. 71, 4; PL 33, 243), qui putant in veteris instrumenti libris nihil requirendum ultra Septuaginta, satis in epistolis suis ipse refellit Hieronymus (Epist. 20 [ad Damasum]; PL 22, 375 ff.), et si non refellisset ille, satis refellit insignis ille lapsus Hilarii (Comm. in Mt. 21, 3; PL 9, 15; PL 15, 1888) quoque ad eundem impingente lapidem." W, S. 48; H, S. 153.

mit Kritik, „cum delectu indicioque“[85], lesen müsse; methodisch führt er sein Ziel aus, indem er die einzelnen Autoren miteinander vergleicht, um durch die aufgezeigten Widersprüche zu seiner kritischen Schlußfolgerung zu kommen.

Hatte es sich in der ersten Gruppe um die trickreiche Weise gehandelt, Belesenheit zu zeigen, Behauptetes zu belegen, zu veranschaulichen und wichtige Anliegen wie die Kritik zu demonstrieren, so bezieht sich in der zweiten Gruppe der Verfasser stofflich auf eine Reihe von längeren Kapiteln seiner zu Beginn angeführten eigentlichen Quellschrift, der *De doctrina Christiana* des Augustinus, um seine praktisch völlig frei geformten Ausführungen damit zu autorisieren. Der Abschnitt I (2) „Philologische Voraussetzungen“, näherhin das nötige Allgemeinwissen in naturgeschichtlichen, geographischen und kulturgeschichtlichen Belangen[86], wird durch folgende Kapitel bei Augustinus[87] belegt:

Caput XVI:	„Ut translata si qua intelligantur iuvat tum linguarum tum rerum.“
Caput XXVIII:	„Historia quatenus iubet.“
Caput XXIX:	„Ad Scripturarum intelligentiam quatenus conducat animalium, herbarum etc. praesertim siderum cognitio.“
Caput XXX:	„Quid eodem conferant artes mechanicae.“
Caput XXXI:	„Quid iuvet dialectica. Sophismata.“

Wenn Erasmus in I (3)[88] über die innere Verwandtschaft des künstlerisch gestalteten Wortes mit den heiligen Schriften spricht und sich dabei auch auf Augustinus beruft, welcher die Figuren der Rhetoren in den Schriften herausanalysiert habe, so zitiert er dabei Augustinus[89]:

Caput VII:	„Pulchre docet, adiunctis exemplis, in sacris litteris inesse germanam, quae sapientiae adhaeret velut inseparabilis comes.“
Caput XX:	„Exempla ex sacris litteris, primum, dictionis submissae; deinde temperatae; postremo grandis: haec tria ex Epistolis Pauli.“

[85] W, S. 70; H, S. 160.

[86] W, S. 48—50; H, S. 153—154.

[87] Augustinus, *De doctrina Christiana* II, 16—18; 28—31; PL 34, 46—50; 55—58. CSEL 80, p.49—55; p.63—68.

[88] W, S. 54; H, S. 155.

[89] Augustinus, *De doctrina Christiana* IV, 7; 20; PL 34, 93 ff., 107 ff. CSEL 80, p.124 ff., p.147 ff.

Zu einem der Hauptthemen der *Methodus,* nämlich zur Frage der inneren Aneignung der Schrift und ihrer Interpretation aus schriftimmanenten Kriterien, nach dem Stichwort „locorum collatio“[90], verweist der Verfasser auf seinen *auctor* mit Stellen, die in dieser zentralen Frage auch direkte Abhängigkeit verraten:

II, Caput IX: „Qua ratione vacandum studio Scripturae.“
und
III, Caput XXVI: „Obscura ex locis apertioribus explicanda“[91].

bringt den Sachverhalt viel ausführlicher und wird von Erasmus nur berührt.

Da Erasmus in der kurzen *praefatio,* wie gesagt, exemplarisch viele Zitate bringen wollte, doch nicht den Platz hatte, sie entsprechend auszuwerten, kommt durch sie mehr seine Belesenheit als seine unmittelbare Abhängigkeit von den *auctores* zum Ausdruck. Andererseits hat seine *captatio benevolentiae*[92], daß Augustinus über das Thema der *Methodus* eigentlich schon viel ausführlicher gearbeitet habe, ihren wahren Kern.

Durch die *Methodus* und mehr durch die *Ratio* hatte Erasmus nebenbei auch mitgewirkt, die Gedanken eines Werkes zu popularisieren, das sich während des Mittelalters höchsten Ansehens erfreute und zu den ersten Werken des Augustinus gehört, das gedruckt wurde[93].

Kapitel III: Apologia

Keine Minderung, sondern Erhöhung der Schrift-Autorität durch Textreform

1. Verteidigungsrede oder *genus iudiciale*

Als Erasmus, wie wir wissen, am 30. Jänner 1523[1] dem aus elsässischem Adel stammenden Domherrn Johann von Botzheim, der ab 1520 mit jenem in Treue verbunden war, klagte, daß es ihm Elenden aufgetragen sei, einen ganzen Band der künftigen Gesamt-

[90] W, S. 66; H, S. 159.
[91] Augustinus, *De doctrina Christiana* II, 9; III, 26; PL 34, 42; 79. CSEL 80, p.41, p.63.
[92] W, S. 38; H, S. 150.
[93] Vgl. *Notitia litteraria in S. Augustinum,* Supplementum ad opera S. Augustini, PL 47, col. 129 ff.
[1] Allen, I, p.41.

ausgabe seiner Werke mit Verteidigungsschriften zu füllen, war er sich wohl nicht mehr ganz bewußt, daß seine *Apologia* (1516) gegen eine imaginäre Gegnerschaft geschrieben war, die noch gar nicht Gelegenheit hatte, ihr Haupt zum Angriff zu erheben.

In Wirklichkeit hatte er das Anliegen der beiden ersten *praefationes,* nämlich die Propagierung seines Neuen Testamentes und damit der *philosophia Christiana,* in einem dritten *genus,* in der Form der Gerichtsrede neu aufzugreifen und zu modifizieren. Es war sehr geschickt, das Mitgefühl der Leser für sich und die Sache dadurch zu gewinnen, daß man sie gleich zu Beginn in die Fiktion versetzte, daß ein löbliches Werk mit grobem Undank bedacht werde. Wem sein allzu großer Ernst verbietet, bei diesem Spiel mitzumachen, wird Erasmus der Unwahrhaftigkeit zeihen[2].

Als letzten „Satz" dieser literarischen Dreiheit greift die *Apologia* wieder das Eloquenz-Motiv der *Paraclesis* auf. Was das *exordium* des ersten Essay kennzeichnet, kehrt nun, das ganze abrundend, in der *conclusio* des dritten wieder: Er hätte in dieser Arbeit Beredsamkeit nicht angestrebt[3]; allein man sollte doch stilistische Sauberkeit, wo sie sich von ungefähr ergebe, nicht verschmähen[4]. Wiederum spricht er in seiner durch die *Paraclesis* zur Genüge bekannten dialektischen Weise. Kein Mensch nimmt es ihm wörtlich ab, daß seine *lamentatio* über die Gegner seiner *philosophia Christiana* nicht als Rhetorik intendiert war. Er faßt eloquent zusammen, was auch Gegenstand der *Methodus* war, daß es in der Theologie ohne Verständnis für literarische Form nicht gehe und daß ein für Kunst Unempfänglicher die Theologie lassen sollte: Gott hasse hochmütige Eloquenz, das müsse man gestehen, viel mehr aber finstere und arrogante Wortkargheit[5].

Wie Erasmus das notwendige Ungenügen aller menschlichen Rhetorik und das damit verbundene Mißtrauen ihr gegenüber in *Paraclesis* mit dem Hinweis auf „Christus ipse ... ipsa veritas"[6] unterstreicht, so führt er das Motiv am Schluß der *Apologia* subtil zu Ende: Er fordere Nachsicht für die Mängel seiner Arbeit. Jedoch

[2] Diesen Eindruck und eine etwas zu geringe Aufmerksamkeit für die *ars* und das Spielerische bei Erasmus vermißt man häufig bei seinen Kritikern. Ein sonst sehr gründlicher Artikel wie J. Beumer, *Der Briefwechsel zwischen Erasmus und Johannes Lang,* in: *Scrinium Erasmianum,* II, aaO., p.315—323, zeigt, wie man sich diesbezüglich in eine Sackgasse manövrieren kann.

[3] „Nos in hoc opere ... non affectavimus eloquentiam, ..." W, S. 112; H, S. 173.

[4] „munditiem, si qua in promptu fuit, non respuimus." W, S. 112—114; H, S. 183.

[5] „Odit superbam eloquentiam, fateor, at multo magis superciliosam et arrogantem infantiam." W, S. 114; H, S. 173.

[6] W, S. 6; H, S. 139.

die Sache selbst, „res ipsa"[7], werde für ihn sprechen. Damit hat der Verfasser die drei *praefationes* formal zusammengefaßt, das Anliegen aller drei Essays artikuliert und das letzte Wort gesagt.

Das wäre zunächst die Wiederaufnahme des Eloquenz-Motivs. Wie nun für die *Paraclesis* die *Divinae institutiones* des Laktanz, für die *Methodus* die *Ars poetica* des Horaz und auch die *Doctrina Christiana* des Augustinus literarischer *archetypus* waren, so ist die Verteidigungsrede des Paulus, Apg 26, für die *Apologia* vorbildhaft[8]. Paulus hielt vor König Agrippa nicht so sehr in eigener Sache seine Verteidigungsrede, vielmehr trug er, angeklagt und in Fesseln, eine Apologie vor, die angetan war, das Wesen des Christentums, nämlich Leben, Leiden und Auferstehung des Messias darzulegen und mit diesem Zeugnis eines Beschuldigten die Ankläger ihrerseits zu Angeklagten zu machen und zu bekehren. Ebenso fühlt sich auch Erasmus von imaginären Gegnern bedrängt und benützt die Situation eines fiktiven Prozesses, um für seine Editions- und Übersetzungsarbeit zu werben und damit für seine *philosophia Christiana* eine Lanze zu brechen und für das, was er als das Wesen des Christentums ansieht.

Der Verfasser verlangt von uns sicher nicht eine allegorische Behandlung der Metapher von Prozeß und Apologie, daß wir Punkt für Punkt der Paulusgeschichte auf ihn anwenden, einen Vergleichspunkt stellt er jedoch selbst heraus, den er als Leitthema durch den ganzen Essay führt: Das ist die Sachkenntnis des Agrippa, der mit den jüdischen Bräuchen und Ideen besser vertraut ist als die römischen Gerichtsherren (Apg 26, 2 und 3). Erasmus sieht sokratisch[9] in der Unwissenheit seiner Leser eine größere Gefahr als in ihrer Bosheit, wie wir noch weiter unten näher ausführen werden. Von denen, die dem neuen Bildungsideal entsprechen und durch die Schulung der *bonae litterae* gegangen sind, also den „Wissenden", die so viel verstünden, daß sie tatsächlich seine Arbeit kritisieren könnten, befürchte er nichts. „Wissende" Zuhörer, so wie Agrippa einer war, wünscht sich Erasmus für seine Apologie.

Legen Titel, Eloquenz und *archetypus* das *genus iudiciale* der *Apologia* nahe, so macht es die Gestaltung des *exordium* vollends zur Sicherheit. Hatten wir in den beiden ersten Vorreden knappe, klar erkennbare Einleitungen, so vermissen wir die in der *Apologia*.

[7] W, S. 114; H, S. 173.
[8] W, S. 78; H, S. 163.
[9] Übrigens schwingt im Zusammenhang der Metapher auch die Reminiszenz an Prozeß und Apologie des Sokrates mit, was Erasmus subtil andeutet, wenn er zu Ende der *lamentatio* (E) den sokratischen Gemeinplatz einflicht: „Nihil enim magis agnosco quam me nihil scire ..." W, S. 84; H, S. 165.

Ihre Funktion übernimmt die *lamentatio*[10], die bereits eingangs ein Fünftel des Textes in Anspruch nimmt. Durch die Anfangsstellung und den vergleichsweise beträchtlichen Umfang ist sie geeignet, das *genus* des ganzen Essay zu repräsentieren. Kennzeichnend für das ganze endet die „Klage" mit dem Epiphonema: Im übrigen könne der heilige Hieronymus keinen Tadler ertragen, der nur zu verdammen, nicht aber zu belehren versteht. Wie es jene machen, sei es Tyrannenart, so dagegen machten es Freunde und Gebildete[11]. Dieser Tenor wird in der *lamentatio* angestimmt und durchzieht die ganze Gerichtsrede: Freundlich und tolerant sind die Wissenden, die es auch verstünden, Kritik zu üben. Verletzend, undankbar und abweisend sind die, die am wenigsten fähig sind zu kritisieren und die der Hilfe dringend bedürften.

Aus dem Studium dieses *genus* kann man wohl eines lernen, daß für Erasmus auch die Streitrede in erster Linie Literatur ist, Form, mit der er etwas erreichen und festhalten will. Dadurch abstrahiert er aber vom Streit. Das mag als Schauspielerei erscheinen, vielleicht mit Recht. Man wird das aber bei den künftigen literarischen Fehden zu berücksichtigen haben, die nicht mehr imaginären Gegnern gelten.

Die wirklichen Apologien der folgenden Jahre, die sich durch Reaktionen auf das *Novum Instrumentum* (1516) ergeben sollten, waren nun sonderbarerweise nicht gegen Dunkelmänner im eigentlichen Sinn gerichtet. Diese waren wohl tatsächlich nicht fähig zur Kritik. Vielfach waren es ehemalige Freunde und Kenner der drei Sprachen. Da war ironischerweise die schon erwähnte *Apologia* (1517) an Jacques Lefèvre d'Etaples (Jacobus Faber Stapulensis, um 1450—1536). Den reformfreudigen, platonisch und biblisch orientierten Generalvikar des Bischofs von Meaux, der, kein Lutheraner, unter antilutheranischen Strömungen der Zwanzigerjahre leiden mußte, hatte Erasmus bekanntlich schon selber am Ende unserer *Apologia* (1516) als seinen französischen Gesinnungsgenossen gewürdigt[12].

Hierauf ergab sich die *Apologia* (1518) gegen den vornehmen Luxemburger Humanisten Bartholomaeus Latomus (Steinmetz, um 1490—1570), langjährigen Freund des Erasmus, seit 1542 Rat des Erzbischofs von Trier. Zu einem Zerwürfnis führte die Auseinandersetzung mit dem Löwener Gräzisten, dem ehrgeizigen Englän-

[10] W, S. 78—84; H, S. 163—165.

[11] „Ceterum divus Hieronymus [Epist. 57, 12; PL 22, 578] non fert reprehensorem, qui damnare possit, docere non possit. Quorum illud tyrannicum est, hoc amicum et eruditum." W, S. 84; H, S. 165.

[12] W, S. 114; H, S. 174. Zu den Angaben über die verschiedenen Apologiae vgl. *Bibliotheca Erasmiana*, 1re Série, p.9—15.

der Edward Lee (um 1480—1544). Auch da kam es neben anderem zu einer *Apologia* (1520). Lee wurde unter Heinrich VIII. noch Erzbischof von York (1531—1544). Ausdruck einer harten Auseinandersetzung war die *Apologia* (1521) gegen den verbitterten Hebräisten und Mitarbeiter am fünften Band der Komplutenser Polyglotte, den kastilianischen Adeligen Diego López de Zúngia (Stunica, gest. 1531), der bekanntlich Clemens VII. (1523—1534) von einem allgemeinen Konzil gegen Luther abraten sollte. Die Genannten waren durchaus fähig, Erasmus zu kritisieren. Zum Teil waren und blieben sie auch seine Freunde.

2. Die Prozeßmetapher und das *dritte genus*

Anders als in den beiden ersten *praefationes* und vergleichbar höchstens mit der Weg-Metaphorik der *Methodus* verwendet der Verfasser den eingangs erwähnten Vergleich mit dem Prozeß des Paulus, Apg 26. Es handelt sich dabei um kein vereinzeltes Bildwort mehr, sondern um eine ganze Szenerie, auf deren Hintergrund die Apologie gehalten wird. Die Prozeßmetaphern konzentrieren sich zwar auf die einleitende *lamentatio,* tauchen aber wohlverteilt auch in den übrigen Abschnitten auf, um das ganze einheitlich einzufärben. Andere bildhafte Ausdrücke sind dieser führenden Metapher als zweitrangig untergeordnet.

Mit verhaltener Ironie hält er als zweiter Paulus und zweiter Sokrates seine Apologie[13]. Was eine Wohltat sein soll, legen die Gegner als Verbrechen aus. Sie ließen sich zuerst die Waffen in die Hand drücken, mit denen sie dann gegen einen Hochverdienten gerichtlich vorgingen[14]. Eigentlich könne er, der Angeklagte, vor Gericht den schuldigen Dank einfordern. Denn er habe Lob verdient, wenn er auch Verleumdung statt des Lohnes geerntet habe. Es sei nur sonderbar, wie er zu der Rolle des Angeklagten komme, wo er, nicht aber die Ankläger im Recht seien[15].

Aber schon begibt er sich in das Reich der *utopia.* Er sieht bereits den Erfolg seiner Apologie. Die Kläger nehmen im sokratischen Sinn Bildung an und verwandeln sich in Fürsprecher[16]. Die *utopia* und die *ironia* sind aber Schwestern: Daher sollen diejenigen, die es bildungsmäßig nicht so weit bringen (auf deutsch, die zu borniert

[13] W, S. 78; H, S. 163: Beginn von (E) (1).

[14] W, S. 82; H, S. 164: „... officio adiuti in ius vocent benefacientem." Epiphonema von (E) (1).

[15] W, S. 82; H, S. 164: „..., his actoribus iniuriae causam dicere." (E) (2).

[16] „...Quod si impetro causam, vici, pro accusatoribus habiturus patronos." W, S. 84; H, S. 165.

sind), ihm seine Schuld wenigstens auf dem Gnadenweg erlassen[17] und ihm zugestehen, daß ihn nur der Wunsch zu helfen getrieben habe. Er schließt mit der Arzt-Metapher: Im Grunde seien diese *adversarii* alle Patienten, die strampeln und sich gegen die Behandlung wehren. Ein guter Arzt dürfte trotz deren Unverstand die Geduld nicht verlieren.

In dieser *lamentatio*[18] zeigt sich die Erasmische Rhetorik in einer seltsamen Mischung von hoher evangelischer *caritas* und versteckter Schalkhaftigkeit.

Dient die eben besprochene Metaphern-Reihe in erster Linie dazu, das *genus iudiciale* zu veranschaulichen und das sokratische Unwissenheitsmotiv herauszuarbeiten, so fungiert eine zweite Gruppe, die fast durchwegs pittoresk-derben Charakter hat, als Kontrapunkt. Sie soll den lamentierenden Ton herzhaft ausgleichen:

Eine Sprache hätten sie wie Fuhrleute, nicht wie Theologen. ... Jeder dahergelaufene Windbeutel dürfe die Schrift ändern, nur nicht ein Fachmann[19]. Wie Orakel studiere man die Bücher solcher Rabulisten, die, wie es heißt, getreulich [ihren Mist] in den Kommentaren zusammenkehrten[20].

Zuletzt meldet sich der christliche Aufklärer zu Wort: Selbst Augustinus hätte seine Arbeit dankbar angenommen, wo es ihm gelungen sei, monströse Fehler zu beheben und die „ärgste Finsternis" zu zerstreuen[21].

3. „Apologetischer" Aufbau:

Fülle der Argumente für eine vollendete Tatsache

Den beiden ersten „Reden" war eine deutliche Zweiteilung eigen. Die Symmetrieachse der äußeren Komposition sollte, wie wir wissen, in antithetisch-dialektischer Weise zu einer Entscheidung zwingen:

17 „... vel precario donent, ..." W, S. 84; H, S. 165.

18 An drei weiteren Stellen kommt er im Laufe des Essays auf die eingangs gewählte Rechtssprache zurück: Erstens, wo es um das wortgetreue Übersetzen geht: Man möge ihn nicht gleich belangen („... in ius trahant, ..." W, S. 104; H, S. 170), wenn ein Wort dem anderen nicht ganz entspräche. Der Leser habe ja die Möglichkeit, sich an Hand des Apparats selbst ein Urteil zu bilden. — Zweitens zur Frage der willkürlichen Veränderung der Schrift: Sollte einer ändern wollen, was von den Aposteln und Evangelisten geschrieben wurde, sollte man ihn rechtlich belangen („... in hunc iure clamitent, ..." W, S. 102; H, S. 170). — Drittens seien auch Hieronymus Anklagen dieser Art nicht erspart geblieben. Dieser mache sich zum Anwalt seiner Sache („... huius causae patronum agat ..." W, S. 102; H, S. 170).

19 W, S. 169; H, S. 170.

20 W, S. 108; H, S. 172.

21 „..., tot crassissimas discussas tenebras, ..." W, S. 112; H, S. 173.

Im Falle der *Paraclesis* mußte die Überzeugung gefestigt werden, daß die *philosophia Christi* die einzig wirklich erstrebenswerte Form von Philosophie und Religion ist; im Falle der *Methodus* waren die *veteres* als die *recti auctores* glaubhaft zu machen.

Die *Apologia* als das dritte *genus* ist nun nicht zwei-, sondern dreigeteilt[22]. Sie weist auch keine Symmetrieachse auf. Ihr *genus* fordert auch als solches keine Entscheidung. Es geht in ihr nicht um eine Gegenüberstellung von antithetischen Standpunkten. Das ist schon geschehen. Vielmehr steht im Mittelpunkt des *genus iudiciale* ein Angeklagter, der versucht, möglichst viele und treffende Entlastungsgründe für ein schon vorgegebenes Faktum aufzubringen. Die Entscheidung kann höchstens sein, „schuldig" oder „nicht schuldig". Im übrigen geht es um die Darstellung der Fülle, um die Fassung eines letzten Plädoyers, um die Setzung eines Schlußpunktes. Das alles soll in der klassischen Rhetorik passenderweise durch ein Dreiteilungsprinzip zum Ausdruck kommen[23]. In unserer *Apologia* geht es nun konkret darum, fiktiverweise das vorgegebene Faktum des *Novum Instrumentum* (1516) zu entlasten, genauer zu zeigen, daß die Textänderungen, die Erasmus vorgenommen hat, der Sache dienen. Es soll ein Freispruch für sein Neues Testament zustande kommen. Nebenbei wird dabei eine Darstellung der recht verstandenen *auctoritas* der heiligen Schrift geboten. Dem dreigliedrigen *corpus* ist, wie wir schon wissen, ein *exordium* von Kapitellänge vorangestellt. Diese *lamentatio*, wie wir sie genannt haben, ist ebenfalls dreistufig. Das Ganze könnte betitelt werden: Die Unwissenden sind gefährlicher als die Bösen.

(E) (1) (W, S. 78—82; H, S. 163—164) beginnt unvermittelt mit diesem Thema durch Einführung des Zitates aus der Apg 26. Es sind im Fall des Paulus wie in dem des Erasmus die *res cognitae*, die Verteidigung und Zeugnis leicht machten. *a.* Die im Erasmischen Sinn Wissenden, (die in Sprachen, Schrift und Vätern) Gebildeten sind die eigentlich Urteilsfähigen: Sie werden ihn loben, selbst wenn nicht alles stimmen sollte. *b.* Die des Urteils Unfähigen lehnen dagegen nicht nur ab, sondern verdammen sogar. *c.* Das sei sehr undankbar: a'. Weil sie nicht einmal die Arbeit lesen, b'. weil sie des Autors Mühen und Nachtwachen nicht beachten, c'. weil gerade sie die Arbeit am nötigsten hätten. *d.* Für einen weltweiten Dienst habe man Verzicht finanzieller, gesundheitlicher und sonstiger Art auf sich genommen. *e.* Über den Undank wisse schon Seneka Bescheid. *f.* Im übrigen sei Bosheit besser als Dummheit: Erste biete

[22] I: W, S. 86—94; H, S. 165—168. II: W, S. 94—102; H, S. 168—170. III: W, S. 102 bis 112; H, S. 170—173.

[23] *Kleiner Lausberg*, S. 29, *Großer Lausberg*, Bd. 1, S. 242 ff.

wenigstens die Möglichkeit einer Auseinandersetzung und damit auch die einer Bekehrung.

(E) (2) (W, S. 82—84; H, S. 164—165) nimmt eingangs das Undankbarkeitsthema wieder auf („theologorum in primis est ...", W, S. 82; H, S. 164): Die Theologen könnten ohne seinen Dienst die Schrift nicht voll erkennen. *a.* Einwände kämen, wie schon erwähnt, nur von den zur Kritik Unfähigen. *b.* Alle übrigen Berufe wären für Hilfen der Erneuerung ihrer Profession dankbar; nur die Theologen würden eine derartige Hilfe zu ihrem eigenen Schaden ablehnen. *c.* Undankbarkeitsthema. *d.* Auch Seneca rät, man solle von vornherein auf Dank verzichten. *e.* Erasmus habe als ein vernünftiger Arzt Böses mit Gutem zu vergelten.

(E) (3) (W, S. 84; H, S. 165) wiederholt eingangs das Bildungsthema (Sprachen, Schrift, Väter). *a.* Den Neu-Gebildeten möchte er sich stellen, diese mögen kritisieren und verbessern. Sie werden seine Fürsprecher sein. *b.* Die anderen mögen wenigstens seinen guten Willen anerkennen. *c.* Er verdiene korrigiert, nicht verdammt zu werden. Auch Hieronymus vertrage nur den Tadler, der auch zu belehren verstünde.

Das dreiteilige *corpus* handelt von Umfang und Sinn der Schriftautorität:

I. (W, S. 84—94; H, S. 165—168) *Die „auctoritas"*[25] *der Schrift bleibt bestehen* („constitit")[26] *trotz verschiedener Textformen* („varietas lectionis", „codicum varietas", „discordia").

II. (W, S. 94—102; H, S. 168—170) Die „auctoritas" der Schrift als des inspirierten Gotteswortes bleibt unangetastet, was den Urtext („fontibus"[27]) betrifft, (1) (W, S. 94—96; H, S. 168—169). Die „auctoritas" besteht nicht im Sinn etwa einer sogenannten *Verbalinspiration* („*apicibus* latere mysterium"[28]), (2) (W, S. 96—100; H, S. 168—169), (3) *„Reprise"* (W, S. 100—102; H, S. 170).

III. (W, S. 102—112; H, S. 170—173) Allein auch Einzelheiten („minutuli"[29]) tangieren den Sinn und machen kritische Arbeit am Text notwendig.

Ad I: Der Abschnitt wird in fünf Paragraphen unterteilt: Das einleitende (1) (W, S. 86—88; H, S. 165—166), dann (2) (W, S. 90; H, S. 166), (3) (W, S. 90—92; H, S. 167), endlich den Schluß (4) (W, S. 92—94; H, S. 167—168) und das „Scholion" (5) (W, S. 94; H, S. 167—168).

ad 1.: *Erasmus gibt Rechenschaft von seiner Editionsweise:* Nicht leichtsinnig, sondern „ex canonum consilio"[30] habe er eine von der

[25] W, S. 92; H, S. 167.
[26] W, S. 92; H, S. 167.
[27] W, S. 96; H, S. 168.
[28] W, S. 98; H, S. 169.
[29] W, S. 106; H, S. 171.
[30] W, S. 86; H, S. 165.

Vulgata in der lateinischen Gestalt völlig abweichende Textform erstellt. Seine Arbeit sei kein Angriff gegen die Vulgata, sondern eine Wiederherstellung[31] im Geiste des Hieronymus selbst. Er habe mehr Handschriften als Laurentius Valla benützt, die Lesarten des „probatissimi auctores“[32] geprüft und eine möglichst unparteiische Textgestalt versucht, daß jeder sich selbst ein Urteil[33] bilden könne.

ad 2.: *Entscheidend sei, daß sich die Schrift im wesentlichen nicht ändere*[34]. Durch seine Arbeit würde die *auctoritas* der Schrift nicht gefährdet. Das sei nichts Neues: Denn völlige Übereinstimmung der Texte habe es weder im Osten wie im Westen je gegeben. Schuld daran seien 1. die Abschreiber („librarii“), 2. die Halbgebildeten („eruditiuli“), 3. die Häretiker („factiones“), das wisse schon Hieronymus, 4. die Tatsache der Vertauschung paralleler Stellen, 5. Leserglossen[35]. Bestes Beispiel für den allseitigen Väter-Dissens sei die Hexapla des Origenes.

ad 3.: *Trotz der „Codicum varietas ... constitit sua scripturis auctoritas“*[36]. Zweifler mögen sich 1. an dem gedruckten Varianten-Apparat überzeugen und 2. bei den Kommentatoren: Alle beklagen sie die „inexplicabilis ... varietas“[37] der Schriften. 3. Ost und West lesen „publice aliud“[38], 4. ebenso die gallische und die römische Kirche. 5. Keine zwei Handschriften stimmen völlig überein, 6. auch Augustinus hatte keinen fehlerfreien Kodex.

ad 4.: Die „varietas“ gefährde 1. nicht nur keineswegs die Glaubwürdigkeit der Schrift — schließlich habe auch Hieronymus erneuert[39] und, aus Unverstand kritisiert, habe er dem Christentum nicht geschadet, im Gegenteil —, vielmehr habe *diese „discordia“ einen Augustinus zu weiterem Forschen positiv angeregt.*

ad 5.: (Scholion): Eine freie Übertragung der Schrift, selbst in der Form *poetischer Paraphrasen* sei durchaus legitim, ja sogar nützlich. Man solle zweierlei Versionen gelten lassen, eine offizielle und eine private.

ad II: Der Abschnitt zerfällt in drei größere Paragraphen: (1) (W, S. 94—96; H, S. 168—169). (2) (W, S. 96—100; H, S. 168—169). (3) (W, S. 100—102; H, S. 170).

ad 1.: *Die Autorität der Schrift betrifft jedoch nur den Urtext* („fontibus“[40]). Sollte die „novitas“[41] der Textform Anstoß erregen,

[31] „restituimus“, W, S. 86; H, S. 165.
[32] W, S. 88; H, S. 166.
[33] W, S. 88; H, S. 166: „suo quisque iudicio“.
[34] W, S. 90; H, S. 166: „in summa ... consentiant“.
[35] W, S. 90; H, S. 166.
[36] W, S. 92; H, S. 167.
[37] W, S. 90—92; H, S. 167.
[38] W, S. 92; H, S. 167.
[39] W, S. 92; H, S. 167: „instauravit“.
[40] W, S. 96; H, S. 168.
[41] W, S. 94; H, S. 168.

so bedenke man, daß auch die Vulgata einmal neu gewesen sei, und sich dieses Problem im Laufe der Zeit von selber löse. Die „maiestas“[42] gelte für Isaias und Matthäus, nicht aber für die Abschreiber. Es gehe doch zu weit, für diese den Beistand des heiligen Geistes zu beanspruchen. Auch uns sei vom heiligen Geist noch ein Stück Arbeit überlassen.

Trotz vielfacher Verfälschung 1. infolge mangelnder Sprachkenntnisse, 2. infolge des Einflusses von Häretikern, 3. der Fehler von Abschreibern behielten die Schriften in allen Stürmen den ewigen Wahrheitsgehalt. Man diene dem Geist, wenn man wieder herstelle, was durch Menschen verfälscht worden sei. Verfälschtes werde es immer geben, daher dürfe man „a studio castigandi“[43] niemals ablassen. An der „publica lectio“[44] wolle er nichts ändern.

ad 2.: *Die Autorität der Schrift betrifft den Urtext nicht hinsichtlich sprachlicher Einzelheiten im Sinne etwa der sogenannten „Verbalinspiration“*. Es sei falsch, von den Kritikern zu meinen „in litteris et apicibus latere mysteria“[45]. Jeder Übersetzer wisse, daß man nicht buchstaben- und wortgetreu übertragen könne. Auch die Apostel kennten keine Buchstabenmagie, handhabten die Schrift vielmehr freizügig. Das Motiv der *lamentatio* wird erneut aufgegriffen: Jedem Windbeutel sollte es erlaubt sein, die Schrift zu verderben, ihm verbiete man jedoch, „ut ... corrigat ... castiget ..., magnificet [und insofern] mutet ...?“[46], wo er mit besten Voraussetzungen und bestem Gewissen die Arbeit auf sich nehme.

ad 3.: Reprise: *Letzten Endes träfen sich Hieronymus und Erasmus in ihren Anliegen.* Die „apologetischen“ Motive werden nochmals aufgegriffen und verarbeitet.

ad III: Der Abschnitt zerfällt in drei Paragraphen: (1) (W, S. 102—106; H, S. 170—171). (2) (W, S. 106—110; H, S. 171—172). (3) (W, S. 110—112; H, S. 172—173).

ad 1.: *Wie man sich aus dem vorliegenden Text ein Urteil bilden könne.* Sollte der Leser eine ungebührliche Neuerung („novatum“[47]) vorfinden, möge er die Übersetzung 1. mit dem griechischen Urtext vergleichen. Er bilde sich selber ein Urteil, ob nicht die neue Übersetzung besser als die alte sei. Schließlich habe auch Hieronymus nicht buchstaben- und silbengetreu übersetzt. Kriterium für den Text soll nicht das „novum“, sondern das „rectius“[48] sein. 2. Überprüfe man anhand der *Annotationes* a. die Meinungen der Zeugen, b. bringe man Vernunftsgründe bei. Es gäbe beim Übersetzen zwar

[42] W, S. 96; H, S. 168.
[43] W, S. 96; H, S. 168.
[44] W, S. 96; H, S. 168.
[45] W, S. 98; H, S. 169.
[46] W, S. 100; H, S. 169.
[47] W, S. 102; H, S. 170.
[48] W, S. 104; H, S. 170.

jeweils „complures sensus“[49], aber nur eine Lesart könne angeführt werden, nach Möglichkeit die beste, wodurch aber letztlich das Urteil der Leser sich nicht erübrige. Die lateinischen Texte wurden zwar wohl benützt, er habe sie jedoch dem Griechischen angepaßt. Als Fehlerquellen kommen schließlich auch der liturgische Gebrauch und die Tatsache in Frage, daß manche Stellen in den falschen Kontext hineingeraten.

ad 2.: *Jedoch auch in Kleinigkeiten* („minutuli“, „scrupi“[50]) *fände sich Nutzen und erwiesen sich peinliche Fehlinterpretationen der Autoren.* 1. Die vorgelegte Lesart („hanc lectionem“[51]) sei nicht unbedingt die beste, aber sie könne große Hilfe bedeuten. Man sollte auch Kleinigkeiten nicht gering schätzen. Darin hätten bedeutendste Theologen gefehlt. 2. Wissenschaftliche Polemik („dissentire“[52]) sei notwendig. Er treibe sie mit einer Höflichkeit, wie sie manche nicht verdienten. Die boshaften Rabulisten hätten es am liebsten verschwiegen; mit ihren Orakeln sind sie jedoch nicht ungefährlich für die Studien: Sie hätten phantasiert, weil ihnen die entsprechende Vorbildung fehlte („Ob harum rerum ... ignorantiam“[53]). Sie anzuführen ergäbe eine „Ἰλιὰς κακῶν“. 3. Aber auch die Großen, ein Augustinus und Thomas, ließen sich bei Fehlern ertappen. Auch das dürfe man im Interesse der Studien nicht verheimlichen. Er, Erasmus, sei zwar nicht gescheiter als sie, aber vielleicht aufmerksamer und in den Sprachen besser unterrichtet. Der Aquinate wird ihm für seine Purgierarbeit nicht böse sein; dieser konnte ja nur Latein und das nur mangelhaft.

ad 3.: *Beispiele aus De doctrina Christiana, wie auch exegetisch, „minutiora“ von großer dogmatischer Bedeutung sein können.* Was gäbe es Minutiöseres als ein Komma oder einen Deklinations-Casus, und doch entschieden sie oft über orthodoxe Lehre oder Häresie.

Hätte Augustinus die vielen schweren Mängel gesehen, die Erasmus behoben, er hätte die Arbeit mit Dank angenommen.

Der zweiteilige Schluß (S) (W, S. 112—114; H, S. 173—174), (1) (W, S. 112—114; H, S. 173), (2) (W, S. 114; H, S. 173—174), hat Reprisencharakter, ähnlich wie II (3) und auch III (1) und in etwa auch I (4) (5).

(S) 1.: *Zwischen Skylla und Karybdis.* Die *Annotationes* werden gute Hilfe für weitere Information geben, auch Hilfe für das Gedächtnis. Die „novitas“[54] wird manche schockieren. Er sei aber in einer schwierigen Lage. 1. Den einen sei er zu reaktionär, den ande-

[49] W, S. 104; H, S. 170.
[50] W, S. 106; H, S. 171.
[51] W, S. 106; H, S. 171.
[52] W, S. 106; H, S. 171.
[53] W, S. 108; H, S. 172.
[54] W, S. 112; H, S. 173.

ren zu progressiv. 2. Den einen sei sein Latein zu ciceronianisch, den anderen zu wenig elegant. 3. Den einen sei er zu sehr, den anderen zu wenig beredt. Das beste ist, man ertrage sich gegenseitig.

2.: Es seien zwei Fehler vorhanden; jedoch die Sache selbst („ita res ipsa“[55]) werde für ihn sprechen. Im übrigen erwarte man sich von den *Annotationes* weitere Auskünfte.

4. Sentenzenhafte Kurzformeln als Bedeutungsträger: Zur rechten Autorität der Schrift[56]

Zwei Motive bestimmen, wie wir schon andeuten konnten, den Tenor der Verteidigungsrede, es sind Unwissenheit und Undankbarkeit. Wir wissen von Erasmus, wie sensibel er nicht nur auf Unsauberkeit, üble Gerüche, nicht bedankte Wohltaten und Widerspruch reagierte[57]. Er, der sich des ersten Massenmediums der Neuzeit ausgiebigst bediente, war wie ein feinnerviger Schauspieler von den Regungen des Publikums überaus abhängig. Seine Scheu vor Zerwürfnis und Feindschaft legte ihm auch seinen Gegnern gegenüber die sokratische Formel der Unwissenheit nahe. Er denkt jedoch nicht daran, diese zu bagatellisieren. Vielmehr hält er sie für gefährlicher als offene Gegnerschaft, ja Bosheit.

Seiner Meinung nach gehe ein Dienst eher verloren, wenn man ihn auf solche verschwendet, die die Leistung nicht ermessen, und weniger Dank komme von jenen heim, die ein Verdienst nicht erkennen als von denen, die es nicht anerkennen[58]. Ablehnung, die Verweigerung des *agnoscere*, ist für Erasmus zwar Ausdruck grober Undankbarkeit, aber es bedeutet wenigstens noch ein Mindestmaß an geistiger Auseinandersetzung. Vor allem kann es zu Scham[59] und Reue[60] führen. Dagegen ist das Nichtwissen, d. i. die Unfähigkeit zum *cognoscere*, gar nicht in der Lage, anders zu reagieren, als eine Wohltat wie das *Novum Instrumentum* mißzuverstehen.

[55] W, S. 114; H, S. 174.

[56] Der Verfasser behält die gleiche Technik des Enthymema und Epiphonema bei. Die Formeln sind vielleicht weniger ausgeprägt als in der *Paraclesis*. Sie fassen aber wie in den ersten beiden *praefationes* die Motive und Themen zusammen und markieren außerdem Anfang und Ende der jeweiligen Abschnitte.

[57] J. Huizinga, *Erasmus*, deutsch hr. W. Kaegi, Basel ^{4}1951, S. 133 ff.

[58] „At magis perit officium mea quidem sententia, quod in eos collocatur, qui non intelligunt officium, et minus gratiae redit ab iis, qui non cognoscunt meritum, quam qui non agnoscunt.“ W, S. 80; H, S. 164, Epiphonema zu (E) (1).

[59] W, S. 80; H, S. 164.

[60] W, S. 82; H, S. 164.

Trotzdem wiegt die Undankbarkeit gerade bei Theologen besonders schwer: Theologen müßten sich vor allem nicht nur durch Dankbarkeit, sondern auch durch ein offenes Wesen und durch Sanftmut auszeichnen[61]. Erasmus wird nicht müde, in der *Apologia* darzutun, daß seine Arbeiten keine unverbindlichen Liebhabereien eines Mannes der *bonae litterae* sind, sondern neue Hilfen für die Theologenzunft zu einer besseren Effektivität ihrer Profession. Jeder andere Beruf würde so etwa dankbar angenommen.

Er meint aber, es müsse letztlich doch überzeugen, wenn man angesichts größter Feindseligkeit nicht aufhöre, Gutes zu tun. Die Hauptsache ist, der Patient wird, wenn auch widerstrebend, geheilt: So werde er wie durch Zugaben sein Wohltun häufen, auf daß sie das Wohltun, das sie empfangen, auch erkennen[62].

Erasmus findet eine Kritik, die nicht belehren, sondern verdammen will, ebenso abstoßend wie Fischgeruch und schmutzige Gassen, namentlich ist auch dieses bei Theologen, wie er meint, verbreitete Verhalten Ausdruck der barbarischen Tyrannei, die er auch sonst als Gefährdung der *philosophia Christiana* innerhalb des kirchlichen Lebens beobachtet: Wie es jene machten, das sei tyrannisch, so dagegen [d. h. belehrend kritisieren] sei es die Art von Freunden und Gebildeten[63]. Wie noch im Schlußabsatz[64] der *Apologia* fordert er den Leser zu freundlicher Kritik an einem Werk auf, das, wenngleich überaus wertvoll, Fehler haben mußte.

Wenn wir diese Äußerungen genau betrachten, dürften wir nur mit Vorbehalt Erasmus leichthin eines sokratischen Moralismus zeihen. Für ihn bedeutet diese Unwissenheit zugleich einen charakterlichen Mangel, das Fehlen von Herzensbildung. Es ist das ungepflegte, unmusische und gewalttätige Barbarentum, das ihm in den Unwissenden entgegentritt. Es ist die Intoleranz von Menschen, die feinerer Regungen und einer offenen Bildungsfreudigkeit unfähig sind.

Eine gewisse Spannung des Vertreters der *bonae litterae*, des Textkritikers und Bibelgelehrten mit der herkömmlichen Theologie ist in den eben beschriebenen Motiven unverkennbar. Andererseits

[61] „Theologorum in primis est non solum gratitudinem praestare, verum etiam candorem et mansuetudinem." W, S. 82; H, S. 164, einleitendes Enthymema zu (E) (2).

[62] „. . ., ita nos hoc quoque velut auctario / beneficium nostrum cumulabimus, ut beneficium quod accipiunt intelligant." ", S. 82—84; H, S. 165, Epiphonema zu (E) (2).

[63] „Quorum illud tyrannicum est, hoc amicum et eruditum." (Hieronymus, *Epistolae,* 57, 12; PL 22, 578) W, S. 84; H, S. 165. Mit diesem Epiphonema schließt (E) (3) und damit die *lamentatio.*

[64] W, S. 114; H, S. 173 f.

will er mit ebenso deutlichem Nachdruck seine Arbeit als Theologengeschäft gewürdigt wissen[66]. Springender Punkt seiner Apologie muß jedoch Tatsache, Art und Umfang der Schriftautorität sein. Was ist wandelbar an der Schrift? Was darf man an ihr ändern? Was ist unwandelbar und feststehende Autorität? Wichtigste fundamentaltheologische Aussage des *corpus* der *Apologia* ist demnach die Tatsache, daß trotz der „varietas lectionis“[67] oder „codicum“[68], trotz der gewissen „discordia“[69] die eigentliche Autorität der Schrift nicht angetastet wird: Und doch sei in so vielen Jahrhunderten den Schriften ihre Autorität geblieben[70].

Ja, sogar der offizielle Text der lateinischen Vulgata soll durch seine Version nicht verdrängt werden: Sie [die Vulgata] möge in den Schulen gelesen, in den Kirchen gesungen, in Predigten zitiert werden; niemand verhindere das. Folgendes möchte er sich jedoch zu versprechen getrauen: Wer diese, die seine, zu Hause liest, wird die andere richtiger verstehen lernen[71].

Mit der Forderung der privaten *lectio divina* kreierte Erasmus kein neues Ideal. Das konnte man schon in den Häusern der Brüder vom gemeinsamen Leben lernen. Die Devoten arbeiteten fleißig mit Büchern, schrieben sie ab und suchten sogar die Vulgata zu verbessern, ein Bemühen, das nie ganz abgebrochen war. Aber eines war bei Erasmus neu: Er schafft eine völlig neue lateinische Version aus dem Urtext, empfiehlt sie theoretisch allen Christen für die private Lektüre und hebt ihre Vorzüge gegenüber der Vulgata hervor. Erasmus und seine Zeitgenossen waren sich durchaus der Tragweite dieses Schrittes bewußt. Das erhellt aus dem ernsten Ton, der die ganze *Apologia* bestimmt.

Widerspruch mußte erfolgen. Erasmus nimmt die Einwände gleich vorweg: Sollte ferner nichts als die Neuheit Anstoß erregen, so war auch jene alte einmal neu, und diese neue, wenn wir nur Geduld mit ihr hätten, werde auch einmal alt sein[72].

Dann dreht er den Spieß um: Schuld und Anklage müsse die treffen, die den Text verderben: Wer die Schrift wissentlich ver-

[66] Vgl. R. Stupperich, *Die theologische Neuorientierung des Erasmus,* aaO., S. 148 ff.

[67] W, S. 90; H, S. 167.

[68] W, S. 92; H, S. 167.

[69] W, S. 92; H, S. 167.

[70] „Et tamen tot iam saeculis constitit sua scripturis auctoritas.“ I (3), W, S. 92; H, S. 167.

[71] „Illa legatur in scholis, canatur in templis, citetur in contionibus; nullus obstat. Illud ausim polliceri, quisquis hanc nostram domi legerit, suam rectius intellecturus est.“ I (5), W, S. 94; H, S. 168.

[72] „Proinde si nihil offendit nisi novitas, et illa iam vetus olim nova fuit, et haec nova si patiamur, olim vetus fuerit.“ II (1) Enthymema: W, S. 94; H, S. 168.

derbe, begehe eine Sünde wider den heiligen Geist[73]. Denn unmittelbar in den Quellen, d. h. im Urtext, sei die unantastbare Würde der Schrift zu finden[74].

Daher wird die Textkritik zu einer allzeit verpflichtenden Norm gemacht: Niemals würden fehlen, die verderben, daher dürfe auch der Eifer zur Läuterung nie erlahmen[75].

Nicht die Schrift als solche will er antasten, sondern nur die Fehler, die sich im Laufe der Zeit eingeschlichen haben: Eines sei daher die heilige Schrift, ein anderes, was die Übersetzer unpassend übertragen und die Schreiber verdorben haben. Etwas anderes sei es wiederum, die öffentliche Lesung zu ändern, etwas anderes, die öffentliche durch eine private zu verbessern oder zu erläutern[76]. Mit Übersetzern, mit Schreibern, mit Verderbern hätte man es zu tun[77].

Der Verfasser sieht sogar in der Tatsache, daß sich die Schrift trotz der Abschreibfehler, Interpolationen und falschen Versionen im wesentlichen unverfälscht durch die Jahrhunderte bewahrt hat, ein Symptom für die Unvergänglichkeit der Kirche: So steht sie fest, die Kirche, wenn auch erschüttert, in allen Stürmen des Bösen[78]. Für Erasmus gibt es eine im wesentlichen unverfälschte Schrift, die allerdings immer wieder von neuem gereinigt werden muß. Die Inspiration betrifft den Urtext, nicht den Wortlaut der verschiedenen Versionen. Das bedeutet aber nicht, daß nicht auch ein Jota einmal dogmatische Bedeutung haben könne.

Die Propheten und Evangelisten seien inspiriert, nicht aber die Abschreiber. Das müßte aber dann der Fall sein, wenn man wegen einer verbesserten Textstelle die Autorität der ganzen Schrift wanken sehe. Erasmus kennt keine Wortmagie. Und es klingt fast wie die Freiheit des Christenmenschen der Schrift gegenüber, wenn er schreibt: Nirgends fehle der heilige Geist in den Schriften, aber er offenbare seine Wirksamkeit dergestalt, daß er auch uns einen Anteil an der Arbeit übrigläßt[79]. Das ist liebenswert und ungeniert

[73] „Qui has scripturas sciens depravat, contumeliam facit spiritui sancto." II (1), W, S. 96; H, S. 168.

[74] „Verum haec maiestas in ipsis est fontibus." II (1), W, S. 96; H, S. 168.

[75] „Nunquam defuturi sunt qui depravent, proinde nunquam cessandum est a studio castigandi." II (1), W, S. 96; H, S. 168.

[76] „Aliud est igitur sacra scriptura, aliud quod incommode verterunt interpretes aut scribae corruperunt. Rursus aliud est mutare publicam lectionem, aliud privata publicam vel emendare vel illustrare." II (1), S, S. 96; H, S. 168.

[77] „Cum interpretibus, cum scribis, cum depravatoribus nobis res est." II (1), W, S. 96; H, S. 168.

[78] „Sic omnibus malorum procellis sollicitata constat ecclesia." II (1), W, S. 96; H, S. 168.

[79] „Nusquam non adest spiritus sanctus, sed ita vim exserit suam, ut nobis portionem laboris relinquat." II (1), W, S. 96; H, S. 168.

ausgedrückt, offenbart aber auch bei aller Reverenz, die er sonst der Schrift gegenüber gefordert hat, die nötige Freiheit, sie forschend zu befragen.

5. Zitat und archetypus: Zeugen der *varietas lectionis*[80]

Zur Zeit der Abfassung unserer Schriften hatte sich Erasmus intensiv mit Studium und Herausgabe der Schriften Senekas beschäftigt. Fast jedes Jahr 1513, 1514, 1515, 1517, 1519[81] veröffentlicht er in dieser Periode Werke des Autors, der sich aus verschiedenen Gründen, nicht zuletzt aber durch die Vermittlung des Hieronymus in der christlichen Tradition großen Ansehens erfreute. Merkwürdig ist auch, daß sich bis ins 18. Jahrhundert hinein klassizistische und formbewußte Richtungen in ihrer Ethik an Seneka orientierten.

Erasmus weiß nun das für ihn in der *Apologia* wichtige Motiv von der Undankbarkeit der Theologen durch den heidnischen Modemoralisten zu unterstützen. Seneka habe nicht minder elegant als gewichtig formuliert, es sei sicherer, bei gewissen angestoßen als sich verdient gemacht zu haben. Nichts ist in gleichem Maße verlorene Mühe, sagt jener, wie das, was man auf Undankbare verschwendet[82].

Erasmus schlägt zwar durch den Mund seines Autors dessen einigermaßen misanthropisches Motiv an, ohne jedoch dabei stehen zu bleiben. Denn er beobachtet schon bei Seneka eine edlere Einstellung: Seneka meine, es sei die höchste Stufe der Güte und komme bereits an das göttliche Wohltun heran, wenn einer nicht nur umsonst nützt, sondern auch mit vollem Wissen auf Dank verzichtet[83].

Für den edlen Heiden, dem die Apokryphen nachsagten, daß er mit Paulus korrespondierte, war das nicht mehr rein menschlich zu verstehen, wenn man Gutes tut, ohne auf Dank zu reflektieren.

80 Der Verfasser verwendet dieses Darstellungsmittel in der *Apologia* besonders augenfällig. Zitate und Zitation von beispielhaften Autoren unterstreichen, sparsam gesetzt, die Strukturen des Aufbaus. Sie laufen vielfach parallel mit Enthymema und Epiphonema. Sie haben aber weniger die Funktion der inhaltlichen Zusammenfassung, als bestimmte Vorstellungen zu assoziieren und damit gehaltliche Linien anzureißen.

81 *Bibliotheca Erasmiana*, 2e Série, p.49 f.

82 „. . ., quod non minus eleganter quam graviter dictum est a Seneca: *tutius esse quosdam offendisse quam demeruisse. Nihil neque perit, ait ille, atque id, quod confertur in ingratos.*“ (De beneficiis, II, 24, 1; IV, 27, 5): (E) (1), W, S. 80; H, S. 164.

83 „Seneca summum liberalitatis genus esse putat ac divinae beneficentiae proximum, si quis non tantum gratuito prosit verum etiam sciens perdat beneficium.“ (De beneficiis, IV, 25, 3), (E) (2), W, S. 82; H, S. 164.

Nun steigert Erasmus das Motiv noch einmal, indem er es ähnlich wie in der *Paraclesis* macht. Er läßt den alten Philosophen mit seinen hohen ethischen Forderungen zurück und beruft sich auf den Geist des Evangeliums mit seiner Feindesliebe, wenn er, wie schon berichtet, fordert, auch dem widerstrebenden und schmähenden Patienten die Hilfe des Arztes nicht vorzuenthalten[84].

Wir widmen diesen subtilen Andeutungen Aufmerksamkeit, weil sie uns zeigen, wie Erasmus seine in der *Paraclesis* gezeigte Haltung den alten Autoren gegenüber beibehält. Er ehrt die Heiden, weiß aber, daß er sie dialektisch überwinden muß, indem er zum *proprium Christianum* seiner *philosophia Christi* kommen will. Er sieht das in unserem Fall im Gebot der Feindesliebe gegeben. Seneka bedeutet ihm viel, vor allem wegen seiner lebensbezogenen Philosophie, aber seine Weisheit ist noch nicht die *philosophia Christiana.*

Mit dem Hinweis, daß man das Guttun sich selber schuldig sei und nicht von den Reaktionen der Mitmenschen abhängig machen dürfe, schließt er den Bogen dieses Motivs unter Zuhilfenahme eines anderen Lieblingsautors der Humanisten, nämlich des Komödiendichters Plautus: Bei allen Gebildeten würde ihn folgendes Zitat aus Plautus entschuldigen: Lästert man Würdige, ist das gesegnet, nicht gelästert[85].

In einer zweiten Reihe von Autorenzitaten und Namensnennungen schafft sich der Verfasser jeweils seines *archetypus,* der ihm für seine Aussage wichtig erscheint. Da ist für etwa die erste Hälfte des Essays eine Häufung von Hieronymuszitaten, in der zweiten eine Konzentrierung von Augustinusverweisen bemerkenswert. Erasmus verteidigt sich, indem seine Lage nicht nur mit der des Paulus vor dem Tribunal vergleicht. Vielmehr versucht er auch glaubhaft zu machen, daß seine Ziele weithin auch den Intentionen eines Hieronymus und Augustinus entsprechen.

Auch Hieronymus klage mancherorts über die verschiedenen Lesearten, die auf viele Ursachen, auch auf Häresie und Spaltung zurückzuführen seien[86]. Auch er, der *vetus interpres,* habe sich gewisse Freiheiten beim Übersetzen geleistet, auch er habe nicht auf Buchstaben und Silben bestanden[87]. Seine, des Erasmus, Übersetzung sei nicht die des Hieronymus. Aber, und das ist nun der

[84] W, S. 82; H, S. 165.

[85] „... apud eruditos omnes excusaret me Plautinum illud: Quod dignis maledicitur, benedictum est, non maledictum. (*Curculio,* 513—514)", (III) (2), W, S. 108; H, S. 172.

[86] (I) (2): W, S. 90; H, S. 166.

[87] (III) (1): W, S. 104; H, S. 170.

rhetorische Sinn der zahlreichen Hieronymuszitate: Er wolle nichts anderes, als was Hieronymus wollte: Hieronymus wünscht wiederherzustellen[88]; Erasmus wolle ein gleiches: Erneuerung des verderbten Textes[89].

Erasmus sieht sich bei seiner Tätigkeit über die Jahrhunderte hinweg in der guten Gesellschaft biblischer Paraphrasendichter. Er bezieht sich auf Iuvencus, den spanischen Presbyter, der um 330 eine in Hexameter gefaßte Evangelienharmonie geschrieben hatte, auf den Ligurier Arator, der 544 in Rom die Apostelgeschichte in Verse faßte und auf seinen Zeitgenossen Ägidius von Delft (um 1458—1524), dem man eine Versübersetzung der Pönitentialpsalmen und seinen versifizierten Römerbrief verdankte[90]. Erasmus sieht in einer Paraphrasentätigkeit, wie er es nennt, keine Gefahr. Hieronymus habe nahezu Vergleichbares bei seinem Alten Testament gemacht[91].

Wir wissen schon, daß die Abfassung der sogenannten Paraphrasen zum Neuen Testament die dem Verfasser noch verbliebenen Jahre nach dem *Novum Testamentum* (^{2}1519) füllen und daß sie nach seinem Plan den Band 7 seiner Gesamtausgabe, den man auch in zwei teilen könne, ausmachen sollten[92]. Diese Arbeit gehörte wohl zu den ergiebigsten Früchten seiner Bibelstudien.

Was uns hier interessiert ist jedoch die vorbildhafte Analogie, die er einerseits mit der traditionellen Bibelparaphrase und andererseits besonders mit Hieronymus betont.

Schließlich macht er Hieronymus überhaupt zum eigentlichen Anwalt seines Unternehmens: Allein, was solle man seine Sache mit solchem Nachdruck betreiben, so sich doch der heilige Hieronymus in mehreren Briefen zum Anwalt eben dieser Sache mache; denn auch ihm blieben, nachdem er sich in einer nicht ganz unähnlichen Angelegenheit abgeplagt hätte, trügerische Anklagen nicht erspart. Wenn seine Verbesserung noch existierte, dann hätte er sich entweder dieser Mühe nicht unterziehen müssen, oder es hätte schon existiert, was man erstrebte[93].

88 „instauravit". (I) (4): W, S. 92; H, S. 167.
89 „restituimus". (I) (4): W, S. 86; H, S. 165.
90 W, S. 94; H, S. 167.
91 W, S. 94; H, S. 168.
92 Allen, I, p. 41.
93 „Sed cur haec pluribus ago, cum divus Hieronymus compluribus epistolis huius causae patronum agat, qui nec ipse, cum in re non ita dissimili laborasset, calumnia caruit. Cuius emendatio si exstaret, aut non fuisset nobis hoc laboris capiundum aut fuisset, quod sequeremur." II (3), Ende: W, S. 102; H, S. 170.

Am Ende hat es Erasmus erreicht, mit Hieronymus, der nach der Meinung seiner Gegner gegen ihn aufstehen müßte, gemeinsam auf einer Anklagebank zu sitzen. Denn der *vetus interpres* hat das gleiche verbrochen wie er.

1465 war bekanntlich als erstes Werk des Augustinus, dem die neue Buchdruckerkunst ihre Aufmerksamkeit schenkte, das vierte Buch der *De doctrina Christiana* erschienen. Der Titel lautete *De arte praedicandi.* Weitere Wiegendrucke folgten. Noch zu Lebzeiten des Erasmus (1532) übersetzte das Werk der Straßburger Münsterprediger Dr. Kaspar Hedio (1494—1552), der erste protestantische Kirchenhistoriker, wie er wegen seiner geschichtlichen Interessen genannt wird. Es hieß: *Augustini des heyligen Bischofs IV Bücher von Christlicher leer*[94].

Mittlerweile hatte Erasmus die Schrift durch *Methodus* und, wie wir sehen werden, durch die *Ratio* nachdrücklich empfohlen. Aber sogar in der *Apologia* weiß er sie als *archetypus* in den Vordergrund zu schieben, wenn auch die Zitate sparsam gesetzt sind. Wir erwarten jedoch vom Erasmischen Stil nichts anderes.

Zum Abschluß des *corpus,* wo er in Abschnitt III davon spricht, daß auch sprachliche Kleinigkeiten den Sinn der Schrift tangieren und bei Nichtbeachtung sogar häretisch oder blasphemisch verstanden werden könnten, bezieht er seine drei exegetischen Beispiele aus *De doctrina Christiana* III, 2, 3; III, 3, 6; II 13, 20[95]. Sogar Kommata und Flexionskasus hätten öfter dogmatische Wichtigkeit. Entscheidend jedoch für das tiefere Verständnis der menschlichen und theologischen Haltung des Erasmus und seiner Differenzen mit verschiedenen Reformatoren, ist seine freiere Einstellung zur Schrift. Die „discordia codicum"[96] mag ein Mangel sein. Sie rege aber auch wieder zur Arbeit an. Erasmus schreckt nicht vor verschiedenen Interpretationsmöglichkeiten der Schrift zurück. Er kennt sich da zu gut aus im Wesen der geformten Sprache. Eine doktrinäre „Klarheit" würde er als dem Wesen der Literatur und dem *humanum* widersprechend finden[97]. Dabei beruft er sich nun ebenfalls auf die *De doctrina Christiana,* und zwar II, 12[98].

Entscheidend ist für uns wiederum nicht das Thema der *varietas interpretationis,* sondern der Umstand, daß Erasmus ähnlich wie

[94] *Notitia litteraria in S. Augustinum,* PL 47, col. 129 ff.

[95] W, S. 110—112; H, S. 172 f. PL 34, 66. PL 34, 67 f. PL 34, 45. CSEL 80, p.80, p.81, p.47.

[96] W, S. 92; H, S. 167.

[97] Auf diese Wurzel des Gegensatzes zwischen Erasmus und Luther hingewiesen zu haben, verdanken wir dem schon zitierten Aufsatz von Otto Kuss, *Über die Klarheit der Schrift,* aaO., S. 273—321.

[98] PL 34, 43 f. CSEL 80, p.43 ff.

Hieronymus den Übersetzer und Schöpfer der Vulgata so auch Augustinus schon in der *Apologia* als seinen *archetypus* andeutet, als ein Vorbild, wie uns besonders die *Ratio* zeigen wird, nicht so sehr hinsichtlich der theologischen Konzepte als der hermeneutischen Grundsätze[99]. Erasmus fühlt sich als zweiter Augustinus, was seine Auslegungsprinzipien anlangt. Den Erasmischen Augustinismus werden wir demnach in Richtung der *De doctrina Christiana* zu suchen haben.

Neben der eben besprochenen Hieronymus- und Augustinusanalogie kommt den übrigen Zitationen und Namensnennungen zweitrangige Bedeutung zu. Es dürfte aber von einigem Interesse sein, welche Linie Erasmus innerhalb der scholastischen Tradition als seinen *archetypus* versteht. Dabei spielt Thomas von Aquin eine ehrenvolle Rolle. Aber das Aufzeigen der „mittelalterlichen" Tradition dient wiederum nur dazu, letztlich auf die *veteres* mit Origenes als ihrem Vertreter zu verweisen.

Wer die *varietas lectionis* als Tatsache der Textgeschichte nicht annehmen wolle, greife zu den Kommentaren eines Beda, eines Rabanus, eines Thomas, zu den Kommentaren eines Lyranus, zu den Kommentaren eines Hugo Carensis[100]. Beda Venerabilis (um 673—735), an der Schwelle von den *veteres* zum Mittelalter, vermittelt unter anderem auch durch seine Bibelkommentare altes Traditionsgut für eine Periode, die von den Humanisten nur als Übergangszeit aufgefaßt wurde. Ähnlich werden die Verdienste des Rabanus Maurus (780—856) um Bibel, Liturgie und Kirchenväter als des *praeceptor Germaniae* anerkannt. Thomas von Aquin (1225—1274) nimmt die ehrenvolle Mitte ein. Der Franziskaner Nikolaus von Lyra (um 1270—1340) hatte Hebräischkenntnisse und war Gegner der schrankenlosen Allegorese, so daß man ihn als Patron der neuen Bibelforschung verstand: *Si Lyra non lyrasset, Lutherus non saltasset.* Hugo von St. Cher (um 1190—1263) bei Vienne, Dominikaner und später Kardinallegat, wurde noch zur Zeit des Erasmus gerne gelesen, wie Wiegen- und Frühdrucke seiner Kommentare und biblischen Hilfsbücher bezeugen[101].

[99] Ch. Béné, *Érasme et Saint Augustin, on Influence de Saint Augustin sur l'Humanisme d'Érasme* (= Travaux d'humanisme et renaissance 103), Genf 1969, p.218 f. beschäftigt sich eingehend mit der Frage des Erasmischen Augustinismus. A. Renaudet, *Érasme et l'Italie* (= Travaux d'humanisme et renaissance 15), Genf 1954, p.8, hatte richtig beobachtet, daß der *archetypus* des Erasmus Hieronymus, der Luthers Augustinus ist, was die theologischen Konzepte betrifft.

[100] W, S. 90; H, S. 167.

[101] Vgl. die Zusammenstellung von F. Stegmüller, *Hugo von St. Cher,* in RGG, Bd. 3, S. 474.

Alle diese auch von den *neoterici* akzeptierten Autoren bezeugten die *varietas lectionis.* Aber was sind die alle gegen den Griechen Origenes, der zu den *veteres* gehört? Schon Origenes habe einst wiederholt in den Büchern der Evangelien die unentwirrbare Verschiedenheit beklagt[102]. Dabei spielt Erasmus auf eine Stelle an[103], wo der Verfasser anhand der Erzählung vom reichen Jüngling ausführlicher auf die Ursachen einer „διαφωνία" in den Schriften ähnlich wie Erasmus zu sprechen kommt, dabei jedoch eigentlich das synoptische Problem behandelt. Welche Bedeutung Origenes für Erasmus hat, wird bei der Analyse der *Ratio* noch deutlicher werden. Hier halten wir die Tatsache fest, daß er zu den *veteres* zählt, daß er die „Griechen" verkörpert und daß er als „Orientale" Zeuge ist für die innerhalb des Ostens und zwischen Ost und West erfahrene Diskrepanz der Textüberlieferung. Dazu war der Verfasser der Hexapla[104] besonders geeignet.

Erasmus nimmt diese Tradition seiner „Bibelpäpste" gegen die „'Ιλιὰς κακῶν" der *neoterici* mit dem angedeuteten Vorbehalt in Schutz. Er greift vor allem Thomas noch einmal heraus und rechnet ihn mit Augustinus zu denen, die sich durch *eruditio* und *sanctimonia vitae* auszeichnen[105]. Thomas ist für ihn kein *neotericus,* natürlich gehört er auch nicht zu den *veteres,* aber er gilt für ihn als „inter recentiores doctissimus"[106]. Es folgt jedoch das selbstbewußte Aber des Humanisten: Auch Augustinus und Thomas hätten geirrt. Man dürfe das im Interesse der Studien nicht verheimlichen, nicht daß er, Erasmus, gescheiter sei als diese. Nur etwas aufmerksamer und in den Sprachen gewandter sei er als der Aquinate, der nur Latein und das nicht ganz exakt konnte. Für ihn habe etwa *libido* ausschließlich *luxuria* bedeutet[107].

So nimmt sich Erasmus auch Thomas zu seinem Anwalt. Seine Wahrheitsliebe würde ihm zugute kommen, auch dieser wieder ihm dankbar sein. Im übrigen macht er aus der Überlegenheit der neuen Zeit und ihrer Methoden kein Hehl. Das bringt er abschließend auch dadurch zum Ausdruck, daß er zu allerletzt die zwei Pioniere der *bonae litterae,* deren Bedeutung für Erasmus wir schon kennen, nämlich Laurentius Valla und Jacobus Faber Stapulensis, zu seinen Vorbildern erhebt und so den Sieg seiner Apologie und den der neuen Zeit endgültig macht.

102 „Origenes iam tum querebatur inexplicabilem in evangelicis libris varietatem." W, S. 90—92; H, S. 167.

103 Origenes, In Matthaeum 15; PG 13, 1292 f., 1296.

104 W, S. 92; H, S. 166.

105 W, S. 108; H, S. 172.

106 W, S. 106; H, S. 171.

107 W, S. 108—110; H, S. 172.

Zweiter Teil

Ratio seu Methodus perveniendi ad veram Theologiam (1518/19)

Kapitel I: Tirocinium

Propädeutikum der Theologie

1. Die vierte Gattung: Neue Formen für eine neue Theologie

Wir sind es gewöhnt, vom jeweiligen *exordium* unserer Prosatexte das Vorhaben des Autors zu erfahren. Im Falle der *Ratio verae theologiae* bildet das ganze vorliegende Kapitel des *Tirocinium* eine Art Einleitung für die übrigen fünf Kapitel, von denen gleich die Rede sein wird. Dieses Propädeutikum weist nun aber seinerseits das übliche *exordium* auf, das nun nicht für das erste Kapitel, sondern für die ganze *Ratio* gedacht ist.

Wir erwarten aufgrund der bisherigen Beobachtungen ein Dreifaches: 1. Hinweis hinsichtlich des literarischen *genus* und damit 2. Eröffnung der Absicht und des Zweckes (*voluntas*) der Schrift und 3. Angabe des literarischen Vorbildes, der Vorlage oder einfach der maßgeblichen *auctores,* auf die sich der Verfasser beruft.

Zu 1.: Der Verfasser beabsichtigt mit der Schrift von 1518/19 ein Zwischending. Einerseits soll die *Ratio* keine Vorrede im Sinne der drei ersten mehr sein; ja, er hatte die *Methodus* so kurz gefaßt, daß kein „aliud opus operi additum“[2] erscheine. Die *Ratio* sollte nicht mehr unmittelbar auf das *opus,* nämlich das *Novum Instrumentum* einleitend hinweisen. Bei der kurzen Schrift sollte auch formal der Charakter einer Vorrede erhalten bleiben. Nun aber sind die in der *Methodus* gebotenen Ansätze so wichtig, daß man die ursprünglich geforderte „brevitas“[3] aufgeben mußte, ohne daß die Abhandlung

[1] W, S. 118—122; H, S. 177—178.
[2] W, S. 118; H, S. 177.
[3] W, S. 118; H, S. 177.

dem Augenschein nach mit dem Neuen Testament konkurrieren durfte. Daher mußte sie vorerst so geartet sein, daß sie auch „separatim“[3] gelesen werden konnte. Andererseits hatte sie so verfaßt zu sein[4], daß sie auch als Vorrede[5] sinnvoll Verwendung finden konnte. Es sollte die direkte Beziehung zu dem eigentlichen *opus*, dem Text des Neuen Testaments, erhalten bleiben, dazu war aber auch eine gewisse Einheit mit den drei kleinen *praefationes* beabsichtigt. Nach den Worten des Verfassers wollte er ja in der vorliegenden Schrift wie ein schlauer Wirt nur altes Essen mit einigen Zutaten versehen, um es dann neu aufzutischen[6].

So sehr auch der angeführte Vergleich den inhaltlichen Zusammenhang besonders von *Methodus* und *Ratio* veranschaulicht, so wenig ist damit über die formale Seite ausgesagt. Das „opus operi additum“[7] ist eine kunstvoll gegliederte Abhandlung, deren Strukturelemente in sich wieder kleinere *genera* voller Abwandlung und Vielfalt bilden. Sie ist etwa zehnmal so lang wie die *Methodus* und etwa viermal so lang wie das vereinigte *corpus* der drei Kurzessays. Da die drei *praefationes* formal viel straffer komponiert sind als der ausführliche Traktat, lesen sie sich ähnlich wie ein lyrisches Gedicht vergleichsweise nicht so schnell und wirken daher relativ länger als die Abhandlung.

So erscheint die Zusammengehörigkeit der vier Schriften auch formal wohl abgewogen, geradezu im Sinne einer Symmetrie, wobei das „Gewölbe“ der *Ratio* wie in einem barocken Verzerrungseffekt „optisch“ getäuscht und gekürzt erscheint. Folgendes Diagramm veranschauliche den Sachverhalt:

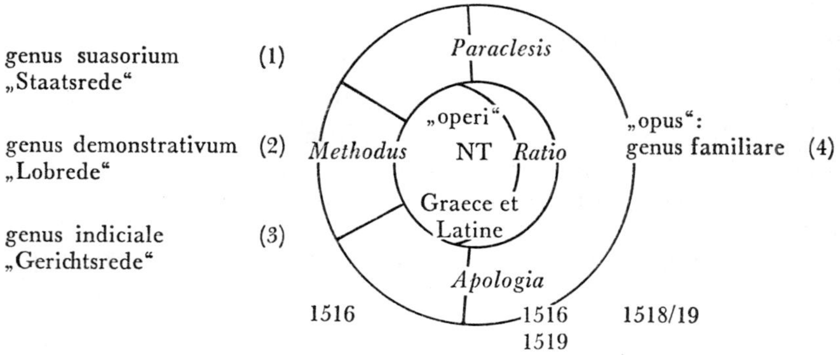

[4] „ita rem temperabimus“: W, S. 118; H, S. 177.

[5] „praefatione vice possit addi“: W, S. 118, H, S. 177.

[6] Wir wollen jene wirtschaftlich freigebigen und großzügig knickerischen Wirte nachahmen, welche die Brocken der Zuspeise vom Vortag mit frischen vermischen und mit gewöhnlicher Würze zudecken. W, S. 118; H, S. 177.

[7] W, S. 118; H, S. 177.

Wir konnten von der bloß beobachtenden Analyse her mit großer Sicherheit feststellen, daß Erasmus in den drei *praefationes* gleichsam Schulbeispiele der drei üblichen rhetorischen *genera* schaffen wollte, um damit schon in der äußersten Sphäre der künstlerischen Durchformung eine weitgezogene *imago* seines Anliegens, nämlich der reformierenden, lebensbestimmenden *philosophia Christiana* zu schaffen.

Die Bindung der *Ratio* an die drei *praefationes* ist sowohl inhaltlich als auch formal entstehungsgeschichtlich wie zweckbezogen so klar, daß sich nicht völlig unmotiviert die Frage erhebt, ob nicht Erasmus mit dem Groß-Essay, der wie ein Pilz aus den drei kleinen erwächst, ein weiteres formales Kunststück erlaubte, das auch für die gehaltliche Interpretation des Ganzen nicht belanglos wäre.

In seiner maßgeblichen Schrift *De ratione conscribendi epistolas* (1521)[8], in der Erasmus formale Grundsätze seines literarischen Schaffens reflektiert und sie normativ darstellt, behandelt er, wie schon erwähnt, ausführlich und zwar im Sinne der klassischen Rhetorik, die drei *genera,* nämlich das *suasorium,* das *demonstrativum* und das *iudiciale,* als die „Quellen aller anderen Arten"[9].

Nun fügt der Verfasser den von den klassischen Rhetoren in mündlicher Rede und zwar in der Volksversammlung geübten drei Gattungen aus eigenem eine vierte bei. Diese sollte für eine Zeit kennzeichnend werden, in der das literarische Wort durch die Druckpresse zu einer (auch reformatorischen) Macht geworden war. Es ist die Gattung, die dem anspruchsvollen längeren Traktat, der gelehrten theologischen Streitschrift die entsprechende Form geben soll.

Der Verfasser nennt dieses vierte *genus* anspruchslos das *genus familiare*[10]. „His tribus quartum genus accersere licebit, quod si placet, familiare nominemus."[11] Dann kommt er auf die gelehrte Schreibweise zu sprechen und fragt, welche Weisungen man denen geben soll, denen diese Form der Mitteilung (nämlich die der Epistel) als die beste erscheint, welche nähere Form sich dabei als die gewinnbringendste anböte[12]. Hierauf erfolgt als Antwort: Diese weise man auf die disputierende, die forschende und die lehrhafte Form hin. Diese könnte sowohl Theologisches als auch Ethisches

[8] LB, I, col. 341—484.

[9] LB, I, col. 379 F.

[10] Wohl deshalb, weil er ihm zunächst Arten zuordnet, die Gegenstände aus dem gewöhnlichen Alltag behandeln, etwa *narratoria, nuntiatoria, gratulatoria* u. a. LB, I, col. 380 A.

[11] LB, I, col. 380 A.

[12] „Quid enim iis praecipias, quibus ea demum Epistola optima est, quae quaestuosissima?" LB, I, col. 380 C.

beinhalten[13]. Bevor er dann die einzelnen Formen der Reihe nach bespricht, bestimmt er abschließend, daß diese vier Gattungen einzuhalten und alle anderen Formen der jeweiligen Gattung unterzuordnen seien: „Hactenus igitur Epistolarum genera quatuor proposcimus, et suas cuique generi formas subiecimus.“[14]

In zehn abschließenden Kapiteln[15] kommt er auf das vierte *genus* zu sprechen und erklärt einleitend, daß die literarischen Erzeugnisse dieser Art einerseits zwar weniger der Kunst der Rhetorik bedürften, andererseits aber wieder *de facto* häufiger das Handwerk der Rhetoren verraten[16].

Dem gelehrten Traktat innerhalb dieses *genus familiare* widmet der Verfasser nur einige Zeilen, allerdings im Schlußkapitel[17] an bevorzugter Stelle: „Cap. LXXIV: *Disputatoriae genus.* Est Epistolarum genus non infrequens inter eruditos, quo studiorum suorum inter se agunt commercia, quam aut sciscitantur de re qua iam, aut respondent sciscitanti: aut si qua de re parum convenit disputant. Huius generis, quoniam varium est, certa ratio reddi non potest. Tantum exempla quaedam indicabo.“[18]

Wir haben demnach über das gelehrte *genus* mehr Anregung von den klassischen Vorbildern als vom Verfasser zu erwarten, weil diese Gattung zu mannigfach sei. Dazu kommt, daß der Verfasser bei den übrigen Arten zahlreiche Beispiele *in extenso* anführt, um wie in einem Formelbuch zu illustrieren, während er bei der letzten, für uns besonders interessanten Art wohl wegen der Schwierigkeit des Sachverhalts auf eine ausgeschriebene Zitation von Beispielen verzichtet.

Man möge hier nicht einwenden, daß diese Gedanken erst vier bzw. sechs Jahre nach Abfassung unseres Schriftentessarons niedergelegt wurden. Die Praxis geht hier vor der Theorie, das „Können“ vor der Reflexion. Es soll auch nicht vorschnell und aprioristisch

[13] „His *disputatoriam, sciscitatoriam, doctrinalemque* adiicias licebit. In quibus et theologicae, et ethicae contineri possunt.“ LB, I, col. 380 C.

[14] LB, I, col. 381 B.

[15] Cap. LXV—LXXIV: LB, I, col. 466 D — 484 B.

[16] LB, I, col. 466 D: Von den Formen dieser vierten Gattung heißt es übrigens an gleicher Stelle im Titel von Cap. LXV: „De extraordinariis generibus epistolarum“, über die außerordentlichen Gattungen von Briefen.

[17] Cap. LXXIV, LB, I, col. 484 A und B.

[18] Es folgen zehn Beispiele aus Cicero, Epist. fam.: Lib. VII, Epistola: Illuseras heri inter. Lib. IX, Epistola: Amo verecundiam. Plinius: Lib. I, Epistola, cuius initium est: Frequens mihi disputatio. Lib. IV, Epistola: Attuli tibi. Politianus: Lib. I, Epistola: Ostendet plenum. Lib. II, Epistola: Dictata illa tua. Lib. III, Epistola: Irasceris obtrectatoribus. Lib. V, Epistola: Et tu mihi. Lib. IX, Epistola: Ego quidem mi Hermolae. Item: proxima. Lib. XII, Epistola: Quantopere me semper.

behauptet werden, daß unser Tessaron gleichsam das Modell, oder besser das „Formelbuch“ für die Theorie von *De conscribendis Epistolis* darstellen soll. Es wird jedoch eine Hilfe für das rechte Lesen unserer Schriften sein, wenn wir der kunsttheoretischen *voluntas,* die der Verfasser sonst befolgt, auch in der *Ratio* das gebührende Augenmerk schenken und wenigstens die angeführte überaus trickreiche Möglichkeit als Hypothese im Auge behalten[19].

Der sachlichen Redlichkeit halber muß hier jedoch auch bemerkt werden, daß Erasmus der Künstler dieses Tessaron und die damit gegebene künstlerische Einheit möglicherweise auch bewußt angestrebt hat, daß er jedoch als Herausgeber die formale, ja sogar die inhaltliche Zusammengehörigkeit nicht so sehr berücksichtigte und folgende Aufteilung dem Johann Botzheim am 30. Jänner 1523[20] zwecks einer eventuellen Gesamtausgabe seiner Werke unterbreitete: Die kleine *Methodus* (1516) ist überhaupt nicht mehr zur Veröffentlichung vorgesehen, sie ist von der großen, der *Ratio,* verdrängt, die zusammen mit der *Paraclesis* im 5. Band, der der „Frömmigkeit“ gewidmet ist, auferscheint[21]. Die *Apologia* sollte im 8. Band unter den Verteidigungsschriften aufgenommen werden[22]. Der Herausgeber soll die *Paraclesis* nach der *Methodus* drucken lassen, obwohl das vom Gedankengang her unlogisch ist, da die *Paraclesis* inhaltlich die Voraussetzung für die *Methodus* bildet. Die formal, entstehungsgeschichtlich und inhaltlich mit diesen Schriften eng verbundene *Apologia* wird aus dem ihr zugehörigen Zusammenhang gerissen und dem Band eingefügt, der das vom Verfasser im Laufe seines Lebens fleißig geübte *genre* der Verteidigungsrede ausschließlich beinhalten soll. Wir wollen mit dieser Anmerkung zum Ausdruck bringen, daß Erasmus bei der Flut und dem Volumen seiner Schriften auf die Zusammenhänge, auf die wir wohl zu Recht achten, kaum besonderen Wert legen konnte.

Das Bemühen des Erasmus um neue Formen der Darstellung theologischer Fragen war natürlich keine unseriöse Spielerei, son-

[19] Wenn man die reiche Anzahl von Beispielen in *De conscribendis Epistolis* betrachtet, wird man die Bezeichnung auch mit Recht für dieses Werk beanspruchen dürfen; dabei unterbleibt, wie schon erwähnt, diese Illustrierung gerade im letzten Kapitel, das für unsere Zwecke als maßgeblich erscheint.

[20] Allen, I, p.40 f., das Zitat erfolgt aus dem von Erasmus selbst verfaßten Katalog seiner Werke, dessen Einleitungsschema in der Leidener Ausgabe von 1703 bis 1706 weitgehend verwirklicht wurde.

[21] Allen, I, p.40: „Quintus attribuatur his quae instituunt ad pietatem. Inter haec est: ... Methodus verae theologiae, ex aeditione anni 1523 apud Michaelem Hillenium. Paraclesis ...“

[22] Allen, I, p.41: „Octauum occupent Apologiae. Me miserum! et hae iustum volumen efficient. Harum tituli sunt hi, quibus utinam nihil accedat: ... Apologiae quae praeferuntur Nouo Testamento ...“

dern die legitime Notwendigkeit, für das angebrochene neue Lebensgefühl die neue theologische Sprache zu finden. Man versuchte es mit dem Essay, dem Aphorismus, der Diatribe und der Satire. Vielleicht meinte auch Erasmus, die Eruptionen der neuen Zeit durch seine neuen Formen, die vor allem sprachlicher Art waren, zu bändigen. Vielleicht fehlten gerade diese Mittel im reformatorischen Streit oder es war zu mühsam, sie aufzugreifen. Otto Schottenloher[23] deutet einmal diese Zusammenhänge in einem kurzen, aber vorzüglichen Artikel flüchtig an. — Er würde wohl die *Ratio verae theologiae* in diesem Sinne als „Diatribe" bezeichnen.

Zu 2.: Aus dem Studium des *exordium* sind wir gewöhnt, erstens etwas über das literarische *genus* zu erfahren. Wenn wir dieses feststellen konnten, schafften wir auch den Rahmen, in dem wir zweitens die rhetorische *voluntas* zu verfolgen haben.

Diese können wir erst dann einigermaßen vollständig erkennen, wenn der Traktat zu Ende interpretiert ist, das heißt jedoch nicht, daß wir nicht schon zu Beginn die Marschroute erfragen müssen, die der Verfasser einschlägt. Dabei sind wir abschließend darüber zu befinden erst dann in der Lage, wenn wir drittens auch die *auctores* ergründet haben.

Rein verbal gesehen, unterscheidet sich die Zielsetzung der *Ratio* nicht wesentlich von der der *Methodus*[24]; noch einmal greift der Verfasser Thema und Ziel der *Paraclesis* auf: „Magnum quidem est ad theologiae studium animos hominum inflammare, ..."[25] Das war das Ziel des *genus suasorium,* einmal überhaupt das Werterlebnis für die neue Philosophie und ihr Studium zu wecken[26], jedoch viel schwieriger sei es, „caelestis studii viam ac methodum tradere ..."[27]. Dieses Ziel des *genus demonstrativum* wird nun durch eine ähnliche Metaphorik wie in der *Methodus* ausgeführt, wobei der Gedanke vorherrscht, daß der Methodiker selbst noch kein „Könner", der Verfasser einer „Poetik" noch selbst kein „Poet" zu sein braucht[28]. In dem Bild vom Wegzeiger[29] steigert Erasmus die schon in der

[23] O. Schottenloher, Artikel *Erasmus,* in: RGG, Bd. 2 [1958], Sp. 536.
[24] Was ja, wie noch später gezeigt werden soll, auch schon durch die kunstvolle Umschmelzung des Kurz-Essays in den Groß-Essay mit zum Ausdruck kommt.
[25] W, S. 118; H, S. 177.
[26] Vgl. das Wortbild im *exordium* zur *Methodus*: „Quid tu ita iamdudum currentem ... incitas?", W, S. 38; H, S. 150.
[27] W, S. 118; H, S. 177.
[28] Die Reihe der Sprachbilder gipfelt wieder in dem bekannten Horazzitat, Horaz, *De arte poetica,* vv 304—305, mit der Metapher vom Wetzstein, wobei ergänzend das Bild vom Blinden, der die Blinden führt, Mt. 15, 14, und dem man doch folgen soll, das Ganze noch intensiviert.
[29] „Mercuriales illas statuas", W, S. 120; H, S. 177.

Methodus ähnlich gemachte Aussage[30] durch Hinzufügen eines griechischen Epithetons[31], so daß es zu einer Art Selbstaussage des Verfassers kommt. Im Hinblick auf die neue Theologie, deren Gegenstand man nie gerecht werden kann[32], scheint das *genus demonstrativum* für Erasmus geradezu wesensbestimmend zu sein: Er sieht seine Aufgabe darin, „vielköpfiger", schillernd vielseitiger „Weg-Zeiger" zu sein. Wir dürfen diese Ausgangsposition, das bereits zu Beginn gegebene Selbstverständnis als konsequente Voraussetzung seiner gewissermaßen negativen Theologie betrachten. Wenn er sich als den „Blinden"[33] bezeichnet, dem man trotzdem folgen soll, wenn er den Weg zeigt, so darf das als mehr als eine bloße *captatio benevolentiae* verstanden werden. Im Blick auf das Ganze können wir uns bei der extremen stilistischen Sparsamkeit des Verfassers nicht leisten, über sprachgestaltende Feinheiten dieser Art hinwegzulesen.

Da dieses *genus demonstrativum* vom Existenz- und Theologieverständnis des Erasmus her solche Bedeutung besitzt, wird es auch doppelt verständlich, daß der „Wirt" nun gerade diesen Brei neu aufwärmt[34] und in einem neuen *genus* ein umfassenderes „compendium"[35] wegen der Notwendigkeit des Anliegens schaffen will.

Das neue *genus,* wenn wir schon diese Terminologie als gesichert vorwegnehmen wollen, das *genus familiare, scl. doctrinale,* soll nun unter Beibehaltung wesentlicher Ansätze und Thesen das ursprüngliche und richtungsweisende *genus demonstrativum,* wie der Baum das Samenkorn, zur Entfaltung bringen. Was der Baum gegenüber dem Samenkorn Neues bringt, werden die Ergebnisse der Gesamtinterpretation zeigen; wir finden es aber auch schon in dem dritten Punkt angedeutet, über den uns das *exordium* der *Ratio* Aufschluß gibt, nämlich in der Frage der Leit-*auctores,* denen sich der Verfasser sowohl formal als auch inhaltlich verpflichtet weiß.

Zu 3.: Haben wir schon bei der Feststellung der *voluntas* einen wenn auch nuancierten, so doch deutlich erkennbaren Fortschritt der *Ratio* gegenüber der *Methodus* erarbeiten können, so gilt ein

[30] W, S. 38; H, S. 150.

[31] „πολυκεφάλους", W. S. 120; H. S. 178, wobei über die Bedeutsamkeit dieser griechischen Einschübe weiter unten auch in anderem Zusammenhang gesprochen wird.

[32] „quid enim potest humana industria, quod rebus divinis ulla ex parte respondeat?", W, S. 118—120; H, S. 177.

[33] „caecus caeco dux", W, S. 120; H, S. 177, „Postremo caecus uti si monstret iter, tamen aspice". W, S. 122; H, S. 178: Wiederaufnahme der gleichen Metapher zu Ende der Image-Reihe ist auch gehaltlich nicht unbedeutsam.

[34] W, S. 118; H, S. 177.

[35] Vgl. Titel: W, S. 118; H, S. 177: „Ratio seu compendium", „compendiariam ... viam", W, S. 120; H, S. 177.

gleiches für die Frage der *auctores*. Haben beim Auffinden der Intention einige in der *Ratio* neu verwendete Metaphern weitergeholfen, so können wir in diesem Zusammenhang ähnliches von zusätzlich gebrachten *auctores* erwarten. Wir haben ja schon wiederholt beobachten können, daß die in den jeweiligen *exordia* zitierten *auctores* für Verfasser und Leser mehr darstellen als bloße Objekte der Zitation, daß sie vielmehr sowohl formal als auch stofflich Leitbilder sind, denen er nacheifert und an denen sich seine Phantasie entzündet[36].

Wir haben anläßlich der Analyse der *Methodus* an der entsprechenden Stelle, wie es schien mit Recht, ein größeres Aufhebens hinsichtlich des Horaz-Modells gemacht. Dieser *archetypus* bleibt auch weiterhin bestehen, wenn er auch durch das Augustinus-Vorbild überlagert wird. In der *Methodus* konnte der Charakter des „Kunsttrichters" viel deutlicher zum Vorschein kommen, weil alles viel konzentrierter war als in der traktathaften *Ratio*. Das Zitat vom Wetzstein[37] wird in das *exordium* der *Ratio* übernommen. Sein Modell-Charakter nimmt aber zugunsten des zweiten Leit-*auctor* ab, den so recht nachzuahmen in dem Kurz-Essay kaum Platz war. Es hatte gerade zu einigen beiläufigen Zitationen gereicht.

Dieser zweite *auctor* ist Augustin mit seiner *De doctrina Christiana*, die wiederum, verbrämt mit den üblichen Bescheidenheitsfloskeln[38], in beiden Schriften mit etwa den gleichen Worten angeführt wird. Wie bereits erwähnt, fällt nun die Vorbildschaft des Augustinus, von einigen nebensächlichen Zitaten abgesehen[39], bei der *Methodus de facto* nicht ins Gewicht. Stofflich maßgebliche Quelle wird die *De doctrina Christiana* erst für die *Ratio*. Eine Bemerkung hinsichtlich seines *archetypus* ist aufschlußreich und zeigt auch, daß die Augustinische *auctoritas* von der des Horaz in ihrem Sinn nicht wesentlich differiert. In der *Ratio*, wo es um die Bedeutung der poetischen Strukturen für die neue Theologie geht, verweist der Verfasser auf Augustinus: Augustinus habe es keineswegs für eine Spielerei gehalten, in den Schriften der Propheten und den

[36] Alle hätten sie ihre *auctores*: Vergil einen Homer, Avicenna einen Galen, Aristoteles von Fall zu Fall verschiedene. *Methodus*, W, S. 54; H, S. 155. — Wo der christliche Theologe Spielraum für eine sachgerechte Theologie findet, entscheidet sich an der Frage der *auctores*; greift er zu den rechten Quellen, dann wird seine Theologie gut, gerät er an die verkehrten, dann wird auch seine Theologie verkehrt sein.

[37] *Methodus*, W, S. 38; H, S. 150. *Ratio*, W, S. 120; H, S. 178.

[38] Augustinus habe das gleiche Thema schon einmal viel besser, genauer und umfassender behandelt, er, Erasmus, wolle nur eine volkstümliche Darstellung geben, um so breiteren Massen dienlich zu sein. *Methodus*, W, S. 38; H, S. 150. *Ratio*, W, S. 122; H, S. 178.

[39] Vgl. den entsprechenden Abschnitt im Kapitel über die *Methodus*.

Briefen des Paulus die Figuren der Rhetoren, die Einschnitte der Rede und die Perioden anzugeben, und das in seinen Büchern, die er nicht mit *De grammatica* oder *De dialectica* betitelt habe, sondern mit *De doctrina Christiana.* Und das hieße nun wieder nichts anderes als *Über die Theologie*[40].

Wir sind, wie schon erwähnt, im Besitz einer neueren Studie über den Erasmischen Augustinismus. Charles Béné[41] erarbeitet auch für unsere Schriften die stofflichen Parallelen zwischen Erasmus und Augustinus. Erasmus hatte natürlich seinen Ordensvater von ehedem im Kopf. Seine Texte sind voll von Augustinus-Zitaten. Trotzdem kann Béné die alte Beobachtung von Augustin Renaudet[42] nicht völlig entkräften, daß der theologische Augustinismus für Luther, nicht aber eigentlich für Erasmus zutrifft. Erasmus würde es auch unseren Quellen nach nicht einfallen, aus der *De doctrina Christiana* Abschnitte wie das 31. Kapitel des I. Buches zu zitieren: Gott genießt uns nicht, sondern er gebraucht uns. Dieses pessimistische Gottesbild etwa teilt er nicht. Ihn interessiert Augustinus nicht so sehr als Dogmatiker, sondern als Hermeneut. Und insofern als Augustinus in der Quellschrift die „Grammatik" und die Theologie augenscheinlich geradezu als synonyme Begriffe versteht, erwählt ihn sich Erasmus zum *archetypus.* In diesem Sinne will er eine zweite *De doctrina Christiana* für das Volk[43] verfassen.

Eines müssen wir in diesem Zusammenhang jedoch vorwegnehmen, weil es auch die Einführung der weiteren *auctores* erklärt, die das *exordium* der *Ratio* gegenüber der *Methodus* auszeichnen. Es geht lediglich dem Verfasser um Analyse und Erkenntnis des „sermonis habitus"[44] und mit diesem Erfassen der sprachlichen Strukturen der Schrift um das Finden der Eigenheiten des *sermo theologicus.* Diese theologische Sprache wird weithin vom bildhaften Ausdruck bestimmt sein, was im Extremfall durch das Rätsel[45] geschieht.

Die Dunkelheit der Schrift liegt demnach im Wesen der Sprache überhaupt und in der Eigenart des *sermo theologicus* insbesondere

[40] „Neque puerilis operae putavit Augustinus in propheticis ac Paulinis litteris schemata rhetorum et orationis caesuras ac circuitus indicare idque in his libris, quos inscripsit non de grammatica aut dialectia, / sed de doctrina Christiana, quae quid aliud est quam theologica?" W, S. 160—162; H, S. 190 [IV, 7; PL 34, col. 93—98. CSEL 80, p.124—133].

[41] Ch. Béné, *Érasme et Saint Augustin,* aaO., p. 219 f.

[42] A. Renaudet, *Érasme et l'Italie,* aaO., p. 216.

[43] „... rudibus ac plebeis venaeque inferioris ingeniis ...", *Ratio,* W, S. 122; H, S. 178; „... plebeis et inferioris venae ingeniis ...", W, S. 38; H, S. 150.

[44] W, S. 356; H, S. 259.

[45] „... ad aenigmatis obscuritatem ...", W, S. 356; H, S. 259.

begründet. Die rationale Bewältigung dieses Gotteswortes gibt es aber nur im Sinne von Interpretationen der sprachlichen Strukturen und Einkleidungen. Und dazu braucht es wiederum Regeln der rechten Auslegung, worin ihm Augustinus maßgeblich ist.

Eine Theologie, die von diesem Sprachverständnis her kommt, muß immer etwas von einer *theologia negativa* an sich haben. Denn der eingekleidete Sinn ist zwar ansprechbar, aber nie satzhaft und dekretalisch, vielmehr immer wieder nur eingekleidet und verhüllt auszusagen. Der „negative" Theologe gibt nach dem Erasmischen Wegzeigergleichnis sozusagen die Sinnrichtung an. Seine Erkenntnis faßt er wieder in Bild und Gleichnis, so daß er zu etwas wie einer *theologia symbolica* gelangt. Diesen Weg deutet der Verfasser an, wenn er zu Ende des *exordium* als einen neuen *archetypus* auf vier Schriften des Pseudo-Dionysius zu sprechen kommt, nämlich: *De divinis nominibus, De mystica theologia* und die beiden im Dionysius-Kanon an sich nicht enthaltenen Titel *Libri institutionum theologicarum* und *De significativa theologia*[46].

Damit bekennt sich Erasmus zu dieser merkwürdigen „dionysischen" Tradition, die über Laurentius Valla und Nikolaus von Kues und das ganze Mittelalter bis zu ihm fortwirkt. In unserem Zusammenhang wollen wir aber vorerst festhalten, daß der „Presbyter" Dionysius, der mit seinem neuplatonischen Schrifttum über ein Jahrtausend geradezu apostolische Autorität besaß, für Erasmus seinerseits zunächst nur ein Symbol für seine Theologie ist, nicht aber mehr[47].

2. Eine erste Disposition:
Einschulung: Vielfalt, Einheit, Leben: Sprache

Die nähere Begrenzung des einleitenden Propädeutikums läßt sich und seine Funktion im Ganzen am besten durch ein Studium des groben Aufbaus ermitteln.

Bei genauerem Zusehen ist die *Ratio verae theologiae* in 3 mal 2 deutlich sichtbare, wenn auch fließend ineinander übergehende

[46] W, S. 122; H, S. 178. Es wäre denkbar, daß Erasmus unter den beiden letzt genannten Titeln *De caelesti hierarchia,* PG 3, col. 119—370, und *De ecclesiastica hierarchia,* PG 3, col. 369—584, frei zitiert. Auch eine Verwechslung mit Proklus' *Institutio theologica* wäre denkbar.

[47] Es wird gelegentlich zu wenig beachtet, wie frei Erasmus jeweils seinem *archetypus* gegenübersteht. Aufgrund der behandelten Frühschriften meint E.-W. Kohls, *Die Theologie des Erasmus,* Bd. 1, aaO., S. 132, Dionysius, *De divinis nominibus* als Hinweis für eine besondere Neigung des Erasmus zur Allegorese anführen zu können. Wir werden zeigen, daß für die 15 Jahre spätere *Ratio* das Gegenteil von dem gilt, was man vielleicht im *Enchiridion,* H, S. 71, noch herauslesen kann.

Abschnitte gegliedert. Diese sind jeweils annähernd von gleicher Länge. Das Richtmaß sind rund 16 % der Gesamtlänge. Diese „Idealgröße“ wird vom ersten und vom letzten Abschnitt eingehalten. Die übrigen schwanken plus und minus um diese Zahl. Bevor wir aber den äußeren Aufbau auszulegen beginnen, wollen wir ihn einmal schematisch darstellen:

W, S. 118—122; H, S. 177—178:		*Initium.*
W, S. 122—170; H, S. 178—193:	I.	*Tirocinium*[48] [in litteris propriis].
W, S. 170—214; H, S. 193—208:	II.	*Dogmatum varietas*[49]
W, S. 216—268; H, S. 209—227:	III.	*Orbs et consensus totius Christi fabulae.*
W, S. 268—356; H, S. 227—259:	IV.	*Vera pietas.*
W, S. 356—430; H, S. 259—284:	V.	*Sermonis habitus.*
W, S. 430—490; H, S. 284—304:	VI.	*Copia locorum*[50].
W, S. 490—494; H, S. 304—305:		*Finis.*

Diese erste Gliederung ergibt sich mit großer Deutlichkeit bei induktiver Analyse. Das Ineinander von 3 mal 2 Kapiteln entspricht jedoch auch, wie wir schon wiederholt ausführen konnten, den formal-rhetorischen Prinzipien.

Die Zweiergruppe tritt deutlich hervor in den letzten Kapiteln in V. *Sermonis habitus* und in VI. *Copia locorum.* Diese Gruppe, in der es in erster Linie um die theologische Bedeutung der sprachlichen Strukturen geht, ist besonders klar von den übrigen abgegrenzt. Ebenfalls sind mit ziemlicher Deutlichkeit die Grenzlinien bei I. *Tirocinium* markiert. Dieses Kapitel soll ja das wissenschaftliche Propädeutikum liefern; so rechtfertigt sich vom Inhalt her bereits ein gewisses Eigenleben für den Abschnitt.

Im übrigen ist es auch bei diesem Traktat, was wir auch bei den kürzeren *genera* bereits betonen mußten, nicht ganz sachgerecht, von „Kapiteln“ zu sprechen. Wir haben es nämlich auch bei der *Ratio*

[48] Diese charakteristische Metapher für „Vorbereitung, Einschulung, Training, Ausbildungsstadium, — Rekrutenzeit“ wird vom Verfasser verwendet „tirunculo nostro“: *Methodus*: W, S. 58; H, S. 156. W, S. 170; H, S. 193, außerdem „tirocinium“: W, S. 282; H, S. 232, um das Einleitungskapitel zu charakterisieren.

[49] Dieser und die folgenden Titel werden vom Verfasser im entsprechenden Kapitel wiederholt oder besonders pronounciert verwendet, so daß sie sich als Kapitelüberschriften anbieten.

[50] Dieser Titel wurde auch wegen der vom Autor in diesem Kapitel intendierten Beziehung zu seiner bekannten und in unserem Zusammenhang zitierten *Copia verborum ac rerum* (1511) gewählt. Insgesamt ließen sich als Kapitelüberschriften natürlich auch andere Titel sinnvoll verwenden.

mit einem organisch gegliederten Ganzen zu tun, bei dem die Glieder untereinander künstlerisch verfugt und verzahnt sind.

Folgende Übergänge sind besonders charakteristisch und nötigen den Betrachter bei der Bestimmung der Trennfugen zur nochmaligen Überprüfung:

1. Von II. *Dogmatum varietas* zu III. *Orbs et consensus totius Christi fabulae* ist verzahnt durch *dogmata (5)*[51], wo es in einem durch besondere Metaphorik herausgehobenen Abschnitt um die drei *circuli* geht, aus denen sich die Gesellschaft zusammensetzt, und um die Frage, von welchen Prinzipien aus die *dogmatum varietas* „reguliert" werden müsse.

Der Sinn der Christologie von III. wird damit schon durch die Verfugung eingespielt. Die Trennlinie ist in diesem Fall jedoch bei näherem Zusehen trotzdem eindeutig.

2. Beim Übergang von III. *Orbs et consensus totius Christi fabulae* zu IV. *Vera pietas* ist die Trennfuge nicht mehr so deutlich zu bestimmen. III. ist relativ kurz, IV. ist relativ lang, das arithmetische Mittel von beiden gäbe wiederum fast genau ein Sechstel des Ganzen. Der Abschnitt von den *9 affectus*[52] könnte noch anschließend an die Ausführungen über die *innocentia* Jesu und den damit verbundenen Verzicht auf Macht durch die Apostel ebenso gut als Ausfluß aus III. angesehen werden, vor allem auch wegen der deutlichen formalen Zäsur am Ende der *9 affectus* im Absatz *„erga"*[53]. Andererseits gehört dieser Abschnitt inhaltlich zu IV. *Vera pietas* mit dem Abschnitt über *fides et caritas* und den Beispielen für den *sensus moralis*.

Der fließende Übergang signalisiert auf der Sinnebene die Tatsache, daß alle *pietas* aus der Vielfalt und Einheit „totius Christi fabulae"[54] erwächst.

3. IV. *Vera pietas* und V. *Sermonis habitus* sind wieder schon wegen des größeren inhaltlichen Unterschiedes deutlich voneinander getrennt. Der Abschnitt *sensus moralis* gehört zwar noch eindeutig zum vorhergehenden Kapitel, darf aber mit seinen 36 Exempeln bereits als Vorübung für V. mit seiner Behandlung der sprachlichen Strukturen angesehen werden.

Die literarische Absicht leuchtet auch hier ein. Es soll keinen Bruch zwischen *dogma, pietas* einerseits und *sermo* andererseits geben.

[51] W, S. 192—214; H, S. 202—208.
[52] W, S. 268—296; H, S. 227—237.
[53] W, S. 294—296; H, S. 236—237.
[54] W, S. 216; H, S. 209.
[55] W, S. 338—356; H, S. 252—259.

Die erste Gliederung ermöglicht auch bereits eine schematische Vorstellung, wie und mit welchen Schwerpunkten die kleine *Methodus* (1516) in die große *Ratio* (1518/19) eingearbeitet wurde. Wir geben vorerst einen schematischen Überblick:

Methodus (1516) W, S. 38—76; H, S. 150—162.	*Ratio* (1518) W, S. 118—494; H, S. 177—305.
I. *Via formalis.* W. S. 38—58; H, S. 150—156. 1. Ethische, 2. Philologische, 3. Musische Voraussetzungen.	I. *Tirocinium.* W, S. 122—170; H, S. 178—193.
II. *Via materialis.* W, S. 58—76; H, S. 156—162. A 1. „scopos ad quos ...“ a. Bergpredigt „... dogmata“ W, S. 58—60; H, S. 156—157. b. Leben Jesu. W, S. 60—62; H, S. 157—158.	II. *Dogmatum varietas.* W, S. 170—214; H, S. 193—208.
	III. *Orbis et consensus totius Christi fabulae.* W, S. 216—268; H, S. 209—227. IV. *Vera pietas.* W, S. 268—356; H, S. 227—259. V. *Sermonis habitus.* W, S. 356—430; H, S. 259—284.
c. Fehlinterpretationen W, S. 62—64; H, S. 158.	W, S. 428; H, S. 284: *4 sensus.*
2. „locorum collatio“ W, S. 64—68; H, S. 159—160.	VI. *Copia locorum.* W, S. 430—490; H, S. 284—304.
B 1.a. Die Mängel	Die rechten „auctores“. W, S. 462—468; H, S. 295—297.
der „veteres“. W, S. 68; H, S. 160.	Die „veteres“. W, S. 462—466; H, S. 295—296.
B 1.b. Die Mängel der „neoterici“. W, S. 70—72; H, S. 160—161.	Die „neoterici“. W, S. 466—468; H, S. 296—297.
B 2. Entscheidung durch W, S. 72—76; H, S. 161—162.	„studiorum collatio“. W, S. 468—490; H, S. 297—304.
Finis W, S. 76; H, S. 162.	W, S. 490—494; H, S. 304—305.

Aus der gegebenen Übersicht lassen sich folgende Beobachtungen unschwer ablesen:

Etwa die Hälfte der *Methodus,* und zwar ihr Teil I, fließt bereits in das erste Sechstel der *Ratio,* nämlich I. *Tirocinium,* ein.

Von der zweiten Hälfte der *Methodus* wird wiederum der größte Teil, nämlich etwa zwei Drittel, in den Abschluß von V. *Sermonis habitus* und hauptsächlich in VI. *Copia locorum* eingearbeitet.

Ungefähr das erste Drittel dieses Teils II der *Methodus* dient nun zum Anreißen von II. *Dogmatum varietas* und III. *Orbis et consensus totius Christi fabulae.*

Nicht scheint die *Methodus* als Strukturelement auf in IV. *Vera pietas* und nur, wie schon gesagt, gegen Ende und in sehr geringem Umfang in V. *Sermonis habitus.*

Dieser Befund wiederum erlaubt folgende Konklusion:

Die *Methodus* bestimmt weithin die Gliederung der etwa zehnmal so langen *Ratio.* Das geschieht durch Konzentration des größten Teiles der *Methodus* an Anfang und Ende. Ihr Stoff umschließt an den Randkapiteln die *Ratio* wie mit einem Ring.

Die mittleren Kapitel der *Ratio* werden jeweils durch wichtige Kapitel der *Methodus* angerissen oder wie bei V. *Sermonis habitus* abgeschlossen. Die Abfolge der Kapitel der *Methodus* wird dabei nicht verlängert. Sie leuchtet wie ein Raster hinter der *Ratio* auf.

Daß die *Methodus* an IV. *Vera pietas* keinen und an V. *Sermonis habitus* kaum einen direkten Anteil hat, kann man von daher verstehen, daß beide Kapitel erstens weithin Beispielsammlungen darstellen und daß zweitens, wie wir schon angedeutet haben, IV. *Vera pietas* sehr eng mit dem vorhergehenden christologischen Kapitel verbunden ist.

3. Eine zweite Disposition: Revision der 7 *artes liberales*

Das Bildungssystem der sieben freien Künste gehörte zu der eisernen Ration, welche das frühe Mittelalter aus dem Zusammenbruch der antiken Kultur herübergerettet hatte. Man billigte ihm lange nur den Rang eines Propädeutikums zu. Die Universitätsgeschichte der zweiten Hälfte des 15. Jhs. zeigt nun, wie sich die sogenannten Artistenfakultäten durchsetzen und zu emanzipieren wissen[56].

Dazu kommt noch ein zweites: Die schulmeisterlichen Grenzen des Trivium und des Quatrivium werden zu eng empfunden. Die überschäumende Kraft der neuen Zeit beginnt sie zu sprengen. Man spannt in den alten Rahmen wieder neuartig gewordene Disziplinen: die Topographie, die Biographie, die Historiographie, die

[56] H. Rupprich, *Die Deutsche Literatur,* Bd. 4/1, aaO., S. 652 ff.

Mathematik, Astronomie und Kunsttheorie. Die Menschen werden wieder neugierig und wissensdurstig wie die alten Athener. Die *artes mechanicae,* wie Geographie, Medizin und Botanik, werden interessant, ebenso wie die *artes magicae,* denen sich die Doktor Faustus dieses januskӧpfig an der Schwelle des Mittelalters und der Neuzeit stehenden Menschentyps mit Begier und etwas schlechtem Gewissen widmen.

Alles das gilt auch für Erasmus und sein *Tirocinium.* Wir müssen aber noch auf einen dritten Punkt achten, auf den ein hervorragender Kenner[57] der mittelalterlichen Bildungsgeschichte hingewiesen hat. Das Mittelalter habe zwar das Trivium mit seiner *grammatica, rhetorica* und *dialectica* ehrfürchtig tradiert. Aber die Barbaren hätten Angst gehabt vor den „elegancies of classic poetry and oratory". So hätten sie die *rhetorica* gleichsam verdrängt und sich eher zu den „mysteries of logic" hinziehen lassen. Die seien unverfänglicher gewesen, wie man aus der *Vita Alcuini*[58] ersehen kann. Denn das Heidentum und seine Schönheit fürchtete man und „There was nothing pagan about syllogisms".

Und nun kommen die neuen „Artisten", verwenden das alte Bildungsschema, stellen aber die mittelalterliche Ordnung gleichsam auf den Kopf. Nun polemisiert man gegen die *dialectica* und propagiert die *rhetorica.* Die „Artisten" nennen sich stolz „Poeten", und nachdem der Sohn eines Weinbauern zu Wipfeld in Franken, der Erzhumanist Konrad Celtis (1459—1508), am 18. April 1487 vom Kaiser Friedrich III. auf der Burg zu Nürnberg als erster Deutscher zum *Poeta laureatus* gekrönt worden war[59], machte diese Titulatur auf Jahrhunderte den glücklichen Träger ebenbürtig dem erfolgreichen Staatsmann und dem siegreichen Feldherrn.

Diese Umwertung der Bildungsideale finden wir nun aus theologischen Gründen, die zum Teil schon bekannt sind, bei Erasmus in seinem „studiorum initium"[60] wieder. Das *Tirocinium* bildet, wie wir bereits festgestellt haben, das erste Sechstel der *Ratio* und stellt unter den sechs Kapiteln eine Art Einleitung dar, in der der Verfasser wie in einem Präludium die Voraussetzungen für das eigentliche Studium darlegen will. Der „tiro"[61] der Theologie, Rekrut und Novize in einem, soll gleich zu Beginn mit der richtigen Methode

[57] Vgl. H. Rashdall, *The Universities of Europe in the Middle Ages.* A New Edition in Three Volumes, ed. F. M. Powicke und A. B. Emden, Oxford 1936, Reprint London 1958, vol. 1, p.36 f.

[58] MGH, Scriptores 15, p.193. Vgl. MGH, Epistolae 4, p.38, no13.

[59] H. Rupprich, *Die Deutsche Literatur,* Bd. 4/1, aaO., S. 522 f.

[60] W, S. 170; H, S. 193: Epiphonema zu Ende des Kapitels.

[61] W, S. 232; H, S. 215; als „tirunculus": W, S. 170; H, S. 193.

bekannt werden, damit er nicht in „alienis litteris“[62], d. h. in sachfremden Disziplinen alt werde, ohne zum Eigentlichen gekommen zu sein. Dieses Thema kennen wir schon aus der *Methodus.*

Das vorliegende Kapitel ist von den insgesamt sechs als am wenigsten originell im Sinne von stofflichem Zuwachs anzusehen. Wie wir schon wissen, ist in unseren Text die Hälfte der *Methodus* eingearbeitet. Der Gesamttext des Kapitels steht zu den Einschüben aus dem kleinen Essay im Verhältnis von rund 3:1. Das heißt, zwei Drittel oder etwas mehr als die Hälfte des *Tirocinium* ist stofflich neu. Originell ist also in diesem Kapitel nicht so sehr der Inhalt als die delikate Weise, in der er sich mit den alten Strukturen assimiliert[63]. Der Verfasser baut seinen Bildungsgang in vier Stufen, von denen wir 1., 2. und 4. schon in der *Methodus* berücksichtigt fanden. Es sind das:

1. I (1) *Via [ethica]*
2. I (2) *Via [trium linguarum]*

3. [Quatrivium][64]

4. I (3) [*Trivium*]

Zu 1.: Zur *Via ethica* oder zu den sittlichen Voraussetzungen für ein gedeihliches Studium der Theologie kommt durch wohlverzahnte Zusätze eine beachtenswerte Bedeutungsnuance zum Vorschein, die in den Einleitungsschriften bislang zwar angeklungen war, aber nicht mit dieser Deutlichkeit ausgedrückt wurde. Die Ergänzungen und Erweiterungen sind vom Verfasser gezielt gemacht. Sie lassen sich alle thematisch unter das von Erasmus verwendete Signalwort „θεοδίδακτος“[65] vereinen.

Erstens: Das Sprechen Gottes ist immer eine ehrfurchtsgebietende Herausforderung für die Menschen. Das zeigten schon die heidnischen Mysterien, das werde durch die Weise klar, in der Moses Gott gegenübertritt. Das *colloquium,* das Gott in der Schrift mit dem Menschen führt, sei wahrhafter und wirksamer als die genannten Vorformen. Ein Zwiegespräch braucht immer den Partner. Und der müsse die Sandalen seiner Leidenschaften von den Füßen lösen. Die Reinigung sei erforderlich, weil Paulus, 1 Kor. 14, 1, die

[62] W, S. 170; H, S. 193.

[63] Da die *Ratio* im allgemeinen die Linien und Konturen ausbaut, welche im kleineren Essay gezogen waren, ist es in diesem Kapitel für das „synoptisch“ forschende Auge besonders reizvoll, Übereinstimmung und Tendenzverschiebungen gegenüber dem kleinen *argumentum* zu studieren.

[64] W, S. 144 ff.; H. S. 185 ff.

[65] W, S. 124; H, S. 179.

Schriftauslegung keine *philosophia,* sondern eine *prophetia* und die wiederum ein *spiritus donum* nenne[66].

Zweitens: Gewisse sittliche Verhaltensweisen sind das ganz normale Ergebnis des Kontaktes mit Gott. Wer seinen Nacken beugt, seinen finsteren Hochmut und die *pertinacia,* die Mutter aller Streitigkeiten, aufgibt, der begibt sich zur „Bildung", *ad fingendum,* in die Hand des *spiritus doctor*[67].

Drittens: Anstelle der *impia curiositas* sei die ehrfürchtige Distanz des Moses dem Schriftwort gegenüber zu empfehlen. Mit Kritik dagegen, *cum iudicio delectuque,* begegne man nach dem Rat des Augustinus[68] allen übrigen Schriften. *Cave calumnieris* gelte bei vermeintlichen Widersprüchen in der Schrift. Jede gelehrte Disziplin habe ihren *scopus.* Für die Theologie sei es zunächst die Lebensänderung. Daher seien Gebet und Danksagung selbstverständliche Äußerungen des Theologen, dessen *sapientia vere theologica* nach Jak. 3, 17 von oben stamme[69].

Zu 2.: So sehr die Schrift und die daraus gefolgerte Theologie als gnadenhaftes Geschenk *de sursum est* und auch die rechte Auslegung ein *spiritus donum* ist, so sehr müssen sich die Menschen auch mühen durch Sprachstudien und Einrichtung von Sprachschulen. Was steht ihr da und schaut? Apg. 1, 11, kann diesbezüglich kein Vorbild für den Theologen sein[70]. Das ist die Forderung der neuen *Via trium linguarum.*

Zu 3.: Bei dem, was wir *Quatrivium* und im nächsten Punkt *Trivium* nennen, vermeidet der Verfasser die explizite Bezeichnung. Darauf müssen wir noch zurückkommen. In der *Methodus* bilden die entsprechenden Ausführungen überhaupt nur eine Art von Anhäng-

[66] W, S. 122—124; H, S. 178 f. Dazu das Epiphonema: „At verius et efficacius nobis loquitur deus in arcanis libris quam Mosi de rubro locutus sit, si modo puri accesserimus ad colloquium. Paulus enarrationem arcanae scripturae non philosophiam, sed prophetiam vocat. Prophetia vero spiritus illius aeterni donum est." W, S. 124; H, S. 179.

[67] W, S. 126—128; H, S. 179.

[68] *De doctrina Christiana,* II, 39, 58; PL 34, 62. CSEL 80, p.73.

[69] W, S. 128—130; H, S. 180 f. Diese Theologie führt zur *pietas.* Daher heißt es gegen Ende des Abschnittes: „In disputando servanda sobrietas summaque animi moderatio, ut collatio, non conflictatio videatur. Lectionem subinde interrumpat precatio aut gratiarum actio, quarum altera sacri spiritus imploret opem, altera beneficium agnoscat, sicubi te senseris profecisse." W, S. 130; H, S. 180.

[70] W, S. 132—142; H, S. 182—184. Näherhin: W, S. 134; H, S. 182. Die Betonung des Studiums der biblischen Sprachen war so neu und bedeutend, daß der Verfasser bereits in der *Methodus* das Wesentliche sagen mußte. Aus diesem Grunde weist wohl dieser Abschnitt die wenigsten Ergänzungen auf. Es sind im großen und ganzen eigentlich nur ausführlichere Zitate und Nennung beispielgebender Vertreter der *bonae litterae.*

sel zum sprachlichen Propädeutikum. Dort soll nur zum Ausdruck gebracht werden, daß man Sachkenntnisse in den verschiedenen Fächern (1. in Naturgeschichte, 2. in Geographie und 3. in Sittengeschichte) haben müsse, um manche Worte und Stellen der Schrift richtig übersetzen zu können. Es geht also um eine von der Sachkenntnis her verlebendigte Kenntnis der fremden Sprachen. Dabei spielt noch das Motiv der „visuellen Kontemplation", des vom geographischen Wissen genährten Vorstellungsvermögens, des „Verweilens"[71] in der Schrift, eine gewisse Rolle, wo er auf die 2. *cosmographia* zu sprechen kommt. Insgesamt schließt das Ganze in der *Methodus* mit dem Epiphonema, daß der „intellectus mysterii"[72] mancher Stellen vom Sachwissen abhänge.

In der *Ratio* wird nun aus dem Anhängsel ein substantiellerer Abschnitt, in dem die Notwendigkeit, verschiedenste Disziplinen zu beherrschen, im Interesse des rechten *intellectus mysterii* gefordert wird. Was nützt es dir, wenn du über das Krokodil disputierst und einen Syllogismus in „celarent" und „baroco" zusammenleierst, wenn du nicht weißt, welche Gattung das Krokodil ist: Baum oder Tier?[73] Auch für Erasmus sind die Naturwissenschaften noch eine Sache der *recti auctores*[74]. Folgendes Diagramm über den Abschnitt zeigt, wie er sich bemüht, die neu akzentuierten Disziplinen in das alte Schema der *artes* zu zwängen:

[71] „... animo velut/una circumferamur, ut rem spectare videamur, non legere", W, S. 48—50; H, S. 153. Vgl. W, S. 142; H, S. 185. Die Geographie bedeutet ja bekanntlich für das Zeitalter der Entdeckungen ähnlich viel wie für uns etwa die Physik. Bei diesem Motiv des Erasmus ist nur reizvoll, wie sich das frühhumanistische Interesse etwa eines Regiomontanus (1436—1476) aus Königsberg in Franken mit den Bestrebungen der Brüder vom gemeinsamen Leben um eine systematische Meditation verbindet.

[72] Vgl. das Enthymema: „Sed obsecro te, quid divides aut finies, aut quid colliges, si rerum, de quibus disseritur, vim ac naturam ignores?" W, S. 146, H, S. 186. — W, S. 50; H, S. 154. W, S. 144; H, S. 185. Der kurze Absatz erscheint schon wegen seiner Knappheit deutlich zum philologischen Teil gehörig, wenn er auch bereits in der Kurzfassung als Brücke zur *rhetorice* und *poetice* dienen kann, da die *elegantiores disciplinae* den gemeinsamen Oberbegriff darstellen, der beide Kapitel verbindet. Nur ist der Absatz noch nicht so weit ausgeformt, daß sich strukturell ein Gesichtspunkt ergäbe, der nennenswert wäre.

[73] W, S. 146; H, S. 186. Diese antidilaktische Tendenz wird dann im *Trivium* noch verstärkt.

[74] 1. Ein Beleg und zwei Beispiele: Kenntnisse aus der Naturgeschichte sind notwendig. 2. „Dialektik" fördert nur Streit und geht am Wesen der Theologie vorbei. 3. Für die Kenntnis der Naturdinge reicht Aristoteles allein nicht aus. Auch Poeten vermitteln Wissen auf diesem Gebiet. 4. Disziplin: „Über den Aberglauben". 5. Schlechte Hilfsmittel (von den *neoterici*), gute Hilfsmittel (von den *veteres*). W, S. 142—150; H, S. 184—186.

Methodus: W, S. 48; H, S. 153	Ratio: W. S. 142; H, S. 184: „elegantioribus disciplinis“.	Methodus: W, S. 152; H, S. 184: „disciplinas liberales“.

Methodus:	Ratio:
W, S. 48; H, S. 153:	W, S. 142; H, S. 184:
[TRIVIUM:]	[TRIVIUM:]
[1. grammatica][75] 3. dialectica, 2. rhetorica.	[1. grammatica], 3. dialectica, 2. rhetorica.
[QUATRIVIUM:]	[QUATRIVIUM:]
1. arithmetica, 2. musica,	1. arithmetica, 2. musica[77],
[3. geometria][76], 4. astrologia	[3. geometria], 4.
cum primis:	cum primis:
1'. *rerum naturalium*[78]	1'. *rerum naturalium*
	siderum
animantium (Zoologie)	animantium (Zoologie)
arborum (Botanik)	arborum (Botanik)
gemmarum (Mineralogie)	gemmarum (Mineralogie)
ad haec:	ad haec:
2'. *locorum, regionum*	2'. *locorum, regionum*
	cosmographia
W, S. 50;	H, S. 185:
iam	iam:
3'. *gentium*	3'. *gentium*
historicorum	historicorum
origines (Geschichte)	dasselbe
mores (Sittengeschichte)	„
instituta (Rechtsgeschichte etc.)	„
cultum (Religionsgeschichte)	„
ingenium (Völkerkunde)	„

[75] Man sieht, der Verfasser legt gar keinen Wert auf vollständige Aufzählung der 7 freien Künste, wenn er auch weiter unten an zahlreichen Stellen die *grammatica* erwähnt; z. B. W, S. 50; H, S. 154. W, S. 150; H, S. 187. W, S. 160; H, S. 190, W, S. 164; H, S. 191.

[76] Aus dem in vorhergehender Anmerkung Festgestellten ist es aus stilistischen Gründen fast zu erwarten, daß beim *Quatrivium* auch ein Glied fehlt. Dieser Umstand stützt eher unsere These. Die Beobachtung der nächsten Anmerkung ist diesbezüglich lehrreich.

[77] Erasmus läßt hier die *astrologia* aus, weil er *siderum* als erstes Glied der *rerum naturalium* anführt und Wiederholung vermeiden will.

[78] Aus dem in vorhergehender Anmerkung Gesehenem ergibt sich mit Sicherheit,

W, S. 146; H, S. 186:
Aristoteles[79]
Meteorologie
de mundo (Geologie)
de anima (Psychologie)
de sensu „
de memoria „
Theophrastus
de ventis (Meteorologie)
venena (Chemie)
W, S. 148; Lukian
Seneka
4.' *de superstione*[80]
magicas (Völkerkunde, Religionsgeschichte)

Wir verstehen jetzt, warum der Verfasser die alten Bezeichnungen *Quatrivium* und *Trivium* nicht mehr verwendet, wenn auch das alte Schema augenscheinlich vorliegt. Erstens stellt er die Reihenfolge des Bildungsganges auf den Kopf. Dann färbt seine Ablehnung der *via dialectica* auch auf die Einschätzung der *artes* insgesamt ab. Letztlich sprengt er das alte Schema des klassischen *Quatrivium*: Geographie, Medizin (*venena*) und Botanik etwa gehörten zu den *artes mechanicae*[81], während die *superstitio,* wie schon erwähnt, unter die gerade wieder zu Ehren gekommenen *artes magicae*[82] zählten. Im übrigen bringt er die verwirrende Fülle mittelalterlicher und antiker Wissenschaft auf die eine simple Formel vom *intellectus mysterii.* Die *artes* werden zur *ancilla* der Bibelauslegung. Darüber hinaus müssen sie der Förderung einer für Erasmus überaus wichtigen Qualität des künftigen Theologen die-

daß Erasmus die Kolumne 1', 2', 3' als sachliche Ausformung von 3. *geometria* verstanden haben will, ohne das Schema zu pressen.

[79] Es folgen Autorentitel: nur sachlich neue Fächer werden angeführt. Auch hier geht es dem Verfasser in erster Linie um die besseren *auctores* und um eine Eröffnung neuer Quellen.

[80] Daß es hier auch um die Einführung eines stofflich neuen Gesichtspunktes geht, wurde schon erwähnt.

[81] H. Rupprich, *Die Deutsche Literatur,* Bd. 4/1, aaO., S. 690 ff.

[82] H. Rupprich, *Die Deutsche Literatur,* Bd. 4/1, aaO., S. 696 ff.

nen: einer gewissen inneren Ausgeglichenheit („felicitas“) und heitere Sinnesart („alba indoles“)[83]. Diese Eigenschaft kann durch ein Studium der *elegantiores disciplinae* erworben werden.

Dieses zielbewußte Bemühen des Erasmus um ein humanes Kirchen- und Priesterbild müßten auch jene Kritiker besser würdigen, die sich auf seine von Phantasie und Einfall überquellenden Satiren stürzen, um aus der Anzahl übermütiger Frivolitäten zu zeigen, wie religiös unernst der „Priester“ und „Theologe“ Erasmus zu nehmen sei.

Zu 4.: *Felicitas* und *alba indoles* als Ideale des Erasmischen Priesterbildes gelten in besonderem Maße als Zielvorstellung für das *Trivium,* so wie er es versteht. Daß diesem *scopus rhetorica* und *poetica* besonders förderlich sind, betont er geschickt durch Beispiele aus dem klassischen Mythos, durch Tantalus und Phaeton, durch Anführung gewichtiger *auctores,* eines Quintilian und Aristoteles, eines Origenes und Chrysostomus und durch das ausgeführte „Licentius“-Zitat, das in der *Methodus* nur angedeutet war: Du mußt, sagte er, zu jenen Versen zurückkehren. Denn die tatsächlich maßvolle und wohl ausgerüstete Bildung in den schönen freien Disziplinen macht ihre Freunde beweglicher, beharrlicher und geschmeidiger beim Erfassen der Wahrheit, daß sie glühender danach verlangen, beständiger sie verfolgen und ihr schließlich freudiger anhangen. Soweit Augustinus[85]. Kontrapunktisch wird die geringe Brauchbarkeit der *dialectica,* und die Überlegenheit der poetischen Methode durch ein Beispiel guter Exegese, durch die Parallelstellung von Exegese der Schrift einerseits und Interpretation von Dichtungen andererseits illustriert. Nur ein Blick, der durch Interpretation und auch praktischer Kenntnis der literarischen Gattungen geschult ist, erfaßt den eigentlichen Sinn der Schrift[86].

Letztlich kommt die Kritik der *artes* schon im einleitenden *Tirocinium* wiederum auf eine Scheidung der *principes et auctores* hinaus. Augustinus müßte seine *De doctrina Christiana* besser *De grammatica* nennen. So käme man eben zu einer adäquaten Theologie. Die Kirchenväter, die ihre Kommentare in Verse faßten, sind vielleicht ein Extremfall zur Illustrierung des Anliegens: Aber eines sei sicher, die *dialectica* mit ihren nicht nachahmenswerten Ver-

[83] W, S. 48; H, S. 153. W, S. 142; H, S. 184.

[85] W, S. 150—152; H, S. 187. Augustinus, *De ordine* I, 8, 24; PL 32, 988. CSEL 63, p.136 f.

[86] W, S. 152—160; H, S. 187—190. — „An eadem visurus erat, qui politiores litteras nunquam attigisset?“ W, S. 156; H, S. 189. Das was Donatus, der Lehrer des Hieronymus, mit den Komödien des Terenz gemacht habe, nämlich die Ermittlung des *poetae concilium,* müsse man auch mit der Schrift tun.

tretern sei zu analytisch. Man sehe mit ihr vor lauter Einteilungen das Ganze nicht mehr. Schlechte Theologen entfernten sich vom Stil der Propheten, Christi und der Apostel. Die „Dialektik" führe zu hochmütigen Reden in Dingen, über die Paulus nicht den Mund aufzutun wage. Mit der Philosophie könne man die Dogmen nicht schützen, im Gegenteil. Man müsse mit Seneka (Epistolae 88, 2) manches lernen zu verlernen, um ein guter Theologe zu sein[87].

Zusammenfassend können wir sagen, daß die Revision des überkommenen Bildungssystems durch Erasmus darin besteht, daß er zunächst die *via trium linguarum* zu einer selbständigen Bildungsstufe und damit zur Grundlage aller theologischen Studien erklärt. Vor dieser Stufe kommen jedoch noch jene sittlichen Voraussetzungen, die die Theologie erst zu einer den Aposteln gemäßen machen. Dieses ethische Propädeutikum ist aber zusätzlich auch Zielvorstellung aller theologischen Bemühungen. Der Begriff des *paganismus* wird umgewertet. Der neue Theologe muß um der humanen Ausgeglichenheit willen eher die heidnische Magie der „Dialektik" als die der Poesie fürchten. Der Humanist versteht das *Trivium* in diesem Sinn, es ist die Krönung des theologischen Propädeutikums, ja fast schon die eigentliche Theologie, auf jeden Fall keine „triviale" Angelegenheit mehr.

4. Das irenische Anliegen: Vermeidung unnötiger Konflikte durch rechte theologische Methode (Zur Metaphorik)

Eines hatte Erasmus in seinem letzten Lebensjahrzehnt unter anderem von den Reformatoren getrennt, nämlich ein übersteigerter Ernst der Wahrheitssuche, der es riskierte, daß über theologische Fragen die ganze Welt in Streit und Aufruhr käme, in ein einziges Chaos stürzte und vernichtet würde[88]. Diese Haltung abzulehnen hatte er, wie die vorliegenden Schriften zeigen, nicht erst in den Zwanzigerjahren lernen müssen.

Sein Widerwillen gegen den *tumultus* auch in der Theologie, ja der Gedanke, daß die *pax* überhaupt das Kriterium der theologischen Wahrheit ist, wird uns noch als ein Hauptthema der *Ratio*

[87] W, S. 160—170; H, S. 190—193.

[88] Wie es in *De servo arbitrio* (1525), WA, 18, 625, an eine jüngst vergangene Epoche mit seiner unerbittlichen Strenge erinnert. Vgl. dazu J. Beumer, *Erasmus von Rotterdam und sein Verhältnis zu dem deutschen Humanismus mit besonderer Rücksicht auf die konfessionellen Gegensätze*, in: Scrinium Erasmianum, I, p.165—201, p.198: „Unruhe, Aufstand, Greueltat" in den Augen des Erasmus als Charakteristikum der Reformation.

beschäftigen. Im *Tirocinium* stimmt er dieses Thema durch eine bewußt gesetzte Metaphorik[89] an.

Es sind das zwei auffällige Wortbild-Reihen, die einander gezielt ergänzen und die Friedensaufgabe der neuen Theologie hervorkehren sollen. Das ist zunächst in der *Via ethica* eine Gruppe von Metaphern, die Demut und Sanftmut des Theologen fordert und dann jene Vergleiche, die die Streitsüchtigkeit der *dialectica* zur Darstellung bringen.

Zum Stichwort „mansuetis"[90] heißt es, erhaben sei der Palast dieser Königin [der *philosophia Christiana*], so man eindringe in ihre innersten Gemächer. Doch nur durch eine niedrige Tür finde man Zugang. Man müsse seinen Nacken beugen, wolle man eingelassen werden. — Denn der neue Theologe sei kein „Autodidakt", sondern „θεοδίδακτος" (Is. 54, 13)[91], demnach müsse das Auge seines Glaubens „simplex et columbinus"[92] sein. Erasmus sieht diese Haltung kontrapunktisch zu einer Theologie, die voll aufgeblasener Menschenweisheit zur *conflictatio* neigt. Wenn sich der Theologe bewußt ist, daß seine Weisheit vom *spiritus doctor* in voller Gratuität geschenkt ist, dann dürfte er sich eigentlich nichts einbilden, daher auch nicht streiten.

Diese Theologie wird betrieben, wenn die Kirchenväter[93] die Geschichte des Abraham, der aus einer „natio φιλόστοργος"[94] stamme, erzählen. Wie mit einem Sturmbock, „ariete"[95], komme in dieser Sprechweise die herzensbezwingende Rhetorik der Liebe zur Geltung. Dort erdröhnten die Orakelsprüche der ewigen Wahrheit, hier höre man Kommentarchen der Menschen, die, je näher man sie betrachte, desto mehr wie ein Traumgespinst zergingen[96]. Dort könne man in gerader Fahrt den Hafen evangelischer Wahrheit ansegeln, hier kämpfe man sich ab in den Krümmungen menschlicher Fragestellungen, man stoße an die Skylla der päpstlichen Gewalt, an die Syrten scholastischer Lehrsätze oder an die Symplegaden des göttlichen und menschlichen Rechts, wenn man nicht lieber die

[89] Wir interessieren uns hier wieder in erster Linie um die Ergänzungen, die Erasmus gegenüber der *Methodus* (1516) vorgenommen hat, und meinen damit, eine vom Autor beabsichtigte Gehaltebene zusätzlich angedeutet zu finden, die zu der wesentlichen Thematik der *Ratio* (1518/19) gehört.

[90] W, S. 126; H, S. 179.

[91] Die griechisch wiedergegebenen Wörter haben in der *Ratio* Signalcharakter. Sie geben optisch einprägsam ein Thema an, das sich oft wie ein Leitmotiv durch das Ganze zieht.

[92] W, S. 126; H, S. 179.

[93] Origenes, *In genesim homilia* 8; PG 12, col. 203—210. GCS 6, p.77—86.

[94] W, S. 154; H, S. 188, zum *Trivium.*

[95] W, S. 156; H, S. 188.

[96] W, S. 158; H, S. 189.

Charybdis bestehen will. Dort rage, gestützt auf das feste Fundament der Schrift, ein *aedificium* in die Höhe, hier werde mit den vergänglichen Spitzfindigkeiten der Menschen oder auch mit Ohrenkitzel ein nicht minder eitles als monströses Machwerk aufgebaut und ins Unermeßliche erhoben[97].

Gegenüber dem genuinen Spruch Gottes, um den sich die neue Theologie bemüht, sind Äußerungen der „Dialektiker" und ihre armseligen Hilfsmittel nur delphische Orakel, die man in kindischer Gläubigkeit „tripodis vice"[98] verehrt.

Die traditionelle Theologie ist in vieler Hinsicht für Erasmus eine Irrfahrt. Ihre Odyssee ist deshalb so gefährlich, weil sie unnötige Konflikte innerhalb der Christenheit heraufbeschwört. Es sind drei Bereiche kirchlicher Machtausübung, mit denen die neue Theologie den Zusammenstoß meidet, nachdem ihnen Erasmus die nicht ganz schmeichelhaften Epitheta aus der homerischen Irrfahrt gegeben hatte. Das sind die „potestas pontificia", die „scholasticorum dogmata" und das „ius divinum atque humanum"[99], Leitung, Lehre und Recht.

Vielleicht gehört es auch zur Idylle und *utopia* des Erasmus, daß er bis zuletzt meinte, mit einer sachgemäßen Theologie in seinem Sinne diesen unfruchtbaren und letztlich nach seiner Meinung unchristlichen Kollisionen mit einem kirchlichen System aus dem Wege gehen zu können. Vielleicht mag das auch sein enttäuschtes Wort anläßlich der Hinrichtung seines Freundes Thomas More (1535)[100] erklären, das man ihm sehr verübelte. Selbst der friedliebende, humane ehemalige Lordkanzler hatte dem fatalen Konflikt nicht aus dem Wege gehen können, nachdem er sich lange herausgehalten hatte. Die Rechnung seiner und der Erasmischen *utopia* war nicht aufgegangen.

97 W, S. 158—160; H, S. 189—190.

98 W, S. 148; H, S. 186.

99 W, S. 158; H, S. 190.

100 „utinam periculoso negocio se numquam admiscuisset, et causam theologicam cessisset theologis." Allen, XI, p.216 (24. August 1535). J. Lortz, *Erasmus — kirchengeschichtlich,* aaO., S. 294 ff., macht den Kontrast, den er bei Erasmus Thomas More gegenüber sieht, zu einem seiner schwersten Argumente gegen den Rotterdamer.

Kapitel II. Dogmatum varietas

Die differenzierte Bedingtheit alles Christlichen in Leben und Deutung

1. *Dogmata in summam*: Das eigentlich Christliche als *regula*

Der französische Oratorianer Louis Bouyer gehört zu den maßgeblichen Forschern, die bald erkannt hatten, daß in der Einschätzung des Erasmus als eines „degener filius“[101] der Kirche eine gefährliche Verkürzung dessen vorliegt, was man als katholisch bezeichnet. Ob diese Verengung von Außenstehenden oder von treuen Söhnen der Kirche vollzogen wird, das ist im Effekt gleichgültig.

Ein sehr beschämender Punkt, wo Bouyer die Kritiker der Kirchlichkeit des Erasmus nicht entschuldigt, ist die Tatsache, daß man Erasmus Geringschätzung des Dogmas, ja „Adogmatismus“ vorwirft, sich aber nicht die Mühe nimmt nachzulesen, was Erasmus unter *dogma* versteht[102].

Mit diesem *dogmata* beschäftigt sich nun der Hauptteil der *Ratio*[103] von Kapitel II. bis IV. Der Verfasser will nun, dem Ansatz der *Methodus* folgend, in den vorliegenden drei Kapiteln, d. i. in *II. Dogmatum varietas,* in *III. Orbis et consensus totius Christi fabulae* und in *IV. Vera pietas,* stufenweise die Elemente der gesamten Geschichte Christi[104] so darstellen, daß sie Ausgangspunkt für eine rechte Erforschung der eigentlichen *philosophia Christiana* sein können. Er würde das bildlich so ausdrücken: Dem angehenden Theologen sollten „scopi“[105], das sind „Richt- und Zielsteine“, gesetzt werden, nach denen er sein Bemühen um die rechte Erkenntnis ausrichten und mit denen er, was er liest, in Einklang bringen muß.

Wenn Erasmus nun fast synonym unter dem Bild der *scopi* von „Dogmen“ spricht, so versteht er damit, anders als in unserem

[101] L. Bouyer, *Autour d'Érasme,* aaO., p.6.

[102] L. Bouyer, *Autour d'Érasme,* aaO., p.128. Dazu auch: J. Coppens, *Les Idées Réformistes d'Érasme,* aaO., p.349. Gegen: A. Renaudet, *Études érasmiennes,* aaO., p.168—189.

[103] Mit diesem zweiten Kapitel beginnt der eigentliche Hauptteil der *Ratio.* Wie wir schon weiter oben feststellen konnten, setzt damit ein Abschnitt ein, der dem Teil II (*Via materialis*) der *Methodus* entspricht, nachdem *I. Tirocinium* auf Teil I (*Via formalis*) aufgebaut hatte.

[104] W, S. 216; H, S. 209.

[105] „. . ., ad quos ea quae legit conferat.“ W, S. 170; H, S. 193. Vgl. *Methodus,* W, S. 58; H, S. 156.

Sprachgebrauch, hauptsächlich die für die christliche Lebensführung und damit für die Erneuerung der Christenheit maßgeblichen Grundsätze der Schrift. Praktisch alles, was er in den Punkten (1) bis (5) im folgenden an Beispielen anführt, bedeutet für ihn etwa *praeceptum*, Vorschrift, Gebot, Anweisung und Rat. Wenn Erasmus die Umsetzung des Evangeliums in den Alltag des Christen und seine sittenverändernde Kraft als einen seiner hermeneutischen *scopi* sieht, so erweist er gleich zu Beginn, daß er das Ergebnis der Exegese an einem ebenfalls aus den Schriften gewonnenen evangelischen Lebensideal zu messen gedenkt. Ihm daraus Flucht vor dem Dogma in einen aufklärerischen Moralismus vorzuwerfen, ist wohl eine ungerechtfertigte Vereinfachung des Problems.

Daneben verwendet Erasmus den Ausdruck *dogma*[106] vor allem im Punkt (6) synonym zum klassischeren *placitum*[107]. Es bedeutet Schulmeinung und Theorem, wenn er abfällig von den Dogmen der Scholastiker spricht und darunter etwa unbeweisbare Spekulationen über Beichte und Jungfrauengeburt versteht. Gegenstand dieses Kapitels wäre es nun zu zeigen, daß diese *dogmata* nun je nach Umständen verschiedene Bedeutung und Verbindlichkeit aufweisen.

Anders als bei bisher behandelten Kapiteln legt der Verfasser beim vorliegenden größeren Wert darauf, die Gliederung deutlich zu machen und sie didaktisch so hervorzuheben, daß sie auch dem durchschnittlichen Leser nicht entgehen kann. An den Übergängen von einem Abschnitt zum anderen setzt er lehrhafte Einleitungssätze und Resümees, so daß sich die vom Autor gewollte Gliederung ziemlich leicht erstellen läßt[108].

Von den deutlich sich abhebenden Abschnitten

1. *dogmata in summam.* W, S. 170—172; H, S. 193—195.
2. *rerum varietas.* W, S. 174—178; H, S. 195—196.
3. *personarum varietas.* W, S. 178—184; H, S. 196—198.
4. *temporum varietas.* W, S. 184—192; H, S. 198—201.
5. *tres circuli.* W, S. 194—202; H, S. 202—204.
6. Kritische Anwendung. W, S. 202—214; H, S. 204—208.

sind (2), (3), (4), (5), vom Verfasser demnach geradezu mit den eben zitierten Überschriften versehen und so herausgehoben. Punkt (1),

[106] W, S. 204; H, S. 205 und W, S. 206; H, S. 205.

[107] W, S. 206; H, S. 206.

[108] Solche „Gliederungssätze" finden wir an der „Naht" von (1) zu (2): „Sed in his pro rerum et hominum varietate nonnulla differentia est." W, S. 174; H, S. 195. Außerdem an der Übergangsstelle von (4) zu (5): „Sed ne tanta temporum, personarum, ac rerum varietas involvat lectorem, non abs re fuerit universum Christi populum in tres circulos dividere, quorum omnium tamen unicum sit centrum, Christus Jesus, ..." W, S. 192—194; H, S. 202.

den man zugleich auch als Einleitung auffassen kann, ist durch seinen Gleichklang mit dem entsprechenden Abschnitt in *Methodus*[109] und durch übliche Stilmittel wie Metaphern und Sentenzen abgegrenzt und hervorgehoben. Punkt (6) erweist sich klar durch seine praktischen Anwendungen als Konklusion; außerdem schafft die vorhergehende „regula"-Metapher[110] einen überaus wirkungsvollen Einschnitt.

Der „tirunculus"[111] der Theologie müsse nach Beendigung seines Prodädeutikums vorerst aus den heiligen Schriften die wesentlichen *dogmata* Christi lernen, sozusagen das genuin Christliche in Kurzfassung, „in summam ac compendium"[112]. Diese sollten für ihn die festen Richtlinien für das weitere Studium und gleichsam die *regula fidei* für jede Exegese des Mysteriums abgeben: Es sind das Glaube, *contemptus, simplicitas, concordia, caritas,* Grundsatztreue und Toleranz. Unter anderem müsse man von Christus erst die völlige Bedingtheit des Menschen in Heilsdingen lernen; der Christ hänge völlig von Gott ab, daher müsse er allem weltlichen Schutz mißtrauen; es folge daraus, daß er alle irdischen Werte „alio modo"[113] üben müsse: er sei auf andere Weise reich, auf andere Weise weise, auf andere Weise adelig. Daraus folge zweitens die Loslösung („contemptus"[114]) von Fehlhaltungen, wie sie des Christen nicht würdig sind: wie Neid, Schamlosigkeit, Spaltung, Schwur, Geldgier, Ruhmsucht, Zorn, Fluch, Rache, woraus sich die evangelische „simplicitas"[115] als Ausdruck der Wiedergeburt ergebe. Diese neue Kreatur schafft nun drittens die „concordia"[116] im mystischen Leib. Diese nun vom Geist als Lehrer entfachte „caritas"[117] befähige den Christen als dem Salz der Erde, auch Verfolgung und Tod nicht zu fürchten. Viertens müßten bei aller Toleranz für den schwachen Christen diese hohen Ziele beibehalten werden, weil sie von Christus zu unserer Rechtfertigung und zum Wachstum in Fülle eingesetzt sind.

Wie ein vergleichender Blick auf den kurzen Essay zeigt, setzt Erasmus mit dem eben genannten vierten Gesichtspunkt „licet tolerandi"[118] einen gegenüber der *Methodus* neuen Akzent. Die Toleranz für die Schwachen gründet sich auf die Hoffnung, daß sie einst zur Fülle Christi heranwachsen. Das hindert jedoch nicht das Festhalten am *scopus*: Das sei das von Christus gesteckte Ziel, worin

[109] W, S. 58—60; H, S. 156 f.
[110] W, S. 202; H, S. 204.
[111] W, S. 170; H, S. 193.
[112] W, S. 170; H, S. 193.
[113] W, S. 170; H, S. 193.
[114] W, S. 170; H, S. 193.
[115] W, S. 172; H, S. 194.
[116] W, S. 172; H, S. 194.
[117] W, S. 172; H, S. 194.
[118] W, S. 172; H, S. 194.

sich alles, was Christen betrifft, spiegeln müsse[119]. Waren die „scopi“[120] zu Beginn eher Lern- und Lesehilfen im Interesse einer richtigen Interpretation der Mysterien, so betreffen sie nun das christliche Leben insgesamt.

Der Abschnitt schließt in einem Ton, den wir schon von der *Paraclesis* kennen und der ihn im ganzen charakterisiert: Das sind unseres Stifters neue Lehren, die keine Philosophenschule überliefert hat. Das ist der neue Wein, den man nur in neue Schläuche geben darf. Das sind sie, durch die wir von oben wiedergeboren werden, weshalb auch Paulus den eine „neue Kreatur“ nennt, der in Christus ist. Die Peripatetiker halten die Satzungen des Aristoteles, die Platoniker die Bestimmungen des Plato, die Epikureer halten die Lehren des Epikur; um wieviel mehr ziemt es uns, die Dogmen eines so großen Stifters zu beobachten[121]. Die Neuheit des Christentums wird durch das wiederholte *novum* und vor allem durch die Metapher vom neuen Wein Mt. 9, 17 akzentuiert. Der Gedanke der Wiedergeburt, Jo. 3, 3, wird mit der „nova creatura“ von 2 Kor. 5, 17 wirkungsvoll gekoppelt. Diese Stelle mit den entsprechenden der *Paraclesis*[122] müssen wir für die Frage der Rechtfertigungslehre bei Erasmus im Auge behalten. Der Verfasser läßt sich in seiner bildhaften, dem NT angeglichenen Sprache jedoch nicht auf theologische Spekulation ein.

Durch einen synoptischen Vergleich fällt noch eine Feinheit auf. Es ist der „doctor spiritus caelestis“[123], der die existentielle Verwirklichung der *dogmata* des „Christus caelestis doctor“[124] bewirkt. Erasmus legt in der *Ratio* auf die Rolle des Heiligen Geistes besonderes Gewicht.

Wir konnten schon wiederholt auf die wichtige Funktion der *scopus*-Metapher hinweisen und wie der Verfasser auch durch eine minimale Änderung des Verbs von „scopos, ad quos ea quae legit, *conferat*“[125] auf „scopum ..., quo omnia ... sint *referenda*“[126], von einem heuristischen Prinzip der rechten Exegese zu dem entsprechen-

[119] „Hunc esse scopum a Christo positum, quo omnia Christianorum referenda, ...“ W, S. 172; H, S. 194.

[120] W, S. 170; H, S. 193.

[121] „Haec sunt auctoris nostri dogmata nova, quae nulla philosophorum familia tradidit. Hoc erat vinum novum non committendum nisi novis utribus. Haec sunt, per quae renascimur e supernis, unde et Paulus novam creaturam appellat, quisquis in Christo est. Peripatetici tenent Aristotelis placita, Platonici Platonis decreta, Epicurei tenent Epicuri scita; multo magis convenit nos tanti auctoris tenere dogmata.“ W, S. 172; H, S. 194—195.

[122] W, S. 22; H, S. 145.

[123] W, S. 172; H, S. 194.

[124] W, S. 170; H, S. 193.

[125] W, S. 170; H, S. 193.

[126] W, S. 172; H, S. 194.

den des christlichen Lebensvollzugs überschwenken. So werden Theologie und Leben eine untrennbare Einheit, letztlich nur zwei Aspekte der einen Sache, nämlich der Suche nach der *philosophia Christi*. Die vom Theologen zu erforschenden *scopi* werden gleichzeitig zur *regula fidei* wie auch *vitae*.

Wenn wir nun auch noch einen Blick auf die zahlreichen Metaphern und Vergleiche dieses Abschnittes werfen, können wir eine nicht uninteressante Feststellung machen. Erstens sind sie einmal alle neutestamentlicher Herkunft: „ad infantulorum puritatem ac simplicitatem veluti renatus esset", Mt. 18, 3 und Joh. 3, 3[127], „volucrum ac liliorum ritu", Mt. 6, 26 ff.[128], „membrorum corporis", 1 Kor. 12, 25 ff.[129], „grandescant in mensuram plenitudinis Christi", Eph. 4, 13[130], „vinum novum", Mt. 9, 17[131], „renascimur", Joh. 3, 3[132], „novam creaturam", 2 Kor. 5, 17[133]. Zweitens betreffen sie ausnahmslos alle das neue Leben in Christus, die Rechtfertigung oder das Gnadenleben, wie immer man es nennen will; ob es nun das einfache Gottvertrauen, die Eintracht, das ständige Streben nach geistlichem Fortschritt ist, letztlich kreist alles um die *Wiedergeburt*, die sich in der obengenannten Suche nach den *scopi* und in ihrer selbstverständlichen Verwirklichung im Leben äußert.

2. *Rerum varietas*: Unterschiedliche Verbindlichkeit der Gebote

Wenn auch für den Humanisten der Mensch nicht das Maß aller Dinge werden muß, so nimmt das neue Lebensgefühl den konkreten Menschen und seine Situation doch ernster als irgendeine abstrakte Norm. Wie wir eben sehen konnten, war auch Erasmus kein Nominalist in dem Sinne, daß er seine *scopi* nicht grundsätzlich aufrechterhielte. Er verzichtet in keiner Weise auf das evangelische Ideal. Er ist auch kein Niccolò Machiavelli (1469—1527), der angesichts der Verkommenheit der Welt dem Fürsten nur zu empfehlen weiß, daß der Zweck jedes Mittel heiligt. Aber Erasmus nimmt den konkreten Menschen und seine Dilemmen so ernst, daß ihm im Einzelfall die Modifizierung oder gar der Verzicht auf die Anwendung einer Norm und damit das *tolerandi sunt imbecilles* der eigentlichen Forderung des Evangeliums besser entspricht als ein sturer Legalismus.

127 W, S. 172; H, S. 194.
128 W, S. 172; H, S. 194.
129 W, S. 172; H, S. 194.
130 W, S. 172; H, S. 194.
131 W, S. 172; H, S. 194.
132 W, S. 172; H, S. 194.
133 W, S. 172; H, S. 194.

Hatte der vorhergehende Abschnitt (1) noch deutlich die gattungsmäßigen Eigenheiten, wie wir sie von den Kurz-Essays kennen, „konventionell“ in Inhalt und Form, so liegt uns bei (2) formal eine *Beispielsammlung* vor, die aber als Kompensation für die geringe „innere“ Gliederung äußerlich überaus schulmeisterlich aufgebaut erscheint[134].

Erstens gebe es klare Verbote wie für Spaltungen (Ehescheidungen), Neid, Ehrgeiz, Geldgier, Rache, Argwohn, Mißgunst, insgesamt sieben „Affekte“. Zweitens ergingen klare Gebote wie für Liebe, Verzeihung, Kreuztragen, Sanftmut (mit dem Zitat „Lernet von mir ...! Mt. 11, 29), Glaube und Wohltun. Drittens erfolgten Empfehlungen wie etwa die freiwillige Ehelosigkeit um des Himmelreiches willen, Mt. 19, 12, was keine Abwertung der keuschen Ehe bedeute, ebenso die Einladung an den Jüngling, Mt. 19, 16 ff. Dazu erfolgt in einem der seltenen Epiphonemata des Abschnitts eine einprägsame Stellungnahme zur Frage des *status perfectionis*, die aufschlußreich auch für das *tolerandi sunt imbecilles* ist: Nichts ist in den menschlichen Dingen wahrhaft vollkommen, aber in seinem Stand sollte ein jeder nach Vollkommenheit streben[135]. Viertens gebe es Aufgaben, die an sich nicht schlecht, jedoch für die geistliche Sendung nicht paßten, wie das Richten in rein weltlichen Angelegenheiten, Lk. 12, 13 f. Fünftens verhalte sich Jesus in manchen Fällen schwankend wie etwa 1. in der Frage des Steuerzahlens, Mt. 17, 24 ff., 2. der Steuermünze, Mt. 22, 15 ff., 3. der Ehebrecherin, Joh. 8, 3 ff., und 4. der Hinrichtung der Galiläer, Lk. 13, 1 ff. Der Herr deute durch seine „indifferente“ Haltung an, daß es sich bei den Alternativen in genannten Fällen um echte Dilemmen handelt, die, so oder so gelöst, Unrichtiges oder gar Unmoralisches bedeuteten.

Wir haben es hier mit der Erasmischen Suspension des Urteils, seinem akademischen ἐπέχειν, angewendet auf sittliche Fälle, zu tun.

[134] Punkt (1) und (2) beinhalten je 7 Beispiele, (1) alle stichworthafte, (2) ebenfalls, nur das letzte Beispiel ausführlich zitiert. (3) und (4) führen je ein Beispiel aus. (5) bringt insgesamt vier *in extenso* — zum Abschluß. Die Beispiele stellen durchwegs *dogmata* Jesu aus dem NT, wie es Erasmus nennen würde, und an ihnen soll gezeigt werden, wie diese Prinzipien verschiedene Verbindlichkeit aufweisen und scheints von der „Sache“ her, „pro rerum varietate“, W, S. 174; H, S. 195, eine differenzierte Behandlung durch Jesus und jeden einzelnen Christen verlangen.

[135] „Nihil in rebus humanis vere perfectum, verum in suo cuique statu perfectionis studium adesse debet.“ W, S. 176; H, S. 195. Vgl. zu dieser auch heute nicht überholten Frage das ganz vorzügliche Kapitel „Stand und Frömmigkeit“ bei A. Auer, *Die vollkommene Frömmigkeit,* aaO., S. 189—200.

Es würde wohl irreführend sein, Erasmus diesbezüglich mit einem modernen Ismus in Zusammenhang zu bringen[136].

Nach Erasmus[137] mißbilligt Jesus bei Mt. 17, 24 ff. die Tatsache des politischen Königtums in Israel, andererseits weiß er sich im Sinne der ersten Königsbücher in eine zeitbedingte Notwendigkeit zu fügen. Er billigt zu Mt. 22, 15 ff. nicht die Tatsache der politischen Abhängigkeit Israels, läßt aber durch seine „Indifferenz" auch denen, die es nicht gerne hören, wissen, daß man Unvermeidliches vorderhand hinnehmen müsse.

In anderem Zusammenhang, wo es um die Frage gescheiterter Ehen geht, sieht er die evangelische Freiheit bedroht durch das *dogma* „nullum malum quantumvis leve committendum"[138]. Um des eigentlichen Evangeliums willen müsse man sich gelegentlich mit dem Übel arrangieren. Er billigt weder den Ehebruch, Joh. 8, 3 ff., noch politischen Aufstand, Lk. 13, 1 ff.[139], heißt aber auch keineswegs die Sanktionen menschlicher Gesetze gut, in denen sich eine moralische Verurteilung des Beschuldigten ausdrückt.

Erasmus versteht in einer toleranten Humanität das Problem so, daß menschliche Gesetze und menschliche sittliche Ordnungen sich gelegentlich in Aporien verlaufen, wo sie nur mehr ein Rekurs auf Christus als einer eschatologischen Größe übrig bleibt. Die neue sittliche Ordnung der Eschata Jesu wird die Aporien beseitigen. Es wird dann weder Aufstand noch dessen blutige Ahndung, weder eine Veranlassung zu Ehebruch noch dessen Verurteilung, weder Knechtung noch sklavischen Gehorsam geben. Daher habe sich Christus in den genannten Fällen des Urteils enthalten.

3. *Personarum varietas:* Rolle des Hauptes und der Glieder

Erasmus liebt wie Kinder und Menschen der Renaissance die Verwandlung, die Maske und die Verkleidung. Es ist ihm eine Lust, die Narrheit der Welt hinter verschiedenster Kappe zu entdecken. Es ist sein Vergnügen „an den Worten und an den Dingen", wie es Jan Huizinga[140] einmal nennt, das ihn in ihrer *varietas* berauscht, weil

[136] Erasmus hat sonst nirgends in der *Ratio* einen ähnlichen Gesichtspunkt mit dieser Deutlichkeit geäußert, am ehesten noch in Punkt (4) *temporum varietas.* Auch in der Sekundärliteratur konnte ich dieses Thema bis jetzt noch nicht näher ausgeführt finden.

[137] W, S. 176; H, S. 196.

[138] W, S. 212; H, S. 208.

[139] W, S. 178; H, S. 196.

[140] J. Huizinga, *Erasmus,* aaO., S. 130.

er in ihrem ständigen Verhüllen und Maskieren auch das lustvolle Demaskieren und Überwinden der Narretei dieser Welt erlebt.

So ist das Thema der *personae* für Erasmus nicht nur ein hermeneutisches Prinzip, sondern auch Weltanschauung. Selbst Christus und seine Verkünder nehmen je nach Situation verschiedene Gestalt, *personae,* an: Proteus[141] und Chamäleon[142], in der Sprache der mittelalterlichen Fabeln, je nachdem, was die Situation des Menschen gerade fordert.

So ist die Sprechweise Christi in „figuris ac tropis“[143] eine pastorale Verschlüsselung, ja Maskierung, die es aufzulösen gilt. Der „sermo“[143] der Schriften ändert sich je nach Situation der Sprechenden, die „figurae et tropi“[144] entsprechen den verschiedenen Masken, in denen die Sprecher inkorporieren. Wegen der inneren Relation zwischen sprachlicher Form und den gemeinten Sachverhalten ist diese „personarum observata ratio“[145], Personen-Methode, eine grammatische und führt, soweit man des Proteus überhaupt habhaft werden kann, mit grammatischem Fragen zum Ziel[146].

Der Abschnitt geht letztlich auf die Alternative hinaus, ob Christus und die Apostel, bildlich gesprochen, die Rolle des Hauptes oder die der Glieder übernehmen.

Zum besseren Verständnis frage man bei jeder Schriftstelle [nach der Weise der Grammatiker], was gesagt, von wem, zu wem, wann, wo und unter welchen Umständen etwas ausgesagt werde. Denn die Sprache sei jeweils verschieden. Johannes gezieme eine andere Sprache als Jesus. Dieser spreche wiederum anders zu Uneingeweihten als zu den Aposteln. In der verschlüsselten Sprache Christi müsse man im wesentlichen jeweils zwei „Masken“ aufspüren, die des Hauptes und die der Glieder. Jesus nehme die „Rolle“[147] der schwachen Christen an etwa in seiner Verlassenheit am Kreuz, Mt. 27, 46, beim Trinken des Leidenskelches, Mt. 26, 37 ff. Die Sprechweise der Juden nehme er an, wenn er die Chananäerin scharf anfährt, Mt. 15, 26. In die Rolle des Hirten begebe er sich,

141 W, S. 230; H, S. 214.
142 W, S. 258; H, S. 223.
143 W, S. 178; H, S. 196.
144 W, S. 178; H, S. 197.
145 W, S. 184; H, S. 198.
146 Wir haben es beim vorliegenden Abschnitt (3) gattungsmäßig ebenfalls mit einer Beispielsammlung zu tun: 10 Zitate aus dem NT werden *in extenso* angeführt und im Sinne des Themas interpretiert, das erste wird mit einem Augustinuszitat (Ennarrationes in psalmum 21, 3; PL 36, 172. CSEL 38, 122 f. Enarrationes in psalmum 37, 6; PL 36, 399. CSEL 38, 386 ff. W, S. 180; H, S. 197) bekräftigt. Eingeleitet wird das Ganze durch das schulmeisterliche Fragespiel: „quid, a quo, cui, quibus ...“ W, S. 178; H, S. 196.
147 „partes“: W, S. 180; H, S. 197.

wenn er bei der Gefangennahme Joh. 18, 8 Freiheit für seine Freunde fordert, als Richter agiere er bei der Tempelreinigung, Mt. 22, 12, als Haupt frage er bei der bekannten Primatstelle, Mt. 16, 15 ff. Den *summus pastor* verkörpere er Joh. 21, 15 ff. Ähnlich übernehme Petrus die „Person" der schwachen Christen, wenn er den Herrn verleugne, Mt. 26, 56, er spreche im Namen des gesamten Gottesvolkes bei der Primatstelle Mt. 16, 15 ff. und empfange als solches repräsentativ die Verheißung, Paulus spreche gleichfalls repräsentativ für die Schwachen, Röm. 7, 24, und der Herr meine sowohl den engeren Kreis als auch alle Christen, wenn er Vollkommenheit fordere, Mt. 5, 13, 48[148].

Wenigstens seit dem Konstanzer Konzil (1414—1418) hatte die Frage um das oberste kirchliche Leitungsamt und sein Verhältnis zum Gesamt der Kirche keine endgültige Lösung gefunden und harrt über das I. Vaticanum (1869—1870) hinaus bis auf unsere Tage auf eine allseits befriedigende Formel. Auch für Erasmus steht die Frage „Petrusamt und die ganze Kirche" als Problem an. Er beleuchtet das Thema von verschiedenen Seiten (bis zum V. Kapitel der *Ratio*) fast ausschließlich zur Abrundung der jeweiligen Kapitel.

Georg Gebhardt[149] beschäftigt sich sehr engagiert etwa auch mit der Frage der Erasmischen Deutung von Mt. 16, 18. Ich kann vor allem seinem abschließenden Zitat aus Michael Schmaus „Luther und ähnlich Erasmus und Calvin beziehen das Wort vom Felsen auf die unsichtbare Kirche"[150] nicht ohne weiteres beipflichten.

Erasmus geht wenigstens an unserer, auch von Gebhardt zitierten Stelle[151], von den Möglichkeiten der *varietas* aus, die im Wesen des Wortbildes gegeben sind. Für ihn ist es zunächst entscheidend, daß Petrusbekenntnis und -verheißung nicht isoliert vom ganzen Leib der Kirche vollzogen werden. „Orat [Christus] igitur pro Petro, hoc est, pro tota Ecclesia, ne deficiat fides eius."[152]

So wie Petrus stellvertretend[153], Mt. 16, 15 ff., das Christusbekenntnis *Tu es Christus* für jedes einzelne Glied am Leibe Christi, das sich von diesem Bekenntnis nicht dispensieren kann, ablegt, so

[148] W, S. 184; H, S. 198. Das 10. Beispiel greift sinngemäß die auffallende Sentenz des vorhergehenden Abschnittes „in suo cuique statu", W, S. 176; H, S. 195, wieder auf, indem er das „vos estis sal terrae" ... und das „Estoti perfecti, ...", Mt. 5, 13, 48, nicht von den Bischöfen und Vorstehern der Christengemeinde, sondern von allen Gläubigen verstanden wissen will.

[149] G. Gebhardt, *Die Stellung des Erasmus*, aaO., S. 267—269.

[150] Die von Gebhardt, aaO., S. 269, zitierte Auflage: M. Schmaus, *Katholische Dogmatik*, Bd. III/1, München $^{3-5}$1958, S. 157.

[151] G. Gebhardt, *Die Stellung des Erasmus*, aaO., S. 268, Anm. 3.

[152] LB V, 535 F.

[153] „vice": W, S. 182; H, S. 198.

gilt auch das *Tu es Petrus* als Antwort für jeden einzelnen Christen. Petrus übernimmt hier als der Angesprochene gleichsam die „Person" des ganzen Gottesvolkes. Letztlich geht es ihm darum, daß nicht Papst und Bischöfe die Verheißungen Jesu für sich allein in Anspruch nehmen, daß sie vielmehr vom ganzen Leib nicht zu trennen sind. In die gleiche Richtung tendiert er, wenn er mit Joh. 21, 15 ff. fürstliches Prälatentum kritisiert und übrigens das *Pasce agnos meos* auch auf alle Bischöfe bezieht: Petrus bildet den Typus irgendeines Bischofs, dem die Herde, für die Christus gestorben ist, nur anvertraut wird, wenn er Christus von Herzen liebt und nirgendwohin sieht als auf dessen Ehre. Es wurde aber nicht gesagt: Regiere! oder Unterwirf dir die Schafe! sondern: Weide sie! Auch wurde nicht gesagt: deine Schafe, sondern meine. Einer fremden Herde bist du Hirt, nicht Herr[154].

Die Tendenz ist augenscheinlich. Erasmus geht es sachgerecht um die in der Metapher begründete Möglichkeit einer *varietas* der Interpretation. Diese Möglichkeit nützt er, um die Stelle Jo. 21, 15 ff. zu kollegialisieren, alle Bischöfe mit einzuschließen und den Vergleichspunkt in dem verwaltenden Dienen der Amtsträger zu sehen. Er nützt wie die Kirchenväter[155] die Möglichkeit des Bildes, darin unter anderem auch die ganze Kirche zu verstehen. Dagegen spricht nicht die noch von Gebhardt zitierte Stelle aus den *Annotationes* (1516): „Petrus saxeus solidam Ecclesiae fidem repraesentat ... velut Christianae fidei princeps"[156] auch nicht die Stelle aus der Matthäus-Paraphrase (1522): „Huic saxo tuae professionis superstruam ecclesiam meam."[157] Erasmus nimmt sich die Freiheit, zu vertiefen, zu verinnerlichen, das *opus operantis* neben einem kalten Amtsmechanismus zu sehen. Er läßt die Frage offen. Er will reformieren, nicht aber dogmatisieren. Das hat in diesem Punkt Joseph Lortz besser als Gebhardt erkannt, wenn er es auch nicht freundlich für Erasmus meinte[158]. Der Rotterdamer verfaßt weder Konzilstexte noch Dogmatikbücher. Ihn daher dogmatisch zu überfordern, bedeutet ihn mißzuverstehen[159]. Aber eines können wir wohl sagen:

[154] W, S. 182; H, S. 198.

[155] Augustinus, *Retractationes,* I, 20, 2; PL 32, 618. CSEL, 36, 98, worauf G. Gebhardt, *Die Stellung des Erasmus,* aaO., S. 268, Anm. 1, dankenswerterweise zu sprechen kommt.

[156] LB VI, 88 F und 88 D—F.

[157] LB VII, 92 F.

[158] Zur Frage „Adogmatismus": „Mag sein, daß keine einzige Aussage angeführt werden kann, die eindeutig undogmatisch wäre." J. Lortz, *Erasmus — kirchengeschichtlich,* aaO., S. 305.

[159] Ich stimme daher auch nicht mehr meiner vor einigen Jahren W, S. 183, Anm. 83, in unserem Zusammenhang geäußerten Kritik zu.

Was das Bestreben anlangt, die Einheit zwischen Hirten und Herde zu sehen, hätten die Väter der Minorität auf dem I. Vatikanischen Konzil Erasmus zu einem der ihren machen können.

4. *Temporum varietas*: Geschichtlichkeit alles Christlichen

Wenn es von Erasmus heißt, daß sein Geist weder philosophisch noch historisch, sondern philologisch und moralistisch geartet war, so wird daran einiges richtig sein. Er ist zweifellos von der Fülle der Texte als solcher gefesselt und läßt sie als Kenner wie „kostbares altes Gewebe in der Sonne schimmern“[160].

Um so bemerkenswerter ist die Tatsache, daß Erasmus die *dogmata* der Schrift und des Christentums nach heilsgeschichtlichen Perioden, seinen *tempora*, in ihrer Verbindlichkeit differenziert und abstuft. Die *varietas* der *dogmata* Jesu ist für verschiedene Zeitstufen ausgesprochen und muß auch von daher verstanden werden. Das Schema, das Erasmus verwendet[161], kennen wir aus den mittelalterlichen Weltchroniken mit den verschiedenen Zeitaltern, die aufeinander folgen. Hier ist nur zu beachten, daß die *Kleine Weltchronik* des Erasmus erst mit Christus richtig einsetzt und einen apokalyptisch-zeitkritischen Schluß aufweist, den wir die Apokalypse des Erasmus nennen könnten.

Die Erasmische Heilsgeschichte stellt sich folgendermaßen dar:

1. Vorbereitung im Alten Bund.
2. *Christologische Periode.*
   [Ekklesiologische Periode.]
3. Konstituierung der Kirche.
4. Konstabilierte Kirche.
5. Degenerierte Kirche.

Auch die Beobachtung der *tempora* vermöge Dunkles in den Schriften zu erhellen. Man müsse die Gebote des AT nur als Typus und Schatten für Künftiges auffassen und dürfe 1 Beschneidung, 2 Sabbat, 3 Speisenvorschriften, 4 Opfer, 5 Feindeshaß, 6 Krieg,

[160] J. Huizinga, *Erasmus*, aaO., S. 120.

[161] Dieser Abschnitt (4) ist zwar auch noch durch das Beispiel geprägt. Der Charakter der Beispielsammlung tritt jedoch zugunsten des gedanklichen Schemas zurück. Und zwar sind das die 5 *tempora* einschließlich der alttestamentlichen Vorbereitungszeit: eine Art „Heilszeiten“, wenn wir wollen.

[162] Formal ist zu beachten, daß *tempus* 5 dem Reformationsabschnitt (6) entspricht und ihm Vorarbeit leistet.

7 Vielweiberei mit Augustinus[163] nur moralisch oder allegorisch deuten. Das sei das *primum tempus*[164].

Das *proximum tempus* sei mit der Morgenröte zu vergleichen. Es sei die „Heilszeit“ des Täufers und der ersten Jüngerpredigt. Es sei die Zeit der Bußtaufe gewesen. Die Menschen sollten damals nicht gut oder zu wahren Christen, sondern „weniger böse“ gemacht werden. Damals habe man noch nichts von der Ablehnung des Schwörens, der Ehescheidung, nichts von Kreuz und Feindesliebe gehört: alles Dinge, die im eigentlichen Sinn zum Christen machten. Hierher gehöre die Predigt der Jünger vom Nahen des Gottesreiches. Von „Messias“ wollte man schweigen und das Taufen unterlassen[165].

Das *tertium* sei der Sonnenaufgang der *ecclesiae primordia.* Diese Zeit der frühen Kirche sei durch das noch Weiterbestehen des Gesetzes und andererseits durch die Sendung des Geistes charakterisiert. Es sei die Zeit des großen Einladens und der damit verbundenen Bedrängnis der Glaubensboten, veranschaulicht etwa durch das Gleichnis von den Weinbergs-Pächtern, Mt. 21, 33 ff., u. a. Es sei die Zeit der Verfolgungen, der Hinrichtungen, des Kreuztragens, der Flucht, der Ehelosigkeit und der Armut. Es ist aber auch die Zeit, in der Iudaismus und „paganismus“[166] noch regieren, d. h. wo noch Probleme aktuell sind, die uns seltsam erschienen wie das der Jakobus-Klausel, Apg. 15, 20. Auch seien damals die Fragen der Priesterehe, des Glaubensprivilegs, 1 Kor. 7, 13, und der Sklaverei anders als heute gehandhabt worden. Manches habe sich geändert, was die Form der Sakramente und die Liturgie betrifft. Hierher gehöre auch die Ohrenbeichte, „secreta admissorum confessio“[167], möge man sie ebenso nutzbringend wie allgemein üben![168]

Das *quartum tempus* sei die Zeit, da das Christentum, nicht von den Kaisern verfolgt, sondern geschützt etablierte[169] Reichsreligion geworden sei. Hier müßten die Gesetze kritisiert werden, die nicht im Einklang mit „Christi decretis“[170] stünden.

Das *quintum tempus* sei die Periode der Entartung und des Verfalles, „ecclesiae prolabentis ac degenerantis“[170]. Es sei die Zeit, da die Liebe erkaltet, Mt. 24, 12, und man nach einem Messias verlangt, Mt. 24, 23, im Sinne von 2 Tim. 3, 1 ff. herzlos und verkommen.

163 *De doctrina Christiana* III, 10 ff.; PL 34, 71 ff. CSEL 80, p.88 ff.
164 W, S. 184; H, S. 198 f.
165 W, S. 186; H, S. 199 f.
166 W, S. 190; H, S. 200.
167 W, S. 190; H, S. 201.
168 Zum ganzen Absatz: W, S. 186—190; H, S. 200 f.
169 „constabilita“: W, S. 192; H, S. 201.
170 W, S. 192; H, S. 201.

Der janusköpfige Erasmus weist hier zweierlei auf. Auf der einen Seite äußert er etwa wie ein historisches Entwicklungsdenken, so daß es wohl abwegig erscheint, ihm den historischen Sinn in der eingangs angedeuteten Weise abzusprechen. Andererseits ist er wirklich so fasziniert von dem „kostbaren Gewebe“ seiner Texte und ihrer *varietas*, daß er die Grenzen verschwimmen läßt und wir wiederum seine Periodisierung nicht pressen dürfen.

So weiß er genau um die Entwicklung der kirchlichen Bußpraxis. Dazu war er zu wohlgebildet in den Vätern. Aber wiederum geht es ihm nicht um das Dogma in unserem Sinn, sondern um die Reform seiner Zeit. Die Ohrenbeichte soll auch nicht abgeschafft, sondern verinnerlicht und so nutzbringend praktiziert werden. Massenhafter Gebrauch als solcher ist noch nicht das wahre Christentum.

Andererseits nimmt er seine Romantik der „ecclesiae primordia“[171] selbst nicht so ernst. Denn *Iudaismus* und *paganismus*[172] gehören, wie wir schon wissen, bei Erasmus nicht nur zu den Problemen der Urkirche. Das Paar ist für ihn das Hauptübel aller Zeiten, namentlich auch seiner Epoche. Daher kann das mit diesen beiden Übeln auch in der Urkirche nicht so romantisch gewesen sein. Dazu kommt die Stelle von der Herzlosigkeit und den verkommenen Christen der letzten Tage, 2 Tim. 3, 1 ff. Auch das weiß Erasmus mit Gewißheit, daß es diese Dinge zu allen Zeiten der Kirche auch im goldenen *tertium tempus* gegeben hat.

Aber er will ja seine Zeit reformieren. Daher braucht er die tendenziöse Zuspitzung der *ecclesia prolabens* und *degenerans*. Dazu war der Gedanke vom Verfall nicht ganz aus der Luft gegriffen, wenn es auch sonst dem zur *utopia* neigenden Lebensgefühl der Humanisten nicht ganz entsprach.

Wie Erasmus zur „konstabilierten“ Kirche steht, die der Staat mit Gesetzen und Vermögenspolitik fördert, eröffnet er hier absichtlich nicht ganz. Der Passus wird als Motiv jedoch im nächsten Abschnitt über die *circuli* weitergeführt. Was der Verfasser jedoch sagt, ist die Tatsache, daß die Gesetze der Kaiser oft mit dem Evangelium im augenscheinlichen Widerspruch stehen. Es kommt hier zu etwas wie einer politik- und gesellschaftskritischen Funktion des Evangeliums, die er dann im nächsten Abschnitt explizit ausführt. Im übrigen ist aber die Tendenz unverkennbar, mit Hilfe der *tempus*-Methode durch ein geschichtliches Verständnis und ein Abwägen des historisch

[171] W, S. 188; H, S. 200: Das *tertium tempus* hebt er durch seine Licht-Metapher „doctrina clarescente terrarum“ hervor.

[172] W, S. 190; H, S. 200. Etwa: Allen, VIII, p.113 (25. März 1529).

Möglichen die tatsächlichen Strukturen einerseits mit dem Evangelium zu harmonisieren[173].

Erasmus sucht in diesem *quartum tempus* noch nicht den Sündenbock für die *ecclesia degenerans* der fünften Periode, wie es Otto Schottenloher[174] darstellt. Dafür ist die Passage auffallend knapp geraten. Nach dem vorliegenden Material ist Erasmus auch nicht insofern Historiker, als er „Ursachen und Zeitpunkt des Verfalls"[175] ergründen will. Wie mir scheint, braucht er vielmehr eine literarische Folie für das Ideal der evangelischen *simplicitas,* das er propagiert und das er daher als verloren darstellt. Sein Geschichtssinn erweist sich mehr in seiner Analyse der zeitbedingten *varietas dogmatum,* in der gewissen Zeitbedingtheit rechtlicher Normen und kirchlicher Praxis. Dabei hat das *minus malum* eigentlich sittlicher Normen, wie Feindeshaß, Krieg und Vielweiberei, seinen Platz nur im ersten und zweiten *tempus.*

5. *Tres circuli*:

Stufen der christlichen Gesellschaft und die Bedingtheit alles Christlichen

Als Bonifaz VIII. (1294—1303) am 13. November 1302 die folgenschwere Bulle *Unam sanctam* erließ, die auch bei Erasmus kein sonderliches Wohlgefallen finden sollte[176], berief er sich auf den pseudodionysischen Gemeinplatz von der *hierarchia caelestis, ecclesiastica et politica*[177]: „Nam secundum B. Dionysium lex divinitatis est infima per media in suprema reduci."[178] Erasmus hat nun im vorliegenden mit diesem Mißbrauch des *ordo*-Gedankens, der dem

173 „... novae leges sunt inductae, quarum aliquot viderentur cum Christi decretis pugnare, nisi distinctione temporum scripturas in concordiam redigamus." W, S. 192; H, S. 201.

174 In dem schon wiederholt zitierten, vorzüglichen Artikel: O. Schottenloher, *Erasmus und die Respublica Christiana,* aaO., S. 302 f. Er stützt sich neben unserer Stelle vor allem auf die Praefatio, Allen, V, p.180 f. (5. Jänner 1523): „Creverunt articuli, sed decrevit sinceritas ...", wo er tatsächlich den Ursachen des Verfalls konkreter nachgeht, besonders Allen, V, p.181. Schottenloher schildert an besagter Stelle das *quartum tempus* in beredten Farben, wie sie Erasmus an den zitierten Stellen nicht zur Verfügung standen.

175 O. Schottenloher, *Erasmus und die Respublica Christiana,* aaO., S. 301.

176 Etwa: *Methodus,* W, S. 64; H, S. 158.

177 Mit dieser Formulierung beruft sich Erasmus zu Beginn des *Ecclesiastes* (1535), LB, V, col. 1071 C, auf Pseudo-Dionysius.

178 *Quellen zur Geschichte des Papsttums und des römischen Katholizismus,* Bd. 1: Von den Anfängen bis zum Tridentinum, hr. [1-5]C. Mirbt, [6]K. Aland, Tübingen [6]1967, S. 459.

Mittelalter vielfältig gemäß war, nichts zu tun. Er verwendet aber das dionysische Schema, ohne jedoch damit eigentlich eine *respublica christiana*[179] darstellen zu wollen, sondern um wiederum zu zeigen, wie die *dogmata* je nach ihrer Position in den einzelnen Schichten der christlichen Gesellschaft verschieden anzuwenden und zu urgieren sind. Wie es andererseits auch eine progressive, reformatorische Verwandlung der tieferen Schichten in die höheren geben muß.

Der Verfasser verwendet das Schema von den drei Kreisen, das er durch eine Allegorie der christlichen Gesellschaft im Bilde der vier Elemente (Feuer, Wasser, Luft und Erde) und des alten Kosmos veranschaulicht[180]. Er macht das auf folgende Weise:

1. „tres circuli"[181]:

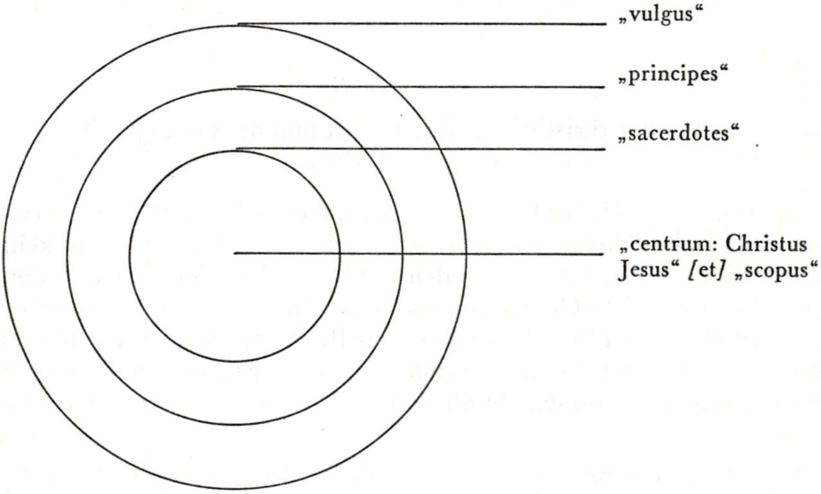

[179] O. Schottenloher, *Erasmus und die Respublica Christiana,* aaO., S. 299 ff., dem ich auch den Hinweis auf Dionysius verdanke. Im übrigen betrachtet der Verfasser unser Kapitel nur vom Standpunkt der Erasmischen Gesellschaftslehre.

[180] Dieser fünfte Abschnitt hat nun gattungsmäßig nichts mehr mit einer Sammlung von Bibelstellen, sondern eher mit einer Sammlung von reformatorischen *gravamina* gemein. Als Kernstück des ganzen Kapitels und als Übergang zum eigentlichen reformatorischen Finale fällt es durch die ungewöhnliche Fülle seiner Bilder auf. Das Ganze ist, wie gesagt, eine *Allegorie,* in der wir nach der zeitlichen Vertikalen des Abschnittes von den Heilsperioden, hier die horizontale *varietas* der christlichen Gesellschaft mit dem Mittelpunkt Christus und die Differenziertheit der christlichen Anforderungen in einem heilsdynamischen Austausch und einer heilshaften Verwandlung in die jeweils höhere Stufe abgehandelt finden.

2. „elementa“[182]:

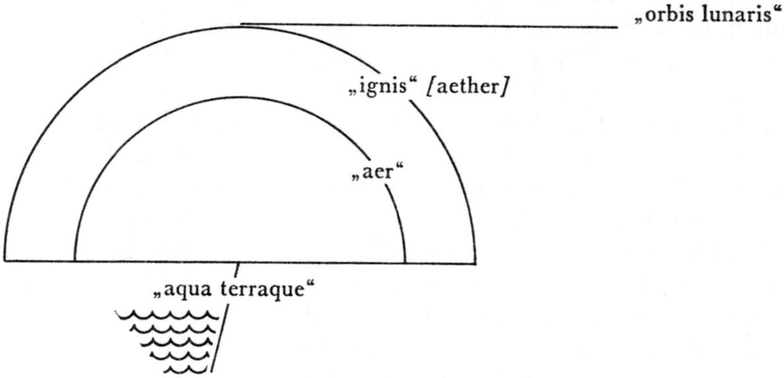

Die differenzierte Betrachtungsweise der *dogmata* Jesu müsse in konzentrischen Kreisen erfolgen. Eigentlich *centrum* und *scopus*[183] aller evangelischen *puritas* sei Christus. Den ersten Kreis bildeten die Kleriker, als *vices Christi* besonders berufen, dem Lamme nachzufolgen, den zweiten die *principes profani,* welche Waffen und Gesetze zur Wahrung des inneren und äußeren Friedens verwalten, den dritten das Volk, das auch zum *Christi corpus* gehöre. Jeder dieser Kreise besitze nun eine mehr „zentrale“ und eine eher „periphere“ Wirkweise. Wenn etwa die Priester Messe feiern, predigen, beten, studieren, bewegten sie sich in der Nähe des Zentrums, wenn sie sich notgedrungen in politische Händel einließen, eher an der Peripherie. So wie unter den Elementen der Materie die höheren die beweglicheren sind, und die besondere „vis“[184] besitzen, die gröberen Elemente zu „transformieren“[185] und in sich hineinzuverwandeln, so dürfe es im christlichen *corpus* nie eine Verwandlung des Benachbarten zum Schlechteren, vielmehr nur zum Besseren geben[186]. Das Feuer reiße alles nach und nach an sich, soweit es könne. Natürlich hätten auch Christus und Paulus Konzessionen an die gröberen Schichten der Schwachen gemacht, freilich mit der Hoffnung auf deren Besserung verbunden.

Als solche Zugeständnisse an die Schwachheit seien Ablaßpraxis, päpstliche Zehente und Finanzpraktiken, die Annaten, das sogenannte *Patrimonium Petri* und die Türkenkriege aufzufassen. All

181 W, S. 194; H, S. 202.
182 W, S. 196; H, S. 202 f.
183 W, S. 194; H, S. 202.
184 W, S. 194; H, S. 203.
185 W, S. 196; H, S. 203.
186 „Confinia serviunt transformationi non in deterius, sed in melius.“ W, S. 196; H, S. 203.

das seien nützliche Dinge, von denen aber niemand behaupten würde, daß sie auch nur irgend etwas mit der *philosophia caelestis* zu tun hätten. Immerhin dürfe man sagen, daß das, was in den Bestimmungen der Päpste am gröbsten ist, dennoch an die Einfachheit Christi näher herankomme, als was bei den Gesetzen der Kaiser am göttlichsten ist[187]. Menschliche Gesetze müßten sich oft einstweilen mit dem geringeren Übel abfinden. Nur dürfe dabei die Philosophie Christi als solche nicht verfälscht werden. Je nach der Beschaffenheit des Spiegels würden sie besser oder schlechter wiedergegeben. Daher sei es nicht gleichgültig, ob ein mattes Eisen oder ein klarer Quell als Spiegel diene. Alle menschlichen Gesetze seien daher dem Wandel unterworfen und müßten immer wieder nach dem Eigentlichen ausgerichtet werden. Bei allem Fragen müsse man sich vor Augen halten, daß Menschen straucheln können, Christus aber niemals irrt[188]. Nach evangelischer Kritik im Sinne von 1 Kor. 2, 15 müßten alle Menschensatzungen jeweils überprüft werden, ob und in welchem Maße sie mit der „evangelica doctrina“ und der „vita Christi“[189] übereinstimmten. Unsere Begierden dürften nicht anstelle der „divina philosophia“[190] zum Richtmaß werden, das hieße eine „Lesbia regula“ anzunehmen.

Wenn Erasmus noch etwas von den Praerogativen des Geistlichen über das Weltliche aus der eingangs zitierten Bulle und dem gemeinsamen Schema herübergerettet hat, dann höchstens die etwas ironische Bemerkung: Feuer bleibt immer Feuer, auch wenn es schlecht ist, und ist immer noch besser als Luft. So sind die unevangelischsten Praktiken der Geistlichen immer noch besser als die der weltlichen Herren[191]. Die tieferen Schichten sind nicht dazu da, beherrscht oder als Büttel verwendet zu werden. Vielmehr besteht die Mittlerfunktion in einem gegenseitigen langsamen Durchdrungenwerden vom feineren Stoff der *philosophia Christi*. Die evangelienferneren Gesetze und Gewohnheiten der gröberen Schichten sind Ausdruck des *tolerandi sunt imbecilles*[192]; sie sind eine von Christus und den Aposteln geübte Anpassung an die Schwächen und Leidenschaften der Menschen. Dabei bleibt das Prinzip gewahrt und die Hoffnung auf Besserung.

In diesem Zusammenhang kommt Erasmus sein viel getadelter „Adogmatismus“ zugute. Er versittlicht das dionysische Schema. Alle

[187] W, S. 198; H, S. 203.
[188] „Homines labi possunt, Christus errare nescit.“ W, S. 200; H, S. 204.
[189] W, S. 200; H, S. 204.
[190] W, S. 202; H, S. 204.
[191] W, S. 198; H, S. 203.
[192] W, S. 196; H, S. 203.

Schichten müssen sich an dem allein irrtumsfreien Christus orientieren und reformieren. Nur die Geistlichen müssen damit beginnen. Ihre Praerogativen sind mehr sittliche Pflichten als Rechte.

Die Frage der ständigen Revision staatlicher und kirchlicher Gesetze und Institutionen löst nun ein zusätzliches Problem aus, das wiederum für Hermeneutik und Reform gleichermaßen bedeutsam ist: Wo finde ich den Stein der Weisen, der mir sagt: In diesem Gesetz ist echtes Gold der *Christiana philosophia,* in jener Einrichtung falsches verborgen? Mit einem Wort, es geht um die Kriterien, durch die ich den Geist Christi erkennen kann, oder, erasmisch ausgedrückt, um die *regula,* mehr *vitae* als *fidei*[193].

Erasmus weiß darauf auch keine rezepthafte Antwort, wenn er auch mit schärfsten Worten vor einer Verfälschung des Evangeliums warnt[194]. Er sagt einfach, die Gesetze müßten „kongruieren" mit dem Evangelium: „Sed in primis, an quod praescribitur congruat cum evangelica doctrina, an sapiat referatque vitam Christi."[195] Es wird hier zweierlei gefordert: erstens die Übereinstimmung mit der Lehre des Evangeliums (die recht zu erforschen der Autor sich ja auch alle Mühe macht), und zweitens ihre personale Verwurzelung im Leben Jesu. Beim letzten verwendet er ein bedeutungsvolles Wort, nämlich das *sapiat*: Was gleichsam eine Übersetzung und Wiedergabe des Lebens Jesu ist, wird letztlich keine Angelegenheit sein, die ausschließlich rational faßbar wäre, es wird eine Sache der Einfühlung, des Geschmackes, des *sapere* sein. Bevor Erasmus mit der *Lesbia regula* schließt, zitiert er 1 Kor. 2, 15: „Spiritualis omnia diiudicat, ipse a nemine diiudicandus."[196]

193 Der Autor häuft hierzu Ende des Abschnittes auf kürzesten Raum in auffälliger Weise etwa 10 Sprachbilder, die alle auf die epigrammatisch abschließende „Lesbia regula", W, S. 202; H, S. 204, abzielen. Es geht Erasmus um das allzeit aktuelle, zur Zeit der Reformation aber besonders brennend gewordene Problem der Glaubensregel, das Erasmus ähnlich auch in den kleinen Essays schon hatte anklingen lassen. *Paraclesis,* W, S. 22; H, S. 144.

194 Wenn daher von denen etwas behandelt oder beschlossen wird, was etwa von den Geboten Christi abweicht, dann hüte man sich nur, die reinsten Quellen der Philosophie Christi mit deren wie auch immer beschaffenen Pfützen zu vermischen. Es müßten die menschlichen Gesetze von diesem Urtyp her abgeleitet werden. Von diesem Lichte müssen die Fünklein der menschlichen Gesetze übernommen werden. Anders jedoch leuchte der Glanz der ewigen Wahrheit in einem glatten, abgewischten Spiegel wider, anders auf Eisen, anders in einem kristallklaren Quell, anders in einer schmutzigen Pfütze. W, S. 200; H, S. 204.

195 W, S. 200; H, S. 204.

196 W, S. 200—202; H, S. 204. In diesem Zusammenhang geht es Erasmus einfach um die Notwendigkeit, alles der *diiudicatio* zu unterwerfen, mit einer Unterscheidungsgabe, die vom Geist kommt, nicht als ob er als geisterfüllter Prophet aufträte wie manche seiner Zeitgenossen.

Die so nicht völlig faßbare, jedoch in der Suche und Unterscheidung als direktives Prinzip vorhandene Philosophie Christi wird nun in diesem Zusammenhang mit Bildern präsentiert, die erstens die Zielvorstellung wie „scopus“[197], Quelle, Polarstern, und zweitens Sicherheit wie Anker, Säule, Grundfeste, Bau aus Gold und Silber ausdrücken. Das letzte Motiv wird durch die bereits angeführte Sentenz abgerundet: „Homines labi possunt, Christus errare nescit.“

Den Endpunkt der *imagery* bildet das „Lesbia regula“-Sprichwort, das sein positives Pendant in der „Lydia regula“ der *Paraclesis*[198] besitzt. Hier stellt die Bildhälfte eine Art „Kanon“ dar, nach dem man sprichwörtlich Wertloses wie Wertvolles zu messen vermochte. Die unverfälschte *philosophia Christiana* bietet einen solch verbindlichen „Maßstab“, eine verbindliche *regula* für die kritische *diiudicatio.*

Wenn wir all diese Formulierungen, Zitate und Bilder zusammenfassend nach der gemeinsamen Aussage befragen, dann dürfen wir wohl sagen, daß es Erasmus in erster Linie nicht um eine *regula fidei* zum Dogmatisieren und Definieren geht, sondern um jenen undefinierbaren christlichen *sensus* für Christus und seine Lehre, der zur Unterscheidung der Geister befähigt und damit die notwendige „transformatio“[199] der gröberen Schichten der christlichen Gesellschaft gewährleistet. Die Frage nach der rechten Glaubensregel ist für Erasmus demnach weniger ein dogmatisches als ein Problem der christlichen Lebensführung. Wenn Erasmus von *regula* spricht, so meint er ein altes Problem, das mit der Reformation in anderen Modellen und Stichwörtern wiederum aktuell wurde.

6. Kritische Anwendung:
Die Freiheit des Christenmenschen als *regula* und Prinzip der Erneuerung

Erasmus muß nun abschließend seine eben entwickelten Grundsätze illustrieren. Er tut das, um zu dozieren, nicht um zu reizen[200]. Es sind vier Probleme aus Dogmatik, Pastoral- und Kirchenrecht, die er der augustinischen *diiudicatio* unterwirft: erstens zwei Fragen, die die Integrität der christlichen Religion nicht direkt bedro-

[197] W, S. 200; H, S. 204.
[198] W, S. 22; H, S. 144.
[199] W, S. 196; H, S. 203.
[200] Wie es zum Abschluß des zwei- bzw. viergliedrigen Lehrstücks in einem Epiphonema heißt: W, S. 214; H, S. 208.

hen (Privatbeichte, Jungfrauengeburt), zweitens zwei Fragen, die die *vera pietas* ernstlich gefährden (päpstliche Irrtumslosigkeit, Unauflöslichkeit der Ehe).

Gesetze, Einrichtungen, Schriften und Schulmeinungen müßten kritisch der Philosophie Christi als einer *regula* unterworfen werden. Diese *libertas iudicandi* forderte Augustinus[201] selbst für die „veteres" trotz ihrer *eruditio, sanctimonia* und *antiquitas.* Das gelte noch mehr für alle möglichen Neuerer, die ihre monströsen babylonischen Türme mit falscher Sicherheit auf schwankenden Fundamenten aufbauen[202].

Die Frage der Beichtpraxis gehört also nach Erasmus zunächst dem Kreis von Problemen an, deren Gegenstand erst durch Tradition und Autorität der Vornehmsten[203] geheiligt ist, die aber trotzdem überprüft werden müssen, wenn auch bei Beibehaltung des Altgewohnten nichts wesentlich Christliches in Gefahr kommt.

Erasmus stellt hier die Buße als Sakrament nicht in Frage[204]. Er will aber zu bedenken geben, ob das Sündenbekenntnis von Christus unmittelbar als notwendiger Teil des Sakramentes angeordnet wurde[205]. In dieser Annahme sieht er eine Beeinträchtigung der Wahrheit und der christlichen Freiheit, weil diese Auffassung „ad pietatem"[206] nicht notwendig sei.

Nach ihm sollte man es mit Recht beim zitierten „usus publicus" und der „procerum auctoritas"[205] bewenden lassen. Warum sollte die vom Geist geleitete Kirche nicht mit einer gewissen Freizügigkeit ihre sieben Sakramente verwalten können. Außerdem sei eine solch enge Fassung des „dogma"[207] einigermaßen belanglos. Schließlich übe die Kirche auch in der Ablaßpraxis große Freizügigkeit, heißt es als Argument mit kritischem Unterton. Hinsichtlich der Verwaltung der Sakramente vertrete man eine solch starre Haltung, ob-

201 W, S. 202; H, S. 205: Contra Faustum Manichaeum XI, 5; PL 42, 248 f. CSEL 25/1, 320 f.

202 W, S. 204; H, S. 205. Um die Aufmerksamkeit besonders auf diesen Vergleich zu ziehen, verwendet Erasmus das griechische Wort ἀκινήτοις, wie auf Unbewegtem. — Die Schreibweise des Abschnittes zielt darauf hin, die „Babylonischen Türme" in ihrer falschen Sicherheit zu erschüttern, Werte in Frage zu stellen, nicht aber zu negieren, zu relativieren, nicht aber abzuschaffen: insgesamt eine vollendete Kunst des Sowohlalsauch.

203 „publicus Christianorum usus et procerum auctoritas". W, S. 204; H, S. 205.

204 Dazu mit zahlreicheren Belegen: R. Padberg, *Erasmus als Katechet*, aaO., S. 108 f., auch zur Verteidigung der Privatbeichte im Interesse der *hominum imbecillitas,* aaO., S. 109, Anm. 228. LB V, 1176 F, 1177 A.

205 W, S. 204; H, S. 205.

206 W, S. 206; H, S. 206.

207 W, S. 206; H, S. 205.

gleich man sogar einem Menschen das Recht einräumt, auch die Pforten des Fegefeuers nach Belieben zu zerstören[205].

Erasmus geht es hier wie in diesem ganzen Schlußkapitel um die rechte Freiheit des Christenmenschen. Es soll alles respektvoll geehrt, aber nichts als unabdingbar festgelegt werden, wo es sich nicht um eine klare Willensäußerung Jesu handelt. Private Machtgelüste sollen nicht durch unhaltbare Theorien gestützt werden. Indem Erasmus seine *tempora*-Lehre anwendet, unterstreicht er damit die bei ihm bereits deutlich gegebene Auffassung von der geschichtlichen Bedingtheit aller *dogmata*.

Der adogmatische Zweifler Erasmus, wie man ihn zum Überdruß apostrophiert, tastet das Dogma nicht an. Man lasse den Glaubensartikel in seiner Einfachheit stehen wie er ist: „Christum e spiritu sanctu conceptum natumque ex virgine."[208] Was da sonst noch an ekelerregenden anatomischen und biologischen Überlegungen über den *foetus* Jesu zusammengesponnen wird, sei der *pietas* nicht förderlich. Der kleine Mann würde durch solche *dogmata* betrogen.

Das ist nicht frivole Unsicherheit und mangelnde Glaubenszuversicht, sondern das Gespür für Form auch in Sachen des Dogmas, letztlich Ehrfurcht vor dem, was man nicht zerreden soll.

Gegenüber der gewissen Unverfänglichkeit dieser ersten beiden Exempel findet Erasmus durch einen falsch verstandenen Papalismus und durch eine rigorose Handhabung des Eherechts die *vera pietas*[209] ernstlich gefährdet.

Georg Gebhardt[210] konnte auf Grund von Quellenmaterial aus den zwanziger Jahren, das schon auf dem Hintergrund der reformatorischen Kontroversen zu lesen ist, feststellen, daß bei Erasmus nicht so sehr das Problem Konziliarismus — Papalismus im Vordergrund steht, sondern eigentlich das Problem des Machtmißbrauchs, seiner *tyrannis*. Damit nicht der Eindruck entsteht, Erasmus habe unter dem Eindruck des *tumultus* der zwanziger Jahre auf Autorität zurückgeschwenkt, ist der Befund unserer Texte nicht ganz uninteressant.

Erasmus sieht in den extremen Papalisten den Typ des schmeichlerischen Fürstendieners, der allergisch auf eine Bedrohung seines „quaestus" und seiner „ambitio"[211] reagiert und plötzlich zum lautschreienden Konziliaristen umschlägt.

Erasmus kannte diesen Theologentyp aus seiner Pariser Zeit (1495 bis etwa 1499) zur Genüge. Er wußte, wie es scheint, auch um

208 W, S. 206; H, S. 206.
209 W, S. 204; H, S. 205.
210 G. Gebhardt, *Die Stellung des Erasmus,* aaO., S. 269 f.
211 W, S. 208; H, S. 206.

die Pfründenfreudigkeit großer konziliaristischer Reformtheologen. Er traute ihnen allen nicht. Sie waren nur die zwei gegensätzlichen Bilder der einen Münze, die Eigensucht und *tyrannis* heißt. Dazu war allen Zeitgenossen das klägliche Konziliabulum von Pisa (1511 bis 1512) und das ebenfalls nicht sehr ruhmvolle Papalkonzil V. vom Lateran (1512—1517) noch in frischer Erinnerung.

Trotzdem sieht er ähnlich wie noch die Minderheit beim Vaticanum I. (1869—1870) in einem isolierten Unfehlbarkeitsanspruch, auch „de moribus et fide“[212], die *pietas* gefährdet. Erasmus bemängelt, daß nach Ansicht dieser extremen Theologie der Papst die ganze Kirche darstellt[213]. Von ihm *allein* behaupteten sie, daß er in Sachen der Sitte und des Glaubens nicht irren könne. Daß Erasmus auf dieses *unum* besonderen Wert legte, zeigt auch die Tatsache, daß er dieses Stichwort der Exklusivität in der Ausgabe von 1522[214] meinte hinzufügen zu müssen. Er warnt vor dem papalistischen Alleingang (obwohl er mit dem Konziliarismus gallikanistischer Prägung wie gesagt nichts zu tun haben will) auch deshalb, weil er das unnötige Schisma fürchtet[215].

Vor allem bei schlechten Amtsträgern sieht er das „fenestra tyrannidi“[216] als Folge dieses unchristlichen Machtmißbrauchs sich öffnen bis hinein in den gewöhnlichen Alltag des kirchlichen Lebens: Hierher gehöre manches über die Gelübde, die Zehenten, die Wiedergutmachungen, die Ablässe und die Beichten der Scholastiker, ja sogar die Vorschriften der Mönche. Diese Leute erlebten wie die schlimmen Ärzte immer dann gute Zeiten, wenn es dem Volk am schlechtesten ginge[217].

Abgesehen von der nicht uninteressanten Tatsache, daß man damals mit Kirchenfürsten ungeschoren in diesem Stil reden und ihnen Texte dieser Art sogar feierlich dedizieren konnte, müssen wir noch eines festhalten: Erasmus wendet noch einmal seine *tempora*-Lehre an, indem er den Begriff einer Art „pädagogischen“ Wahrheit andeutet. Was für das Mittelalter, das vierte *tempus*, gut

212 W, S. 206; H, S. 206.

213 „..., qui corpus universum ecclesiae in unum contrahunt Romanum pontificem, quem unum negant errare posse, ...“ W, S. 206; H, S. 206.

214 H, S. 206.

215 „..., ni faciat, schismaticum esse censendum.“ W, S. 206; H, S. 206.

216 W, S. 208; H, S. 206.

217 Daß er diesem allzeit aktuellen Thema der geistlichen *tyrannis* besondere Bedeutung beimißt, unterstreicht er nebenbei auch durch formale Elemente: so durch die pointierten Wortbilder „fenestra tyrannidi“, W, S. 208; H, S. 206, „malis medicis“, W, S. 208; H, S. 206, „Platonicum mendacium“, W, S. 208; H, S. 207, und sentenzhafte Formulierungen wie: „Non invidemus maiestati pontificis Romani.“ W, S. 208; H, S. 206.

war, kann einen schädlichen Zwang für die anbrechende Bildungsgesellschaft bedeuten.

Es leide die „evangelica sinceritas"[218], wenn man sie zwinge, die des Zwanges nicht bedürfen. Erasmus sieht in manchen Maßnahmen päpstlicher Gewaltausübung pädagogisch richtiges Vorgehen für bestimmte Zeiten und bestimmte Völker. In diesem Zusammenhang wünschte er sogar dem Papst Irrtumslosigkeit in Sachen der Frömmigkeit, ja sogar des Allerseelenablasses. Es kann sein, daß man einmal die Einfältigen und Abergläubischen nicht anders bändigen kann. Aber generalisiert, komme Machtausübung dieser Art auf die Platonische Lüge hinaus, wo der Weise meint, die *plebs* um ihres Vorteils willen täuschen zu müssen[219].

Um abschließend noch die Darlegungen von Georg Gebhardt[220] und Otto Schottenloher[221] zu differenzieren, können wir nach den vorliegenden Texten sagen, daß Erasmus eine papale Infallibilität im Sinne extremer Vertreter der Majorität des Vaticanum I. natürlich ablehnt, daß es ihm aber ähnlich wie der vatikanischen Minorität um die gesamtkirchliche Integration des Papstamtes geht und daß er letztlich in der Mißachtung der *varietas temporum* das „Fenster" für den Mißbrauch der päpstlichen Gewalt sieht.

Ein viertes Exempel, in dem die Überwindung von *superstitio* und *tyrannis* und die Vermehrung der *pietas* gezeigt werden soll, ist für Erasmus die Frage der Ehegesetzgebung. Er befürwortet eine freizügigere Anwendung des Grundsatzes vom *error in persona* auch dort, wo durch wesentliche Täuschung hinsichtlich Abstammung, Vermögensstand, Ehrbarkeit und Gesundheit die personale Bindung gefährdet ist[222]. In den Fällen, die er überaus drastisch schildert[223], sollte der Papst „inhabiles"[224] erklären, was er ja auch sonst tut. Fragwürdig und wohl eine Geringschätzung der religiösen Werte der Ehe sei es, durch Überstreifen einer „Mönchskutte"[225] eine geschlossene, aber noch nicht vollzogene Ehe zu trennen. Im übrigen hält er eine radikale Konsenstheorie im Sinne von „ex solo

[218] W, S. 208; H, S. 207.

[219] W, S. 208; H, S. 207; Plato, *Der Staat,* III, 389 b; V 459 c.

[220] G. Gebhardt, *Die Stellung des Erasmus,* aaO., S. 272—275, der von einer eindeutigen „Verneinung der päpstlichen Unfehlbarkeit" spricht.

[221] O. Schottenloher, *Erasmus und die Respublica Christiana,* aaO., S. 305 ff., der die Sache offener läßt. S. 306: Vom römischen Stuhl sei nie eine Häresie ausgegangen. LB IX, col. 388 A.

[222] W, S. 210—212; H, S. 207.

[223] Etwa W, S. 212; H, S. 207: Es heißt von einem, er sei körperlich gesund, obwohl er den Aussatz hat oder etwas dem Aussatz sehr ähnliches, was man heute die Französischen Blattern nennt.

[224] W, S. 212; H, S. 208.

[225] W, S. 210; H, S. 207.

consensu nasci matrimonium indissolubile"[226] weder in der Schrift noch in der Vernunft recht begründet. Sie ist für ihn eher eine Erfindung der Rechtsgelehrten.

Obwohl römische Rechtsvorstellungen gerade an der Konsenstheorie nicht völlig unschuldig waren, sähe Erasmus keine Beeinträchtigung der „res Christiana"[227], wenn die Ehe wie bei Römern und Griechen[228] geschlossen würde. Letztlich geht es ihm auch hier nicht um die Diskussion etwa: Naturehe oder Sakramentale Ehe, sondern um ein Reformproblem: nämlich um eine gewisse evangelische Freiheit gegenüber dem „murus aeneus"[229] kirchlicher Bestimmungen und ihrer Handhabung. Wiederum muß sich die Stringenz rechtlicher Bindungen dort etwas lockern, wo die personalen Werte des Menschen, in diesem Fall die Würde der Ehe, deutlicher erkannt werden.

Indem er das juridische Kauderwelsch[230] übermütig verspottet und die Strenge des Eherechts auch auf Klerus und Pfründenrecht witzig anwendet[231], will er zwar allen diesen Dingen einen relativen Wert lassen, aber dort auf den Plan treten, wo das Recht verletzt wird, das Gott erlassen hat[232].

Letztlich strebt Erasmus durch Überwindung der geistlichen Tyrannei eine Vermenschlichung des christlichen Gemeinwesens an. Daher sollte die Zentralgewalt leichter Vollmachten, etwa zur Dispens von Gelübden, delegieren[233]. Ebenso sei es tyrannisch, ausnahmslos daran festzuhalten, daß ein guter Zweck grundsätzlich ein übles Mittel verbiete[234]. Hinter dieser Formulierung verbirgt sich ein gutes Stück menschlicher Einsicht in die konkrete *conditio humana,* bei allem Festhalten am Grundsätzlichen.

226 W, S. 208, H, S. 207.
227 W, S. 210; H, S. 207.
228 W, S. 210; H, S. 207.
229 W, S. 208; H, S. 207.
230 W, S. 214; H, S. 208.
231 Etwa W, S. 214; H, S. 208: „Nemo potest habere simul duas uxores, igitur nemo simul potest habere duas parochias." oder ebenda: „Episcopus potest resignare aut permutare sacerdotium suum, igitur idem potest maritus."
232 „... valeant, ubi non officitur iuri, quod indulsit deus." W, S. 214; H, S. 208.
233 Sonst würden oft käufliche Rechte an schmutzigste und ungelehrte Menschen überlassen. W, S. 212; H, S. 208.
234 W, S. 212; H, S. 208.

Kapitel III. Orbis et consensus totius Christi fabulae: Christus- und Erlösungslehre

1. Christuslehre: *Orbis et consensus.* Die Korrespondenz in der Persönlichkeit Christi

James Kelsey McConica vom Pontifical Institute of Mediaeval Studies, Toronto, Canada, nahm jüngst in einer geistvollen Studie zur Frage des *consensus* bei Erasmus Stellung[235]. Bekanntlich habe es Erasmus besonders in den ersten Jahren bis etwa 1524 vermieden, eine Auseinandersetzung mit Luther herbeizuführen. Gemeiniglich faßte man diese seine Zurückhaltung als stilles Einverständnis auf. Aber nach McConica macht Erasmus auch sonst aus seinem Herzen keine Mördergrube. Er stimmte mit Luther in der Verurteilung vieler Mißbräuche und Verzerrungen des Christlichen seiner Zeit überein. Für die Überprüfung der Lehre Luthers war jedoch für ihn nicht die Öffentlichkeit, sondern ein Kreis gelehrter und weiser Männer zuständig[236]. Was ihn aber Zurückhaltung gegenüber Luther annehmen läßt und was er mit unmißverständlicher Klarheit zu erkennen gibt, ist die jedermann erkennbare Tatsache: Luther ist Anlaß zur *dissensio*[237].

Damit hatte er das Kriterium für seine *diiudicatio* und ein Verhalten gefunden, das als Thema nicht nur kompositorisch im Mittelpunkt der *Ratio verae theologiae* steht und uns dieses Kapitel hinsichtlich der theoretischen Grundlagen und nächstes hinsichtlich der praktischen Auswirkungen für das christliche Leben beschäftigen wird.

Im dritten Kapitel der *Ratio* erfolgt zuerst der Versuch, die Vielheit der *dogmatum varietas* aus dem vorhergehenden Kapitel auf ihr gestalthaftes Einheitsprinzip zurückzuführen. Das lehrhafte Zergliedern wird durch einen organischen einheitlichen Wurf abgelöst. Die Verkörperung der *unitas in varietate* bietet die Person Christi, wie sie sich in einem richtigen Leben Jesu dartut. Im Gang der Ereignisse, die Erasmus schildert, zielen seine Ausführungen als Formalobjekt auf die Herausstellung des *consensus* aller Einzelheiten um Jesus. Die Fülle Christi stellt sich in vollendetem Gleichklang und einzigartiger Harmonie dar. Das Fehlen innerer Wider-

235 J. K. McConica, *Erasmus and the Grammar of Consent,* in: *Scrinium Erasmianum* I, aaO., p.77—99.

236 J. K. McConica, *Erasmus and the Grammar of Consent,* in: *Scrinium Erasmianum* I, aaO., p.79.

237 J. K. McConica, *Erasmus and the Grammar of Consent,* in: *Scrinium Erasmianum* I, aaO., p.80.

sprüche in Leben und Lehre Christi vermittelt einen derartigen Grad von überzeugender Ungebrochenheit, daß wir „certiore cum fide“[238] lesen können. Übrigens geht es in dem ganzen Kapitel um den Nachweis dieser *fides Christi,* dieser seiner inneren Glaubwürdigkeit[239].

Der Einheit und inneren Geschlossenheit in der Persönlichkeit Jesu fehlte das Korrelat, das ihr erst Sinn verleiht, wenn die *varietas*[240] nicht gegeben ist, die Fülle und zum Teil auch die scheinbare Widersprüchlichkeit seines Wesens und seiner Lehre, die es auszutragen und zu verkraften gilt. Zu diesem Thema der *varietas,* das wir ja schon vom zweiten Kapitel her kennen, findet der Verfasser bereits im zweiten Fünftel von *Orbis et consensus* zurück und zieht es das ganze Kapitel durch. Dieses zweite Hauptthema motiviert schließlich einen wichtigen Aspekt in der Heilsökonomie Jesu und der apostolischen Kirche, nämlich das Motiv der *accommodatio* und des damit verbundenen Motivs des kirchlichen *ministerium.* Aus der wandelbaren Fülle, der *varietas Christi* und der Kirche werden erst die Potenzen frei, daß die Glaubensboten *allen alles* werden.

Das Thema von der Einheit in der Vielheit wird auch in den Strukturen des Aufbaus sichtbar:

2/5 W, S.; H, S.

216—236; 209—216	I. *Christuslehre im besonderen.*
216—222; 209—211	(1) Orbis et consensus: Einheit.
216 ; 209	1. testimonia correspondent.
216—218; 209—210	2. vitae series.
218—220; 210	3. vita et doctrina.
220 ; 210—211	4. sui vates.
222 ; 211	5. ordo auctoritatis („Scholion“).
	(2) Christi varietas: Vielheit.
222—224; 211—212	1. dei natura et hominis.[241]
224 ; 212	2. vocat.
224—226;	3. miraculum ultro.
226—228; 213	4. confessionem.
228 ;	5. in miraculis edendis varietas.

[238] W, S. 216; H, S. 209.

[239] Man hätte in der traditionellen Fundamentaltheologie die vorliegenden Argumente als sogenannte innere Kriterien oder „personale“ Kriterien der Glaubwürdigkeit Jesu bezeichnet.

[240] Wir haben versucht, diese Spannung in unserer Kapitelüberschrift, W, S. 216; H, S. 209, anzudeuten. Das Bild *orbis* veranschaulicht Ausdehnung, Fülle einerseits und andererseits: Geschlossenheit und Einheit.

[241] Wir beginnen die Punkte hier von neuem zu zählen, weil (2) bis (5) auch eine Einheit gegenüber (1) bilden. Aus diesem Grund zählen wir auch die Punkte bis 11. durch, obwohl bei 9. ein zweiter Hauptteil beginnt. Es über-

228—232; 213—214	6. varius in responsis.
232—234; 215	„Scholion“
234—236; 215—216	7. prima specie pugnare.
	8. utramque naturam dei et hominis.
3/5 W, S.; H, S.	
236—268; 216—227	II. *Erlösungslehre.*
	(3)
236—246; 216—220	9. Ablehnung Jesu durch die Juden.
	(4)
246—258; 220—223	10. Annahme Jesu durch die Heiden.
	(5)
258—268; 223—227	11. Gewaltloses *ministerium* der Kirche.

Ein erster Blick auf die vorliegende Disposition des dritten Kapitels zeigt, daß hier zum Unterschied vom zweiten nicht punktehaft und didaktisch gegliedert wird. Der Stoff ist in diesem Kapitel im besonderen Maße nach Art eines Organismus verteilt. Die Abschnitte sind wohl proportioniert, aber so, daß die Übergänge zwar markiert, aber leicht übersehbar sind, weil sich die Gedankengänge des einen Abschnittes aus denen des vorhergehenden fließend ergeben[242]. Die literarische Funktion dieser organischen Gestaltungsweise konnten wir schon andeuten. Sie ist im Thematischen begründet. Erasmus will für *consensus, concentus* und *harmonia,* oder mit anderen Worten für die *unitas in varietate* der Gestalt Jesu auch die geeignete Form seiner Prosa finden.

Das Kapitel zerfällt, grob gesprochen, in zwei Hauptteile: Erstens das, was wir „Christuslehre“ im besonderen Sinn, das sind rund ²/₅ des Ganzen, und zweitens das, was wir „Erlösungslehre“ genannt haben, das sind rund ³/₅ des Ganzen. Das heißt also zunächst, daß wir bereits in der Stoffverteilung die Fülle der Inhalte (nicht der

schneiden sich also das Thema „Einheit und Vielfalt“ und „Christuslehre und Erlösungslehre“. Die Verschränkung veranschauliche folgendes Diagramm:

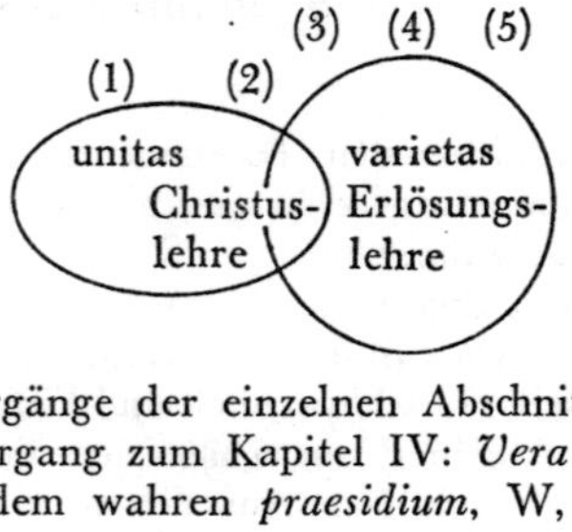

[242] Das gilt für die Übergänge der einzelnen Abschnitte, aber auch, wie schon bemerkt, für den Übergang zum Kapitel IV: *Vera pietas* in dem Abschnitt von den *9 affectus,* dem wahren *praesidium,* W, S. 256; H, S. 223, der Apostel.

Motive und Gesichtspunkte, wie wir gleich sehen werden) in die zweite Hälfte verlegt haben.

Der erste Hauptteil, die zwei Fünftel, zerfällt wieder in zwei Teile, die vom Autor deutlich markiert und deren Titel und Themen auch in der „Erlösungslehre“ durchkomponiert sind. Das ist (1) *orbis et consensus* im besonderen Sinn, das heißt der Abschnitt von der Einheitlichkeit Christi, und (2) *Christi varietas*, der Abschnitt von der Vielfalt in Christus.

Die drei Fünftel des zweiten Hauptteils zerfallen in drei sehr ebenmäßig proportionierte Teile: (3) das, was wir das „Judenkapitel“ nennen, d. i. also die Erörterung der Ablehnung Jesu durch sein Volk, (4) das, was wir das *innocentia*-Kapitel nennen, d. i. der Abschnitt über die Schuldlosigkeit und Heiligkeit Jesu, die Gewaltlosigkeit seiner Sendung, nebst einem Resümee, und (5) die Anwendung dieser Prinzipien auf die Apostel und die Kirche in ihrer „ministerialen“ Sendung.

Der erste Hauptteil ist durch eine Vielfalt von Gesichtspunkten gekennzeichnet, von denen wir bei (1) deren fünf und bei (2) deren acht erarbeiten konnten. Bei den fünf Gesichtspunkten von (1) *orbis et consensus* behandelt 1. die äußeren Zeugnisse von Christus in ihrer Übereinstimmung, 2. die Lebensstationen Jesu, wie sie eine „Gestalt“ bilden, 3. die Übereinstimmung von Leben und Lehre Jesu, 4. die Übereinstimmung der Weissagungen Jesu mit den späteren Ereignissen[243] und 5. (als eine Art Scholion) die Übereinstimmung der einzelnen heiligen Schriften, jedoch unter Wahrung einer gewissen Rangordnung.

Bei den acht Gesichtspunkten von (2) „Christi varietas“ bilden 1—4 eine gewisse Einheit, was ihre formale Behandlung und die Kürze anlangt: 1. schlägt die Grundlage des Themas von der Vielfalt Christi durch Hinweis auf seine theandrische Struktur zu. 2. behandelt die Mannigfaltigkeit der Weise, wie Christus beruft. 3. die Unterschiedlichkeit, wie Christus sich zum Wirken von Wundern bewegen läßt. 4. die Verschiedenheit des Maßes, wie Christus Zustimmung verlangt. 5. und 6. sind schon etwas umfassender: 5. behandelt die verschiedenen Umstände, unter denen Jesus Wunder wirkt. 6. die Wandlungsfähigkeit Christi im Gespräch, namentlich bei Antworten. Hier erfolgt ein deutlicher Einschnitt durch den Proteus-Vergleich. Es folgen zwei „Scholien“: 7. über scheinbare Widersprüche in der Schrift. 8. das Thema von 1. wieder aufnehmend, eine kleine positive Dogmatik der beiden Naturen in Christus.

[243] In 1. und 4. läge demnach die Argumentation vor, welche man in der traditionellen Fundamentaltheologie als „äußere Kriterien“ bezeichnet hätte.

Wir können zusammenfassend feststellen, daß der Verfasser mit einer Häufung der Gesichtspunkte auf engem Raum beginnt und die Punkte immer weniger werden läßt, je weiter der Raum wird, mit anderen Worten: Je mehr er stofflich vertieft und erweitert, desto mehr konzentriert er sich auf weniger Aspekte. Oder: Aus der Vielfalt erwächst die Einfachheit — *ex varietate unitas*[244].

Erstens zur Korrespondenz der Zeugnisse: Als These und Motto nicht nur für den vorliegenden Abschnitt, sondern für das ganze Kapitel eröffnet der Verfasser mit dem schulmeisterlichen „Lügen"-Enthymema: Keine Lüge ist nämlich so kunstvoll gesponnen, daß sie völlig hieb- und stichfest wäre[245].

Die Sentenz soll eingangs andeuten, daß alles folgende Bemühen um den „consensus" die „fides certior", und nicht bloß das verbale Verstehen[246] zum Ziel hat. Die innere Widerspruchslosigkeit des Lebens und der Lehre Christi stellt eine Aufforderung zum „anbetenden" Glaubensvollzug dar. „Hactenus adoranda sunt omnia, ..."[247] schließt ein Epiphonema vorläufig den Beweisgang zu Ende von Punkt 4 ab.

Der erste Punkt bietet in seinem Mittelstück eine listenhafte Aufzählung von einstimmigen Zeugen Christi (der Zahl nach sieben) von den Engeln bis zum Vorläufer. Worauf es dem Autor ankommt, ist das Schlußstück mit seiner Betonung der evangelischen *innocentia*[248]. Wenn Johannes mit seinem Finger auf das Agnus Dei hinweist, zeigt er auch die Richtung für die Christen an. Nicht Macht,

[244] Dabei ist es reizvoll zu sehen, wie stofflich, inhaltlich und thematisch die Bewegung von der *unitas* (1) zur *varietas* (2)—(5) und wieder zurück zur Einfachheit im *innocentia*-Kapitel (4) geht, und wie der formale Rhythmus in der Gegenrichtung von anfänglicher Vielfalt zur Einfachheit läuft — wiederum gegen Ende um das *innocentia*-Kapitel.

[245] Nullum est enim sic arte compositum mendacium, ut undique sibi constet. W, S. 216; H, S. 209. Ein Mangel an Bildworten, wie wir ihn von weniger lehrhaften *narrationes* kennen, wird durch eine freigebige Verwendung von einleitenden und abschließenden Sentenzen wettgemacht, die wiederum als Einschnürungen im Ganzen das Erkennen der Gliederung erleichtern. Die *narratio*, um die es geht, ist das Leben Jesu mit seinen die Glaubwürdigkeit fordernden Anwendungen.

[246] W, S. 216; H, S. 209.

[247] W, S. 220; H, S. 211. Der Kreis schließt sich zu einem Ganzen: „... in sese coit." ebd.

[248] Im vorhergehenden Kapitel hatte die evangelische „sinceritas", W, S. 208; H, S. 207, und das damit verbundene Thema von der evangelischen Freiheit die Funktion eines Leitthemas gehabt. Er knüpft in einer Sentenz an das Agnus Dei-Bild des Täufers an: „Hic unus est agnus omnis maculae nescius; nec agnus est solum, verum etiam agnos facit." W, S. 216; H, S. 209.

Lust, Ehrenstellen und Reichtum sei dem, der sich bekehrt, verheißen, sondern die *innocentia*[249].

Eingeleitet wird jedoch dieser Punkt 1 durch eine wichtige Korrespondenz, die im Laufe der Begriffsgeschichte von „Glaubensanalogie“ (Röm. 12, 6)[250] eine gewisse Rolle gespielt hat, nämlich die Kongruenz zwischen dem Alten und dem Neuen Testament. Die Handlungen Jesu seien nichts als eine Erfüllung der alten Weissagungen, auch seine Lehre stehe nicht isoliert, sondern sei bis auf Einzelheiten im AT vorgebildet. Um die Wichtigkeit dieses Arguments und dieses Umstands hervorzukehren, zitiert er nur wie im Nebensatz[251] eine Schrift, die gegen einen erklärten Gegner des Alten Testaments gerichtet war, nämlich *Aversus Marcionem,* IV, 6—41, von Tertullian[252].

Bei der Sparsamkeit der Erasmischen Diktion könnte in diesem Zusammenhang ein in der Tradition nie völlig vergessenes Prinzip der biblischen Hermeneutik, dem heute wieder besondere Aufmerksamkeit geschenkt wird, übersehen werden.

Zweitens: In Jesus korrespondieren alle Ereignisse letztlich in der Gestalt der *innocentia.* Die Lebensstationen Christi zeigten sein ständiges Wachsen und Zunehmen vor Gott und den Menschen. Von der ersten „Probe seiner selbst“[253] als 12jähriger bis zur Versuchung in der Wüste, von seiner Geburt bis zum Tode fände man nichts anderes an ihm, als „paupertatis et humilitatis, immo innocentiae totius exemplar“[254]. Armut und Niedrigkeit sind mit der evangelischen *innocentia* des Erasmus fast synonym; sie bedeutet die Hilflosigkeit des wehrlosen Lammes, das zur Schlachtbank geführt wird[255]. Jesus als *innocentiae totius exemplar* repräsentiert und verwirklicht in seiner Machtlosigkeit die Gratuität alles Heiles in dieser Welt.

Drittens: In Jesus stimmen Leben und Lehre völlig überein. Christus habe die *innocentia* gelehrt und sie im einzelnen auch so gelebt, daß keine Verleumdung gegen ihn habe standhalten können.

[249] Dieses Motiv wird, wie wir wissen, zum beherrschenden Thema in den Abschnitten (3) (4) (5), II. Erlösungslehre.

[250] B. Gertz, *Glaubenswelt als Analogie. Die theologische Analogie*-Lehre Erich Przywaras und ihr Ort in der Auseinandersetzung um die *analogia fidei,* Düsseldorf 1969, S. 49—52. S. 53, Anm. 21 vermutet, daß die Melanchthon'sche *analogia fidei* nach Röm. 12, 6 auf Erasmus zurückgeht. — Wir finden in unserer Schrift die Sache, wenn auch nicht das Wort von der Glaubensanalogie als beherrschendes Motiv. Gertz, aaO., S. 50 f., Anm. 9 und 10, zitiert, für unseren Zusammenhang einschlägig etwa Augustinus, *De utilitate credendi* 3, 5. PL 42, col. 68 f. CSEL 25/I, p.7 f.

[251] W, S. 216; H, S. 209.

[252] PL 2, col. 397—498. CSEL 47, p.452—568.

[253] „sui specimem“: W, S. 218; H, S. 209.

[254] W, S. 218; H, S. 210.

[255] W, S. 216; H, S. 209.

Dadurch sei es zu einem vollkommenen Konsens seiner Lehre mit seinem Innersten, einer Übereinstimmung seines Lebens mit seinem Wollen gekommen: „Totus doctrinae circulus ut secum consentit, ita cum ipsius vita consentit, etiam ipsius naturae iudicio consentanea.“[256] Nicht nur die Lehre in sich weist diesen inneren *consensus* auf. Die Übereinstimmung seines Lebens und seiner Lehre schafft etwas wie existentielle Wahrheit, die überzeugt, weil sie Zeugnischarakter hat[257].

Viertens: Jesu Verheißungen treffen ein[258]. Jesus ist sein eigener Prophet, „sui vates“[259]. Seine Vorhersagen hätten sich bewahrheitet, „de morte sua, de genere mortis, de loco mortis, de effectu mortis“[260], über Auferstehung, Himmelfahrt, Geistsendung, über die Verwirrung der Jünger; und als Kapitelüberschriften für 9., 10. und 11.: „de defectione Iudaeorum, de receptione gentium“[261], über die niedrigen Anfänge des Christentums; und als wichtiger Abschluß: „de haeresibus vexaturis ecclesiae concordiam“[262]. Und es schließt die erste Hälfte des Punktes mit dem Epiphonema: „Vides, quantus undique concentus.“[263] Wenn die Häresie gegen das Wesen des Christentums, gegen die *concordia* verstößt, so neutralisiert Jesus diesen Defekt durch seinen *concentus.*

Für Erasmus sind *concordia* und *consensus* Prüfstein für die Rechtgläubigkeit und den frommen Sinn eines Autors[264]. Als der Basler Stadtrat von ihm ein Gutachten wegen der Eucharistielehre des ehemaligen Mitarbeiters am *Novum Instrumentum,* des Hebräisten Johannes Oekolampad (1482—1531), anforderte, gab er salomo-

[256] W, S. 218; H, S. 210.

[257] Erasmus zeigt nun in insgesamt sieben Beispielen, wie Lehre und Leben bei Jesus zusammenstimmen. Er habe die 1. mansuetudo, die 2. paupertas, das Freisein von der 3. ambitio gelehrt, sein Leben schaue dazu entsprechend aus. Die Vorgangsweise ist deduktiv, zuerst kommen die Lehrsätze, dann die Praxis. Die nächsten vier Beispiele werden umgekehrt aufgezogen: die Heilsereignisse 4. *crux,* 5. *resurrectio,* 6. *ascensio,* 7. *spiritus* finden als einschneidende Stationen im Leben Jesu den Reim zu seinen Lehren, man solle den Tod nicht fürchten, das Heil von oben erwarten und an der Möglichkeit einer Verwandlung des Menschen festhalten.

[258] Mit diesem Punkt nimmt Erasmus den Eingang wieder auf, wo er von der Übereinstimmung der beiden Testamente gesprochen hatte, indem er den Rhythmus Vorhersage-Eintreffen in das Leben Jesu und die Ereignisse der Kirchengeschichte hinein fortsetzt.

[259] W, S. 220; H, S. 210.

[260] W, S. 220; H, S. 210.

[261] W, S. 220; H, S. 210.

[262] W, S. 220; H, S. 210.

[263] W, S. 220; H, S. 210.

[264] J. K. McConica, *Erasmus and the Grammar of Consent,* in: *Scrinium Erasmianum* I, aaO., p.81 f., n. 11.

nisch zur Antwort, die Ausführungen des Basler Reformators seien gelehrt, eloquent und fleißig, ja sogar „fromm", falls man etwas als „fromm" bezeichnen dürfe, was dem Spruch und *consensus* der Kirche zuwiderlaufe[265].

Dazu sieht Erasmus den Vorzug und die Einmaligkeit des Christentums in der Art, wie die Sache Christi weitergeführt wird, also in dem vertikalen *consensus,* wenn wir wollen, oder eben in der kirchlichen Komponente. In den Büchern des Plato oder Seneka könne man finden, was mit den Lehren Christi nicht in Widerspruch stehe; im Leben des Sokrates könne man finden, was mit dem Leben Christi übereinstimme. Jedoch „circulum hunc et omnium rerum inter se congruentium harmoniam"[266] finde man nur in Christus. Viele heilige Worte und Taten finde man bei den Propheten und bei Moses; „orbem hunc"[266] finde man sonst bei keinem Menschen, nämlich einen Kreis, der bei den Propheten anhebt und durch Leben und Lehre der Apostel und Märtyrer wieder zu sich selbst zurückfindet, „in sese coit"[266].

Damit gibt der Verfasser der Christuslehre ihre bezeichnende Ausrichtung auf die Kirche, die wir durchgängig verfolgen können. Die Apostel und Märtyrer gehören zu dem geschlossenen Kreis, der mit den Propheten beginnt. Sie formulieren, was Jesus gelehrt habe, sie sind die Vollstrecker seiner Verheißungen, weil sie auch vom selben Geist erfüllt sind: „..., eadem sonant ac docent quae Christus."[266] In dem Grade, als die Vollstrecker des Auftrags Jesu seine Partitur aufmerksam lesen und zum „klingen" bringen, ist ihre Kunde ohne Abstrich zu akzeptieren, alles übrige muß in Theorie und Praxis laufend überprüft werden[267].

Fünftens: Auch in den Schriften gibt es einen *ordo auctoritatis*[268]. Die Forderung zum *delectus iudiciumque,* der Erasmischen Kritik, trifft nun auch in etwa die Bibel, deren absolute Autorität von Fall zu Fall zu differenzieren ist.

[265] Allen, VI, p.206: „a qua dissentire periculosum esse iudico."

[266] W, S. 220; H, S. 211.

[267] „Hactenus adoranda sunt omnia, cetera cum delectu iudicioque legenda aut etiam imitanda." W, S. 220; H, S. 211.

[268] Dieses Scholion steht einerseits im Gegensatz zu dem in den vier vorhergehenden Punkten über den Konsens Gesagten, weil es Unterschiedlichkeit der Autorität sogar in den heiligen Schriften zum Ausdruck bringt; andererseits hilft auch der „ordo auctoritatis", W, S. 222; H, S. 211, Gegensätze innerhalb der Glaubensquellen differenzierter zu betrachten und damit auch wieder leichter zu harmonisieren. Erasmus weiß seinen Ausführungen Gewicht zu verleihen, indem er auf Augustinus, *De doctrina Christiana* II, 8; PL 34, col. 40 f., CSEL 80, p.39—41, mit dem Kapitel über den Kanon verweist.

Besondere Autorität hätten jene Schriften, die von den „veteres“[269] nie angezweifelt worden seien. Schriften wie Judith, Esther, Apokalypse und Hebräerbrief seien nicht so gewichtig wie die übrigen Schriften. Innerhalb der Vätertradition[270] sei die „vicinitas“, dazu als eher innere Kriterien die „gravitas“, „sobrietas“ und „brevitas“[269] zu berücksichtigen. Das Nizänische Glaubensbekenntnis verdiene aus diesen Gründen mit Recht die Bezeichnung „apostolisch“. Leider seien die Christen in ihrer Leichtgläubigkeit damit nicht zufrieden. Das habe aber nichts eigentlich mit Glauben zu tun. Denn: „Ubi coepit esse minus fidei inter Christianos, mox increvit symbolorum et modus et numerus.“[271]

Wie eine Inflation von Gesetzen nicht unbedingt eine Blüte der öffentlichen Sitte bezeugt, so ist für Erasmus ein Anwuchern von Definitionen eher ein Hinweis darauf, daß der Glaube wenigstens problematisch geworden ist. Erasmus will, um nochmals auf das Anliegen dieses abschließenden Aspektes zurückzukommen, das Verhältnis von Christus und Kirche nicht leichtfertig harmonisieren. Zwischen der Autorität Christi und jener der Apostel bleibt bei aller Korrespondenz der Wiedergabe ein Unterschied der „maiestas“[272] bestehen: „Quamquam et apostoli sic Christum referunt, ut tamen ad illius maiestatem non assurgant.“[273] Erasmus sieht den Konsens zwischen Christus und der Kirche: diese ist für ihn, wie wir gesehen haben, die Vollstreckerin seiner Intentionen; er sieht sich jedoch auch hier genötigt, zu differenzieren und abzuschwächen, um damit das Problem vielseitiger und sachgemäßer zu handhaben.

2. Christuslehre: *Christi varietas*. Die Fülle und Anpassungsfähigkeit Christi

Ein schon erwähnter sympathisierender Kritiker[274] des Erasmus spricht ihn und seine Art nicht ganz frei von dem Mißverständnis, das die Orthodoxie aller Lager und aller Zeiten an ihm nahm. Erasmus hatte noch den homerischen Meeresgott Proteus, *Odyssee*, 4. Gesang, v. 454 ff., im *Enchiridion* als Inbegriff wankelmütiger Leidenschaft verstanden[275]. Nun fanden seine Zeitgenossen in

[269] W, S. 222; H, S. 211.

[270] „quaedam nobis ceu per manus tradita“: W, S. 222; H, S. 211.

[271] W, S. 222; H, S. 211: Mit diesem Epiphonema schließt der Abschnitt in der Ausgabe von 1518.

[272] W, S. 222; H, S. 211.

[273] W, S. 222; H, S. 211: Dieses Epiphonema fügte der Verfasser erst 1519 an.

[274] J. K. McConica, *Erasmus and the Grammar of Consent*, in: *Scrinium Erasmianum* II, p.78.

[275] H, S. 51.

freundlicher und weniger freundlicher Absicht, daß die Allegorie des Gottes, der angegriffen alle möglichen Gestalten annimmt, auch auf Erasmus treffend passe. Man dachte an die Vielfalt seiner literarischen Produktion, seine schnellen Reisen und die Art, wie er nach Bedarf Theologe, Poet, Satiriker und Redner wurde[276]. Hutten und Luther drückten mit diesem Epitheton ihre Abneigung gegen etwas aus, das sie als glatte Unentschiedenheit auffaßten[277]. Bezugnehmend auf unser Kapitel fragt sich McConica: „Is it possible that he felt a Protean posture in theology made good evangelical sense?"[275] Wir können das in unserem Zusammenhang durchaus bejahen.

Der „Gleichklang" des vorhergehenden Abschnitts verlangt, daß er wohl klinge, der Vielzahl der Stimmen[278].

So spricht Erasmus zu Ende des Punktes 6[279], das Thema abrundend, von der *varietas* der Gestalt, in der sich Jesus den Jüngern darbietet: Und obwohl es nichts Einfacheres gebe als unseren Christus, stelle er doch nach einem gewissen verborgenen Ratschluß einen „Proteum"[280] dar, „quendam ... varietate vitae atque doctrinae"[281].

Der alte Meeresgott gibt dem homerischen Helden seine *arcana* nicht sofort preis. Der Held wird aufgefordert, ihn festzuhalten. Jedoch Proteus nimmt alle möglichen Gestalten an von Löwen,

[276] J. K. McConica, *Erasmus and the Grammar of Consent,* in: *Scrinium Erasmianum* II, p.79. Allen III, p.353 (Juli 1518, Brief des Arztes und Humanisten Ambrosius Leo).

[277] J. K. McConica, *ebd.* Ulrichi Hutteni Opera, ed. E. Böcking, Bd. 2, s. l. [B. G. Teubner, 1859—1861], Reprint Aalen 1963, p.237. WA 18, 604.

[278] „Neque vero confundit hanc harmoniam Christi varietas; immo sicut e diversis vocibus apte compositis concentus suavissimus redditur, ita Christi varietas pleniorem efficit concentum. Sic omnia factus est omnibus, ut nusquam atamen sui dissimilis esset." W, S. 222; H, S. 211. Mit diesen Harmonie-Metaphern eröffnet der Verfasser das Thema. Die im folgenden geschilderte Vielfalt Christi dürfe nun die im vorhergehenden Abschnitt geschilderte „Harmonie" nicht erschüttern, denn Christus habe sich zwar durch seine *varietas* allen Situationen angepaßt und sei so *allen alles* geworden. Jedoch sei er nirgends sich selbst „unähnlich". Sowohl die Treue zu sich selbst als auch die Anpassung mache die „Harmonie" aus.

[279] Die folgenden sechs Gesichtspunkte plus die beiden Scholien stellen der Gattung nach Beispielsammlungen dar, die vom Thema *varietas* bestimmt sind. Stilistisch wird diese Vielheit in der Einheit durch Verwendung der Antithese gestaltet. Es werden Beispielreihen und einzelne Exempla einander kunstvoll gegenübergestellt, so daß bereits in der Schreibweise das Thema durchgehend angedeutet ist. Aufbaumäßig paßt es gut zum antithetischen Stil, daß sich die einzelnen Punkte kreuzweise entsprechen, d. h. in etwa die geraden und die ungeraden Punkte. Auch entspricht Punkt 7 „prima specie pugnare" dem Punkt 5 des vorhergehenden Abschnittes „ordo auctoritatis".

[280] W, S. 230; H, S. 214.

[281] W, S. 232; H, S. 214.

Tigern, Schlangen, bis er dem Helden, der nicht locker läßt, seinen Weg zeigt. So darf die *varietas* Christi in der Schrift den Leser nicht „verwirren"[282]. Der „theologiae tiro"[283] müsse viel mehr das Geheimnis, das er faßt und doch nicht faßt, mit Geduld und Ausdauer, mit Staunen[284] und Ehrfurcht „forschend"[285] festhalten, um es so in etwa zu ergründen. In dieser Weise, wie ein Klemens von Alexandrien im Gewand des Mythos Theologie zu machen, schafft sich Erasmus aus einer ursprünglich derogativ verwendeten Gestalt eine durchaus evangeliengemäße Allegorie, hinter der er sich selbst und seine Ansichten birgt.

Christus biete in verschiedenen Lebenslagen einmal die göttliche Natur dar, wenn er die Stürme bändigt, Sünden vergibt und sich in Verklärung offenbart, er spiele dagegen die Rolle des Menschen in Hunger, Durst, Müdigkeit, Trauer, Leid und Tod (Punkt 1)[286].

Seine *varietas* wurzelt in der Souveränität der göttlichen Natur, äußere sich aber auf menschliche Weise: Diese Eigenschaft drücke sich in einer überlegenen Freiheit des Handelns aus: Etwa (Punkt 2) in der Art, wie Christus die einen völlig souverän[287] in seine Nachfolge beruft, andere aber auch zurückweist. Die einen mache er auf die Schwierigkeit der Nachfolge im vorhinein aufmerksam, von anderen fordere er sofortige radikale Entscheidung. Bei Zachäus lade er sich selbst ein, den Herodes verachte er „ut impium Iudaeum"[288].

Dieses Gesetz der Souveränität gilt auch für die Motivation zu seinen Wundern (Punkt 3). Die Verfluchung des Feigenbaums, das Brotwunder und die Erweckung des Lazarus wirke er „ultro"[288], zu anderen wie in Kana, bei der Heilung des Mondsüchtigen und bei der „Chananäerin"[289] lasse er sich drängen. Die Aussätzigen heile er bereitwillig, Pharisäern und Sadduzäern verweigere er die Zeichen.

Entsprechend dem Stil und der Verschiedenheit des Berufungsvorganges sei auch das Christusbekenntnis verschieden gefordert (Punkt 4). Den einen gebiete er von den Wundern zu schweigen, anderen wie dem Gerasener befehle er die Verkündigung. Von den

282 „confundit": W, S. 222: H, S. 211.

283 W, S. 232; H, S. 215.

284 „admirationi": W, S. 232; H, S. 215.

285 „investigare": W, S. 232; H, S. 215.

286 Der Verfasser greift gleich eingangs (Punkt 1) das Thema auf, das er im Abschluß-Scholion (Punkt 8) ausführlicher und abrundend behandelt und das zugleich die eigentlich theologische Begründung für die *varietas Christi* darstellt, nämlich seine theandrische Verfaßtheit.

287 „ultro": W, S. 224; H, S. 212.

288 W, S. 224; H, S. 212.

289 W, S. 226; H, S. 212.

Seinen fordere er letztes Bekenntnis, den Dämonen wehre er das gleiche. Auch fordere er wiederholt Dank für die erwiesene Wohltat.

Die *varietas* zeige sich auch in der Art, wie Jesus die Wunder vollbringt. Er wirke etwa ohne alle Umstände bei der Erweckung des Mädchens. Im übrigen verwende er auch verschiedene Umstände, „negotia“[290], die er wie einen Ritus etwa bei Blindenheilungen gebraucht (Punkt 5).

Wiederum in Entsprechung zum vorletzten Punkt zeige Christus die gleiche *varietas* in seinen Antworten (Punkt 6). Besonders auf verfängliche Fragen antworte er ausweichend und vorsichtig. Das gelte vor allem für Probleme des gesellschaftlichen und politischen Lebens: wie in der Frage der Ehescheidung, des Steuerzahlens und der Feindesliebe. Er wolle sich nicht festlegen, sondern vielmehr auf den evangelischen Kern der Dinge hinweisen. Deshalb nehme er des öfteren einer Frage durch eine andere[291] die Spitze. Dem Herodes antworte er etwa nichts. Er antworte wenig etwa in der Passion. Er fliehe die Menge und und suche sie andererseits wieder auf. Er trage zu verkünden und trage zu schweigen auf, „aliter-aliter“[292]. Dadurch erweise er sich gewissermaßen als ein Proteus.

Selbst augenscheinliche Widersprüche dürften nicht Anlaß geben, die Glaubwürdigkeit der Schrift anzuzweifeln, sondern man müsse „pensatis omnibus circumstantiis“[293] eine *ratio* finden, die Schwierigkeit zu erklären (Punkt 7). Die Widersprüche seien nur dem Anschein nach, „specie“[294] gegeben und Spezialfall der „manifesta in speciem varietas“[294]. Unter den „pugnantia“[294] seien einerseits antithetische Äußerungen; wie Johannes sei nicht das Licht, andererseits aber er sei eine Leuchte, die Lehre Christi sei nicht seine Lehre u. a. Dazu kämen echte Ungereimtheiten, die auch zur Verleumdung Anlaß gäben: wie die Anzahl der Blinden, Jahreszahlen und Abfolge der Ereignisse. Bei „scrupi“[295] dieser Art dürfe man auch den Schweiß der Alten, die sich auch schon Gedanken gemacht hätten, zu Hilfe nehmen.

Die *varietas,* die sich bis zum Widerspruch äußert, ist demnach jedoch nur Ausdruck der Fülle für das Eigentliche, das als Einheit verborgen liegt. Die Aufgabe des Interpreten besteht nun darin, die *species,* die sich auch in sprachlichen Bildern und Gleichnissen dar-

[290] W, S. 228; H, S. 213.
[291] „ceu clavum clavo“: W, S. 228; H, S. 214.
[292] W, S. 230; H, S. 214.
[293] W, S. 234; H, S. 215: Epiphonema zu Ende des Punktes.
[294] W, S. 232; H, S. 215.
[295] W, S. 234; H, S. 215.

bietet, aufzulösen und das Eigentliche und Einheitliche, also den *consensus,* aufzudecken.

Die antithetische *varietas* Christi kulminiert in der Darstellung der beiden Naturen „dei et hominis“[295]. Nur als wahrer Gott könne er unser Heil bewirken, nur als wahren Menschen könnten wir ihn menschlich wiederlieben. Von seiner Menschwerdung an bis zur Sendung des Parakleten, der die Apostel „erneuert“[296], gebe er jeweils parallel und antithetisch lieber „factis quam verbis“[296] die Weise des Göttlichen und des Menschlichen kund (Punkt 8).

Aus dem Vorhergehenden ergeben sich wichtige Schlußfolgerungen. Die *varietas* bis zur Antithetik und augenscheinlichen Widersprüchlichkeit, mit der sich Christus darbietet, ist Ausdruck der Fülle seiner Persönlichkeit. Die vielfältige Wandelbarkeit zeugt für die absolute Freiheit und Souveränität seines Wesens, die sich eben in der Freiheit des Handelns, Sprechens, Berufens und Heilens erweist. Komplementär zu dieser *varietas* steht der Mensch, der *aliter-aliter* in betonter Gratuität dem heilenden Gott begegnet.

Zweitens zeigt sich, daß dieser Christus in seiner *varietas,* die ja eigentlich nur die *species* seines Wesens ausmacht, angenommen werden kann, ohne daß man ihn schon ganz versteht.

Die *varietas,* ja Widersprüchlichkeit des äußeren Scheins muß jedoch drittens zu ständigem Forschen, Meditieren und „Philosophieren“ anregen, auf daß eine *ratio* gefunden werde, die Schwierigkeiten dadurch zu klären, daß hinter dem Schein der *varietas* das Eigentliche und Einheitliche an ihm, in „Einklang“, „Harmonie“ und „Konsens“ spürbar wird. Diese Weise theologischen Forschens hat einerseits etwas Asymptotisches an sich und etwas mit einem gewissen Agnostizismus gemein, andererseits bedeutet diese Theologie schon Besitz, Festhalten und Erkenntnis in *specie,* in Bild und Gleichnis, *in orbe et consensu,* mit einem Wort in „Gestalt“.

3. Erlösungslehre: Ablehnung Jesu durch die Juden

Für alle, die um die faire und eindeutige Stellungnahme des Erasmus im Reuchlinstreit wissen[297], gehört dieser Abschnitt zu dem Sonderbarsten, das in der *Ratio* zu lesen ist. Das Kapitel könnte Anlaß geben, der Frage nachzugehen, inwiefern Erasmus den Judenhaß seines Jahrhunderts und aller Zeiten geteilt hat[298].

[296] „novantem“: W, S. 236; H, S. 216.

[297] Neuerdings: R. H. Bainton, *Erasmus and the Persecuted,* in: *Scrinium Erasmianum* II, p.197—202, mit einer kurzen, aber vorzüglichen Notiz darüber: p.197 f., Allen, II, p.72 (Mai 1515) an Kardinal Raffaelle Riario (1461—1521).

[298] Vgl. dazu G. B. Winkler, *Erasmus und die Juden,* in: *Festschrift Franz*

In unserem Zusammenhang geht es aber zunächst um die Schwierigkeit jedes Optimisten. Wenn ich Christus noch so überzeugend präsentiere, wie kommt es dann, daß er abgelehnt wurde und immer noch abgelehnt wird? Das Erlösungswerk Christi führt schließlich über das Kreuz. Dabei wird die Theologie des Erasmus nicht von einer vordergründigen Kreuzesmystik beherrscht[299]. Er versucht nun, das Thema von der *varietas* auch auf das Erlösungswerk Christi auszudehnen. Es geht thematisch darum, daß Christus „tot modis"[300] sein Heil anbietet und in gleichem Maße abgelehnt wird, die Berufung dafür aber an die „gentes"[301] weitergibt. So führt er die antithetische Ausformung des *varietas*-Themas auf den beiden Polen „Iudaei" und „gentes". Auf der einen Seite haben wir Ablehnung, auf der anderen Seite Annahme. Daß eine solche Antithese an sich schon zu einer gewissen Schwarzweißfärberei tendiert, ergibt sich aus der Natur der Sache. Dazu kommt noch, daß der Verfasser, die 20 plus 3 Beispiele, die er wieder in der Gattung der Beispielsammlung darbietet, rhetorisch zu einer Art Anklagerede gegen das „ränkevolle Geschlecht"[302] gestaltet. Das erreicht er stilistisch, indem er die antithetisch zitierten Beispiele mit Interjektionen durchsetzt, in denen er den ungläubigen Juden wie einen Angeklagten in der zweiten Person anspricht und damit dem ganzen eine dramatische Wirkung gibt. Dazu braucht es auch charakteristische und im Laufe der Rede gesteigerte Beschimpfungen. Man gewinnt den Eindruck, daß es ihm bei der ganzen Rhetorik um eine theatralische *show* geht, die er dann selber mit dem typisch Erasmischen Epiphonema am Schluß des Kapitels anwendet, verfremdet und abschwächt: „Nulli aetati desunt sui Pharisaei."[303] Damit nimmt er den Juden zur Zeit Jesu metaphorisch und versteht ihn bildlich für die Christen aller Zeiten, die Christus durch ihre Werkgerechtigkeit und Verstocktheit ablehnen. Das Theater, um das es hier offensichtlich geht, dürfen wir nicht übersehen, wollen wir die Stellen im Zusammenhang richtig deuten. Andererseits ist es kultur- und geistesgeschicht-

Loidl, Bd. 2, hr. V. Flieder, Wien 1970, S. 381—392. (= Sammlung „Aus Christentum und Kultur", Sonderband II). Die Antwort wird wohl eine gemäßigte Aversion sein, die Zeitklischees übernimmt, im übrigen von Toleranz gemildert und von allem Fanatismus frei ist. Es ist hier nicht der Platz, auf die andersgearteten, nicht sehr maßvollen Thesen von G. Kisch, *Erasmus' Stellung zu Juden und Judentum,* in: *Philosophie und Geschichte* 83/84 (1969), S. 5—39 einzugehen.

299 Gleichwohl findet sich auch diesbezüglich auffallend viel. Vgl. E.-W. Kohls, *Die Theologie des Erasmus,* Bd. 1, aaO, S. 84—86, S. 103—115.

300 Vgl. W, S. 236; H, S. 216, Einleitung.

301 W, S. 236; H, S. 216.

302 W, S. 236—238; H, S. 217.

303 W, S. 246; H, S. 220.

lich bedrückend zu wissen, daß ein Theater dieser Art zum Brauch gehörte und offensichtlich auch ankam. Einleitend heißt es: Christus habe auf mannigfache Weise zeigen wollen, wie sehr es ihm um die Treue zum ersterwählten Volk gegangen sei. Desungeachtet hätte er um ihre Herzenshärte und ihren falschen Gerechtigkeitsdünkel gewußt. Er wußte um dieses „genus calumniosissimum"[304]. Trotzdem wollte er als einer von ihnen geboren werden. Mit allen Mitteln habe er sie zu gewinnen versucht, er sei aber nur auf die Dreiheit „invidia, superbia, avaritia"[305] gestoßen.

Sie verfolgten Christus und brüsteten sich des Tempels. Die Magier beteten ihn an, der Jude Herodes verfolge den Knaben. Samariter, Zöllner, Heiden kämen zum Glauben. „Audis, superbe Iudaee, ...?"[306] Der Centurio zeige Demut: „Quid hic sentis, infelix Iudaee?"[307] Die Heiden hätten den Weg nach Jerusalem und die Bekehrung nicht gescheut, ein Zachäus habe Christus großzügig aufgenommen. „Audis, avare Iudaee, ...?"[308] Demütige Sünder würden den Erstgeladenen vorgezogen, und es wüteten die Juden. Sie murrten über die zuletzt Gekommenen. Sie pochten auf ihre guten Taten und seien unzufrieden mit dem barmherzigen Gott. Sie hätten kein Verständnis für die Sünde, daher auch nicht für die Barmherzigkeit. Wie launische Kinder finde sie der Herr, und die „pertinacia"[309] kennzeichne sie. Auch die Apostel seien vom „Iudaismus"[309] infiziert gewesen. Auch sie hätten schwer verstehen können, daß Jerusalem zu Sodoma geworden sei und man nun ein Nicht-Volk als Kinder Gottes bezeichne.

Die Juden brachten und bringen noch Jesus gleichsam auf die Anklagebank, daher müssen die Rollen getauscht werden. Die Kläger werden zu Beschuldigten, und der Angeklagte wird glänzend rehabilitiert.

4. Erlösungslehre: Annahme Jesu durch die Heiden

Das Heilswirken Jesu beginnt zwar in seinem Prozeß und in der darauffolgenden Verwerfung durch sein Volk. In dieser Anklagesituation erweist sich nun in äußerster Hilflosigkeit seine *innocentia*. Diese Lauterkeit, die niemandem schadet, wird nun zur eigentlichen Quelle überzeugender Wirksamkeit. Die Heiden nehmen ihn

304 W, S. 236—238; H, S. 217.
305 W, S. 238; H, S. 217.
306 W, S. 240; H, S. 217.
307 W, S. 240; H, S. 218.
308 W, S. 242; H, S. 218.
309 W, S. 246; H, S. 219.

an. Damit ist der Freispruch perfekt. Denn wer ihn als Gott anerkennt, befreit ihn von aller Schuld[310].

Thematisch folgt demnach auf die Ablehnung Christi seine Anerkennung: Anerkennung seiner Unschuld und Heiligkeit durch Anerkennung seiner Gottheit. Das ist der erste Schritt. Die entscheidende Folgerung daraus ist jedoch: Die „Unschädlichkeit" wirkt sich als Gewaltlosigkeit bei seiner Verkündigung aus. Daraus folgt endgültig, daß die Reform der Kirche mit den gleichen Prinzipien der Gewaltlosigkeit betrieben werden muß[311]. Von der *innocentia* Christi wird der einzig richtige Weg der Kirchenreform abgeleitet, nämlich die „lenitas"[312] der Verantwortlichen und ihrer Methoden.

Von den Biographen wird einmütig an Erasmus seine höfliche Menschenfreundlichkeit, sein versöhnliches Friedensbemühen und seine geduldige Toleranz gerühmt[313]. Diese seine *lenitas* war aber nur die eine Seite seines Wesens. Dieser entsprach ganz folgerichtig eine ausgeprägte Empfindsamkeit bei Kränkung des Ehrgefühls, bei Gewalttätigkeit und Freiheitsbeschränkung. Merkwürdigerweise bringt Erasmus gerade bei der Schilderung der *innocentia* Jesu eine, wie es scheint, autobiographische Notiz, die diese seine ganze Weltanschauung der Gewaltlosigkeit beleuchtet. Anfang aller *innocentia* sei die makellose Herkunft. Jesus stamme von rechtschaffenen und unbescholtenen Eltern. Denn die Grausamkeit der Menschen lasse den Kindern ihren Makel schwerer fühlen als den Eltern, die ihn verschuldet haben[314].

Wir gehen wohl nicht fehl zu bedenken, daß die Idee seiner *lenitas* unter anderem aus dem Erlebnis seiner illegitimen Geburt und einer Kindheit unter der Patronanz harter Vormünder zu verstehen ist. Wir begreifen auch aus seinem bekannten Bedürfnis, sich zu rechtfertigen (indem er unter anderem gerne Apologien verfaßt), daß er auch die Beschreibung der *innocentia* Jesu als ein Freispruchverfahren versteht.

In insgesamt 14 Beispielen von den Zeugen seiner Geburt, bis zum Täufer, den Dämonen und seinen Gegnern, bis zum Propheten-

[310] Vgl. das Epiphonema: „Nam quisquis deum agnoscit, liberat eum ab omni crimine." W, S. 250; H, S. 220.

[311] Gattungsmäßig haben wir es wieder mit wohlgeordneten und gezählten Beispielen und Beispielreihen zu tun. War aber der vorhergehende Abschnitt der Form nach eine Gerichtsrede, in der die Metaphern augenscheinlich vermieden werden, weil das Ganze ohnedies schon Bild genug war, so werden sie jetzt hier wieder verwendet, vor allem aber auch wieder die gezielte Sentenz, so daß das Ganze den Charakter einer epideiktischen Rede bekommt.

[312] W, S. 258; H, S. 223.

[313] Etwa J. Huizinga, *Erasmus*, aaO., S. 132 ff.

[314] W, S. 248; H, S. 220: Denn vom bösen Raben komme ein böses Ei.

bekenntnis der Samariterin und zum Gottesbekenntnis der Apostel werde seine Unschuld bekannt. Das Gottesbekenntnis bedeute einschlußweise Freispruch. Dazu kämen in 7 Beispielen die Hauptbeteiligten bei der Passion Christi: Von Pilatus über Judas, den Centurio und die verbrecherischen Pharisäer hätte man selbst unter dem Kreuz nichts Stichhaltigeres als die Frage der Tempelzerstörung gegen ihn vorzubringen.

Ebenso wichtig sei es zu beachten, auf welche Weise Christus die in so viele Religionen aufgespaltete Welt unter sein Gesetz bringen wolle. Nicht durch Krieg, Philosophie, Rhetorik, sondern durch Geld, Einfluß und Lust, „nihil ex humanis praesidiis“[315] wolle er verfälschen lassen, was einzig von Gott abhängig sein sollte. Er wolle durch Überzeugung wirken, etwa durch den Propheten-Konsens. Er überrumple nicht die Fassungskraft seiner Zuhörer, weil er um die Zählebigkeit der Traditionen wisse, und daß sie den Menschen teuer seien.

Sein Verzicht auf menschliche Machtmittel zeigte sich auch darin, daß er Ungebildete zu seinen Jüngern erwählte, Menschen, denen wie Thomas das Glauben schwer fiel, auch darin, daß er aus dem verbrecherischen, hartnäckigen und rebellischen Volk der Juden[316] stammen wollte. Auf den Schutz der Heimatstadt verzichte er. Er dulde das Gesetz. Um zu retten, habe er sich zu Menschen, Sündern und Juden gesellt. Er paßte sich denen an, die er an sich ziehen wollte[316]. Er siege durch Milde, „ipsa veritate“[317]. So schmeichle er sich ein und verstünde sogar Bestien zu zähmen. Selbst auf Lästerungen hin suche er mit Schriftzeugnissen zu antworten. Bei Wundern ziele er auf das Wohltun und den Glauben, nicht auf das Schaugepränge. Darum lasse er auch die Öffentlichkeit als Kontrolle zu. Gelitten habe er freiwillig und mit Vorherwissen. Seine unbestechliche Selbstlosigkeit mache ihn noch glaubwürdiger. Erfolg ließe er erst zu nach der Sendung des Geistes. Durch sein Blutzeugnis beanspruchte er Glauben für seine Lehre[318]. Dazu käme der schon behandelte „concentus totius vitae“[319] und die noch zu behandelnde Volkstümlichkeit der Sprache. Durch diese *praesidia*[320] habe er die Hartnäckigkeit der Juden, die Aufgeblasenheit der Philosophie Griechenlands und die Wildheit der Barbaren bezwungen, im Sinne von Is. 42, 1—4.

[315] W, S. 252; H, S. 221.
[316] W, S. 252; H, S. 222.
[317] W, S. 254; H, S. 222.
[318] W, S. 256; H, S. 223.
[319] W, S. 256; H, S. 222—223.
[320] W, S. 256; H, S. 223.

Erasmus will nun, daß durch dasselbe Gesetz der *lenitas,* wodurch die frühe Kirche „nata, aucta, constabilitaque est“[321], auch die in Verfall geratene wieder erneuert werde.

5. Erlösungslehre: Gewaltloses *ministerium* der Kirche

Wir beobachten bei Erasmus, dem „praktischen Theologen“[322], eine instinktive Fähigkeit, von der Theorie zur Praxis, von seinen theologischen Befunden zur christlichen und kirchlichen Lebensführung zu gelangen.

Dieser vorliegende letzte Abschnitt knüpft nun an die Reformforderungen des letzten an und verfolgt das Gesetz der *lenitas* und *accommodatio* in den Paulusbriefen. Erasmus formt daraus eine Art Tugendspiegel für Bischöfe behufs „vindicatio“[323] der in Bedrängnis geratenen Christenheit.

Der Abschnitt, der formal in etwa gehalten ist wie der vorhergehende, dient zugleich als Finale für das ganze Kapitel, so daß hier die Fäden noch einmal zusammenlaufen. Das gilt besonders für die *leading imagery.* Paulus reicht in Leben und Lehre „ad magistri formam“[323] am nächsten heran. Parallel zur Proteus-Allegorie[324] wird er daher mit einem Chamäleon verglichen[325], weil er sich jeder Situation richtig anzupassen weiß und so *allen alles* wird. Ähnliches sagt die Metapher von den Bestien aus, die durch Freundlichkeit zahm gemacht würden[326]. Dazu gehört der intensiv ausgeführte Vergleich mit dem Wein, der sich wohltuend in die Adern der Menschen einschmeichle, um sie so zu gewinnen[326]. In der Beispielsammlung wird die Areopag-Rede auch äußerlich durch die griechisch geschriebenen Zitate herausgehoben. Dabei wird das „σεβάσματα“[326] wegen seines Doppelsinnes[327] exemplarisch für das gesamte *varietas*-Thema. Mit Mitteln dieser Art „verdichtet“ der Verfasser das Kapitel tatsächlich zu einem Finale.

Das Bischofsamt ist für Erasmus Funktion und Dienst. Paulus hält den Amtsträgern, die Väter und nicht Herren sein sollen, durch sein Beispiel einen Spiegel vor.

Je nach Notwendigkeit sage Paulus Gegensätzliches von sich aus und verhalte sich auch dementsprechend: Er sei besser als die übri-

[321] W, S. 258; H, S. 223.
[322] Vgl. etwa R. Padberg, *Reformatio catholica,* aaO., S. 295.
[323] W, S. 258; H, S. 223.
[324] W, S. 230; H, S. 214.
[325] W, S. 258; H, S. 223.
[326] W, S. 260; H, S. 224.
[327] „ancipiti verbo, quod et in signa dei ac divorum quadret.“ W, S. 262; H, S. 225.

gen, sei jedoch nicht würdig, Apostel genannt zu werden. Er sei in den dritten Himmel versetzt worden, wisse jedoch wieder nichts als nur Christus den Gekreuzigten. Er schmeichle und drohe in einem. Nirgends maße er sich ein „dominatum"[328] an, er nenne vielmehr das Bischofsamt eine Funktion, ein „ministerium", ein „opus"[329]. Er verhalte sich wie ein Sklave und Bruder. Gewisse Bischöfe unserer Tage behandelten jedoch die Ihren wie gekaufte Sklaven, ja wie Kleinvieh! Wolle man wilde Tiere zähmen, müsse man sich ihren Eigenarten und „affectus"[329] anpassen. Der Apostel schmeichle sich ein wie guter Wein in den Körper.

Er schildere den selbstbewußten Römern ihre Laster unter fremder Maske. Er wisse die Athener richtig zu behandeln, indem er sie nicht gleich als „rasend" bezeichnet. Den Galatern sei er wie eine Mutter. Von den Römern fordere er Geduld für die Schwachen, von den Korinthern, daß sie nachgeben. Den Galatern mische er wie ein Mütterchen Strenge mit Milde[330]. Zu den Tessalonichern sei er streng, damit sie sich bekehrten. Dem Timotheus trägt er auf, seine Gemeinde wie Verwandte zu behandeln.

Allen Einwänden zum Trotz sei die „lenitas"[330] die rechte Tugend der Herrschenden. Diese wollten es jedoch mit ihr nicht wagen. Darum gehe es ihnen auch dann wie Jeroboam. Diejenigen, die „pro dominis patres"[331] genannt würden, seien nicht zum Zerstören, sondern zum Heilen da. Paulus fraternisiere sich mit den Sündern; Petrus nenne seine Mitbrüder im Bischofsamt Gefährten und Amtsgenossen und fordere von ihnen, daß sie nicht Herren, sondern Hirten seien. In seiner ersten Predigt sei seine „civilitas"[332] derart, daß er sogar das Verbrechen des Christusmordes mit Unwissenheit entschuldige. Was machten aber wir: Taub und blind für diese Lehre, für dieses Beispiel, schrecken wir nur und drohen wir, wir zwingen und lehren nicht, wir schleppen und führen nicht, indem wir alles auf unsere Ehre, auf unseren Vorteil beziehen. Mit einem Verlust für Christus finden wir uns schneller ab, als daß wir auch nur eine kleine Unze von dem Unseren beschneiden ließen. Willst du das Ergebnis wissen? Die Religion Christi, die einst weithin in Blüte stand, siehst du nun so in die Enge getrieben[332].

Erasmus sieht demnach im Gesetz der *lenitas*, das sich aus der *innocentia* Christi folgerichtig ergibt, die einzige Möglichkeit, die

[328] W, S. 258—260; H, S. 224.
[329] W, S. 260; H, S. 224.
[330] W, S. 264; H, S. 226.
[331] W, S. 266; H, S. 226.
[332] W, S. 268; H, S. 227.

Kirche evangeliengemäß zu reformieren. Die Bischöfe (nicht zu vergessen, daß diese Zeilen Kardinal Albert von Brandenburg gewidmet sind) können nur dann reformwirksam werden, wenn sie im Geist des *ministerium* durch dienende *accommodatio* der *magistri forma* entsprechen.

Die Herrschsucht der Bischöfe widerspricht diesem Vorbild des Meisters. Die Wiederherstellung der deformierten Kirche seiner Zeit sieht Erasmus nur in einer Besinnung auf die evangelischen Grundsätze und die eigentlichen Intentionen Christi gegeben, eine Auffassung, die für alle Zeiten ihre ausschließliche Berechtigung besitzt.

Die Forderung der Gewaltlosigkeit der Amtsführung für die Kirche wird theologisch gerade durch die *innocentia* Christi begründet, die ihrerseits der eigentliche Grund für seinen echten Erfolg ist. Denn sein Verzicht auf die äußeren *praesidia* schafft, vom Gnadenwirken abgesehen[333], erst die Möglichkeit zu einem freiwilligen *consensus* von seiten der Menschen.

Die *innocentia* ist ein anderes Wort für die innere Überzeugungskraft der *unitas in varietate.* Jesus überredet nicht durch rhetorische Kunststücke und logische Konklusionen, schon gar nicht zwingt er durch physische Gewalt.

Die Schwierigkeit bei dieser optimistischen Sicht des Heilsgeschehens bleibt, wie schon gesagt, das Problem des Kreuzes. Wenn Christus in sich diese Überzeugungskraft besitzt, warum wurde er dann abgelehnt? Auf der einen Seite liegt in seiner *innocentia* die eigentliche Wirksamkeit begründet, das beweise die Geschichte der jungen Kirche, die mit schwachen Mitteln die Gescheitheit der Philosophen wie die Wildheit der Barbaren überwunden hat. Andererseits kommt Christus mit dieser Eigenschaft gerade bei seinen Volksgenossen nicht an.

Von daher verstehen wir jetzt besser, warum Erasmus dem „Judenkapitel" besondere Aufmerksamkeit schenken mußte. Wenn Christus in sich so überzeugend und gewinnend wirkt, und er „tot modis"[334] seine Brüder dem Fleische nach gewinnen wollte, dann erscheint natürlich deren Ablehnung in noch schuldbarerem Licht. Dieser Ausgangspunkt ist durchaus mit den Motiven für den späteren Judenhaß Martin Luthers zu vergleichen. Die Ablehnung des Evangeliums bleibt eine Schwierigkeit für die innere Überzeugungskraft, für die „inneren Kriterien" der Offenbarung in Jesus, die eigentliche Ohnmacht und das eigentliche „Kreuz" der Botschaft.

[333] „totum caelo deberi voluit." W, S. 252; H, S. 221.
[334] Vgl. W, S. 236; H, S. 216.

Die Verurteilung der Juden wird zu einem verständlichen, intellektuellen Kurzschluß, der jedoch das Kreuz und die *innocentia* nicht konsequent zu Ende denkt.

Die Auffassung von der Verkündigung, Verwirklichung des Christentums, seiner Verteidigung und seiner Reform durch dienende *accommodatio* gehört zu dem überzeitlich Gültigen, was zu diesem Thema überhaupt geschrieben wurde.

Kapitel IV: Vera pietas

Die vollkommene Frömmigkeit des Christen

1. Sündenlehre: Die 9 *affectus* als Ausdruck der *fiducia nostri*

Wir verdanken den gründlichen Ausführungen von Alfons Auer[335] über das *Enchiridion,* daß man Erasmus nicht einfachhin als pelagianistischen Moralisten und als billigen Rationalisten einschätzen darf, wenn er diesen Einwand auch seinen Gegnern leicht macht.

Eines der wichtigsten Argumente Auers ist die Tatsache einer wohl ausdifferenzierten und tiefbegründeten Christozentrik bei Erasmus, worin dieser sogar die *Imitatio Christi* der Devoten übertreffe. Es gelingt nämlich Erasmus, über Thomas von Kempen (1379/80—1471) hinausgehend, auch die Welt in die Christusfrömmigkeit zu integrieren, was den Devoten ein ungelöstes Problem bleibt[336].

Diese Basis besteht nun auch für unser Kapitel weiter. Die Konstanz der Erasmischen Auffassungen über Jahrzehnte hinweg ist uns auch insofern wertvoll, als wir sehen, daß es sich bei unserem Proteus um kein modisches Schillern, sondern um eine überzeugte Lebenshaltung handelt. Was wir meinen den bleibenden Erkenntnissen Auers hinzufügen zu können, ist bei unserem Quellenbefund die perfekte Integration der *vita Christi* und der *vita Christiani,* in dem Sinn, daß die *innocentia Christi* nahtlos auch für die alltäglichen Belange des kirchlichen Lebens bestimmend wird. Wie es in unserem Kapitel einleitend heißt, sollen aus der Machtlosigkeit Christi die eigentlichen „praesidia"[337] des Christentums abgeleitet

[335] A. Auer, *Die vollkommene Frömmigkeit des Christen,* aaO., S. 103 ff. und 96 ff. u. a.

[336] A. Auer, *Die vollkommene Frömmigkeit des Christen,* aaO., S. 102.

[337] W, S. 268; H, S. 227.

werden. Die eigentlichen *praesidia* der Prediger Jesu bestehen, wie schon erwähnt, im Verzicht auf die *praesidia* der Macht.

Diese Verschmelzung von Christuswirksamkeit und täglichem Leben läßt sich zunächst auch an den formalen Strukturen der Komposition Erasmischer Prosa zeigen[338]. Gattungsmäßig haben wir es in den vorliegenden Abschnitten wieder mit Beispielsammlungen zu tun, (1) aus dem Leben Jesu, der „Christi fabula"[339], (2) aus der *vita Pauli,* (3) wieder aus dem Leben Jesu. Diese kompositorische Äußerlichkeit erwächst nicht einfach aus dem Zufall der Stoffverteilung. Abgesehen davon, daß die Paulusbriefe bekanntlich zum modischen Interesse der humanistischen Bewegung gehören, soll durch die Verhaltensweisen des Apostels gezeigt werden, wie der Jünger die *vera pietas* und damit die eigentliche *philosophia Christi* dadurch verwirklicht, daß er mit seinem Leben und seinen Lehren an die „forma Christi"[340] herankommt. Paulus und in betonter, aber stofflich deutlich abgeschwächter Weise Johannes und Petrus dienen diesbezüglich als Modelle für das Thema der *vera pietas.*

In unserem Kapitel sind deutlich drei Abschnitte erkennbar: (1) Sündenlehre oder besser die Lehre von den 9 ungeordneten *affectus,* die zu bekämpfen Voraussetzung für die *vera pietas* ist. (2) Tugendlehre: *fides et caritas*: als Grundlage der *vera pietas.* (3) Tugendlehre: Exempelsammlung: biblische *varietas virtutum* als Äußerung der *vera pietas* und Mittel zur Überwindung des „malum"[341] der reformbedürftigen Kirche, vor allem ihrer Führer.

Quantitativ stehen die drei Abschnitte im Verhältnis von etwa 3:4:2. Das bedeutet, daß (1) Sündenlehre ein Drittel des Ganzen gegenüber den zwei Dritteln von (2) und (3) Tugendlehre beansprucht. Aus dieser Materialverteilung allein zu schließen, Erasmus gebe den positiven Aspekten der Sittenlehre einen Vorzug, würde wohl zu weit führen. Augenscheinlich wird jedoch der Schwerpunkt auf (2) gelegt, dabei wiederum auf die Paulinische Lehre von den

[338] Daß die Übergänge von II. zu III., wie bereits eingangs festgestellt, auch äußerlich fließend sind, daß also die *innocentia*-Abschnitte vor allem mit dem genannten Kapitel IV. *Vera pietas* eine Einheit bilden, ist kein Nachteil, sondern als Ausdrucksmittel beabsichtigt. Wir finden bereits in diesen kompositorischen Daten die Tatsache angedeutet, daß die Gestalt Christi die *vera pietas* vorwegnimmt und verkörpert, daß alle Sittlichkeit des Menschen daher als eine Konsequenz der Begegnung mit der Person Christi anzusehen ist.

[339] W, S. 216; H, S. 209.

[340] „... ad magistri formam apostolorum vita doctrinaque respondeat", W, S. 258; H, S. 223, wie es zu Eingang des letzten Abschnittes des vorhergehenden Kapitels heißt. Vgl. fast wörtlich: W, S. 306; H, S. 241.

[341] W, S. 338; H, S. 252.

Tugenden und die Rechtfertigung *ex fide et caritate*[342], nicht „ex operibus“[343].

In (1) *Sündenlehre* können wir neun klar sichtbare und wohl geordnete Punkte finden, von denen 7. *fiducia nostri* auf den ersten Blick durch seine Länge auffällt. In diesen Punkt wurde die Hälfte des gesamten Materials von Abschnitt (1) hineingepackt. Diesen Umstand müssen wir wegen des Hauptthemas festhalten[344].

Von den sieben etwas weniger listenhaft angeordneten Punkten von (2) *Tugendlehre: fides et caritas* nimmt wiederum der Punkt 7. *totum malum e caeremoniis* genau entsprechend das gleiche Thema wieder auf, in dem eine falsche Zeremonialgerechtigkeit der in *fides et caritas* beruhenden *vera pietas* gegenübergestellt wird. Dieser Punkt ist quantitativ etwa gleich bedacht wie 7. *fiducia nostri.*

Da der Verfasser nicht kapitelweise, sondern wie bei einem Kunstwerk organisch aufbaut, scheint das Thema auch noch einmal im Anschluß an Punkt 2. *caritas* auf. So bekommen wir für den Abschnitt (2) zweimal deutlich den Rhythmus: *fides — caritas — caeremoniae.* Dieser steigert sich, wie es sich gehört, indem er 1. *fides,* 2. *caritas* klein einsetzt und hierauf anschwillt, indem das Paulinische *caritas*-Kapitel dreifach aufgefächert wird, und zwar: 4. *Paulus: caritas,* 5. *Paulus: Bruderliebe,* 6. *Paulus: Feindesliebe,* und dann, wie schon erwähnt, als Höhe- und Schlußpunkt: 7. *totum malum e caeremoniis.* Mit dieser Anordnung des Stoffes signalisiert der Verfasser schon vom Äußerlichen her eine Themenrichtung, die es noch in Einzelheiten zu verfolgen gilt, daß nämlich die *vera pietas* in den zwei „germanae“[345] *fides et caritas* gründet, und daß die Zeremonialgerechtigkeit die eigentliche Gefährdung der *vera pietas* ausmacht. Daher muß alle Erneuerung der Christenheit in diesem Punkt ansetzen. In diesem thematischen Zusammenhang stehen auch die zahlreichen „reformatorischen“ Passagen: vor allem die Schwerpunkte zu Ende von (1) *Sündenlehre,* anschließend an Punkt 9. *extremus affectus: mors,* dann (2) *Tugendlehre: fides et caritas,* Punkt 5. *Paulus: Bruderliebe,* das letzte Drittel, und dann

[342] (3) *Exempelsammlung* unterscheidet sich gattungsmäßig sehr deutlich von (2) *fides et caritas.* Dadurch wird ein Unterschied markiert, auf dessen Bedeutung wir noch zurückkommen werden. (3) ist anscheinend im Aufbau völlig regellos, soll als „Sammlung“ erscheinen und an 36 plus 3 Beispielen den *sensus moralis* (bei der Auslegung von Bibelstellen) exemplifizieren, was thematisch eigentlich schon zu den folgenden Kapiteln V. und VI. zählen könnte.

[343] W, S. 284; H, S. 233.

[344] Zu den 12 Beispielen über die Selbstgerechtigkeit kommt nämlich wiederum im Verhältnis 1:1 bereits eine kurze Abhandlung über die Paulinische Gnadenlehre.

[345] W, S. 308; H, S. 241.

vor allem 7. *totum malum e caeremoniis.* Zwischendurch gibt es dann noch kleinere „reformatorische" Aktschlüsse und Sentenzen, die das ganze organisch abrunden.

Damit war schon von den Strukturen her ein Thema gestellt, das in seiner entschiedenen Entlarvung aller Werkgerechtigkeit den Reformatoren den Wind aus den Segeln genommen hätte, andererseits aber durch die Koppelung der *fides* mit der *caritas* jedes einseitige *sola fides*-Verständnis von vornherein ausschloß.

Der, wie wir gesehen haben, sonst durchaus positiv verstandene Begriff des *affectus* bekommt in unserem Zusammenhang den Sinn von ungeordneter Begierlichkeit, und zwar vom Effekt her. Ziel alles sittlichen Handelns und aller Reform ist das *regnum coelorum.* Die Kirche müßte so reformiert werden, daß sie verdient, ein „regnum coelorum"[346] genannt zu werden. Die irdischen *cupiditates* richteten dagegen ein „regnum"[347] auf in denen, die die Welt liebten. Daher verhindern sie die Reform. Soweit klingt das noch sehr devot.

Die Prediger, die nach dem vorhergehenden Kapitel durch die *innocentia* Christi vorprogrammiert und für ein gewaltloses *ministerium* bestimmt sind, sollen nun genau jene „Ausrüstung"[348] bekommen, die ihrer Berufung artgemäß ist. Diese besteht nun darin, sie nicht vor Entsagung, Bedrängnis und Tod zu schützen, sondern ihnen gerade das zu geben, was sie verkünden sollen, nämlich das „Himmelreich", das heißt in diesem Zusammenhang auch die Befreiung von den angeführten 9 *affectus.*

Die Aufmerksamkeit des Lersers soll nun verschiedentlich auf den Punkt 7. *fiducia nostri* als den Höhepunkt des Abschnittes hingelenkt werden. Da ist zunächst die Anordnung der *affectus.* Zwei Dreiergruppen gehen voraus: 7. *fiducia nostri* leitet die letzte ein, die mit 8. *pudoris humani* (Menschenfurcht) und 9. *extremus affectus* (Todesfurcht) endigt. Die erste Gruppe entspricht in etwa der Platonischen ἐπιθυμία, ihre Gegenstände sind: Lust, Geld, Verwandtschaft, die zweite mit ihren *passiones irascibiles* in etwa dem Platonischen θυμός, ihre Gegenstände sind: Ehrenstellung, Adel des Blutes, Gewalttätigkeit. Es gibt also eine gewisse Steigerung der Begierlichkeiten, die dann im Verzicht auf die *fiducia nostri* in sich zusammenbrechen sollen, weil sie letztlich alle in dieser Selbstgefälligkeit gründen. 8. *pudoris humani* und 9. *extremus affectus* sind dann eigentlich nur mehr Epiloge, d. h. Haltungen, die nur

[346] W, S. 294; H, S. 236.
[347] W, S. 268; H, S. 227.
[348] „... praemunit ...": W, S. 268; H, S. 227.

dadurch ermöglicht werden, daß der Mensch das Heil nicht mehr von sich selbst, vielmehr allein von Gott erwartet[349].

Die eher sinnlichen Triebe[350] können auch eine Gefahr für das „negotium regni dei"[351] sein, aber Kirchenführer müssen nach Erasmus besonders auf die zweite Gruppe achten: Für das Streben nach Ehrenämtern und die Sucht des Geltungsdranges seien großzügige und freimütige Geister besonders anfällig. Christus habe gewußt, daß das auch die Pest der Kirchenführer sein würde. Wenn man die Begebenheit mit den Zebedäussöhnen läse, müsse sich der Papst der Diskrepanz dieser Stellen mit dem „ambitionis affectus"[352] bewußt werden. Das demütige und geringe Kind werde zum Vorbild. Er verurteile das Streben der Pharisäer nach Auszeichnung und ersten Plätzen. Dagegen verheiße er den Demütigen „requiem animabus"[353]. Denn: „Tumultuosa res est superbia, contendit de honore, vindex est, et dum nulli cedit, numquam a pugna vacat."[354] Welcher „homunculus"[355] schäme sich nicht, seinen Nacken angesichts der Erniedrigung Jesu in der Passion zu erheben, einer Erniedrigung allerdings, die zur höchsten „dignitas"[355] führe (Punkt 4).

Man finde es auch überall, besonders aber bei den Juden, daß sich Menschen wegen des Adels ihrer Abstammung aufblähten. Gott könne jedoch aus Steinen Kinder erwecken. „Omnis igitur Christianorum nobilitas recte factis aestimanda est, non stemmatis."[356]

[349] 7. *fiducia nostri* und die anschließenden drei Scholien (W, S. 294—296; H, S. 237) über Bischofsamt und Weltfrömmigkeit sind auch durch besondere Bildhaftigkeit hervorgehoben. Erasmus hielt die Passage für so wichtig, daß er wesentliche Teile, H, S. 232—235, noch 1520 einfügte.

[350] Schlemmerei und das Verlangen nach fleischlicher Lust prangere die Parabel vom reichen Prasser und vom armen Lazarus an. (Punkt 1). Das Streben nach Reichtum verurteile die Geschichte mit dem Scheunenbauer, die Rede vom Schätzesammeln, die Begebenheit mit dem reichen Jüngling und der Hinweis auf das Brotwunder (Punkt 2). Eine zu große Anhänglichkeit Eltern und Verwandten gegenüber halte auch nicht selten vom Streben nach Frömmigkeit ab. Christus verweise uns auf den himmlischen Vater. Seine Jüngerschaft verlange die Trennung von der Familie, falls es das „negotium regni dei", W, S. 270; H, S. 228, verlange. Er schmeichle nicht einmal seiner einzigartig lieben Mutter: in Kana, als Zwölfjähriger im Tempel, bei Mt. 12, 48, „Quae est mater?" und unterm Kreuz (Punkt 3).

[351] W, S. 270; H, S. 228.

[352] W, S. 272; H, S. 229.

[353] W, S. 274; H, S. 230.

[354] W, S. 274; H, S. 230. Durch gnomische Gebilde dieser Art lenkt der Verfasser die Aufmerksamkeit auf diesen ersten Punkt der zweiten Dreiergruppe.

[355] W, S. 274; H, S. 230.

[356] W, S. 276; H, S. 230.

Daher würden Samariter und Heiden denen vorgezogen, die sich für Halbgötter hielten (Punkt 5).

Von den Gewalttätigen fordere er Sanftmut und Verzeihen. Die ihre Mitknechte würgten, Prozesse gegen sie führten und sie mit Feuer vom Himmel zu vernichten strebten, wüßten nicht, wes Sinnes sie sind (Punkt 6).

Die Wurzel aller dieser Übel ist jedoch die *fiducia nostri*. Pharisäische Selbstgerechtigkeit widerspricht nach Erasmus der Tatsache, daß Gott allein gut und alle Gerechtigkeit des Menschen wie ein blutbefleckter Monatslappen ist. Wahre Gerechtigkeit wisse nicht um ihr Gutsein, wie die Gerichtsszene zeigt „Hoc est certissimum verae pietatis argumentum, si conatus pro viribus omnis tibi videaris expers pietatis."[357] Die *fiducia nostri* führt, wie das Beispiel des Petrus und der anderen Jünger zeigt, zur Apostasie. Petrus sei in dieser Hinsicht zum Modellfall geworden. „Vox illius vox erat omnium."[358] Denn alles Heil kommt für die Reben vom Weinstock.

Dieses Übel hängt aber sokratisch gesehen mit dem jeweiligen Stand der Bildung zusammen. Je weniger Bildung, desto größer das falsche Selbstvertrauen[359]. Auch Paulus verabscheut diese Fehlhaltung aus einem ähnlichen Grund: Die Selbstgefälligkeit mache die Ihren nicht nur „indoctos, verum etiam indociles"[360]. Christus schafft in uns Gerechtigkeit, Frieden und Weisheit. Mißtrauen für die eigenen Kräfte bedeutet Vertrauen auf Gott (Punkt 7)[362]. Erasmus fühlt sich, in letzter Folgerung seiner paulinischen Sicht vom Heil, aus eigener Kraft nicht fähig zum Martyrium, was wir an ihm eher loben als übel ankreiden sollten[363].

357 W, S. 280; H, S. 231.

358 W, S. 282; H, S. 232.

359 Das sei an dem Sprichwort zu verifizieren, daß man jene als wilde Bestien zu betrachten habe, welche die sieben freien Künste in einem Jahr zu persolvieren glauben. Ebenso fühlten sich Studenten zuerst als Weise, dann als Philosophen und schließlich als Ungelehrte, je nachdem, ob sie kürzer oder länger in Athen verweilt hatten. W, S. 282; H, S. 232 (Einschub 1520).

360 W, S. 284; H, S. 233.

361 W, S. 284; H, S. 233.

362 W, S. 288; H, S. 235.

363 Die Überwindung der Menschenfurcht fiele oft denen schwer, denen Lust und Reichtum keine Gefahr bedeute. Und doch hätten die Jünger lernen müssen, daß sie nicht über dem Meister sind und daß sie, erst geschlagen und entehrt, und sich im Kreuze rühmend, den Herrn wahrhaft bekennen können (Punkt 8). Mit diesem Punkt hängt die Frage der Todesfurcht innerlich zusammen. Zur Überwindung dieses Affektes sei in besonderem Maße nur Gott fähig, dem kein Ding unmöglich ist. Tyrannen und Henker könnten unsere Seele nicht töten. Das sei ebenso eine Sache des Vertrauens wie die Hoffnung, daß Gott den Angeklagten Beredsamkeit und „apologia", W, S. 290; H, S. 235, gewähren würde (Punkt 9).

Alfons Auer[364] konnte in seinem Kapitel *Christozentrik und Moralismus* schon im wesentlichen zu den Schlußfolgerungen kommen, die wir zu geben in der Lage sind. Er hat auch den vielfältig erbrachten Vorwurf des unreligiösen Ethizismus in sehr differenzierter Weise auf Grund seines Quellenmaterials zurückgewiesen. Wir können mit Hilfe unserer Texte nur ergänzen und Schützenhilfe anbieten.

Wenn wir in diesem Zusammenhang schon von Gnadenlehre sprechen wollen, dann hinsichtlich einer die Ausführungen Auers stützenden wichtigen Nuance. Erasmus sieht Heil als *fiducia dei* und Unheil als *fiducia nostri.* Alles Heil besteht in einer persönlichen Beziehung. Im Augenblick seiner Selbstgefälligkeit trennt sich Petrus von Christus, von daher seine Apostasie. In seiner Sorge um die Gemeinden, also wieder in einer persönlichen Relation, erlebt der Apostel, daß er der Kraft Christi nur in der Schwäche teilhaftig wird[365].

Das souveräne Heilswirken Gottes läßt das Gutsein des Menschen vor dem Gutsein Gottes erblassen. Beidemal wird „gut" höchstens im analogen Sinn gebraucht. Die Theo- und Christozentrik besteht eben gerade darin, daß sittliches Gutsein aus Christi Heilswirken stammt und in ihn mündet. Der Gedanke der Souveränität wird aber gerade durch die persönliche Inplantation gemildert, auf die Erasmus großen Wert legt[366]. Alle Überwindung der *9 affectus* hat nur diese Einwurzelung in Christus zum Ziel.

Erasmus macht theologische Erörterungen sogleich zu praktischen Anweisungen für die Kirchenreform. Im selben Jahr, in dem die *Ratio* erstmals erschien, hatte der einflußreiche Humanistenmäzen auf dem Mainzer Bischofsstuhl auch noch das Kardinalat kumuliert. Ihm war auch das folgende Scholion gewidmet: Die angeführten Begierlichkeiten hinderten auch die Bischöfe, jene Maßnahmen zu ergreifen, die für das Heil der Seelen wirklich die nützlichsten wären. Der böse *affectus* flüstere ihm ein: Das ist schlecht für deine Einkünfte. Da beleidigst du deinen Fürsten. So wirst du nie Kar-

364 A. Auer, *Die vollkommene Frömmigkeit des Christen,* aaO., S. 116—119, S. 114 f. Auch über das neuplatonische Vokabular im Menschenbild des Erasmus hat derselbe Autor, ebd. S. 73—79, trefflich abgehandelt. Zum Unterschied vom *Enchiridion* sind in unseren Texten die neuplatonischen Kategorien nicht mehr sehr vordergründig, eher selbstverständliches Kolorit.

365 Epiphonema zu Abschluß des Punktes 7: „Nemo verius fidit deo, quam qui suis praesidiis omnino diffidit. Nulli plus adest roboris, quam qui numinis ope totus nititur." W, S. 288; H, S. 235.

366 In 7. *fiducia nostri* bringt er jeweils an Schlüsselstellen, W, S. 280; H, S. 232 und W, S. 288; H, S. 234, das Weinstockgleichnis, Jo. 15, 2 ff., und das Ölbaumgleichnis, Röm. 11, 17 ff.

dinal. Man wird dich für dumm halten. — Die Bischöfe sollten sich wie die Apostel anpassen, sie brauchten nicht zu provozieren. Wenn es aber die Sache Christi verlangt, müßten sie auch bereit sein, Nachteile, ja auch den Kopf zu riskieren[367].

Erasmus ist ein Freund pastoraler „accommodatio"[368], aber er sieht das *regnum dei* durch eine ungezügelte Verweltlichung der Amtsträger gefährdet. Er will jedoch schon gar nicht religiösen Fanatismus und gewalttätige Bekehrung: Die Apostel hätten die Laster ihrer Zuhörer nicht einfach angeprangert, nur eingeladen hätten sie „ad Christum, ad vitae novitatem, ad salutem"[369]. Aber trotzdem verlange die Sache Christi auch einmal den Widerspruch und das äußerste. Erasmus hat die schillernde Polarität der Begriffe Weltlichkeit und Weltflucht derart gegenwärtig, daß er bereits im Nebensatz abschwächen und modifizieren muß, was er im Hauptsatz behauptet hat.

Erasmus drückt sein Wissen um die Ambivalenz alles Weltlichen mit dem Paulinischen „als ob", 1 Kor. 7, 29 ff., aus. Wenn du reich bist, wäre es vielleicht nicht richtig, das alles wegzuwerfen. Man besitze den Reichtum „contemptim"[370], als ob man ihn nicht hätte. Ein Verlust könnte dann nicht erschüttern. Das gleiche gelte für die einflußreiche Familie, für die vornehme Gattin, für die Gunst des Fürsten. Man benütze diese Werte für die Sache Christi. Man könne sogar das Übel der Hofgeschäfte genießen; man möge nur warten, daß sich eine Gelegenheit zum Gutestun bietet. Letztlich sei aber das „otium"[371] der Maria beneidenswerter als die Geschäftigkeit der Martha.

Als Erasmus solches schrieb, mag er an die Rolle seines Freundes Thomas Morus gedacht haben. Andere „Höflinge", wie der schon erwähnte Kanzler des Erzbischofs von Mainz, der spätere Straßburger Reformator Wolfgang Fabricius Capito (1478—1541), hatten bekanntlich bis 1523 im Sinne der Erasmischen Ideen zu vermitteln gesucht und tatsächlich auf ihren Herrn mäßigend gewirkt[372].

367 W, S. 292; H, S. 236.
368 W, S. 292; H, S. 236.
369 W, S. 292; H, S. 236.
370 W, S. 292; H, S. 236.
371 W, S. 294; H, S. 236.
372 Neuerdings: A. Ph. Brück, *Kardinal Albrecht von Brandenburg, Kurfürst und Erzbischof von Mainz,* in: Der Reichstag zu Worms von 1521. Reichspolitik und Luthersache, hr. F. Reuter, Worms 1971, S. 257—270, S. 264 ff. Der Verfasser entkräftigt auch endlich die Legende vom Lutherfresser Albrecht, ebd. S. 263 f.

2. Tugendlehre: *fides et caritas* als Ausdruck der *fiducia dei* und Kriterium der wahren Christenheit

Etwas wie Rechtfertigung gibt es für Erasmus nur, wenn wir von der *fiducia nostri* zur *fiducia dei* gelangen. Das heißt also zunächst im Sinne der *innocentia* und des *ministerium* ein Aufgeben der *humana praesidia*. Diesen ganzen Heilsvorgang hin zur *fiducia dei* nennt nun Erasmus mit dem „Zwillingsbegriff" *fides et caritas*. Denn die neue Öffnung aus seiner Ich-Verschlossenheit hin zum Gottesglauben konkretisiert sich für den Menschen dadurch, daß er plötzlich anfängt, sich bei seinem Nächsten „wohl verdient zu machen", d. h. die *caritas* zu leben: „Fides praestat, ut nobis diffisi fiduciam omnem collocemus in deo. Caritas hortatur, ut de omnibus bene mereamur."[373]

Laster und Sittenverderbnis der Christen ist für Erasmus Ausdruck für einen Mangel oder wenigstens eine Schwäche im Glauben: „Tanta res est fides, ut ex huius vel inopia vel imbecillitate fere nascatur, quicquid vitiorum Christianorum mores corrumpit."[374] Ohne sich auf scholastische Distinktionen über die Weisen der *fides* einzulassen, zeigt er an Hand von 14 Exempeln ganz simpel die jeweilige heilswirksame Hinwendung des Menschen zu Christus, wobei es weniger auf einen Glaubensinhalt im Sinne einer *fides quae* als in einem Akt des Vertrauens im Sinne einer *fides qua* ankommt. Von daher braucht es keine langen scholastischen Distinktionen, um die „Zwillingseinheit" der *fides* mit der *caritas* herzustellen.

Christus ist nicht wegen eines „regnum" oder einer „philosophia"[375] zur Erde herabgestiegen, sondern um einen Brand zu entfachen. Schon die natürliche Liebe sei groß. Aber verglichen mit der Liebe Christi ist sie Eis. Diese Liebe sei stärker als der Tod. Es sei das Unterscheidungszeichen seiner Jünger. Gott sei die Liebe; von diesem falle ab, wer von der Liebe abfällt. Verlange er von uns nach Mt. 25 ein schäbiges Gewand, Fasten, bestimmte Speisen, her-

[373] Mit diesem Enthymema knüpft der Verfasser bei Punkt 7 *fiducia nostri* an: W, S. 298; H, S. 237.

[374] Epiphonema zu Ende des Punktes 1 *fides*: W, S. 300; H, S. 238. Bei allem Wunderwirken Jesu stehe die Frage des Glaubens im Mittelpunkt. Dem Lahmen rechne er sogar den Glauben seiner Begleiter an. Ähnliches gelte für die Blinden und die Blutflüssige. Angst und weltliche Sorge hindere oft das Heilswirken. Die „fiducia", W, S. 298; H, S. 237, dagegen helfe der Kananäerin, den Aussätzigen, dem königlichen Beamten. ὀλιγοπιστία, kleiner Glaube, müsse an den Jüngern getadelt werden. In diesem Glauben, der Berge versetzt, erscheint Hilfe in aller Not, Stille nach dem Sturm und Leben im Tod (Punkt 1).

[375] W, S. 300; H, S. 238.

untergeleierte Psalmen, „eruditio“[376] oder Wunder? Vielmehr fordert er die „officia caritatis“[376]: Hungrige zu speisen, Nackte zu bekleiden und Gefangene zu trösten.

Für Erasmus sind die Werke die notwendige Krönung des Glaubens. In dieser Richtung besteht für ihn kein Problem. Dagegen bekämpft er Werkfrömmigkeit permanent im Sinne der Zeremonialgerechtigkeit. Sie ist für ihn von seiten der Verantwortlichen ein Mittel der geistlichen *tyrannis,* von seiten des kleinen Mannes Ausdruck aber der *superstitio.* „Zeremonien“ sind obendrein schuld an den Spaltungen: Für heutige Ohren klingt die Polemik zunächst überspannt.

Nirgends sind im Neuen Testament Zeremonien gefordert. Im Gegenteil, sie seien dem Gebot der Liebe entgegengesetzt: „Ex caeremoniis oriuntur dissidia, ex caritate pax.“[376] Gegen kleinliche Werkgerechtigkeit heißt es: „Misericordiam volo et non sacrificium“[376]. Auch für den Sabbat gelte das „caritatis officium“[376]. Doch diese obskuren „homunculi“[377] verbäten das Fleischessen, selbst wenn damit die Menschen in Gefahr kämen[378].

Daß die Übertretung des Fastengebotes Anlaß für Verfolgung und Hinrichtung sein konnte, wußte vielleicht Erasmus 1518 noch nicht, mußte ihn aber vier Jahre später in einem überaus grausamen Fall zutiefst beeindruckt haben. Ein gewisser Sigmund oder Sigismund, erfolgreicher Chirurg und „Steinschnîder“, hatte am Palmsonntag des Jahres 1522 in seinem Haus zu Basel eine Gruppe von Gästen eingeladen, die ostentativ das Fastengebot durch den Genuß von Schweinefleisch brachen, nachdem sie in der vorausgehenden Quadragesima die Schafsknochen beim Fenster hinausgeworfen hatten. Dies endete für Sigismund, dem man nach Erasmus schon wegen seiner erfolgreichen Blasenoperationen das Leben hätte schenken müssen, mit einem grausamen Martertod, nachdem er sich unvorsichtigerweise auf Habsburger Territorium begeben hatte[379].

376 W, S. 302; H, S. 239.

377 W, S. 302; H, S. 240.

378 Sie gestatteten etwa Fleischbrühe, Fleischspeisen selbst aber untersagten sie. Nachsichtigere gestatteten auch Eingeweide. Bisweilen ließen sie Milchspeisen zu, aber von Eiern hielten sie ab. Man könne das alles als Ausdruck der Frömmigkeit dulden, wenn nur die „fraterna caritas“, W, S. 304; H, S. 240, dabei nicht verletzt würde. Christus habe wiederholt gezeigt, daß der Sabbat des Menschen wegen da sei und nicht umgekehrt. Daher dürften auch wir nicht riskieren, daß ein Christenmensch zugrunde geht. Es sei nicht richtig, die „sanquine Christi liberos“, W, S. 306; H, S. 241, mit Gesetzen, schwerer als den jüdischen zu belasten (Punkt 2).

379 R. H. Bainton, *Erasmus and the Persecuted*, in: *Scrinium Erasmianum* II, p.201 f. mit entsprechenden zeitgenössischen Quellen. Erasmus berichtet den Vorfall: *In Epistolam Des. Erasmi Roterodami de delectu ciborum ad*

So konnte für Erasmus auch das Fasten Ausdruck unchristlicher Zeremonialgerechtigkeit sein, das er mit Recht als Verstoß gegen die *vera pietas* und die evangelische *caritas* ansah. Die „Zeremonien" läßt er nur dann gelten, wenn sie nicht gegen die Bruderliebe verstoßen.

Soweit deckt sich der Erasmische Glaubensbegriff mit dem, was sich in anderen Schriften findet[380]. Seine *simplicitas* der Glaubensdarstellung überspielt Probleme wie Glaube und Werke, *sola fides* und Gratuität, die in der späteren Kontroverstheologie noch eine Rolle spielen. Er vermeidet bewußt die „streitsüchtigen" *distinctiones*.

Jene, die sich mit Stolz „vicarii Christi"[381] nennen, könnten die *vera pietas* nur erlangen, wenn sie sie in diesem Sinne den Aposteln nachahmten, wie er nach 1 Kor. 4, 16 Christus nachahme. Dieser bilde nämlich auch eine „forma"[382] der wahren Frömmigkeit namentlich für Bischöfe. Die Briefe Pauli seien voll vom Lob der „Zwillinge" *fides et caritas,* der Bannerträgerinnen „pietatis universae"[383]. Die Juden seien nur deshalb verworfen worden, weil sie nicht „ex fide, sed tamquam ex operibus"[384] Heil haben wollten. Daher sei alles Sünde, was nicht aus dem Glauben komme. Der Glaube sei das „vehiculum"[384], das zum Heil führe.

Wenn wir uns an die Glaubwürdigkeitsargumente der drei kleinen *praefationes* erinnern, wissen wir, daß diese fundamentale Annahme, die wir im Erasmischen Glaubensbegriff vor uns haben, keinen unvernünftigen Köhlerglauben darstellen, ungeachtet folgender Wendungen: Paulus nenne diesen Glaubensgehorsam „ὑπακοήν"[384], der in einer schlichten Annahme der Verheißungen Christi bestehe, unter Verzicht auf seltsame Argumente und Nachforschungen. Diesem gnadenhaften Glauben für alle widme er in Hebr. 11 sein „encomium"[385]. Die Argumente hatte Erasmus durch seine in den *praefationes* geleistete *persuasio* geliefert. Ich meine

Christophorum episcopum Basiliensem, scholia eiusdem defensoria, ed. J. Coppens, in *Scrinium Erasmianum* II, p.599—620, p.600 f.

380 Vgl. etwa R. Padberg, *Erasmus als Katechet,* aaO., S. 75—82 und die entsprechenden kritischen Bemerkungen S. 81 f., die nach unseren Texten voll zu bestätigen sind.

381 W, S. 306; H, S. 241.

382 W, S. 306; H, S. 241.

383 W, S. 308; H, S. 241. In Röm. 15, 13 habe er drei Heroinen vereinigt: „fidem, spem et caritatem." W, S. 308; H. S. 242. Die Römer würden wegen ihres Glaubens in der ganzen Welt gerühmt. Für Abraham nenne der Apostel den Glauben als „iustitiae summam", W, S. 308; H, S. 242.

384 W, S. 310; H, S. 242.

385 W, S. 312; H, S. 243. Ende von Punkt 3.

daher, daß wir selbst das Wort „Fideismus" für den Erasmischen Glaubensbegriff entbehren können[386].

McConica[387] hat in der schon erwähnten vorzüglichen Untersuchung jüngst wiederum mit Nachdruck gezeigt, wie Erasmus in der Auseinandersetzung und im endgültigen Bruch mit Luther um 1526 bewußt die Unterschiede in der *fides quae* zurückstellt. Gleichwohl hat er auch darum gewußt, wie heftiger Streit um den freien Willen aus dieser Zeit beweist. Aber in seinem die *fides qua* betonenden Glaubensbegriff, findet er die Voraussetzungen für ein christliches Gespräch in *caritas, pax* und *concordia,* die ihm eine Wesensbestimmung der wahren Religion sind. *Tumultus, seditio* und Friedensbruch werden für Erasmus Kriterien religiöser Unwahrheit. Er sieht die *pax* als Kriterium der wahren *religio* in besonderem Maße bei Paulus vorgezeichnet:

Paulus duldet keinerlei Spaltung. Friede sei sein und des Fürsten des apostolischen Senats stereotyper Gruß. (Der Bruderkuß sei vor allem geistig aufzufassen. Sonst sei das vulgär.) Das immer wiederkehrende „εἰρηνεύετε"[388] weise darauf hin, daß für ihn Gott ein Gott des Friedens und nicht der Heerscharen ist. Christus sei deshalb unser Friede, weil er wesenhaft „μεσίτης"[389] sei, Versöhner der Gegensätze. Die Liebe zeige die Anwesenheit Gottes, sie sei das Erkennungszeichen seiner Jünger und die Erfüllung des Gesetzes. Gesetze nützten nichts, wo die Liebe erkaltet[390].

Nach Erasmus muß sich ferner die Liebe als „concordia et pax"[391] in der christlichen Gemeinschaft äußern. Sie sei zunächst „φιλαδελφία"[392], Bruderliebe. Das Unkraut der Zwietracht wird dagegen durch einen falschen Religionsbegriff gesäht: Den Juden sei sogar Gott Anlaß zur Zwietracht gewesen. Es gebe so viele Religionen und eine jede erhebe Ansprüche. Gott habe jedoch nur die jüdische und damit die Zwietracht verworfen. Denn es gebe nur eine Religion, das sei der Friede. Und wo der Friede fehle, da sei es auch um die Religion schlecht bestellt. Diesen müsse man vor allem auch in den heiligen

386 R. Padberg, *Erasmus als Katechet,* aaO., S. 77 f., will nur eine „Neigung" zum Fideismus andeuten und im übrigen gegen den Vorwurf eines rationalistischen Glaubensbegriffs abgrenzen.

387 J. K. McConica, *Erasmus and the Grammar of Consent,* in: *Scrinium Erasmianum* II, aaO., p.80 ff.

388 W, S. 314; H, S. 243.

389 W, S. 316; H, S. 244.

390 W, S. 318; H, S. 245: Weil er die Christen zur Eintracht berufen sehe, wolle er auch, daß „imparia matrimonia", 1 Kor. 7, 12 ff., in Frieden beisammen blieben und getaufte Sklaven, 1 Kor. 7, 15, mit ihren Herren aushielten (Punkt 4).

391 W, S. 318—320; H, S. 245.

392 W, S. 324; H, S. 247.

Studien pflegen, indem man den Stolz, die Quelle alles Unfriedens meidet. Paulus verabscheut Spaltungen und Streit vor alleim im Zusammenhang mit dem Herrenmahl und mit den verschiedenen Gnadengaben, weil wir durch die eine Taufe in einem Herrn zu einem Leib als neue Schöpfung zusammengefügt seien. Alles, was dem nicht entspräche, sei nicht Herrendienst, sondern Bauchdienst[393].

Für den Verfasser der *Colloquia* endet nur dort die Toleranz, wo durch das Fehlen der *pax* ein Gespräch unmöglich geworden ist. „... illic erit Erasmus, ubicumque erit Evangelica pax."[394] Dagegen ist er nach dem Vorbild Pauli in der Ablehnung eines fanatischen und intoleranten Wahrheitsbegriffs bereit, bis an die Grenzen des Möglichen zu gehen.

Paulus sei deswegen allen alles geworden und agiere gleichsam den Vielfüßler-Polypen, weil nach dem Komödiendichter „obsequium"[395], (d. i. Dienst, Gefälligkeit, Gehorsam, Hingabe, Liebe) Freunde, Wahrheit dagegen Haß erzeuge. So freue er sich mit den Freuenden, er weine mit den Weinenden, er brenne mit den Beleidigten, er werde schwach mit den Schwachen. Das sei nämlich auch ein „obsequium pietatis"[396], wenn sich einer beliebig einer fremden Schwäche oder Meinung anpasse. Dieses Ideal des *obsequium,* das

[393] Indem Paulus die Pest der Spaltung bekämpft und die „φιλαδελφία", W, S. 324; H, S. 247, den Glaubensgenossen gegenüber fördert, so wisse er, daß sich die Liebe auch auf die Fremden richten müsse. Daher fordere er, daß man nicht Böses mit Bösem vergelte, daß man dem Zorn nicht Raum gebe und mit allen Menschen in Frieden lebe. Die Gewalttätigen, die „feroces", W, S. 326; H, S. 248, würden nie auch nur ein wenig auf ihr Recht verzichten, und es fände sich immer ein Titel für die Gewalt. Wir sollten aber nicht fluchen und das Böse durch das Gute besiegen. Was machten dagegen die Vorsteher der Kirche. Unter dem Vorwand der Frömmigkeit, „quae scelestissima nocendi ratio", W, S. 326; H, S. 248, durchbohrten sie mit den tödlichen Giftstacheln ihrer Zungen die Verdienten. Es sei Kreuzesnachfolge, die Fluchenden zu segnen. So spiele Paulus den Polypen, W, S. 328; H, S. 248: „polypum agens", indem er sich den Schwachen anpasse und so allen alles werde. Das sei die wahre Frömmigkeit (Punkt 6).

[394] Allen, IV, p.442. J. K. McConica, *Erasmus and the Grammar of Consent,* in: *Scrinium Erasmianum* II, aaO., p.90 u. a., sieht im Erasmischen *sermo,* „dialogue", Gespräch zum Unterschied von *verbum,* ein friedenstiftendes Prinzip.

[395] Terenz, *Andria* 68: „obsequium amicos, veritas odium parit", W, S. 328; H, S. 248. Zu Ende unseres Abschnittes und als Übergang zum großen Reformations-Scholion (Punkt 7). Wir haben es in diesem Abschnitt mit einem überaus kunstvollen Gewebe zu tun, das in sehr folgerichtiger, äußerlich jedoch fast beiläufiger Weise bemerkenswerte Aussagen birgt. Zitate dieser Art sind, wie wir schon zur Genüge feststellen konnten, niemals bloß beiläufig gesetzt. Es hat in unserem Fall die Funktion, den Abschnitt in seiner Aussage wie in einem Brennspiegel zusammenzufassen.

[396] W, S. 328; H, S. 248.

Liebe, Glauben, Glaubensgehorsam und das Signalwort „ὑπακοήν“[397] als das griechische Äquivalent einschließt, versteht Erasmus als pastorale *accommodatio*.

Das „Chamäleon“ und der „Polyp“ Paulus treibt seine *accommodatio* nicht nur um der moralischen Schwäche seiner Zuhörer willen. Er paßt sich sogar ihrer *opinio*[398] an. Damit riskiert er geradezu das, was man Wahrheit nennt. Er sichert sich zwar gleich wieder ab. Wahrheit ist für ihn mehr als ein intellektuelles Spiel: Es ist tägliches Mitfühlen und Zusammenleben mit anderen: Er freue sich mit den Freuenden. ... Er sei schwach mit den Schwachen. — Immerhin geht es um ein gewisses Risiko an Wahrheit. Jedoch die *accommodatio* aus Liebe bedeutet die eigentliche Verwirklichung der Wahrheit. Der Schauspieler, der sich wie ein Chamäleon verwandelt, könnte auch als Lügner gelten. Aber um des Eigentlichen der Wahrheit willen wird dieses Risiko vom Christen gefordert. Deshalb ist auch der zweite Satz des Verses *veritas odium parit* nicht einfach nur ein Füllsel. Haß und Zwietracht sind für Erasmus, wie gesagt, Kriterien der Unwahrheit. Denn „pax est nostra religio“[399]. Wenn Erasmus dabei von Wahrheit spricht, geht es ihm um religiöse Wahrheit im Sinne rechter Theologie und Frömmigkeit. Daher wird auch die Frage vom Christentum und der vielen Religionen in unserem Abschnitt nicht zufällig besonders akzentuiert.

Dort, wo die Wahrheit von Gott zum Anlaß des Unfriedens gemacht wird, verliert sie jeden Anspruch als Wahrheit und als Religion. Alle Religionen sind akzeptabel, sofern sie sich für den Frieden, das Gespräch und damit auch für das, was wir Toleranz nennen würden, offen halten. Die Juden sind nach ihm nur deshalb verworfen worden, weil für sie Gott „dissensionis occasio“[399] gewesen sei. Erasmus spricht in diesem Zusammenhang etwas unerhört Dialogisches über die Wahrheit aus. Wahrheit und damit Religion existiert nicht satzhaft für sich, sondern immer mit dem Bezug auf Leben und vor allem zu den anderen, zu Freund und Feind. Die Verwirklichung der eigentlichen *pietas* und damit des eigentlichen

[397] W, S. 310; H, S. 242. Wir haben fast in jedem Punkt des Abschnittes ein „Signalwort“ dieser Art, das den jeweiligen Punkt charakterisiert. Schon in Punkt 1: *fides*: „ὀλιγοπιστία“, W. S. 298; H, S. 238, *per viam contrarii*. Punkt 2: *caritas* weist keines auf. Punkt 3: *Paulus: fides*, nochmals: „ὑπακοή“, W, S. 310; H. S. 242. Punkt 4: *Paulus: caritas* hat zwei „εἰρηνεύετε“, W, S. 314; H. S. 243, und „μεσίτην“, W, S. 316; H. S. 244, den Versöhner und so Friedensstifter. Am Übergang von Punkt 5: *Paulus: Bruderliebe* zu Punkt 6: *Paulus: Feindesliebe:* das „φιλαδελφίαν“, W, S. 324; H, S. 247. Das Terenzzitat mit dem „obsequium“ inkludiert nun sinngemäß alle diese Wörter und damit den ganzen Abschnitt.

[398] W, S. 328; H, S. 248, als letztes Wort des Abschnitts.

[399] W, S. 320; H, S. 245.

Christentums sind *fides* und *caritas*. Diese sind primär. Wo die nicht verwirklicht sind, fehlt demnach das Eigentliche der Religion. Alles andere Religiöse ist sekundär und wird ohne die „Zwillinge" zur verderblichen „Zeremonie". Diese Friedenstheologie, die es Erasmus unmöglich macht, mit einer Bewegung mitzutun, die schließlich doch durch *dissidia* gekennzeichnet ist, hindert ihn jedoch nicht, die Hauptschuld an den reformatorischen Wirren im Verfall der alten Kirche zu sehen[400].

„... totum hoc malum e caerimoniis ducere originem"[401] schreibt er in einem kurzen Einschub des Jahres 1523, wo auch mit Bitternis an das 15 Jahre zurückliegende Italienerlebnis angespielt wird. Das Erlebnis eines friedlosen Papstes läßt ihm als Ursache von *tumultus, schisma, bella* und *expilationes* die Zeremonialgerechtigkeit sehen. Der Verfall zeigt sich im Schwund der „animi pietas"[402].

Die Einschübe dieser Jahre verraten die brennende Problematik dieser Zeit. Die *utopia* von 1516 bis 1518/19 ist endgültig zerbrochen. 1520 sieht er die Schuld nicht bei den Neuerern, sondern bei geldgierigen Prälaten und Ablaßpredigern, bei ehrgeizigen Strebern und allwissenden Scholaren: Wir sahen auch in unserer Zeit keinen gewöhnlichen Aufruhr unter den Christen, der, wie ich erfahre, nicht von den anderen angestiftet wurde, sondern von denen, deren Gewinn die reinere Lehre Christi hinderlich schien. Du hättest sagen können, die würden lieber alles zerstören, als daß sie sich von den einmal gekosteten Eingeweiden zurückhielten. So halten sie mit den Zähnen ihren Gewinn fest, den sie aus schamlos gepredigten Ablässen, aus richterlichen Vergleichen, aus Dispensen, aus dem viel angepriesenen Rauch des päpstlichen Namens, aus der Zuwendung der Verdienste, aus den böswillig verstrickten Gewissen, aus einer falschen Auffassung der Religion und aus dem Irrtum von Betschwestern und ungelehrtem Volk zusammenraffen. Bei vielen saß der Ehrgeiz zu Rate, daß sie diese Tragödie hervorriefen; so große Stücke gaben sie auf ihre Ehre, daß es ihnen lieber war, die Lehre Christi würde abgeschafft, als daß sie sich selbst in irgendeiner Hinsicht den Anschein des Nichtwissens gäben. Die meisten wurden von einer doppelten Krankheit beherrscht, von Gewinn-

400 Bevor der Verfasser im Punkt 7 dieses Abschnittes wie in einem Finale das Reformationsthema theologisch beleuchtet, hatte er schon in substantielleren Scholien das Thema anklingen lassen. Die einschlägigen Abschnitte finden sich, wie schon gesagt, immer im Anschluß an den Punkt *caritas*. So ging es zu Ende von *Punkt 2* um die Verletzung der *caritas* durch den Zeremonialgeist, in dem sich seinerseits Aberglaube und kirchlicher Machtmißbrauch breitmachten. Sehr heftig wurde der Ton im *Punkt 5*.

401 W, S. 336; H, S. 252.

402 W, S. 332; H, S. 250.

sucht und Ehrgeiz. Ich möchte hier nicht darüber disputieren, wieviel in diesen Belangen die Autorität des römischen Papstes oder der Kirche vermag. Nur möchte ich auf die Quelle der Spaltungen hinweisen, die natürlich nur von unseren Begierden stammen[403].

Petrus und seine Nachfolger im Amt müßten im Geist der „mutua caritas“[404] und in Barmherzigkeit helfen, von der Sündenlast loszukommen. Das kann aber nicht durch eine unsichere Theologie und dubiose Praktiken wie „venias, compositiones, similiaque remedia“ geschehen. Dieses liebenswerte Papstbild war auf dem Hintergrund der *forma Petri* und im deutlichen Kontrast zum Alptraum von Bologna 1508 erträumt.

3. Tugendlehre: Exempel zum *sensus moralis*. Die *docta caritas* der Hirten

Erasmus war im vorhergehenden Abschnitt mit der Entwicklung seines Friedensgedankens, seines Begriffs von wahrer Religion und seiner Reformvorstellungen zu einer Klimax gelangt, die geschmackvollerweise nicht mehr überboten werden konnte. Die folgenden 36 plus 3 Exempel der moralischen Auslegung sind nun, allen Regeln rhetorischer Psychologie entsprechend, anscheinend völlig beiläufig hingesetzt. Das Thema war im Punkt 7, *totum malum e caeremoniis,* zu einem Forte gelangt, auf das der Leser ein Piano zur Verarbeitung brauchte. Alle Themen des Kapitels liegen in der losen Form eines bunten Regenbogens noch einmal vor: Das Thema Macht und evangelische Einfalt, das Thema Weltgeist und pastorale Anpassung, das Thema falsche und echte Frömmigkeit, das Thema rechtmäßige Amtsausübung und Grenzen der kirchlichen Macht, das Thema Bekehrung und Toleranz, das Thema Verfolgung, des Mißerfolgs und des Ranges in der Welt, das Thema des Gebets und des selbstlosen Wohltuns, das Thema Freundschaft, Reue, Tod. Auf jedes dieser antithetisch geführten Themenmotive passen meist 2 bis 4 Punkte der „Sammlung“.

Der Verfasser bietet die Themen in folgender Reihe:

1. Erbarmen für *turba simplex.*
2. Ärgernisse nach Möglichkeit zu meiden.
3. Macht und Geld im Heiligtum.
4. *Simplices.*
5. Schlechte Ratgeber[405].

6 *praeter ius.* Doppeldrachme[406].

[403] W, S. 324; H, S. 247. [404] W, S. 328; H, S. 249.

7. Heuchlerische Frömmigkeit[407].
8. Man gehorche auch schlechten Vorstehern.
9. Trotzdem Kritik.
10. Vorbereitung auf Amt[408].
11. Katechumenat[409].
12. Bekehrung durch Kreuzzug?
13. Unbequemes Evangelium.
14. *Tempus fugiendi.*
15. Geduld der Vorsteher.
16. Hofseelsorge[410].
17. Der Prophet gilt nichts zu Hause[411].
18. *Ubique defendit.*
19. Lob nur *a probatis.*
20. Freundschaft[412].
21. Zweifache Reue.
22. Todesnot.
23. Keine Wundersucht[413].
24. *Semper et / gratis docere*[414].
25. Nichts von Ungläubigen annehmen.
26. Jedoch Gutes auch von Schlechten.
27. Bischöfe sollen auch beten.
28. Unfromme Frömmigkeit.
29. Häufiges Gebet[415].
30. Vorbereitung auf Amt.
31. Der heilige Geist.
32. Falsche Weltflucht[416].
33. *Beneficium gratis*[417].
34. Zur Bekehrung verhelfen: *summa pietatis.*
35. Alles *ad auctorem patrem*[418].
36. Alles *in occasionem docendae pietatis.*
37. Mitgehaßt. Lazarus[419].
38. *Societas et foedus Christianus*[420].
39. Papst als *pastor bonus.*

Der Verfasser vergißt aber in der Fülle der Titel nicht die Stelle, wo ihn der Schuh drückt. *Omne malum ab episcopis, theologis et*

[405] W, S. 338; H, S. 252.
[406] W, S. 338; H, S. 253.
[407] W, S. 340; H, S. 253.
[408] W, S. 342; H, S. 253.
[409] W, S. 342; H, S. 254.
[410] W, S. 344; H, S. 254.
[411] W, S. 344; H, S. 255.
[412] W, S. 346; H, S. 255.
[413] W, S. 346; H, S. 256.
[414] W, S. 348; H, S. 256.
[415] W, S. 350; H, S. 257.
[416] W, S. 352; H, S. 257.
[417] W, S. 352; H, S. 258.
[418] W, S. 354; H, S. 258.
[419] W, S. 354; H, S. 259.
[420] W, S. 356; H, S. 259.

principibus ist das Thema des ersten Exempels[421]. Die Frage der *reformatio in capite* war seit Konstanz (1414—1418) nicht verstummt und sollte noch weit über Erasmus hinaus Geltung haben. Dazu brauchte es zunächst das evangelienmäßige Bischofsbild. Eine evangelische Form der Autoritätsausübung illustriert er in zwei metaphorischen Motiven: Beide üben sie autoritativ die „docta caritas"[422]: der Arzt und der Lehrer: der eine, wenn er dem widerstrebenden, ja undankbaren Kranken trotzdem in Geduld, Verständnis und Liebe hilft, der andere, wenn er sich ohne falsches Pochen auf Vorrechte der Fassungskraft der Schüler „akkommodiert". Die Autorität erleidet dadurch keinerlei Einbuße. Im Gegenteil zeigt einer, der auf fremde Schwäche Rücksicht nimmt und sogar die Launen[423] der Kranken erträgt, die eigentliche Überlegenheit, die in der *docta caritas* beruht.

Dieses wichtige Thema wird nun formal sehr zurückhaltend so auskomponiert, daß die „Arzt"-Metapher im vorliegenden Abschnitt gleich dreimal verwendet wird, was für die diesbezüglich sonst geübte Ökonomie des Verfassers ungewöhnlich ist. Das Bild findet sich in Exempel 7. „Heuchlerische Frömmigkeit"[424], in 10. „Vorbereitung auf das Amt"[425] und 32. „Falsche Weltflucht"[426]. Zöllner und Dirnen wüßten um ihre Krankheit und kämen zu ihrem Arzt. Denn die wahre Frömmigkeit bestehe „in factis, non verbis, in affectu, non cultu, in oboedientia, non caerimoniis"[427]. Die Bußpredigt sei Voraussetzung aller Verkündigung des Evangeliums, denn niemand sehne sich nach der Hilfe eines Arztes, solange ihm seine „valetudo"[425] nicht mißfällt. Dazu sollten die Verantwortlichen die Sünder, so wie ein Arzt die Kranken nicht meiden, solange nur etwas Hoffnung bleibt. Mit anderen Worten haben es die Führer der Kirche mit Sündern zu tun, denen sie in ihrer Sündenlast durch Weckung des Sündenbewußtseins und durch geduldig heilenden Dienst helfen müssen. Die höchste Form der Frömmigkeit ist dann gegeben, wenn man dem Sünder „ad resipiscentiam"[428] verhilft, was nach Exempel 34 *summa pietatis* ist[429]. Damit wird alles *ad auctorem patrem* zurückgeführt.

428 W, S. 352; H, S. 258.
421 W, S. 338; H, S. 252.
422 W, S. 336; H, S. 251.
423 „... aegroti affectibus ...": W, S. 336; H, S. 251.
424 W, S. 340; H, S. 253.
425 W, S. 342; H, S. 253.
426 W, S. 352; H, S. 257.
427 W, S. 340; H, S. 253.
429 Eine technische Feinheit hebt den Punkt und die abschließenden drei Scholien hervor. Etwa die erste Hälfte der 36 Punkte, von 1 bis 16, ist die erklä-

Nach einer summarisierenden Zusammenfassung über das Jüngerschicksal, die innige lebenshafte Gemeinschaft der Jünger untereinander mit Christus, dem Vater und dem heiligen Geist, schließt das ganze nochmals mit dem Petrusbild nach Jo. 21, 15 ff. Petrus, der wahre und treue Hirt, soll sich durch Liebe auszeichnen, darf sich durch keine weltliche Begierde vom Dienst an der Gemeinde abhalten lassen und muß schließlich zum Martyrium bereit sein. Dieses Bild vom Petrusamt schließt somit auch den durch Abschnitt (1) *9 affectus* eröffneten Kreis.

Erasmus sieht auch in dieser beiläufigen Exempelsammlung die werkgerechte *superstitio* der breiten Masse als reformheischendes Problem. Aber die aktive Entsprechung zum Aberglauben ist ja bekanntlich die *tyrannis* der *proceres*. Daher entpuppt sich auch dieser zusammenfassende Abschnitt als eine Art Fürstenspiegel für Prälaten und eine kleine Neuauflage von *De consideratione* für den Papst.

Kapitel V: Sermonis habitus

Die Sprache der Schrift, bergend und entbergend

1. Sinn der verhüllten Sprechweise: Verinnerlichung

Die Autoren sind sich einig, daß das neue Schriftprinzip zur Zeit der Reformation auch einen tausendjährigen Dornröschenschlaf bibelhermeneutischer Überlegungen jäh beendete[430]. Das bedeutete einen folgenschweren geistesgeschichtlichen Umbruch. Er ereignete sich parallel zu dem neuen Lebensgefühl und der schon diskutierten Umwertung des Bildungsideals. Wie die Humanisten ein Unbehagen gegenüber der *dialectica* und vielleicht sogar der traditionellen *artes* erfaßt, so empfinden sie nun das Ungenügen des bislang unan-

rende Methode induktiv, nach dem Schema: biblisches Ereignis oder Wort Jesu — moralische Anwendung. Von 17 bis 33 ist die Methode umgekehrt deduktiv: d. h.: Die moralische These wird aufgestellt und die betreffenden Stellen werden zur Bekräftigung angeschlossen. Bei 34 schlägt die Methode wieder um und wird induktiv zu Ende geführt. Die insgesamt 39 Exempel zeigen bei 36. Alles „*in occasionem docendae pietatis*" eine deutliche Zäsur, so daß wir von 36 plus 3 sprechen können. Exempel 36 zeigt, ausnahmsweise umfangreich, in 7 Fällen, wie Christus jedes Ereignis von der Steuermünze bis zur Begegnung mit seiner Mutter zum Anlaß nimmt, die „Frömmigkeit" zu lehren.

430 Etwa: R. Stupperich, *Die theologische Neuorientierung des Erasmus*, aaO., S. 153: Daß Erasmus in der *Methodus* noch kein hermeneutisches Prinzip entwickle, scheint mir etwas zu hart ausgedrückt.

gefochtenen vierfachen Schriftsinns. Prinzipien, die in einer sehr geschlossenen, streng tradierend bestimmten Gesellschaft genügt haben mochten, befriedigten nicht mehr in einer Zeit, da die aus dem Boden schießenden neuen Druckereien den geduldigen Abschreiber in seiner Mönchszelle ersetzten.

Dem amerikanischen Erasmusforscher J. B. Payne[431] verdanken wir die einstweilen kritischste Einschätzung des nach seiner Meinung noch lange nicht ausdiskutierten Problems der Erasmischen Hermeneutik. Er weist auf die völlig divergierende diesbezügliche Einschätzung des Erasmus hin. Der Rotterdamer habe die ganze Skala von einem Begründer der modernen Bibelkritik bis zu einem Verfechter origenistischer Allegorese zu bestreiten. Seiner Meinung nach liegt der Grund dafür auch in den vielfältigen Einflüssen, denen Erasmus diesbezüglich unterliegt, von Origenes, Hieronymus und den kappadokischen Vätern, von den italienischen Humanisten, besonders Valla, der florentinischen Schule eines Ficino, einem John Colet und der *devotio moderna,* nicht zu vergessen auch von der Scholastik.

Wir meinen entgegen einer andersgearteten Bemerkung Paynes[432], daß doch Rudolf Pfeiffer[433] in dem seinerzeitigen Urteil die Sache sehr klug sah, wenn er meinte, Erasmus wolle trotz der Fülle der hermeneutischen Praktiken und Grundsätze den stolzen Namen einer systematischen Hermeneutik nicht für sich beanspruchen. Andererseits findet sich die hermeneutische Problematik bei Erasmus vom *Enchiridion* (1503) bis zum *Ecclesiastes* (1535) mit ungebrochenem Interesse[434]. Auch die gesamte *Ratio* könnten wir unter dem Gesichtspunkt der rechten Schriftauslegung verstehen[435], ebenso, wie wir gesehen haben, die kleinen *praefationes.* Was unsere Texte ganz

[431] J. B. Payne, *Toward the Hermeneutics of Erasmus,* in: *Scrinium Erasmianum* I, p.15 ff. mit geradezu erschöpfender Wiedergabe der einschlägigen Spezialliteratur und ihrer kritischen Würdigung, namentlich auch des schon zitierten Buches J. W. Aldridge, *The Hermeneutic of Erasmus,* aaO.

[432] J. B. Payne, *Toward the Hermeneutics of Erasmus,* in: *Scrinium Erasmianum* I, p.14, n.6.

[433] R. Pfeiffer, *Besprechung Annemarie und Hajo Holborn,* aaO., S. 628.

[434] Dazu kämen die *Annotationes* (1516 ff.), die Paraphrasen (1517 ff.) und die Psalmauslegungen (1515 ff.).

[435] I. *Tirocinium* schüfe demnach die ersten Voraussetzungen dafür, II.—IV. erstellte die *scopi,* nach denen sich eine sachgemäße Exegese ausrichten muß. II. *Dogmatum varietas,* indem es die Differenziertheit der Lehren nach Sache, Person, Zeit und Ort ermittelt. III. *Orbis et consensus totius Christi fabulae,* indem es die Person Jesu in Einheit und Vielheit von Wort und Werk als den eigentlichen *scopus* sichtbar macht, IV. *Vera pietas,* indem es die so gewonnenen Erkenntnisse auf den Glaubensvollzug und die sittliche Haltung des einzelnen anwendet und so die evangeliengemäßen *scopi* der christlichen Lebensführung herausarbeitet.

deutlich machen, ist die Tatsache, daß für Erasmus die Kunst der rechten Auslegung sich nicht im Jonglieren mit einigen überkommenen Regeln erschöpft. Das unterscheidet seine Art gerade von der früherer Jahrhunderte. Er sieht vielmehr, wie wir in den ersten IV Kapiteln der *Ratio* feststellen konnten, den *consensus* aller *scopi,* letztlich *orbis et consensus* der Gestalt Christi als „maßgeblich" für die richtige Exegese an.

Um Hermeneutik im besonderen Sinn geht es aber in den beiden letzten Kapiteln. In V. *Sermonis habitus* werden anhand von rhetorischen Figuren Wege zur Entschlüsselung des „sermo opertus et obliquus"[436] gegeben, während VI. *Copia locorum* die teils schon bekannte Scheidung von sach- und unsachgemäßer Exegese demonstriert.

V. *Sermonis habitus* besteht bei näherem Zusehen aus drei Abschnitten, die im Verhältnis 2:2:3 angeordnet sind:

1. *Sinn der verhüllten Sprechweise.*
   W, S. 356—378; H, S. 259—267.
2. *Tropologie oder Lehre von den rhetorischen Figuren im besonderen.*
   W, S. 380—400; H, S. 267—274.
3. *Richtige und falsche Allegorese.*
   W, S. 400—430; H, S. 274—284.

Die fünf Punkte des vorliegenden Abschnittes (1) sind nicht gerade schulmeisterlich[437] dargeboten; sie erscheinen in loser Folge 1—4 nach Gesichtspunkten gereiht, die der Verfasser einleitend angibt. Der letzte Punkt dieses Abschnittes, *5. idioma sermonis,* läßt sich überhaupt schwer in das vorgegebene Schema einfügen. Er könnte auch beim nächsten Abschnitt 2 als eine Art Einleitungskapitel dienen. Der Verfasser will die Reihenfolge der drei Wege in I. *Tirocinium* noch einmal nachkomponieren. Unserem Abschnitt 1 mit Punkt 5. *idioma sermonis* entspräche die *via trium linguarum,* die Abschnitte 2 und 3 der *via rhetorices* und der *via poetices.*

Bevor die rhetorischen Figuren behandelt werden, welche die „grammaticos aut rhetores"[438] angehen, muß daher auf die idiomatische Kenntnis der drei Sprachen verwiesen werden. Im Lateinischen, Griechischen und Hebräischen fänden sich sprachliche Idiome, deren Verständnis eigentliche Voraussetzung darstellt und die (bei

[436] W, S. 356; H, S. 259.

[437] Zum Unterschied von Abschnitt (2), der die durchsichtigste Gliederung aufweist. Sieben rhetorische Figuren leihen den Titel für entsprechende Beispiele.

[438] W, S. 374; H, S. 266.

gegebenem Verständnis) eine weitere Prozedur in Richtung tropologischer oder allegorisierender Erklärung verbieten. Damit ist schrankenlosem Allegorisieren und falscher Wortmystik gleich zu Beginn die Berechtigung genommen. Das Thema von 5. *idioma sermonis* zieht sich auch, wie wir noch genauer zeigen werden, als roter Faden durch die nächsten beiden Abschnitte[439].

Es wurde bereits zu Eingang dieses Kapitels angedeutet, daß in den fünf etwa gleich langen Punkten des Abschnittes (3) der dialektische Rhythmus des letzten Kapitels vorweggenommen wird. Wenn es dort um rechte und falsche Exegese im weiteren Sinn geht, so zeigen die fünf Punkte von (3) *Richtige und falsche Allegorese* abwechselnd richtige und unrichtige Möglichkeiten auf. Indem der Verfasser die dialektische Spannung auch innerhalb der Punkte beibehält, steigert er sich von 1. *Notwendige und nützliche Allegorese* zu 2. *Schlechte, weil maßlose Allegorese* zu 3. *Maßvolle Allegorese* bis zu 4. *Mißbrauch der Allegorese* schließlich zuungunsten der allegorischen Methode. Der abschließende Punkt 5. *Volkstümlichkeit der Gleichnisrede* handelt dann eigentlich nicht mehr von der Allegorie, sondern geradezu von ihrem konträren Gegenteil. Das Thema von Punkt 5 wird schon im Punkt 3 unter dem Stichwort *summam parabolae satis*[440] dialektisch vorbereitet. Diese Tendenz müssen wir zunächst festhalten für die spätere Beurteilung des angeblich allegorisierenden Erasmus[441].

439 Wir haben diesen Punkt aus formalen Gründen, die noch weiter unten ausgewiesen werden, zum Abschnitt (1) gerechnet, obwohl wir wissen, daß er zur Überleitung dient, in einem Schlußstein und Schwelle. Der Punkt 4. *a communi sensu ad sensum penitiorem* des Abschnittes (1) war nicht so klar in das vom Verfasser zu Beginn gegebene Schema einzuordnen, wir finden aber thematisch eine offensichtliche Wiederaufnahme und Entsprechung zu Ende von Abschnitt (3) in Punkt 5. *Volkstümlichkeit der Gleichnisrede*. Es ist überhaupt evident, daß der Verfasser bei aller organischen Klarheit der Komposition für den Abschnitt (1) eine schulmeisterliche Klarheit absichtlich vermeidet. Es geht schließlich darin um die verhüllte und indirekte Rede und ihren Sinn. Das muß auch atmosphärisch-stilistisch zum Ausdruck kommen.

440 W, S. 420; H, S. 281.

441 Mit einer staunenswerten Fähigkeit der Konzentration kommt der Verfasser in der *Konklusion* neben aufschlußreicher Angabe von *auctores* der Allegorie und der Allegorese auf das Schema von *Methodus* II A (2) *Christi circulum et orbem* in einigen Sätzen zurück. Dabei schließt er hier folgerichtig seinen beliebten Topos vom Ungenügen der *4 sensus* an. W, S. 428 bis 430; H, S. 284. Weniger folgerichtig muß er um des Schemas willen das Thema von der *varietas rerum, personarum* und *temporum* aufgreifen, das eigentlich schon in Kapitel II. *Dogmatum varietas* erledigt wurde. Was dabei jedoch aufbaumäßig kennzeichnend wird, ist die Tatsache, daß der Verfasser das Kapitel V. *Sermonis habitus* für den aufmerksamen Leser in den *orbis et consensus totius Christi fabulae* einordnen will. Damit gehen wir wohl nicht zu weit, die Absicht des Verfassers dahingehend zu verstehen, daß

Zunächst muß sich aber der Verfasser die Frage nach dem Sinn der bildlichen Sprechweise für die Christusverkündigung stellen[442]. Die Gründe sind vierfach: 1. Die Sprechweise der Propheten ist geeignet, auch von den Juden gehört zu werden[443]. 2. Sie ist ein gutes Mittel gegen die Langeweile[444]. 3. Sie verbirgt die Mysterien Außenstehenden[445] und ist trotzdem 4. allgemeinverständlich für alle Gutwilligen[446].

Das entscheidende Ziel dieser Sprechweise kennen wir schon aus dem Grundtenor der *Paraclesis*: Es ist die Allgemeinheit der Botschaft. Die Sprache wird auch *indoctis* dadurch zugänglich, daß die jeweilige „Bildhälfte", die *copia rerum,* aus dem alltäglichen Leben stammen muß. Insofern aber in bildlicher Sprache immer die „Sinnhälfte", die *copia verborum,* ergründet werden muß, ist diese Sprechweise auch gewissermaßen arkan. Sie erschließt sich nur dem gutwillig Forschenden. Das Mysterium wird gerade durch die Bildsprache nicht verbanalisiert, es bleibt als die „Sinnhälfte" bestehen, die auch dem Ungläubigen noch den Freiheitsraum des schuldhaften Nichtwissens läßt und überhaupt wegen seiner Hülle nicht so leicht abgetastet werden kann.

Kritiker, die ihre Erkenntnisse hauptsächlich aus dem *Enchiridion* schöpfen, legen großen Wert darauf zu zeigen, daß die Frage nach dem geistigen Sinn bei Erasmus in platonischen und neuplatonischen Traditionen gründet[447], die spätestens auf Origenes zurückgehen. In unseren Texten liegt der hermeneutischen Frage natürlich auch noch das Bild vom Silen zugrunde, der sich „a communi sensu ad sensum penitiorem"[448] bei näherem Zusehen als Gott entpuppt. Aber das neuplatonische Requisit tritt vor der Frage der Verinner-

auch die sprachlichen Strukturen der „verhüllten Rede" in der Person und Sprechweise Christi und, wie wir noch sehen werden, auch in der der Apostel, besonders des Paulus, gründen.

442 W, S. 356—358; H, S. 259—260: *exordium.*

443 Entspricht Punkt 2 *prophetarum sermonem*: W, S. 364—368; H, S. 262—263.

444 Entspricht Punkt 1 *gratior*: W, S. 358—364; H, S. 260—262.

445 Entspricht Punkt 3 *mysteria*: W, S. 368—372; H, S. 263—264.

446 Entspricht Punkt 4 *doctis et indoctis*: W, S. 372—374; H, S. 264—266.

447 Etwa: E.-W. Kohls, *Die Theologie des Erasmus,* Bd. 1, aaO., S. 129 ff.: das Kapitel *littera et spiritus* u. a. Ebenso: J. B. Payne, *Toward the Hermeneutics of Erasmus,* in: *Scrinium Erasmianum II,* aaO., p.23 ff.: das Kapitel: *Flesh and Spirit in the Bible,* dem Kohls, Bd. 2, aaO., S. 94, Anm. 98, S. 96, Anm. 131, die platonische Wurzel der Erasmischen Anthropologie zu wenig betont. — In diesem Zusammenhang wird gern des Erasmus *Sileni Alcibiadis* (1515) zitiert: „Iam habent et suos Silenos arcanae Litterae. Si consistas in superficie, ridicula nonnumquam res sit: si penetres usque ad anagogen, divinam adores sapientiam." LB, II, col. 773 C. Dazu: Plato, *Symposium,* 215. J. B. Payne, ebd., p.23 f., n.55 und n.56.

448 W, S. 372; H, S. 264.

lichung aller christlichen Einrichtungen in den Hintergrund. Auch bei der Diskussion hermeneutischer Probleme behält sich Erasmus die Frage der Kirchenreform vor. Das Auffinden des *sensus penitior* bedeutet für ihn zugleich ein Vordringen zum eigentlich Christlichen. So muß der Prediger den *sensus communis* verfremden helfen, damit die Zuhörer das Eigentliche bekommen. Dieses Ziel verfolgt der Verfasser zunächst auf Umwegen[449]: Im *Punkt 1 gratior* werden Parabeln und biblische Szenen als die Bildhälfte anschaulich und spannend aufgebaut, bis der Verfasser mit einer Handbewegung verfremdet, indem er sagt, diese Sprechweise sei viel wirksamer, als wenn einer abstrakt feststelle, Gott verzeihe den Sündern, man solle die Lebensregeln der Schrift befolgen, oder man solle der Begierlichkeit nicht nachgeben[450].

Im *Punkt 2 prophetarum sermonem* massiert er auf engstem Raum rund drei Dutzend Bilder aus den Paulinen, die zum Unterschied vom vorhergehenden Punkt nicht ausgeführt, sondern worthaft hingesetzt und mit einer im Nebensatz fast untergehenden Erklärung versehen werden. Die Bilder dominieren hier mehr durch Zahl als durch individuelle Intensität. War in Punkt 1 die Sinnhälfte fast thesenhaft sichtbar, weil sich der Verfasser für die relativ wenigen Bilder Zeit ließ, so wirkt dieser Punkt eher wie ein farbiges Kaleidoskop[451].

449 Das Ineinander von Bild- und Sinnhälfte bei den aufgezeigten Beispielen wird in jedem der vier Punkte verschieden illustriert, wobei er zum eigentlichen Thema erst mit Punkt 3 kommt.

450 Gott verzeihe den Reuigen, wir sollten die „praecepta recte vivendi", W, S. 360; H, S. 261, in der Schrift suchen, ein Bischof müsse Tugenden aufweisen, die Begierlichkeit reize den Menschen zur Sünde, man müsse die Bösen meiden, „rem arduam esse veram pietatem", W, S. 362; H, S. 261, nichts sei friedvoller als ein Herz, in dem die Leidenschaften erstorben sind, — bei solch einer Sprechweise würden die Zuhörer bald schlafen. Viel lieblicher und angenehmer sei es, vielmehr ergötze es und erfasse das Gemüt, viel tiefer bleibe es haften, wenn man dagegen den Sohn schildert, der „sibi fisus", W, S. 358; H, S. 260, in die Irre geht, wenn man von der Drachme, von den Zisternen und dem lebendigen Wasser und vom Schmucke Aarons spricht, wenn man den Sündenfall im Paradies ausmalt, die Landnahme der Israeliten und die Geschichte von Abraham und Sara allegorisch erklärt. Die Dinge leuchteten lieblicher, durch Kristall oder Bernstein betrachtet, als wenn man sie nackt anschaut. Das sei vielleicht der Grund, warum „quae sacra sunt plus habent maiestatis", W, S. 364; H, S. 262, wenn dieses „Heilige" verhüllt dargeboten wird. Viel angenehmer sei es, eine Wahrheit erfaßt zu haben, die uns vorher gequält hatte, da sie noch in ein Rätsel gekleidet war.

451 Er schließt das Kaleidoskop der Bilder und Symbole mit der Bemerkung, daß Paulus die Frage der Auferstehung nicht durch aristotelische oder platonische Enthymemata, sondern durch Gleichnisse erklärt, durch den Samen, der in die Erde gesenkt wird und die Saat, die zu neuem Leben aufgeht. Und um nochmals die Varietät der Ausdrucksmöglichkeit für eine Sache anzudeu-

Das hat seinen guten Grund: Denn der „Polyp“[452] Paulus wolle die Herzen der Leser durch einen vielfältigen Wandel[453] der Bilder gewinnen.

Die Notwendigkeit der Entschlüsselung wird besonders deutlich sichtbar bei der Verwendung des Rätsels, wenn Christus den Petrus etwa durch die Rede von den zwei Schwertern geradezu auf die falsche Fährte setzt, um ihm das Eigentliche um so deutlicher einzuprägen[454].

Das Worbild kann aber zu einer echten Gefahr für das rechte Verständnis beim Volk werden[455]. Denn zunächst ist es anscheinend jedermann verständlich. Mißverständnis kommt aber durch ein vordergründiges Verstehen zustande. Die „vulgaris opinio“[455] entspricht nicht der eigentlichen Sinnhälfte des Bildes, sie ist nicht der eigentliche Sinn, vielmehr seine Verkürzung. Paulus verfremdet die zu starke Bildverfangenheit des „Volkssinnes“, indem er etwa zeigt, daß Judentum nicht etwas Körperliches, sondern etwas Geistiges bedeutet; daß Opfer im eigentlichen Sinn nicht der darbringt, der ein Opfertier schlachtet, oder, „ut hodie fit, qui consecravit euchari-

ten, zeigt er wie Paulus in 5 verschiedenen Vergleichen, im Vergleich vom Kriegsdienst, Weinberg, Herde; von Maulkorb, Ernte, Tempel- und Opferdienst, 1 Kor. 9, 7 ff., die allzeit aktuelle Frage vom Unterhalt der Apostel ausdrückt.

452 W, S. 328; H, S. 248.

453 „... saepe repetitam infigentes animis ...“: W, S. 364; H, S. 262, während Erasmus im Punkt 1 auf die intensive Wirksamkeit der Bildsprache hinzuweisen beabsichtigt. „Nam vehementius afficit animum adhibita parabola ...“: W, S. 358; H, S. 260.

454 *Punkt 3. mysteria.* Die Bilder sind weniger poetisch als im *Punkt 1. gratior,* dafür kommt aber in der Verfremdung das Problem schärfer zur Geltung. Die Illusionierung der Jünger bis zu deren Irreführung geschieht durch echte „aenigmatibus“, W, S. 368; H, S. 263. Die Frage mit dem Sauerteig der Pharisäer, mit den zwei Schwestern, mit dem Niederreißen des Tempels, mit der kleinen Weile werde zuerst von den Zuhörern mißverstanden und müsse oft erst nach längerer Zeit und nach bitterer Erfahrung korrigiert werden. Ja, die Enttäuschung über die Zerstörung ihrer Illusionen, was ihre Messiaserwartung betraf, schlage bei den Gegnern sogar in Haß um. Selbst die Reichgottes Gleichnisse seien solche Rätsel, die einer Lösung bedürften, damit ihr Sinn dann um so besser haften bliebe.

455 Es gebe nach Paulus in der Bildseite befangene volkstümliche Auffassungen etwas von Beschneidung, von Abraham-Sohnschaft, von Israelitentum, von Gerechtigkeit; im übrigen seien es jedoch sittliche Kategorien, die diesen Äußerlichkeiten zugrunde lägen, wie das Freisein von Begierden, Frömmigkeit, Glaube, „animi puritas“, W, S. 372; H, S. 265. Auch wenn man von Opfer, Tempel, Götzendienst spreche, müsse man die Anschauung vergeistigen. Apostasie bedeute auch noch mehr als ins Lager der Türken überzulaufen. Auch lästerten wir Gott mehr durch schlechte Taten als durch irgendwelche Fluchworte. Letztlich machten gewisse Äußerlichkeiten, welche die öffentliche

stiam“[455], sondern wahrhaft opfert, wer seinen Zorn, seine Fleischeslust, seine Ehrsucht und andere viehische Gelüste schlachtet und unterdrückt. Der „Volkssinn“ ist nicht eigentlich falsch, er muß aber vom Apostel verfremdet, d. h. „a communi sensu ad sensum penitiorem“[456] vertieft werden. Der Verfasser will durch das ständig wiederholte „iuxta vulgarem opinionem“, „iuxta popularem sententiam“, „vulgo“, „dicitur“, „vulgo dicitur“[457], mit denen er jedes neue Beispiel einleitet, auch methodisch zeigen, wie die Bildsprache trotz ihrer unmittelbaren Volkstümlichkeit einer ständigen Korrektur durch den Prediger bedarf.

Bilder werden nach Erasmus zur Veräußerlichung, wenn sie nicht als solche, nämlich als Bilder, ernst genommen werden. Schließlich macht er sogar Einrichtungen der Kultgemeinde wie Opfer und Tempel, sakrale Verhaltensweisen wie Götzenopfer und Lästerung, politisches Verhalten wie die Fahnenflucht und kirchliche Einrichtungen wie das Mönchstum zu Bildern, die sie im normalen Sprachgebrauch gar nicht sind. Götzenopfer und Fahnenflucht würden auch im *sensus litteralis* einen guten Sinn geben. Der Verfasser metaphorisiert sie jedoch. Dergestalt „platonisiert“, verinnerlicht und vergeistigt er die Verhaltensweisen. Die genannten Verhaltensweisen und Einrichtungen bekommen erst ihren eigentlichen Sinn, wenn sie als Äußerlichkeiten verstanden werden, hinter denen und neben denen es noch etwas Tieferes gibt. Die Gegenstände werden veruneigentlicht, wenn man will relativiert, damit aber verwesentlicht.

Natürlich ist ein Überläufer, der sich in das Lager der Türken begibt, auch für Erasmus ein Apostat, aber für ihn gibt es eine viel ärgere Apostasie, nämlich ein Leben ständigen Widerspruchs mit dem Taufbekenntnis. Natürlich sind für ihn auch schlechte Mönche Mönche, aber die Äußerlichkeit des Standes stellt noch nicht das Eigentliche dar. So ist für ihn auch die Eucharistie ein Opfer, aber ohne die entsprechenden inneren Vollzüge der Gläubigen ist es zu wenig, sich darauf zu berufen. Der Christ muß dabei auch selber noch etwas vom Opfer spüren.

Im ganzen zielt die „grammatisch“ fundierte Kritik des Erasmus auf eine größere Innerlichkeit, auf eine echtere Herzenskultur und damit einen persönlicheren Vollzug des Christentums. In der Sittenlehre ist das eine Kampfansage gegen Werkgerechtigkeit, in der Glaubenslehre Ablehnung einer zu einseitigen Verdinglichung

Meinung an den Mönchen schätze, diese noch lange nicht zu Mönchen. *Punkt 4*: W, S. 372—374; H, S. 264—266.

[456] W, S. 372; H, S. 264.

[457] alle: W, S. 372; H, S. 264—265.

der Dogmen und einer Überbetonung des *opus operatum.* Der „Moralist" Erasmus trägt dadurch, wie wir meinen, nicht zur Entleerung, sondern zur Vertiefung des Dogmas bei.

2. Tropologia: Sprachliche Verfremdung und Kirchenreform (Sonntag, Bischofsamt, Ehescheidung)

Die Frage der Verinnerlichung von kirchlicher Lehre, Institution und Lebenspraxis bleibt für Erasmus weiterhin das Ziel aller philologischen Überlegungen und des hermeneutischen Bemühens um ein nuanciertes und sachgerechtes Verständnis.

Wiederum scheut er nicht den langen Anmarsch über die Diskussion der rhetorischen Figuren, bevor er seine Stellungnahme zu den allzeit aktuellen Reformproblemen Gottesdienst, kirchliches Amt, Unauflöslichkeit der Ehe aus den Feinheiten der sprachlichen Strukturen ableitet.

Zunächst greift der Verfasser auf die Disposition von *I. Tirocinium* zurück und will die Priorität der *via trium linguarum* gegenüber allen sonstigen hermeneutischen Erwägungen festgehalten wissen[458]. Was in der Übersetzung als seltsame Figur erscheinen mag, ist in Wirklichkeit oft einfach das Idiom der fremden Sprache[459]. So ist sich Erasmus gleich eingangs mit aller Klarheit der Gefahr bewußt, „an die hl. Schrift literarische Entstehungsgesetze sowie Rede- und Denkformen, die ihr nicht entsprechen, als heuristische Auslegungsprinzipien heranzutragen"[460].

Im übrigen habe er Kirchenväter wie Origenes, Chrysostomus, Hieronymus und Augustinus gegen einige spottende Skotisten für

[458] Der *Punkt 5. idioma sermonis,* W, S. 374—378; H, S. 266—267, steht, wie wir sehen, genau an der Schwelle von Abschnitt (1) zu Abschnitt (2). Im Gesamtaufbau ist der Punkt demnach besonders markant hervorgehoben. Dazu kommt, daß der Verfasser während des Abschnitts (2) wiederholt das Motiv aufgreift: W, S. 390; H, S. 271, dann der Anhang zu Punkt 5: W, S. 392; H, S. 271—272; W, S. 394; H, S. 272. W, S. 398; H, S. 272. Dann auffallend der Einschub von 1523: „Haec rectissime notatur ex archetypo lingua, qua scripsit auctor." W, S. 398; H, S. 273.

[459] Wenn man etwa das Passiv zu „wohltun", nämlich „Wohltaten empfangen" griechisch mit „Wohltaten erleiden" wiedergibt, so sei das bei der Interpretation nicht als rhetorische Figur, sondern als Idiom der griechischen Sprache aufzufassen. Ebenso sei die griechisch geschriebene Septuaginta voll von hebräischen Spracheigentümlichkeiten, wenn es etwa heißt, jemand „schwört im Himmel" statt „beim Himmel" u. a. mehr. W, S. 376; H, S. 266.

[460] Eine kritische Bemerkung, die G. Ebeling, Artikel „Hermeneutik", in: RGG Bd. 3, Sp. 252, über die Hermeneutik des Erasmianers und Humanisten Melanchthon macht.

sich, wenn er die drei Tage der Grabesruhe etwa als *synecdoche* und andere dunkle Stellen als *hyperbaton* erkläre[461].

Auch die Verwendung einer *hyperbole* sei, wenn man sie richtig verstünde, keine Lüge. Vielmehr sollte dadurch die Eindringlichkeit eines Gegenstandes deutlicher hervorkommen. Als bildliche Übertreibungen dieser Art seien die Rede vom Nadelöhr, von den Blinden und Lahmen, vom Grüßen, von Beutel und Stab, von den Lilien, von der Feindesliebe, vom Elternhaß aufzufassen. Augustinus, Epistolae 47, 2; PL 53, 184 f., sehe auch das Schwurverbot als Hyperbel an. Es soll den Meineid verhindern[462]. So erkläre sich auch das absolute Verbot der Ehescheidung, ebenso das Verbot des Widerstands und des Zornes. Christus wolle dabei das Unrecht ausgeklammert wissen. Ein „iniustum divortium"[463] und den bösen Zorn wollte er absolut verbieten. Er, Erasmus, halte es auch für eine Hyperbel, wenn es hieße, kein Christ solle sich Vater nennen lassen und kein Jota und Häkchen dürfe unbeachtet bleiben[464].

Bei der nächsten Gruppe von Wendungen wisse er nicht, ob sie als rhetorische Figuren im eigentlichen Sinn aufzufassen sind. Gewisse Wendungen müsse man, um sie richtig zu deuten, nach dem *sensus vulgaris* verstehen, so wie das Volk Wort und Sache verstünde. Wenn der Herr das Schwören verbietet, dann tut er das in dem Sinn, wie das Volk bei jeder Gelegenheit schwört. Gleiches gelte bei der täglichen Sorge, beim Widerstand gegen das Böse, wenn sich jemand nach Art der Pharisäer Rabbi nennen läßt, wenn nach Art gewisser Leute Gott im Gebet durch einen Wortschwall bedrängt werde, wenn jemand zürnt und sich dadurch zur Ungerechtigkeit verleiten läßt. Denn auch der Herr bete lange und andauernd, auch er zürnt. Christus verbiete es, jemanden einen Toren zu nennen, nämlich in verächtlicher Weise, wie es das Volk tut. „Habet et pietas iram suam, habet et caritas sua convicia[465]." Wenn er Barmherzigkeit und nicht Opfer fordere, dann bedeutet das nicht, daß er nicht doch das Opfer in bestimmtem Sinne wolle. Die *amphi-*

461 Es handelt sich um insgesamt sieben Figuren, von denen die ersten beiden gehaltlich noch beiläufig sind:
Punkt 1. synecdochen. W, S. 380; H, S. 267.
Punkt 2. hyperbati. W, S. 380; H, S. 267—268.
Punkt 3. hyperbole. W, S. 380—388; H, S. 268—270.
Punkt 4. ad vulgarem sensum. W, S. 388—390; H, S. 270—271.
Punkt 5. ironia. W, S. 390—394; H, S. 271—272.
Punkt 6. amphibologia. soloecismus. W, S. 394—398; H, S. 272—273.
Punkt 7. verborum emphasis. W, S. 398—400; H, S. 273—274.

462 W, S. 380—384; H, S. 268 f.

463 W, S. 386; H, S. 269.

464 W, S. 388; H, S. 270.

465 W, S. 390; H, S. 270—271.

bologia ist eigentlich ein *vitium,* das man vermeiden sollte. Augustinus, *De doctrina Christiana* III, 3, 7; PL 34, 68, würde, um diesen Fehler zu vermeiden, sogar einen *soloecismus* riskieren, was er tatsächlich selbst nie tut[466]. Zu diesen vieldeutigen Begriffen gehörten etwa das Paulinische Fleisch, Körper, Geist und Glaube, das *fides* und *fiducia*[467] heißen könne.

Der Verfasser versteht es, wie eingangs angemerkt, seine *doctrina Christiana* wie beiläufig in seiner *doctrina grammatica* zu verpacken. Die Themen vom rechten Gottesdienst und vom dienenden Charakter des kirchlichen Amtes einerseits und die Frage von der Unauflöslichkeit der Ehe sind an zwei formalen Schwerpunkten bedeutungsvoll verankert[468].

Unter dem beiläufigen Titel einer rhetorischen Figur, der *emphasis,* sagt er nebenbei, daß es verschiedene Weisen des Sabbats gibt. Ein bloß äußerlich gefeierter Sonntag bei Hader, Ausschweifung und Trunkenheit ist nicht Gottes, sondern der Menschen Sabbat. Wenn es etwa Lev. 26, 2 heißt: Beobachtet *meine* Sabbate, so schaffe das Fürwort einen besonderen Unterton: Menschenheiligtum, nicht aber Gottesheiligtum respektiert einer, der zwar täglich die Messe hört, sich mit Kreuzen bezeichnet und mit Weihwasser besprengt, sonst aber dem Nächsten Böses will: betrügt, raubt und wuchert.

Erasmus korrigiert hier wieder menschliche Fehlhaltung durch einen echten Verfremdungsvorgang: Der Mensch steigert sich durch das „Bild" einer äußeren Observanz in die Illusion etwa der rechten Gottesbeziehung. Du leistest am Sonntag keine Handarbeit, daher stehst du zu Gott im richtigen Verhältnis. Du verwendest die „Bilder" des Sakralen und meinst dadurch im „Heiligtum" zu weilen. Aus dieser betrügerischen Illusion mußt du befreit werden. Das, was du Heiligtum Gottes nennst, ist gerade das Gegenteil, nämlich dein eigenes und das deiner Lüste.

Der Verfasser ethisiert und entsakralisiert mit der Dialektik von Illusion und Verfremdung. Es wäre aber gerade von der sprachlichen Ausgangsbasis her ein Mißverständnis zu meinen, daß er das

466 W, S. 394; H, S. 272.

467 W, S. 396; H, S. 273.

468 Das ist erstens der Schluß von *Punkt 7. verborum emphasis.* Bei Abschlüssen sind wir es schon gewöhnt, mit besonderer Aufmerksamkeit auf reformatorische Äußerungen zu achten. Hier sind die ersten beiden Themen angesiedelt. Ein zweiter Schwerpunkt liegt schon vom Formalen auf *Punkt 3. hyperbole.* Er ist relativ lang und hat mit zwanzig Beispielen die meisten. Das fällt einmal beim oberflächlichen Lesen auf. Verfolgt man die Spur, so findet man das Ehescheidungs-Thema als Beispiel 14 delikat vorbereitet und abgeschlossen, so daß es aber bei aller Delikatessen seine Wirkung nicht verfehlen kann, noch dazu, wo es schon zu Ende von *II. Dogmatum varietas* angeklungen war. — Alle drei Themen wurden demnach schon sukzessive vorbereitet.

„Sakrale", in seiner Sprache besser die „Zeremonien" als solche bilderstürmerisch ablehnte. Abgesehen davon, daß er dazu viel zu klug ist, braucht er ja geradezu das „Bild", um seine Idee von Reform sinnvoll erfüllen zu können. Diese besteht nun nicht in der Negation und im Abschaffen, sondern in der Korrektur, im Zurechtrücken, im Vertiefen und im Herausheben des persönlichen Vollzugs beim zeichenhaften Heilswirken.

Wenn Paulus mit gewisser Emphase die Apostel, Sklaven, Diener und Austeiler[469] nennt, so muß das etwas bedeuten: Ein Diener ist immer Diener und Austeiler einer fremden Sache, nicht der eigenen. Zur gegebenen Zeit holt er nach dem Gutdünken seines Herrn, nicht nach seinem, hervor, was und wieviel ein jeder not hat. So suchen die Bischöfe nicht, was das Ihre ist, nicht das Ihre lehren sie, sondern, was Christi ist. Nicht allen legen sie das gleiche vor, sondern je nach Fassungskraft passen sie ihre Predigt einem jeden an[470]. Erasmus verfolgt hier mit Konsequenz das Thema von der pastoralen *accommodatio.* Darin sieht er das Sklaven-Dasein der Bischöfe verwirklicht. Ihre Verwalter-Funktion besteht eben darin, daß sie sich bei der Ausübung ihres Amtes nicht selber suchen, daß sie auch nicht die Lehre wie Privatmeinungen vertreten. Das ihnen Anvertraute ist für die anderen da, nicht für ihre eigene Person.

In einer Zeit, da die personalen Werte der Ehe wieder deutlicher gesehen wurden, da die gebildete Frau an Höfen, in Musenzirkeln, Klöstern, Bürgerhäusern und Adelssitzen sich wieder großer Wertschätzung erfreute und sich eine Sensibilität für die Freiheit des Menschen gerade in den Köpfen der Besten regte, da ist es nicht verwunderlich, daß auch die Ehefrage diskutiert werden mußte. Wie wir in unseren einleitenden Bemerkungen notieren konnten, hatte sich Erasmus hohen Damen der Gesellschaft gegenüber mit einer Reihe von Ehebüchlein literarisch hervorgetan.

Dem Thema vom *iustum divortium* wurde als 14. von 20 Exempeln zur Frage *hyperbole* systematisch vorgearbeitet. Das geschieht zunächst durch zwei Zitate: Das erste ist Origenes, *In Genesim homilia* 17,8[471], wo dieser Gen 49,11 „Er wusch im Wein sein Gewand ..." unverfänglich als Hyperbel deutet. Das zweite ist ein

[469] Auch das zweite Thema, das im Zusammenhang mit dem emphatischen Wortgebrauch einfließt, kennen wir schon in unterschiedlichem Zusammenhang und mit verschiedener Intensität aus den anderen Kapiteln. Der äußerst ökonomisch gefaßte Passus wird vorerst durch die Emphase „Knecht" und die griechischen Worte ὑπηρέτας und οἰκονόμους, W, S. 398; H, S. 273, beiläufig in eine Art „grammatischen" Kontext gestellt. Zugleich wird aber die Aufmerksamkeit des Lesers, wie wir schon aus Erfahrung wissen, durch griechische Wörter dieser Art auf den Abschnitt gelenkt.

[470] W, S. 398; H, S. 273.

[471] PG 12, 260 B.

langes *in extenso*-Zitat nach Augustinus, *Epistolae*[472], wo der Kirchenvater erklärt, daß das radikale Verbot zu schwören den Sinn habe, das Schreckliche des Meineides herauszustreichen. Hatte das Origenesbeispiel noch nicht gezeigt, wo Erasmus hinaus will, sondern nur als Staffage gedient, um sozusagen die *auctoritas* aufzubauen, damit dann sein persönliches Anliegen geschluckt wird, so zeigt das Meineid-Zitat bereits die gedankliche Richtung an, die für die Frage der Ehescheidung ausschlaggebend wird. Nämlich die These: Es gibt in den Schriften, besonders in den Forderungen der Bergpredigt, Hyperbeln. Dazu gehört auch Mt. 5, 39: Widersteh nicht dem Bösen, und Mt. 5, 22: Zürne nicht, in deren Kontext das Scheidungsverbot Mt. 5, 32 steht. Dieses Nebeneinander in der Bergpredigt bedeutet für Erasmus auch eine semantische Nähe. Das heißt, die in etwa in gleichem Kontext stehenden Verbote sind auch auf gleicher Bedeutungsebene zu verstehen.

Durch die vorbereitende und nachfolgende Anordnung von Beispielen und Autoritäten, behauptet nun Erasmus überaus sparsam, aber nicht weniger wirksam: Ebenso wie das Verbot des Schwörens nicht wörtlich zu nehmen ist, sondern einen tieferen Sinn ausdrücken will, und wie das Verbot der Rache, des Widerstandes und des Zürnens offensichtlich nicht einmal von Christus und den Aposteln wörtlich genommen wurde, so sei auch das absolute Gebot der Ehescheidung nicht wörtlich, sondern als Hyperbel zu verstehen: Christus wollte nur, daß die Seinen mit einem *iniustum divortium*[473] nichts zu tun haben sollten.

Der Verfasser will hier wiederum nur ein Problem aufreißen, ohne gleich an direkte Folgerungen etwa des Kirchenrechtes zu denken. Er geht andererseits so sehr im „grammatikalischen" Denken auf, daß er nicht sieht, nicht sehen kann oder will, daß es sich bei diesen Forderungen um eschatologische Zielvorstellungen im weitesten Sinne handeln könnte, um ideale Gebilde, die in der geistlichen Entwicklung des einzelnen wie der Gesellschaft Zeit brauchten, bis sie sich durchsetzten. Imperative, die im Einzelfall sehr wörtlich genommen werden können und müssen, die jedoch im Gesamt der gesellschaftlichen Entwicklung den geeigneten Raum und die entsprechende „Bewußtseinsweitung" brauchen, bis sie allgemein konkretisiert werden können. Das Problem, das ihn, den eigentlich doch sehr konkret und mit dem Sinn fürs Praktische begabten Niederländer, bewegt, sind die Einzelfälle, nicht das Prinzip. Im Einzelfall ist einfach ein *divortium* das geringere von zwei Übeln, wenigstens für den einzelnen.

[472] 47, 2, PL 33, 184 f., CSEL 34/II, p.130 f.
[473] W, S. 386; H, S. 269.

3. Richtige und falsche Allegorese

Gerhard Ebeling, der Verfasser von *Kirchengeschichte als Geschichte der Auslegung der Heiligen Schrift*, Tübingen 1947, schreibt, Erasmus habe in seiner theologischen Deutung zur origenistischen Allegorese geneigt[474]. Diese durchaus verbreitete Ansicht können auch wir zunächst nicht mit einem eindeutigen Ja oder Nein beantworten. Wir sind das bei Erasmus schon gewöhnt. Wir meinen aber, daß unsere Texte bei näherem Zusehen eine entschiedene Ablehnung der allegorischen Methode beinhalten, auch wenn der Verfasser seine Meinung nur verklausuliert freigibt.

Andererseits ist es Erasmus schon völlig klar, daß man etwa die ersten Kapitel Genesis nicht im buchstäblichen Sinn verstehen kann. Wenn er auch die literarische Form noch nicht im Sinne neuerster Exegese ansprechen kann, so sieht er in den Paradieseserzählungen doch schon bloße Geschichten mit theologischem und ethischem Gehalt. Diese freie und sachgerechte Weise, die Bibel zu lesen, hatte man nun in seiner Kirche 400 Jahre lang vergessen und verketzert. Es ist einleitend aufschlußreich zu wissen, daß Luther mit seiner später grundsätzlichen Ablehnung der Allegorese[475] in diesem Punkt auch die freiere Deutung des Erasmus ablehnte: Erasmus mache eine Fabel aus dem Gotteswort der Paradieserzählungen[476], schreibt er März 1534. So schuf die harte Gangart auf beiden Seiten des konfessionellen Grabens, selbst in exegetischen Erkenntnissen verhärtete Positionen, die objektiv einen offensichtlichen Rückschritt darstellten.

Es ist nun aufschlußreich, daß auch Erasmus eine ungezügelte Allegorese als Perversion der von ihm sonst so geschätzten *via poetica* ablehnt[477]. Das wird, wie gesagt, für gewöhnlich zu wenig beachtet.

In keiner der bis jetzt behandelten Passagen wurde vom Verfasser mit so viel Anschaulichkeit und Selbstironie „gedichtet". Das ganze endigt, wie schon erwähnt, *5. Volkstümlichkeit der Gleichnisrede* in einem Bekenntnis zur Parabel, zugleich aber mit einer Ablehnung der eigentlichen Allegorie und Allegorese. Denn die

474 G. Ebeling, Artikel „Hermeneutik", in: RGG, Bd. 3, Sp. 251.

475 WA 6, 509, 562.

476 WA Br 7, 31 f.

477 Wie wir schon eingangs andeuten konnten, liegt dem vorliegenden Kapitel das Schema des *I. Tirocinium* in trickreicher Nachahmung zugrunde. Wir stellten die *via trium linguarum* als Krönung und Voraussetzung in (2) *idioma sermonis* fest. Wir verfolgten die *via rhetorices* in (2) 1.—7. und haben nun im letzten Abschnitt (3) bei aller Flüssigkeit der Grenzen zwischen „Rhetorik" und „Poetik" die *via poetices* vor uns.

Allegorese besteht ja gerade darin, daß man in einem literarischen Gebilde Punkt für Punkt der Bildhälfte eine Sinnhälfte gegenüberstellt. Sucht man nun nach dem Vergleichspunkt, der *summa parabolae*[478], so hat man es weder mit Allegorie noch mit Allegorese zu tun. Der Verfasser beginnt sehr friedlich mit 1. *Notwendige und nützliche Allegorese*[479]. Wenn man aber genauer zusieht, geht es ihm vielmehr darum, die Widersinnigkeit eines ausschließlich angewendeten *sensus grammaticus* oder, wie wir heute sagen würden, einer Verkennung der literarischen Gattung aufzuzeigen[480]. Im schon erwähnten Exempel 2 von der Paradiesesgeschichte erklärt er jedoch augenscheinlich in der Weise des Allegorisierens[481].

Wenn er die Widersinnigkeit der wörtlichen Auslegung an Beispielen demonstriert, dann plädiert er, wie gesagt, allgemein für einen *sensus penitior*[482], kaum aber für den eigentlich allegorischen Sinn. Er läßt im *Punkt 3. Maßvolle Allegorese* die Methode gerade noch als Sonntagsvergnügen zu, dem er den eigentlichen Ernst abspricht. Alle Konzessionen haben aber nur den Sinn, die Abkanze-

[478] W, S. 420; H, S. 281.

[479] 1. *Notwendige und nützliche Allegorese*: W, S. 402—412; H, S. 275—278.
2. *Schlechte Allegorese*: W, S. 412—418; H, S. 278—280.
3. *Maßvolle Allegorese*: W, S. 418—422; H, S. 280—282.
4. *Mißbrauch der Allegorese*: W, S. 422—426; H, S. 282—283.
5. *Volkstümlichkeit der Gleichnisrede*: W, S. 426—428; H, S. 283.

[480] Autoren wie J. B. Payne, *The Hermeneutics of Erasmus*, in: *Scrinium Erasmianum* II, p.36 u. a. haben immer schon erkannt, daß es Erasmus und anderen Humanisten einfach um einen sachgemäßen tieferen Sinn geht, ohne ein schematisches Pressen der *4 sensus*. Payne würde ebd. zwischen *literal sense* und *literalistic sense* unterscheiden. Erasmus würde in unserem Punkt 1 den *literalistic sense* ablehnen.

[481] W, S. 402—404; H, S. 275: „absurdae narrationis". Die einzelnen Züge dieser Erzählungen wie das Ausruhen, das Anpflanzen, der Baum des Lebens, das Lustwandeln, das sich Verbergenmüssen nach dem tieferen Sinn überprüft werden. Im Neuen Testament seien diese Formen seltener, aber auch da kämen Erzählungen wie die Versuchungsgeschichte vor, die „iuxta sensum historicum", W, S. 404; H, S. 276, gleichfalls als widersinnig anzusehen ist. Wie könne einer von einem Berge aus zugleich alle Völker überschauen, die Inder und die Britannen zugleich.

[482] Man müsse sich besonders um das Verständnis der Allegorien bemühen, weil fast die ganze Schrift, besonders aber das Alte Testament daraus besteht. Es sei die Art, wie die „aeterna sapientia", W, S. 400; H, S. 274, sich stammelnd äußere. Der einfache Sinn sei oft falsch, lächerlich und absurd. Selbst wenn im historischen Kontext nichts Anstoß errege, dürfe man nach einem tieferen Sinn fragen. Nun kommt es aber, daß sich Ungereimtheiten und Absurditäten wie Hindernisse in unseren Weg legen, so daß wir durch diese Steine des Anstoßes in unserem Verständnis gezwungen sind, auf geheimere Pfade zu gehen, bis sich die eigentlichen Schätze zeigen. Das Gesagte ist bei dreierlei Gattungen zu beachten: „in narrationibus, in prophetis et praeceptis", W, S. 402; H, S. 275. Trotzdem bleibt der *sensus historicus* primär.

lung der Allegorese in *4. Mißbrauch der Allegorese* vorzubereiten. Dort geht er mit dem Pariser Theologen ins Gericht, der während der Fastenzeit 40 Tage lang über den verlorenen Sohn in novellistisch-allegorischer Weise predigte[483]. Damit war glücklich wieder das Thema vom alten Schulenstreit angeschnitten.

Für ihn ist Allegorese nichts anderes als eine geschmacklose und unadäquate Weise, Theologie zu betreiben, die er von jeher und *ex professione* in Kapitel *I. Tirocinium* innerhalb der 7 *artes liberales* als die *via dialectica* ablehnte. Das war die dritte Disziplin, die wir im Schema unseres „Triviums" noch vermißten. Wenn man die Stellen, wo er von Punkt 2. bis 4. über schlechte Allegorese zu sprechen kommt und seinen polemischen Ton anschlägt, den wir vom Bildungsstreit her kennen, dann haben wir die Gleichung perfekt. Es geht ihm um echte Dichtung und die Ablehnung einer phantastischen Pseudopoesie im Interesse einer sauberen Theologie. Für die kläglichen Versuche der Universitätstheologen, sich dichterisch zu betätigen, empfanden die Humanisten eine ähnlich abgrundtiefe Verachtung wie für deren dialektische Spielereien, wie etwa der Brief 28 des ersten Teiles der *Dunkelmännerbriefe* zeigt.

Erasmus sieht von einer schrankenlosen Phantasie das Eigentliche der Theologie, der Auslegung und der Verkündigung ebenso gefährdet wie durch formalistisch-logische Spekulationen. Wir könnten daher statt des konzilianten Titels (3) *Richtige und falsche Allegorese* ebenso schreiben: *Ablehnung der Schul-Poeterei.*

Dazu kommt noch eines, das den poetischen Charakter des ganzen perfekt macht. Es ist ein ironisches Element. Während er Allegorien wie die vom Müden Wanderer, der auf einem Ungeheuer zu sitzen kam[484], abkanzelt, bringt er die einschlägigen Beispiele in Fülle, um sich selbst daran zu delektieren. Er verhält sich wie einer, der mit dem erhobenen Zeigefinger des Moralisten gewagte Geschichten erzählt. Letztlich liebt er als Mann drolliger Einfälle auch die Allegorie, als Vorkämpfer der rechten Theologie lehnt er sie jedoch ab.

Damit findet Erasmus wieder zum Thema der *Paraclesis* zurück: Schrankenlose Phantasie widerspricht der evangelischen *simplicitas* und *sinceritas*. Falsche Tiefgründigkeit auch der Poeterei erschwert eine gesunde, klare Volkstümlichkeit der theologischen Sprache.

Die Kritik der „vulgaris intelligentia"[485] wurde zu Eingang nur angebracht, um „geheimeren Pfaden" der Erkenntnis Gehör zu verschaffen. Es war jedoch lediglich eine dialektische Negation. Denn in *Punkt 5. Volkstümlichkeit der Gleichnisrede* soll es auf einer

[483] W, S. 422—424; H, S. 282.
[484] „Viator fessus": W, S. 422; H, S. 282.
[485] W, S. 402; H, S. 274.

höheren Ebene gerade zu einer Synthese zwischen Tiefgründigkeit und Verständlichkeit kommen. Generisch wäre das die unallegorisch verstandene Parabel und das ebenso aufgefaßte Gleichnis.

Aber zunächst gibt es genug Fälle dafür, daß ein „literalistischer" Sinn sich selbst *ad absurdum* führt. Häufiger begegnen wir jedoch diesen Dingen bei den *Propheten*: So habe die Emmanuel-Verheißung, Is. 7, 14, im historischen Sinn verstanden, Juden und Häretikern Anlaß gegeben, die christliche Deutung dieser Isaias-Stellen abzulehnen. Denn der rechte Name Jesu sei ja nicht Emmanuel gewesen. Auch die Prophetie Is. 8, 4 von dem Knaben, der die Macht von Damaskus entgegennehmen werde, gebe erst allegorisch, etwa auf die Huldigung der drei Magier angewendet, einen vernünftigen Sinn. Ein gleiches gelte für die *Gebote*. Die 10 Gebote seien im historischen Sinn zu verstehen. Widersinnig würden diese jedoch, wenn man an das Beschneidungs- oder das Sabbatgebot denkt. Oder sollte man sich vielleicht ohne Sandalen in eisige Gegenden begeben, oder sollte man dem Schläger die linke Wange reichen, nachdem er als Rechtshänder diese ja ohnehin schon geschlagen hat? Es sei unmoralisch etwa für ein Mädchen, in jeder Lage den Satz Lk. 6, 30: „Wer dich bittet, dem gibt" zu erfüllen[486]. Auch vor Überspanntheiten der Häretiker könnten manchmal nur die „tropologiae praesidia"[487] helfen.

Erasmus fürchtet die blühende Phantasie in Glaubensdingen. Sie wird gefährlich, wenn man sie in „commentatiunculas"[488] faßt und dann darauf Dogmen zu begründen sucht. So ist es schlechte Allegorese, wenn Ambrosius[489] sogar die Kälte und das Feuer bei der Verleugnung Christi allegorisch deutet. Die Schwachheit Petri werde so aus falsch verstandenem Willen zur Apologie hinweggedichtet. Schon Hiernonymus[490] weise darauf hin, daß man mit solcher Spielerei lieber Gott der Lüge zeiht, als in Petrus ein menschliches Versagen zugeben zu wollen. Solches Geschwätz passe in eine Deklamatorenschule, aber mit heiligen Dingen sollte man nicht dergestalt spielen. Man verteidigte Falsches und bringe damit die Wahrheit um ihre Würde[491]. Erasmus schlägt hier so nebenbei den Sack, um den Esel zu treffen. Er tadelt durch den Mund des Hiero-

[486] W, S. 406—410; H, S. 476 f.

[487] Ausgesprochen schädlich wären, wörtlich aufgefaßt, die Vorschriften, sich zu entmannen oder sonst zu verstümmeln. Auch die Aufforderung zum ständigen Gebet sei von Häretikern buchstäblich verstanden worden. W, S. 410; H, S. 278.

[488] W, S. 418; H, S. 280.

[489] Expositio in Lucam X, 76; PL 15, 1915 B.

[490] Commentarius in Matthaeum XXVI, 72; PL 26, 211.

[491] „... dum falsa defendimus, veris fidem abrogemus." W, S. 416; H, S. 280.

nymus Ambrosius wegen einer schlechten Methode. In Wirklichkeit will er den Gedanken einer privaten Infallibilität des Papstes in einem Sinn abwehren, wie wir ihn schon an anderer Stelle kennenlernen konnten.

Erasmus steht hier auch den Kirchenvätern durchaus kritisch gegenüber. Er warnt vor Männern wie Origenes, Ambrosius und Hilarius, wenn sie den grammatischen Sinn nicht beachten[492]. Man bewahre das Maß, das die Schrift selber einhält. Man könne mit diesen Dingen spielen, solange es um Unterhaltung und nicht um Festlegung der Wahrheit geht. So schildere Ambrosius zur Förderung der sonntäglichen Freude Zächaeus auf dem Feigenbaum allegorisierend als „novi temporis pomum“[493]. Wenn man schon Scherze dieser Art zur Erholung treibt, solle man wenigstens an die mögliche Erbauung denken.

Im übrigen kommt der ganze Beweisgang auf eine glatte Ablehnung einer eigentlichen Allegorese hinaus, wenn er das Eingehen auf das *tertium comparationis* fordert: Dort, wo sich das Aufsuchen des tieferen Sinns[494] nicht vermeiden läßt, genüge es vollauf, den Vergleichspunkt, die „summa parabolae“[495] aufgespürt zu haben.

Wenn man nämlich etwa die Parabeln vom Dieb in der Nacht, vom ungerechten Verwalter, vom ungerechten Richter und von dem nächtlichen Bittsteller ohne Beachtung des Vergleichspunktes in allen ihren Teilen allegoristisch deutet, dann komme man zu einem wahnwitzigen Gottesbild. Das hieße, „superstitiose“[496] auslegen.

Die Ablehnung einer extremen Form des Allegorisierens ist für Erasmus hermeneutisch deshalb so wichtig, weil sie das willkürliche Zusammendichten von Glaubenssätzen durch eine aprioristische Exegese und somit wiederum *tyrannis* und *superstitio* verhindert. Er zieht die Schule des Hieronymus der des Klemens von Alexandrien vor.

Die Auslegekunst der Besten unter den *veteres* stellt er kritisch in Frage: Am glücklichsten sei in der Auslegekunst Origenes, mehr fleißig als glücklich Ambrosius. Jedoch beide mäßigten sich zu wenig

492 W, S. 418; H, S. 280.

493 W, S. 418; H, S. 281. Expositio in Lucam IX, 90; PL 15, 1883 BC.

494 „... allegoria vitari non potest“: W, S. 420; H, S. 281. Der Verfasser gebraucht hier den Ausdruck *allegoria* nicht mehr im strengen Sinn, sondern in der allgemeinen Bedeutung von bildlicher Sprechweise.

495 W, S. 420; H, S. 281.

496 W, S. 422; H, S. 281. Mit Recht verspottete Hieronymus jene, die die Fabeln der Dichter auf Christus umdeuten. Wenn schon, dann solle man den Mythos von Proteus, Phaeton, Tantalus etc. „ad mores“, W, S. 424; H, S. 282, anwenden.

und seien dem historischen Sinn abgeneigter, als es sich gebührt[498]. Er beruft sich auf das dritte Buch der *De doctrina Christiana* des Augustinus und auf dessen *auctor,* den Donatisten Tychonius; desgleichen auf *De divinis nominibus* des Pseudo-Dionysius. Aber viel angenehmer ist ihm der Gedanke, daß er noch einmal selbst eine Schrift *De theologicis allegoriis* verfassen werde[499].

Er fühlt das Unbehagen seiner Zeit über die 4 Sinne: *Littera gesta docet, quid credas allegoria, moralis quid agas, quo tendas anagogia.* Man müsse noch vieles andere als diese Sprüche ins Auge fassen: Man beachte „gradus, differentia, tractandi ratio“[498], ebenso die „varietas rerum, temporum, personarum“[498]. Er weiß um die Notwendigkeit der Kritik, aber auch um das Ungenügen und die Offenheit seines hermeneutischen „Systems“.

Abschließend wird es nun klar, daß sich in dem Bekenntnis zur *summa parabolae* eine Weltanschauung birgt. Es ist das die *unitas in varietate,* die er wenigstens seit den Kapiteln II. *Dogmatum varietas* und Kapitel III. *Orbis et consensus totius Christi fabulae* als Thema verfolgt, wobei er für *unitas* lieber *concentus, harmonia* sagen würde.

Eingangs betont er in eigentlich übertriebener Weise, daß fast die ganze Schrift aus Allegorien besteht. Er meint jedoch, wie sich dann aus dem Zusammenhang ergibt, die übertragene Sprechweise allgemein. Nun ist er sich jedoch bewußt, daß sich hinter diesem vielfältigen Spektrum von Farben ein verhülltes Einziges birgt. Die „Allegorien“ sind ja nur „Kristall und Bernstein“[500], durch die das Eine lieblicher und vielfältiger aufleuchtet[501].

Das wäre demnach das Thema von der *varietas,* die er bei allem Schwelgen in der Phantasie doch als bedrohlich empfindet. Deshalb bekämpft er auch eine maßlose Allegorese, in der er eher schrankenloses Dichten als zuchtvolles Erklären sieht. Die chaotische *varietas* ist zwar schöpferisch und lebensvoll, sie bedarf aber der Bändigung. Diese geschieht nun neben der Ablehnung der Allegorese durch ein Prinzip der *unitas.* Als solches dient antithetisch der ständige Hinweis auf die Bedeutung des *sensus historicus.* Das geschieht schon zu Eingang des Abschnittes[502], wo man noch meint, der Verfasser sei voll vom Lob über den *sensus penitior* und die Allegorie. Dabei

[498] W, S. 430; H, S. 284.
[499] W, S. 428; H, S. 283 f.
[500] W, S. 362—364; H, S. 262.
[501] Diesen Gedanken „praktiziert“ der Verfasser vor allem in (1) *Punkt 2. prophetarum sermonem,* der die schillernde Vielfalt der Paulinischen Bildsprache zum Gegenstand hat, und wohl auch in (2) *Punkt 6. amphibologia.*
[502] W, S. 402; H, S. 275.

endigt der Abschnitt bissig mit einem Verdikt über die sonst so geschätzten Origenes und Ambrosius, weil sie den *sensus historicus* nicht gebührend beachtet hätten. Erasmus verharrt jedoch nicht bei einem antithetischen Entweder-Oder; vielmehr fängt er beides, *varietas* und *unitas* synthetisch in (3) *Punkt 5. Volkstümlichkeit der Gleichnisrede* auf[503]. Das Gleichnis (nicht allegorisierend aufgefaßt) vereinigt beide Anliegen als *unitas in varietate*. Es ist auf der einen Seite Dichtung, andererseits wird es nicht in jedem ihrer Teile allegorisierend verstanden. Dichtung wird wiederum als das, was sie sein will, ernst genommen und nicht als Vehikel irgendwelcher werkfremder Ideen. Wenn er bloß nach der „summa parabolae"[504] fragt, respektiert er die Intention des Dichters und damit Literatur als Literatur.

Wer wild allegorisiert, legt seine Aprioris in die Schrift hinein, statt sie horchend zu befragen. Erasmus sucht die *tyrannis* nicht nur für sich, sondern auch für die Schrift abzuwehren.

Er sieht seine Auffassung vom *sermo theologicus* in den Gleichnissen des Sokrates und in der platonischen Idee begründet:

Sokrates habe seine Gleichnisse „doctis pariter et indoctis"[505] gleicherweise verständlich gemacht, weil er die Bildhälfte aus jenen Bereichen wählte, die allen zugänglich sind. Diese Familiarität der theologischen Sprache macht die Theologie zu einem Gemeingut. Aber bei der *varietas* der bunten Gegenstände darf es nicht bleiben: „Ita quicquid hic visibilis mundus offert oculis corporeis, eius ideam reperies in rebus animi."[506] Was die sichtbare Welt den körperlichen Augen bietet, muß nicht nur einer gelehrten Clique, sondern allen Menschen zugänglich sein. Das geistige Urbild der bunten Vielfalt muß aber als Einheits- und Ordnungsprinzip in der Welt des Geistes gesucht werden. Diese Überbrückung der beiden Bereiche geschieht nun durch den Verfremdungsvorgang, wie ihn der Schrifterklärer und Prediger leisten muß. Damit haben wir dann nicht

503 Es gebe kein „familiarius docendi genus", W, S. 426; H, S. 283, als das Gleichnis. Aus volkstümlichen Gegenständen genommen, machten sie die Lehre allgemeinverständlich. Zum Unterschied von den Spitzfindigkeiten der Skotiden habe jedermann eine unmittelbare Vorstellung von Samenkörnern, Fischen, Zweigen u. ä. In dieser Vorstellungswelt könne jedermann „philosophieren". Ähnliches gelte für Schlange, Taube, Hirsch, Lamm. „Gravis est senectus, aspiras ad immortalitatem." W, S. 428; H, S. 283. Dieses Gefühl überkomme den Menschen, wenn er Winter und Sommer erlebt, So wappne man sich beizeiten mit „virtus et eruditio", W, S. 428; H, S. 283. In den Dingen des Geistes werde man das Urbild aller sichtbaren Dinge finden.

504 W, S. 420; H, S. 281.

505 W, S. 358; H, S. 260.

506 W, S. 428; H, S. 283.

mehr *unitas* auf der einen Seite und *varietas* auf der anderen, sondern eben *varietas in unitate*.

Dieses Prinzip stellt sich Erasmus praktisch in einer Form von Welt-Mystik vor. Die Bilder werden Anlaß, das Eigentliche zu fassen: Du fühlst dich durch den Winter bedroht und wirst ermahnt, auch in widrigen Zeiten auf bessere Tage zu hoffen und auszuharren; der Sommer schmeichelt, und du wirst ermahnt, dich auf die kommenden Mühen vorzubereiten. Beschwerlich ist das Alter, und ein Sehnen nach Unsterblichkeit mag dich überkommen. Angenehm ist die Jugend, laß dich ermahnen, daß du dir für das kommende Alter das Rüstzeug der Tugenden und der Bildung zurechtlegst[506].

Ein schon erwähnter Kritiker schreibt, das eigentliche System und Einheitsprinzip des Erasmus sei für ihn der künstlerisch geformte Text: „The organizing principle here is the text itself."[507] So fließt die *varietas* der Themen scheinbar beiläufig ein. Und der Verfasser sucht sie auf eine schillernde Einheit hin zu bündeln.

1. *Punkt 4*[508] war es schon um eine Vertiefung des Opfergedankens und im Zusammenhang damit um eine Verinnerlichung und um persönlicheres Verständnis der Eucharistie gegangen. Die Eucharistie sollte mehr vom Empfänger her betrachtet werden, der sich geistig mitopfern müsse, damit nicht das Opfer nur *in sensu vulgari* aufgefaßt würde. (3) *Punkt 1 Notwendige und nützliche Allegorese* wird nun die eucharistische Rede, Jo. 6, 53 ff., zitiert[509]. Es sei ebenso schädlich, naturwidrig und gottlos[510], über Fleisch und Blut, das der Herr anbietet, *in sensu grammatico* zu denken, wie wenn Paulus, Röm. 12, 20, davon spricht, man solle glühende Kohlen auf das Haupt seiner Feinde sammeln[511]. Erasmus strebt hier eine auch für heutige Begriffe berechtigte Verfremdung einer zu sehr vergröberten Eucharistieauffassung an, die bekanntlich im späten Mittelalter keine Seltenheit war. Was jedoch etwas bedenklich scheint, ist die Tatsache, daß Erasmus, ohne sich festlegen zu wollen, zwei Beispiele nebeneinander reiht, die sprachlich nicht die gleichen Figuren aufweisen.

Das erste Exempel von den glühenden Kohlen ist eine ganz einfache Metapher, Vergleichspunkt ist nur die schmerzende Beschämung, die der Feind durch die Liebe erfährt. Das Eucharistiebeispiel, bloß metaphorisch verstanden, könnte nun in dieser Figur

[507] J. K. McConica, *Erasmus and the Grammar of Consent*, *in*: *Scrinium Erasmianum* II, aaO., p.92.
[508] W, S. 372; H, S. 265.
[509] W, S. 412; H, S. 278: als letztes Exempel an hervorgehobener Stelle.
[510] „impium": W, S. 410; H, S. 278.
[511] W, S. 410; H, S. 278: unmittelbar vorhergehendes Exempel 13.

entweder heißen: bis zum Auffressen hassen oder lieben. In beiden Fällen wäre es eine Symbolisierung der Eucharistie gewesen in einem Sinn, den Erasmus zutiefst verabscheute[512].

Erasmus hat Recht. Wer die Stelle im Wortsinn versteht, macht sich eines perversen Kapharnauismus schuldig. Das ist der typisch schädliche Sinn, wie ihn Erasmus versteht. Wenn man schon die rhetorische Sprechweise beibehalten will, müßte hier Erasmus differenzieren. Er dürfte es weniger metaphorisch als metonymisch verstehen. Fleisch und Blut steht als *pars pro toto,* den ganzen Christus, wobei bildhaft der Gedanke von Opfer, Kreuz und Leid mitspielen mag.

Eine Kleinigkeit dieser Art könnte uns nur aufmerksam machen, daß die eingangs zitierte Bemerkung über die Hermeneutik Melanchthons in unseren Texten auf Erasmus zwar im ganzen nicht zutrifft, daß aber der Rausch und die Entdeckungsfreude über die rhetorischen und poetischen Strukturen, die sich als Hilfe und Richtlinien der Exegese anboten, auch zu deren Überbewertung führen konnten. Dadurch hätte gerade das erreicht werden können, was man verhindern wollte, nämlich die Verwendung textfremder Prinzipien.

Kapitel VI: Copia locorum

Die rechten Quellen

1. Weisen der Fehldeutung: Dogmatismus als Hauptursache

Das Thema der Autorenkritik und deren Scheidung kennen wir schon ansatzweise aus der Darstellung der *Methodus.* Es handelt sich also zunächst um die Kunst des rechten Zitierens[513], nachdem das vorhergehende Kapitel V. *Sermonis habitus* die sprachlichen Idiome und Tropen zum Gegenstand hatte, deren rechte Einschätzung zum adäquaten Verständnis des meist tieferen Sinnes führen sollte.

Der Verfasser meint jedoch mit der Handhabung seiner *copia locorum* nicht in erster Linie eine formelle Technik. Natürlich will

[512] Vgl. etwa: Brief an den damaligen Zwinglianer und Züricher Reformator, den Hebräisten und ehemaligen Franziskaner Konrad Pellikan (1478—1556). Allen, VI, p.211: Er wolle sich lieber „membratim" in Stücke reißen lassen, als solch eine Lehre anzunehmen. Mit solch einem Glauben wolle er nicht aus dem Leben scheiden.

[513] W, S. 430; H, S. 284. *Methodus*: W, S. 62; H, S. 158: „... apposite citare condiscat [theologiae candidatus]".

auch er, daß man für seine Behauptungen eine *auctoritas* anführt. Das Ergebnis der Forschung hängt jedoch von der Qualität des *auctor* ab. Es ist sinnlos, jeden beliebigen Schreiberling zu zitieren. Die hermeneutische Kunst besteht darin, die *recti auctores* zu finden, die den Geist der Schrift am besten repräsentieren.

Die geistesgeschichtliche Tragweite dieses neuen Begriffs von *auctoritas* und die strenge Forderung, kritisch zu belegen, darf nicht unterschätzt werden. Den neuen Geist konnte Erasmus von seinem *archetypus* Laurentius Valla lernen, der es wie sein Zeitgenosse Nikolaus von Kues verstand, die Konstatinische Schenkung zu „verfremden" (1440), der für seine kritischen Äußerungen Inquisitionsverfahren riskierte und sich nebenbei als *scriptor* und Sekretär in der Nähe der Päpste Nikolaus V. (1447—1455) und Callixt III. (1455 bis 1458) kurial zu betätigen wußte. In diesen Ansätzen der modernen Kritik, historisch (*causa* als Ursache und nicht als moralische Schuld verstanden) eine Schädigung der Christenheit zu sehen, scheint mit ebenso wenig berechtigt, wie die Juppitermonde des Galileo Galileo (1564—1642) als Bedrohung des Dogmas aufzufassen.

Das Zitieren „ex ipsis fontibus"[514] ist jedoch nicht das eigentliche Hauptproblem dieses Abschnittes (1). Es ist die Frage der Fehldeutung[515], und damit zusammenhängend das Problem der *pugnae* und Widersprüche in der Schrift: Wie komme ich zum immer wieder geforderten *concentus*, auch der heiligen Texte?

Es wird nicht nur deshalb unterschiedlich interpretiert, weil man die Quellen nicht direkt zur Hand nimmt oder sie in ihrer sprachlichen und künstlerischen Eigenart verkennt (wie es Gegenstand von V. *Sermonis habitus* war), vielmehr stellen auch dann noch augenscheinliche Widersprüche einzelner Stellen besondere Anforderungen an den Leser. Man kann diese Schwierigkeiten nicht einfach aus der Welt schaffen, indem man ungeduldig den Knoten zerschlägt oder sich durch eine prophetische Erleuchtung eine unsachgemäße „Klarheit" verschafft. Hier hat vielmehr nach Erasmus die *collatio* einzusetzen: Zuerst müssen die *loci* „verglichen" werden, Abschnitt (1), dann die Kommentare und Interpreten, Abschnitt (2), drittens auf polemisch reformatorische Weise die „Studien" selbst, Abschnitt (3).

Die *collatio* schafft die Möglichkeit eines abwägenden Ausgleichs,

[514] W, S. 432; H, S. 284. Die beiden Gesichtspunkte sind übrigens an dieser Stelle formal in einem *exordium* gefaßt, was uns ihre programmatische Bedeutung leichter erkennen läßt.

[515] *Methodus*: W, S. 62; H, S. 158. W, S. 432; H, S. 284: „detorquere ad alienos sensus", ebenfalls *exordium*.

sie fordert jedoch Ehrfurcht und das akademische „ἐπέχειν“[516] und ermöglicht nicht immer letzte Sicherheit und Klarheit. Dafür ist aber die Klarheit, die dieses hermeneutische Prinzip hergibt, angemessen.

Zur Anwendung dieses Grundsatzes waren aber technische Voraussetzungen gefordert. Es mußten „loci“[517] nach Art einer Realkonkordanz gesammelt werden. Damit hatten Erasmus und ein bildungsfreudiges Jahrhundert ihre Leidenschaft entdeckt, wie wir in der Einleitung feststellen konnten. Durch Stellensammlungen nach Art der *Copia rerum et verborum* Quintilians konnte man damals ein wichtiges Bedürfnis der Zeit befriedigen und wie Erasmus berühmt werden[518].

Das Kapitel zerfällt in drei Abschnitte, die annähernd gleich lang sind:

1. *Weisen der Fehldeutung*[519].
2. *Vermeidung der Fehldeutung durch locorum collatio*[520].
3. *Bildungsstreit (collatio studiorum)*[521].

1. *Weisen der Fehldeutung* zerfällt nach einem kurzen *exordium* in vier Punkte: 1. *Fehldeutung der Schrift, weil man dem Volk schmeicheln will*[522], 2. *weil man den Zusammenhang nicht beachtet*[523], 3. *durch pseudopoetische Willkür*[524], 4. *durch polemisch-dogmatische Voreingenommenheit*[525]. *Punkt* 4. macht stofflich ungefähr die zweite Hälfte des Abschnittes aus, während die *Punkte 1. bis 3.* die erste Hälfte füllen. Diese drei gehören so eng zusammen, daß sie auch als Unterteilungen eines Punktes aufzufassen wären. *Punkt 1.* ist überhaupt ein Bestandteil des *exordium* und gibt das gemeinsame Thema kursorisch an. *Punkt 3.* stellt besonders krasse Fehlformen des *sensus alienus* dar. Wir betonen das, weil somit das Prinzip der Zweiteilung, das sich in den nächsten beiden Abschnitten geradezu aufdrängt, auch hier schon vorgeformt finden. Diese Art der Komposition ist natürlich sehr geeignet, in dramatischer Span-

516 W, S. 470; H, S. 297; *Methodus*: W, S. 74; H, S. 161.

517 W, S. 452; H, S. 291.

518 Erasmus legt darauf auch in Form unserer Schriften größten Wert, wenn er sie weithin als Beispielsammlung gestaltet. Seine *Copia verborum ac rerum* (1511) mit gegenüber seinem Vorbild umgestellten Genitiven zitiert er an pointierter Stelle: W, S. 66; H, S. 159. W, S. 452; H, S. 291.

519 W, S. 430—452; H, S. 284—291.

520 W, S. 452—468; H, S. 291—297.

521 W, S. 468—494; H, S. 297—305. Die Gliederung ergibt sich mit großer Deutlichkeit. Andererseits ist der Zusammenhang der Abschnitte sehr eng. (1) dient als Art Proömium und eröffnet den *status quaestionis*. (2) erarbeitet positiv das hermeneutische Prinzip und (3) weitet die Frage, wie gesagt, zu einer grundsätzlich reformatorischen aus.

522 W, S. 432; H, S. 285.

523 W, S. 432—434; H, S. 285.

524 W, S. 434—438; H, S. 286—287.

525 W, S. 440—452; H, S. 287—291.

nung eine Gegenüberstellung atmosphärisch anzudeuten, die mit dem Stichwort *collatio* ausdrücklich als Leitmotiv die letzten zwei Drittel des Kapitels bestimmt.

2. *Rechte Deutung durch Vergleich der Stellen (locorum collatio)* weist eine klare Zäsur zum letzten Drittel auf: Vergleich der Kommentare, von denen der längere *Punkt* 3. die *veteres* in kritischer Sichtung[528] und *Punkt 4.* die *neoterici* in Ablehnung präsentiert[529]. Die ersten zwei Drittel weisen auch zwei Punkte auf: *Punkt 1. den meditativen Vergleich der Stellen*[520], *Punkt 2. Vergleich der Schriften*[527]. Abschnitt (2) ist stofflich nicht so klassisch proportioniert wie die beiden anderen. Die beiden ersten Punkte, vor allem der erste mit der eigentlichen *locorum collatio*, wurde unproportioniert lang ausgeführt. Hier handelte es sich um notwendige Ergänzungen. In Abschnitt (1) und (3) geben die Stellen der Methodus nur den Rahmen ab, während diese in (2) mit den neuen Texten fortlaufend ineinander komponiert sind. Punkt 3. und *4.* lagen in der *Methodus* schon fast fertig vor, während der Verfasser im *Punkt 1.* noch zahlreiche Beispiele brauchte.

3. *Bildungsstreit (collatio studiorum)* weist seine scharf gezogene Zäsur nach *Punkt 1. Ehrfurchtslose Theologie*[530] und *Punkt 2. Nutzligkeit und Schaden dieser Theologie*[531] auf, wo *Punkt 3. Predigtkritik*[532] einsetzt und in *Punkt 4. Wortgezänk*[533] und einer ausführlichen Konklusion[534] über den Theologen endet. Die Gliederung ist klassisch ausgewogen, die einzelnen Teile im Verhältnis 1:1:1:1. Die Texte der Methodus bilden ähnlich wie in (1) zu Eingang und am Schluß nur den Kompositionsrahmen.

Nach Erasmus darf der Kandidat der Theologie nicht wie manche Prediger, die an der Sorbonne studiert haben, heilige Worte zur Schande der gelehrten Welt „ad alienos sensus“[535] verdrehen.

Grund für das Versagen sei zunächst die Tatsache, daß vorgefaßte Lehrsätze, die der Meinung des Pöbels huldigen, in die Schrift hineingetragen würden, anstatt daß man sich von ihren Worten bestimmen lasse. Man lese mehr in sie hinein als von ihr heraus[536]. Zur Regel des Glaubens würden so die Leidenschaften und Sitten der Masse, nicht die Schrift. Ihr Sinn würde so demnach ummanipuliert.

526 W, S. 452—458; H, S. 291—293.
527 W, S. 458—462; H, S. 293—294.
528 W, S. 462—466; H, S. 294—296.
529 W, S. 466—468; H, S. 296—297.
530 W, S. 468—474; H, S. 297—298.
531 W, S. 474—480; H, S. 298—301.
532 W, S. 480—486; H, S. 301—303.
533 W, S. 486—490; H, S. 303—304.
534 W, S. 490—494; H, S. 304—305.
535 W, S. 432; H, S. 284.
536 W, S. 432; H, S. 285: Der gute Leser dagegen „rettulerit magis quam attulerit“.

Noch gefährlicher, weil versteckter, seien hierauf falsche Auslegungen, die den Zusammenhang und Parallelstellen nicht beachteten. So würde die Bedeutung von Kirche einseitig auf die Priester, Welt auf die christlichen Laien, Christentum auf die Mönche und Gottesdienst einseitig auf Zeremonien reduziert. Dagegen dürfe man nicht einfach auf die eben illustrierte Weise Wörter aus dem Zusammenhang reißen und nach Belieben erklären, sondern man müsse sich zuerst grammatikalisch nach dem „unde natum, a quo, cui, quo tempore, quibus verbis“[537] fragen. Sonst baute man auf morschen Fundamenten. Als nächste Regel sei erstens die Abstimmung mit der Gesamtheit der christlichen Lehre[538], zweitens die Überprüfung mit dem Leben Jesu[539] und drittens die Übereinstimmung mit der „aequitas naturalis“[540] zu bedenken. Als letzten Schritt dürfe man die Tatsache der „temporum, rerum ac personarum varietas“[541] nicht vernachlässigen. Auch menschliche Gesetze dürfe man nicht ohne vorhergehendes Studium des Zusammenhangs auslegen. „Audi sermonem divinum, sed totum audi.“[542] Nach diesem Prinzip der Ganzheit seien traditionelle Auslegungen zu ergänzen und zu korrigieren[543]. Sehr bedauerlich findet es Erasmus sodann, zu Erbauungszwecken und aus apologetischen Gründen bei der

537 W, S. 434; H, S. 285; nicht unbedachtes Zitat aus II. *Dogmatum varietas*, W, S. 178; H, S. 196, und *Methodus*, W, S. 64; H, S. 158.

538 W, S. 434; H, S. 286: „ad orbem illum doctrinae Christianae“. Das entspricht dem Kapitel II. *Dogmatum varietas*.

539 Das entspricht dem Kapitel III. *Orbis et consensus totius Christi fabulae*.

540 W, S. 434; H, S. 286: Der Verfasser meint das, was nach der Sitte und dem Anstand der Zeit im natürlichen Empfinden als recht und billig angesehen wurde. Ein Schriftbefund, der auch darin widerspreche, müsse ebenfalls überprüft werden. Als Beispiel führt er die Weisung des Paulus, 1. Kor. 11, 4 ff., in der Frage der Kopfbedeckung beim Gottesdienst an.

541 W, S. 434; H, S. 286: Bezugnahme auf Kapitel II. *Dogmatum varietas*.

542 W, S. 436; H, S. 286.

543 Ein Bischof freue sich, daß ihm die Schlüssel des Himmelreiches gegeben sind, er bedenke, daß Petrus von Christus auch Satan genannt und zur bedingungslosen Nachfolge aufgefordert worden ist. Der Papst freue sich, Vikar Christi genannt zu werden, es müsse ihm jedoch auch der Tod Christi in den Sinn kommen, wenn er schon in Stellung und Titel nachfolgt. Die Priester freuten sich, daß sie nach der Schrift Sünden nachlassen dürften, daß sie aller Ehre wert seien, daß sie Anspruch auf den Levitenzehnt hätten und ein königliches Geschlecht genannt würden. Sie sollten sich jedoch auch erinnern, daß sie berufen sind, den Geist zu besitzen, alle Völker zu lehren, die Ehre durch gute Verwaltung auszugleichen und den Zehnt durch Dienst im Heiligtum. Sie müßten auch Salz der Erde und Licht der Welt sein. Der Papst freue sich über sein Hirtenamt, er müsse aber auch überlegen, daß sein Vorrang über die anderen Bischöfe auch ein Voranleuchten in der Liebe bedeuten müsse. W, S. 436—438; H, S. 286 f.

Auslegung willkürlich zu fabulieren[544]. Man müsse mit Hieronymus die allegorisierende Methode des Origenes ablehnen.

Jedoch die wichtigste Ursache von Fehldeutungen ist für Erasmus letztlich die dogmatische Unduldsamkeit und die Glaubensfehde. Er hält diese Hauptsünde auch der Kirchenväter für völlig unstatthaft, selbst wenn Bibelstellen in der guten Meinung unsachgemäß ausgelegt werden, man könne dadurch den Irrtum bekämpfen. Durch eine unsaubere Beweisführung dieser Art mache man sich bei seinen Gegnern nur zum Gespött[545].

Erasmus will Arianer, Donatisten und Novatianer als Häretiker nicht in Schutz nehmen. Das rechtfertigt jedoch seiner Meinung nach nicht eine Auslegung, die den eigentlichen Sinn der Schrift „ad victoriam"[546] verdreht.

544 Art unseriöser Dichterlinge sei es, ein Prophetenwort von den „pelles terrae Madian", Hab. 3, 7, W, S. 438; H, S. 287, mit der Schindung des Bartholomäus und einen nebensächlichen Satz aus dem Buche Judith 13, 12 mit den vier Büchern des Petrus Lombardus in Zusammenhang zu bringen. Mehr mit Anmut als mit Würde habe auch der hl. Bernhard ähnliches gemacht; so sehr sei er von der Schrift durchdrungen gewesen. Im übrigen betrachte man aber die spaßhafte Verdrehung heiliger Worte als „indoctum" und „impium", W, S. 440; H, S. 287. Man müsse sich sehr überlegen, ob man den Sinn so verfälschen dürfe, um einen Gegner zu schlagen oder einen Schwachen vom Laster abzuhalten.

545 W, S. 442; H, S. 288.

546 W, S. 452; H, S. 291. Das geschieht, wenn etwa Ambrosius, *De spiritu sancto* II, 5, 45—47; PL 16, 783, in der Auseinandersetzung mit den Arianern die Stelle Phil 3, 3 „die wir Gott im Geiste dienen" so auffaßt, als ob darin der „Geist" als die dritte Person gemeint sei. W, S. 442; H, S. 288. Ebenso argumentiere Ambrosiaster, in Tim. 2, 20; PL 17, 518 f. unsachgemäß, wenn er den Welt-Pessimismus des Novatian mit dem Hinweis Jo. 15, 19 „Ich habe euch von der Welt ausgesondert" entkräften will. W, S. 442—444; H, S. 288. Ähnlich sehe Beda, Homilia genuina I, 19; PL 94, 102 B, voreilig in den Christusbekenntnissen der Schrift eine ausdrückliche Anerkennung der Gottessohnschaft. W, S. 444; H, S. 288. Eine schlimme Sache sei die Weise, wie Augustinus, *De Baptismate contra Donatistas* V, 13, 15: PL 43, 184 f., gegen die Donatisten und ihre Tauflehre zu Felde zieht. W, S. 446—450; H, S. 289 bis 291. Jo. 1, 33 heiße es, daß Christus kommen werde, im Geiste zu taufen. Das allein halte er für ausreichend, um zu zeigen, daß die Donatisten den Verstand verloren hätten (was ja tatsächlich stimmt), wenn sie die Bedeutung des menschlichen Taufspenders so sehr betonen. Die Donatisten seien ja wirklich verrückte Räuber gewesen, aber so einfach dürfe man nicht argumentieren. Schließlich hätten die Apostel den Auftrag zu taufen wie auch die Sünden nachzulassen bekommen. Auch für ihn, Erasmus, seien die Donatisten Häretiker und Schismatiker; es würde ihn schon „auctoritas ecclesiae et schismatis odium", W, S. 450; H, S. 290, in seiner Meinung bestärken. Jedoch die Johannesstelle spreche nicht vom Spender, sondern von der Art der Taufe und von Christus als ihrem Ursprung. Die extreme Ansicht der Donatisten, daß Häretiker außerhalb der Kirche stünden, wo es keine Sakramente gebe,

Um seine Idee von der rechten *regula* wirksam herauszuarbeiten, setzt der Verfasser seine gestalterischen Hebel verschiedentlich an. Zunächst tritt er aus der gewohnten Reserve der in sich durch ihre Argumente wirkenden *ipsa veritas* heraus. Er verleiht nun gegen Schluß der Sache eine besondere Dringlichkeit, indem er wie ein Schauspieler vor die Rampe tritt und den Zuschauer direkt anspricht: Ich habe Leute schwatzen gehört, die in den Ringschulen der Sorbonne alles galten, ...! Du freust dich, ein Bischof zu sein, aber wisse ...!

Dazu verwendet er wieder eine betont dialektische Schreibweise, die ihm von jeher auch den Vorwurf dogmatischer „Unbestimmtheit", ja aalglatter Charakterlosigkeit eingetragen hat: Wenn er etwa in *Punkt 3.*[547] die Dichterlinge zur Strecke bringt, die in die Schrift wild hineindeuten, was ihrer eigenen Phantasie entsprungen ist, im gleichen Atem aber den heiligen Bernhard erwähnt, von dem er weiß, daß er ebenso frei mit der Schrift umgeht, ihn jedoch wegen seiner meditativen Schriftkenntnis loben muß. So mildert er mit seinem „venuste magis quam graviter"[548] ein Verdikt, das er eben in aller Schärfe gesprochen hatte.

Die Verurteilung der Allegorese in *Punkt 3.* wird besonders effektvoll, wenn Erasmus selbst seine Schrift-„Päpste" Origenes und Hieronymus dabei ertappt. Dazu kommt noch die Ironie, daß sich Erasmus hinter Hieronymus verbirgt und dieser Origenes wegen seines Fehlers tadelt, von dem er selber nicht frei ist[548]. Wer die rechte hermeneutische *regula* nicht beobachtet, verirrt sich in blamabler Weise, selbst wenn er Augustinus oder Ambrosius heißt. Wenn Erasmus den sonst hochgeachteten *veteres* ihre schlechten Argumente nachweist, will er sich andererseits keineswegs mit den Häretikern verbrüdern. Die Donatisten sind auch für ihn verrückte Räuber[549]. Er kritisiert in einem Atem Cyprian und seine Synoden von Karthago (251 ff.)[550], und im gleichen Kontext gelten für ihn die Definitionen der Kirche: „Mihi quidem modis / omnibus probatur, quod definivit ecclesia."[551]

habe sogar Cyprian durch zahlreiche Argumente aus Schrift und Vernunft und mit Hilfe der Synoden von Karthago zu erhärten versucht. Er, Erasmus, billige „quod definivit ecclesia", W, S. 452; H, S. 291. Er wollte nur gezeigt haben, wie man falsch argumentiert, wenn man die Schrift „ad victoriam", W, S. 452; H, S. 291, verdreht.

547 W, S. 438—440; H, S. 287.

548 W, S. 440; H, S. 287. Vgl. Hieronymus, Commentarium in Ieremiam 27, 3—4; PL 24, 882 C, 884 B.

549 W, S. 450; H, S. 290.

550 W, S. 450; H, S. 291.

551 W, S. 450—452; H, S. 291.

Durch diesen doppelgesichtigen Stil drückt Erasmus sein Wissen um die differenzierte *varietas* der Glaubensdinge aus. Außerdem ist das Thema dieses Kapitels, wie wir schon andeuten konnten, die *collatio*: *collatio locorum, auctorum* und *studiorum.* Aber für einen „Vergleich" braucht es immer wenigstens zwei Seiten, eine gewisse *duplicitas.*

Die eigentliche Frage bleibt jedoch, wie verhindere ich die Fehldeutung, das „extra oleas"[552], wie komme ich zu den rechten *scopi* und der *regula,* die mich vor den angeführten beschämenden Irrungen bewahrt? Der Verfasser weiß zunächst nur zu sagen, was sicherlich nicht *regula* sein darf:

Nach Punkt 1. können einmal die Leidenschaften und Launen der Masse nicht als Richtschnur dienen. Ähnliches gilt für Punkt 2. und die morschen Fundamente, auf die man ein Gebäude aufführt, das gleich anfangs zum Einstürzen bestimmt ist[553], wenn man die Ganzheit der Texte nicht sehen will, für *Punkt 3.* und die unseriösen Spielereien der Dichterlinge[554], wo eine ungezügelte Phantasie zur *regula* der Textdeutung wird und für *Punkt 4,* wo dogmatische Befunde als *regula* einer zur Polemik entarteten Schriftauslegung zurückgewiesen werden.

Wir wissen jetzt aber immer nur, was wir vermeiden müssen: Voreingenommenheit moralischer und dogmatischer Art, unzusammenhängendes Interpretieren und phantastische „Eisegese" statt Exegese.

Der Verfasser gebraucht hier aber *regula* im zweifachen Sinn. Einerseits sind die hermeneutischen Grundsätze, die es zu erarbeiten gilt, „regula"[555]. Andererseits ist die Schrift selbst „regula"[556], der alles dienen müßte und die nicht ideologisch mißbraucht werden dürfte. Dazu kommt noch etwas, was Erasmus selten tut: Er zitiert die eigenen christologischen Kapitel II. und III. und die darin enthaltenen Regeln der Auslegung[557].

Beide Verwendungsweisen von *regula* ergänzen einander kunstvoll. Denn die Interpretationsregeln, die Erasmus entwirft, dazu das neue Bildungsideal, sind ja schon vom Objekt, der eigentlichen *regula,* her gewonnen. Das heißt, das Meßgerät ist nach dem Gegenstand, der zu messen ist, konstruiert und nicht umgekehrt. So passen *regula* als Christus, Schrift oder unbestimmter als *philosophia Christiana* und *regula* als Methode der Auslegung zusammen wie die Faust und der darin ruhende Keil.

552 W, S. 432; H, S. 285.
553 W, S. 434; H, S. 285.
554 W, S. 440; H, S. 287.
555 W, S. 434; H, S. 286.
556 W, S. 432; H, S. 285.
557 W, S. 434; H, S. 285. W, S. 434; H, S. 286.

Wenn auch Erasmus sieht, daß ein an sich richtiges Dogma, in eine Schriftstelle hineingelegt, ein exegetisch falsches Ergebnis zeitigt, wenn er auch vor solcher Praktik warnt, so bleibt für ihn das schon früher über den christlichen *consensus* Gesagte bestehen. Absicherungen bilden auch die sogleich diskutierten Stellen über die Rolle der Kirche als *regula,* auf die mit Nachdruck hinzuweisen J. B. Payne[558] großen Wert legt.

In der Frage nach der rechten *regula,* die das Jahrhundert noch bewegen sollte, scheint es zunächst, als ob Erasmus in seiner unbestechlichen Ablehnung aller werkfremden Regulative auf die Kirche als Glaubensregel völlig vergessen habe. Um so bemerkenswerter ist aber das ekklesiologische Interesse, das Erasmus mit unübertrefflicher Ökonomie in seine hermeneutischen Überlegungen einfließen läßt.

In diesem Zusammenhang verdienen die sieben Beispiele über das geistliche Amt in *Punkt 2*[559] unsere besondere Aufmerksamkeit. Die Reihe beginnt mit Bischof und Papst, wobei pointierterweise Mt. 16, 18 wiederum auf die Bischöfe allgemein angewendet wird, und sie endet wieder mit dem Hirtenamt des Petrus, das nach Jo. 21, 15 eben ein Vorangehen in Liebe bedeuten soll. Zwischendurch sind die vier übrigen Beispiele den Priestern gewidmet, wobei die Stelle 1 Petr. 2, 9 über das königliche Priestertum vom Amtspriestertum verstanden wird. In allen Beispielen geht es summarisch um eine Verinnerlichung des Amtes. Der *sensus vulgaris* wird wiederum vertieft. Diese „Verfremdung" bedeutet aber wieder nicht eine Eliminierung dessen, was man gemeiniglich unter dem Amt versteht. Das Amt bedeutet eben nicht nur Gewalt, Vorrang, Vollmacht und Ehre, sondern zuerst Geistigkeit, Eifer, Apostolat, Predigt und Liebe zum Heiligtum.

Interessiert Erasmus in *Punkt 4*[560] anläßlich der Frage mit der Donatistentaufe das Problem der Kirchenmitgliedschaft, so hatte er dieses Problem auch im Zusammenhang mit der Stellung des Laien im *Punkt 2* aufgeworfen. Weil christliche Frömmigkeit eben nicht nur eine Sache der Mönche sei, sondern für alle gelte, so dürfe man die christlichen Laien nicht einfach als „Welt" bezeichnen, so wie die Mönche nicht anders von der Welt abgesondert seien, als die Nieren außerhalb des lebendigen Körpers existierten[561].

558 J. B. Payne, *Toward the Hermeneutics of Erasmus, in: Scrinium Erasmianum* II, p.47, vor allem mit Texten aus *Ecclesiastes* (1535).

559 W, S. 436—438; H, S. 286 f.

560 W, S. 450; H, S. 291.

561 W, S. 434; H, S. 285: Der Vergleich kommt erst in der *Ratio* zum Text der *Methodus* hinzu.

Entscheidend für das, was Erasmus hier eigentlich will, ist nicht so sehr sein eher organisch gesehenes Kirchenbild, in dem nicht nur Kleriker und Mönche einen Platz hätten, auch nicht seine Auffassung von der Taufe, bei der er die Frage des *auctor principalis* im Sinne der Donatistenkontroverse nicht überspannt sehen will. Vielmehr ist der Zusammenhang wichtig. Nämlich, daß er in diesem ekklesiologischen Abschnitt gerade die Taufe so ausführlich diskutiert, nachdem er die Eucharistiefrage im Kapitel vorher ähnlich intensiv bedacht hatte. Eine verinnerlichte Auffassung von Taufe und Eucharistie ist für den Kirchenbegriff konstitutiv, der dem Verfasser als *regula* akzeptabel erscheint.

Der Verfasser ist aber noch nicht am Ziel. Nach den von ihm erarbeiteten *regulae* der Auslegung müßte er eher den Gegnern der schismatischen Donatisten, nicht diesen widersprechen. Und er tut es auch. Jedoch die Tauflehre der Schismatiker ist für ihn von vornherein indiskutabel, weil für ihn „maßgeblich" ist, „quod definivit ecclesia"[562]. Dazu kommt noch ein Grund, der uns schon aus anderem Zusammenhang bekannt ist: Es ist das „schismatis odium"[563], das ihn ebenso wie die Autorität der Kirche überzeugt. Theologien, die zur Spaltung führen, sind für Erasmus von vornherein anrüchig, weil sie dem Wesen der Religion, das in der *pax* besteht, widersprechen, wie er schon in Kapitel IV. *Vera pietas* ausgeführt hatte. Seine sehr beiläufig angebrachte Kritik an der eng gefaßten Konzeption der Kirchenmitgliedschaft durch Cyprian und der damit verbundenen Nichtanerkennung der Ketzertaufe verurteilt er sicherlich auch aus dogmatischen und exegetischen Gründen. Was ihn aber besonders treibt, ist auch hier das *schismatis odium.* Wie die Spaltung, so ist ihm das vorschnelle Verketzern zuwider. Aus diesem Grunde ist auch die diesbezügliche Theologie des Cyprian für ihn falsch, weil sie der Verketzerung Vorschub leistet, die als Haltung dem Wesen des Christentums widerspricht.

Diese Überlegungen waren nötig, damit sein abschließendes Bekenntnis zu den Definitionen der Kirche richtig verstanden wird: Im Rahmen dieser Kirche, in der es eine Taufe gibt, die über die Hürden hinausgeht, ein Amtspriestertum, dem die verantwortliche Verwaltung mehr gilt als persönliche Praerogative, einer Ecclesia, die keine Pfaffenkirche sein darf, wo besondere Gruppen meinen, das Christentum für sich gepachtet zu haben, wo jedes vielmehr seine Funktion im Organismus einnimmt, wo die Frage der Sukzession für Bischof und Papst vor allem im geistlichen Sinn gelten muß,

562 W, S. 452; H, S. 291: Der lapidare Satz dient zugleich als Epiphonema, um den Abschnitt gewichtig zu schließen.

563 W, S. 450; H, S. 291.

wodurch die Prärogativen entschärft werden, diese Kirche ist für Erasmus die letzte Instanz, nachdem er sich mit seinen „Regeln“ abgeplagt hat, der Schrift den rechten Sinn zu entlocken. Es ist der letzte *consensus,* den es zu überprüfen gilt, bevor man über einen Schrifttext eine verbindliche Aussage macht, falls man das überhaupt kann.

2. Rechte Deutung durch locorum collatio

Auch in diesem vorletzten Abschnitt wird die strenge Kritik an den *veteres* fortgesetzt, von der vollständigen Erledigung der *neoterici* gar nicht zu reden. Der Ton des abschließenden Finales mit seiner *collatio studiorum* wird eingeleitet. Das *genus* der Exempelsammlung ist praktisch aufgegeben. Das ganze bekommt wieder seinen epideiktischen Charakter: Die zwei Wege sollen erneut aufgezeigt werden.

Um die Härte der Auseinandersetzung etwas zu mildern, braucht es etwas Selbstironie. Die *neoterici* werden gegen Schluß[564] in einer breit angelegten Metaphernreihe als böse „Pantscher“ apostrophiert. Sie mischen und verfälschen die Quellen, daß nichts Echtes mehr übrigbleibt. Sie sind die Köche des Plautus, *Mostellaria,* 277, die die abgeschmackten Suppen vom Vortag zu einem ungenießbaren Etwas zusammenbrauen.

Wir erinnern uns nun, daß sich Erasmus selbst im *exordium* der *Ratio*[565] mit einem Wirt vergleich, der freigebig und geizig zugleich die Brocken der kleinen *praefatio* vom „Vortag“ mit neuer Speise mischt und sie so dem Leser als neuen Traktat anbietet. Damit ist mit Hilfe der *imagery* der Bogen geschickt geschlossen. Unser Abschnitt (2) ist zudem stärker als die übrigen mit Textanteilen der *Methodus* aufgemischt. Diese sind im Verhältnis 1:1 kunstvoll mit den Texten der *Ratio* verzahnt. Da soll sich einer nicht als „Pantscher“ fühlen. So vertragen wir es leichter, wenn er mit selbstbewußter Bescheidenheit feststellt, die Kirchenväter hätten von ihm nichts zu befürchten. Er wolle seine „auctoritas“[566] nicht an die Stelle der ihrigen setzen. Daß Erasmus an den *neoterici* heftige Kritik übt, ist in der Forschung allgemein bekannt. Sein *delectus iudiciumque* den Kirchenvätern gegenüber müßte noch genereller beachtet werden.

Die *loci theologici* zu bestimmten Themen wie Glaube, Fasten, Liebe, Ehrfurcht sollen nach Erasmus im Interesse der rechten Auslegung gleichsam „in Nester“ gesammelt werden[567]. So kommt der

[564] W, S. 468; H, S. 296.
[565] W, S. 118; H, S. 177.
[566] W, S. 464; H, S. 295.
[567] W, S. 452; H, S. 291.

Exeget in die Lage, „mysticam scripturam mystica“[568] zu erklären. Damit bietet die Methode der *locorum collatio* zunächst die Möglichkeit einer schriftinternen Interpretation.

Auch Erasmus zweifelt nicht an der Autorität des inspirierten Bibelwortes: Ein einziges Wort der Schrift besitze zwar schon genügende „auctoritas“[568]. Jedoch es gebe die verschiedenen Deutungen, namentlich auch der Alten. Finden wir einen *consensus,* ist das gut für die Glaubwürdigkeit. Liegt ein *dissensus* vor, so schadet das auch nicht. Das regt uns vielmehr zu vertiefter Forschung an[569].

Wie das systematische Sammeln von Stellen wäre auch das Auswendiglernen eine gute Methode, die Schrift parat zu haben. Nur dürfe es nicht nach Papageien-Art geschehen, wie es manche Mönche tun. Erst was man versteht, merkt man sich auch mit Nutzen. Bei der Methode komme man noch darauf, eine gewisse Rangordnung der Texte einzuhalten. Für uns und die Erfassung der „Christi doctrina“[570] genüge an sich das Neue Testament. Mit Juden habe man ja heute wenig zu tun. Wenn die Schriften des Alten Testaments auch bei vielen nicht die gleiche Autorität besäßen, so sollte man doch ihre Nützlichkeit sehen. Man müsse sie typologisch auf Christus hin oder „ad mores“[571] deuten.

Der *ordo auctoritatis* müsse nach dem Grad des *consensus* eingehalten werden, den Schriften wie etwa Isaias mit dem Neuen Testament aufwiesen. — Hubert Jedin[572] weist diese Auffassung als

568 W, S. 454; H, S. 292.

569 Man beobachtet drei Arten von Widersprüchen: Es gebe eine „pugna in verbis“, W, S. 454; H, S. 292, wenn es etwa in Ex. 33, 20 heißt, kein Fleisch könne Gott anschauen, in Lk. 3, 6, Is. 40,5, aber, alles Fleisch werde schauen das Heil. Es gebe die „pugna in factis“, W, S. 454; H, S. 292, wenn Petrus einerseits geduldig Schläge und Kerker erträgt, andererseits gegen Ananias mit härtester Strenge vorgeht. Dann gebe es noch eine „pugna mixti generis“, W, S. 456; H, S. 292, wenn es einerseits heißt, man solle dem Schläger die andere Wange hinhalten, Paulus jedoch den Hohenpriester mit heftigen Worten schmäht, W, S. 456; H, S. 293.

570 W, S. 458; H, S. 293.

571 W, S. 460; H, S. 294. Man könne sich auch weiterhin, nicht um schauspielerische Effekte zu haschen, sondern um der „sana doctrina“, W, S. 462; H, S. 295, willen zusätzlich mit Kommentaren befassen. Unter den Kirchenvätern sei der beste Exeget Origenes; vorher sei noch Tertullian zu nennen, der Lehrer des Cyprian, W, S. 464; H, S. 295. Man solle von der Mühe der Alten Nutzen ziehen. Nach Origenes nenne man noch Basilius, den Nazianzenser, Athanasius, Cyrill und Chrysostomus, dazu Hieronymus, Ambrosius, Hilarius und Augustinus. Man müsse auch die mit Kritik und Urteilsvermögen lesen, weil auch sie aus verschiedenen Gründen geirrt hätten. Auch sie seien Menschen gewesen. Unter ihrem Namen laufe manches Falsche. Man scheide daher sorgfältig. Man sollte keinem Bastard und Wechselbalg aufsitzen.

572 H. Jedin, *Geschichte des Konzils von Trient,* Bd. 2: Die erste Trienter

typisch für viele vortridentinische Theologen aus. Erasmus legt sich in unserer Schrift in der Kanonfrage bewußt nicht fest. Er schließt auch keine Schriften aus, er will nur die Unterschiede in der Relevanz betonen.

Es geht ihm allgemein um eine Hierarchie der Texte, Autoren und Werke und innerhalb der Werke um besondere Stufungen der Zuständigkeit und Qualität. Maßstab für die Beurteilung ist die Nähe zum Christusgeheimnis und der jeweilige Grad der Übereinstimmung mit diesem. Damit bleibt aber ein gewisser Raum der Unbestimmtheit und des gläubigen Ermessens. Diese differenzierte Rangordnung zu berücksichtigen, ist nach Erasmus unerläßlich für eine richtige Exegese, andererseits kann diese Methode nur durch die *locorum collatio* wirksam werden. Man muß eben die Stellen bei der Hand haben, so wie man das Wasser aus der eigenen Zisterne trinken soll.

3. *Collatio studiorum*: Bildungsstreit

Im Zusammenhang mit der Vorgeschichte des Trienter Konzils kommt Hubert Jedin[573] auf die Frage des Bildungsstreits der humanistischen Bewegung zu sprechen. Er konzediert, daß ohne Kritik an dem Bestehenden kein Fortschritt möglich sei, auch nicht auf dem Gebiet der Theologie. Er kritisiert jedoch eine zu enthusiastische Ablehnung der mittelalterlichen Theologie durch die zornigen jungen *poetae theologi* und sieht in ihrer Kritik eine Gefährdung der Kontinuität der theologischen Tradition. Auch die Erasmische *Methodus* brächte keinen vollwertigen Ersatz für gründliche scholastische Studien.

Wir müssen dankbar sein, wenn dieses wichtige Problem zunächst festgehalten wird. Denn die Frage stellt sich fast jedes Jahrhundert bis in unsere Tage neu. Eines dürfen wir aber schon eingangs Erasmus zugute halten, daß er, abgesehen von seiner durch Christian Dolfen[574] nachgewiesenen guten Kenntnis der scholastischen Me-

Tagungsperiode 1545/47, Freiburg 1957, S. 45: Zur Frage des Kanons der heiligen Schrift. — Der *ordo auctoritatis* ist nach Erasmus bei den Kirchenvätern und sonstigen Autoren in ähnlicher Weise zu beachten: Man treffe Abstufungen auch in den Werken. Man ziehe die Griechen den Lateinern und die *veteres* den *recentiores* vor. Auch in den einzelnen Gattungen hätten die verschiedenen Autoren unterschiedliche Talente. Die einen verstünden es besser bei Erzählungen, andere bei Allegorien, wieder andere bei *loci communes,* W, S. 466; H, S. 296.

573 H. Jedin, *Geschichte des Konzils von Trient,* Bd. 1: Der Kampf um das Konzil, Freiburg ²1951, S. 127.

574 C. Dolfen, *Die Stellung des Erasmus von Rotterdam zur scholastischen*

thode, weder in *Methodus* noch *Ratio* ein endgültiges System einer neuen Theologie anbieten wollte. Was er anzubieten hatte, war eine Marschrichtung. Darum vergleicht er sich, wie wir eingangs gesehen haben[575], mit dem Wegzeiger, der vielköpfigen Merkurstatue.

Die *collatio studiorum* legt abschließend zwei Auffassungen von Theologie vor. Der Leser soll wählen. Es gibt eine ehrfurchtslose und lebensfremde Weise, Theologie zu betreiben. Sie führt zum Verfall der Predigt und muß als unevangelisches Wortgezänk abgelehnt werden.

Die Theologie der Syllogismen, die mehr zu intellektuellen Boxern als zu Theologen heranbildet, habe nichts mit einem christlichen Leben zu tun. Unter diesen wäre auch Hieronymus und Paulus verlegen geworden. Das sei aber nicht die Schuld der rechten Theologie. Vielmehr hätten die Syllogismendrechsler die Theologie zu einer Philosophie gemacht. Auch ein Rhetoriker, Arithmetiker oder Musiker könnte die Theologie so behandeln, daß sie nur mehr der Fachmann versteht, der um die Problematik dieser Künste weiß. Bringe man fremde Methoden in die Theologie, dann gehe es wie mit der Hydra Haupt: Man erledigt eine Frage, und ein halbes Dutzend neuer entstünden. Diese Randprobleme[576] machten die Theologie weniger fromm, sie seien nicht heilsnotwendig, ihnen gegenüber sei das ehrfürchtige „ἐπέχειν“[576] der Akademiker angebracht. Dadurch würde allerdings ein gut Teil der scholastischen Theologie überflüssig[578].

Probleme folgender Art seien als frevelhaft abzulehnen: „Ob Gott den Menschen, „ἀναμάρτητον“, das ist sündenunfähig, erschaffen könnte? Ob Gott eins und ungeteilt wäre, wenn ein anderer, von ihm selbst unterschieden, existierte? Ob die Seele Christi getäuscht werden oder lügen konnte? Oder ob der Satz: Gott ist ein Käfer! in gleicher Weise möglich ist wie: Gott ist Mensch? Ob die Fähigkeit zu zeugen im Vater etwas in ihm Absolutes oder eine Eigenschaft, eine Proprietät des Vaters ist. Ob die Personen in personalem Sein durch die Beziehung des Ursprungs konstituiert würden. Ob allem Ewigen eine Ewigkeit entspricht. Ob Gnade und die (theologische Tugend der) Liebe unterschieden werden sollen. Ob Gnade in der Wesenheit der Seele oder in der Potenz ruhe. Ob der Inkarnation des Logos die Bildung und Beseelung des Körpers vorangegangen

Methode, Osnabrück 1936. Die Münsterer Dissertation wurde jüngst wieder angelegentlich empfohlen durch J. B. Payne, *Toward the Hermeneutics of Erasmus*, in: *Scrinium Erasmianum* II, p. 16, n. 16.

575 W, S. 38; H, S. 150. W, S. 120; H, S. 178.

576 W, S. 470; H, S. 297: „quaestiunculae“.

578 W, S. 474; H, S. 298.

sei. Ob der Seele Christi die Fülle der Gnade zuteil wurde, die einer Kreatur zuteil werden kann. Ob die Seele Christi alles im Logos erkennt, was der Logos selbst erkennt. Ob die Seele Christi im Augenblick ihrer Empfängnis trauerte. Ob das Feuer bei den Verdammten von derselben Art sei wie bei uns."[578a]

Die Väter würden hier von dem unaussprechlichen Band zwischen der göttlichen Natur, der menschlichen Seele und dem menschlichen Leibe in der einen Person Christi sprechen und alle anderen Fragen auf sich beruhen lassen. Es käme alle Zeiten wieder einer mit einem ganz neuen Lösungsversuch zur Frage, ob Christus ein „individuum" oder eine „species"[578b] gewesen sei.

Der Geist hat die Menschwerdung bewirkt. Und damit basta.

Für Plauderstunden und Zechgelage könnte man solche Dinge noch dulden, aber man möge bedenken, wieviel wichtige Zeit dabei verloren geht. Es gebe Baccalaurei der Theologie, die noch nie einen Paulusbrief gelesen hätten. Die Schulweisheiten seien nicht nur nutzlos, sondern höchst gefährlich. Er, Erasmus, habe unlängst einen kennengelernt, der beim Studium der Eucharistielehre des Scotus ernste Glaubenszweifel bekommen habe[579].

Chrysostomus (In Matthaeum homilia 1, 5; PG 57, 19 f.) tadle die Philosophen, weil sie alle Zeit auf das „τὸ ἀγαθόν" verwendeten, nämlich zu finden, was das Gute sei, statt es einfach zu üben. Liebe den Herrn, deinen Gott! das versteht auch der Bauer. Das sei die „doctrina simplicissima"[580] Christi. Dann kämen Leute und schwätzten über die Natur Gottes und die verschiedenen Arten der Liebe. Der Einwand, Erasmus brauche auch geraume Zeit für sein Griechisch, daher könne man auch 10 Jahre über die Sakramente disputieren, bis man zu einem Ende gelangt, der stimme nicht. Denn alle brauchten die Sakramente zum Heil und könnten daher nicht so lange warten.

Ziel der theologischen Forschung seien im Sinne des Paulus, 1 Tim. 1, 5, Glaube und Liebe, und nicht das Zeugen ständiger Paradoxe und Neuerungen[581].

Aus solch einer Theologie, die nach 1 Tim. 6, 3 und 2 Tim. 1, 13 nicht als „sana doctrina"[582], sondern eher nach Jak. 3, 15 als viehische Lehre anzusehen ist, resultiert eine Predigt, die nichts als eitle *ostentatio,* dazu Ausdruck der Gewinnsucht, der *tyrannis* und der *superstitio* ist[583].

578a W, S. 470—472; H, S. 297.
578b W, S. 472; H, S. 298.
579 W, S. 474; H, S. 299.
580 W, S. 476; H, S. 299.
581 W, S. 478; H, S. 300 f.
582 W, S. 482; H, S. 301.
583 Wenn diese Fabeleien hinter den vier Wänden der Rhetorenschulen blieben, könne man das noch ertragen, allein diese Schaustellung mache sich auch in

Schließlich äußert sich Erasmus in einem versöhnlichen Ton auch über die scholastische Methode, indem er bei ihr so wie bei allem Menschlichen letztlich nur die Maßlosigkeit ankreidet: Paulus warnt 2 Tim. 2, 16 vor bloßem Wortgezänk. Er, Erasmus, wolle die „scholasticas conflictationes“[584] nicht grundsätzlich verurteilen. Wenn zwei Kieselsteine aneinanderstoßen, gebe es Feuer. So könne auch bei diesen Zusammenstößen einmal Wahrheit aufleuchten. Früher hätte es diese Studien überhaupt nicht gegeben, später habe man sie dann löblich eingeführt, aber schließlich, wie es bei vielem Menschlichen geschieht, maßlos betrieben. „Nec ideo minus florent haec studia, sed verius florent.“[585]

Schließlich erweist sich Erasmus, wie aus unseren Texten deutlich ersichtlich ist, nicht einmal in der Studienfrage als Bilderstürmer. Selbst hier ist er kein Freund des Entweder-Oder. Beide Studien sind recht, nur die Prioritäten sollen richtig gesetzt werden[586].

Unser Finale sollte abschließend zur Entscheidung für die *bonae litterae* anregen. Es war daher nicht günstig, es gehaltlich zu überladen. Aber eine Themenrichtung ist für den Abschluß dieser Schrift kennzeichnend: Das Theologem ist dem Glaubensvollzug unterzuordnen. Der Glaubensbegriff ist nicht neu: Er beinhaltet das respektvolle Annehmen der geoffenbarten Inhalte, wobei Ehrfurcht und Anbetung nicht durch inadäquate Fragestellungen verhindert werden sollen.

den Predigten breit, oder sagen wir besser gleich, im Heiligtum. Die Menge giere nach Nahrung und mache den Mund auf. Und was bekomme sie? Einen Theologaster, der sich mit einem Heiligenschein umgibt und voller Eitelkeit sein Wissen über Scotus und Occam zur Schau stellt (und nebenbei, daß er an der Sorbonne studiert hat). W, S. 480; H, S. 301. Nach den Eitlen seien es zweitens die Makler auf dem Predigtstuhl, die die Gemeinden schädigten. Sie predigten den Ablaß, doch ihre Gewinnsucht sei ein Ärgernis. Dem Papst wiesen diese Schmeichler mehr Vollmacht zu, als er selbst für sich beanspruche. Die dritte Gattung seien jene Dominikaner und Franziskaner, die mit Ordensegoismus ihre Heiligen und Praktiken in abergläubischer Weise feilböten. Es möge sich der Herr einer unwissenden und abergläubischen Menge erbarmen. W, S. 482; H, S. 302. Viertens habe er, Erasmus, in Friesland einen über die heilige Katharina predigen gehört, seine Rede triefte nur so von peinlicher Bigotterie, gewagten Schilderungen und vulgären Situationen. Dieser Prediger habe es gewagt, als man ihm nicht mehr recht glauben wollte, die Auferweckung des Lazarus mit seiner erfundenen Fabel auf eine Stufe der Glaubwürdigkeit zu stellen. Die Theologen sollten doch daran denken, daß es auch unter dem Volk Leute gibt, die Verstand haben. W, S. 484—486; H, S. 302 f.

584 W, S. 486; H, S. 303.

585 W, S. 488, H, S. 303

586 W, S. 488; H, S. 304. Man lasse nun die *collatio studiorum*. Nach Röm. 14, 5 soll jeder nach seiner Facon selig werden. Für die Schultheologie jedoch

Ein Theologem ist für ihn nur dann akzeptabel, wenn es sich im Leben verwirklichen läßt. Wenn jemand 10 Jahre braucht, um Griechisch zu erlernen, so nimmt normalerweise niemand daran Schaden. Wenn jedoch die verantwortlichen Hirten die Glaubenslehre, wie etwa die Lehre von den Sakramenten so kompliziert machen, daß sie den Gläubigen unzugänglich wird, dann hat dieses Theologem seine Seinsberechtigung verloren. Denn die Sakramente braucht der Christ für sein tägliches Leben. Er kann nicht warten, bis die Theologen zu Ende spekuliert haben.

Dieses Kriterium der geistlichen Brauchbarkeit des Theologems kommt noch schärfer zur Anwendung, wenn es klar wird, daß es nicht nur nichts zur Erbauung beiträgt, vielmehr sogar Zweifel schafft und den Glauben ruiniert. Solche Spekulationen nehmen den einfachen Blick für das Ganze des Mysteriums. Durch sie wird eine persönliche Offenbarung, die in eine Person hineingebunden ist, vergegenständlicht. Aus einem intersubjektiven Gespräch in Vertrauen, Glaube, Liebe und Anbetung wird ein nur scheinbar objektives Problem, das das Eigentliche zerstört.

Ähnlich müssen auch die 14 Beispiele aus der Trinitätsspekulation und Christologie aufgefaßt werden[587].

gelte: „Ne solum, ne nimium, ne nimium diu." W, S. 490; H, S. 304. Vor allem sollte man nicht warten, bis man halbgrau ist. Der Ausdruck „Theologe" kommt von Gottes Wort. Wer dieses Ehrenwort für sich mit Ehrgeiz, Habsucht, Ausschweifung und Gaumenlust verbindet und es trotzdem für sich beansprucht, sei ein Eindringling und kein Hirte. W, S. 492; H, S. 305. Solche verjage Gott von seiner Herde, es sei denn, daß sie sich besserten. W, S. 494; H, S. 305.

587 Der Verfasser leistet sich hier noch abschließend ein feines Kunststück: *Punkt 1: Ehrfurchtslose Theologie* signalisiert das „ἀναμάρτητον", W, S. 470; H, S. 297, „sündenlos, sündenunfähig" eine Theologie, in diesem Zusammenhang eine Christologie, die dem Verfasser abwegig erscheint. Die 14 Fragen behandeln christologische Spitzfindigkeiten und Hinweise auf Probleme der trinitarischen Spekulation, die diesen verwandt sind.
Nur die letzte Frage 15 handelt, auffallend und aus der Reihe tanzend, vom Höllenfeuer, das sonst in der ganzen Schrift nicht berührt wird. Erasmus spielt hier mit dem Wort „Sünde": sündenhafte, verdammenswerte, frevelhafte Theologie, worauf sich auch das unmittelbar folgende Epiphonema „Sunt, quae quadamtenus vestigasse sufficiat, altius rimari sit nefas." W, S. 472; H, S. 298 bezieht. Außerdem geht das akademische „ἐπέχειν", W, S. 470; H, S. 297; *Methodus*: W, S. 74; H, S. 161, aus dem *Methodus*-Text als Punkt zum Kontrapunkt unmittelbar und mit dem *Ratio*-Text wohlverzahnt voraus. Dieses ehrfürchtige Sich-Zurückhalten in der Fragestellung, dieses Suspendieren des Urteils, wie es nach Erasmus die Akademiker als wissenschaftliches Ideal ansehen, ist das konträre Gegenteil zu der geschwätzigen Weise, die in den 14 plus 1 Theologemata zum Ausdruck kommen. Es scheint, als wollte er sagen: Für Leute, die solch sündenhafte Theologie betreiben, ist das Höllenfeuer gerade recht.

Diese Weise, über Christus etwa zu spekulieren, zerstört die Möglichkeit mit ihm noch von Person zu Person Kontakt zu haben. Daher hält Erasmus diese Methode für frevelhaft und empfindet aus dem gleichen Grund eine einfache Reduktion dieser Probleme auf das Wesentliche als Befreiung.

Schlußbetrachtung

Sollte es historischer Arbeit gelingen, bisher unbeachtete Quellen zu entdecken, bekannte Texte möglichst sachgerecht für neue Einsichten zu erschließen, dadurch geschichtsbestimmende Gestalten, Ereignisse, Ideen und Anliegen näher zu beleuchten und so eine Periode vielleicht neu zu akzentuieren, ja möglicherweise einen Faden zu finden, der sich neuralgisch bis zur Gegenwart verfolgen läßt und einiges zu ihrer Aufklärung beiträgt, dann hätte sich die Mühe gelohnt.

Auf unseren Fall angewendet hieße das: Wenn das Bild des Erasmus und seiner Schriften in der Symphonie der Kausalitäten wie ein Versuchsinstrument in den Test- und Erkenntnisprozeß eingeht und damit die Konturen seiner Mitakteure etwas neu schattiert, dann wäre das ganze nicht umsonst gewesen. Vielleicht können wir es heute mit Erasmus besser als vor 30 Jahren verstehen, daß der kriegerische Papst für den Gang der Ereignisse und für seine Zeit das genuin Christliche wenigstens ebenso verfälscht hat wie der verschwenderische und lebenslustige.

Mancher skandalöse Prälat mag, gesehen durch die Brille der Hoffnungen, Utopien, der Enttäuschungen und der Treue seiner hervorragendsten Zeitgenossen, etwas menschlicher erscheinen. Und das Versagen mag in gleichem Maße einer verworrenen Zeit wie dem persönlichen Verschulden einzelner angelastet werden.

Zur Zeit der Veröffentlichung unserer Schriften waren die auseinanderstrebenden Kräfte der *respublica Christiana* in einem gestörten, aber doch wenigstens noch labilen Gleichgewicht. Um so deutlicher zeigt die Weise, wie sich alte Erasmianer in die divergierenden Lager begeben, wie geschichtlich bedingt, um nicht zu sagen, wie zufällig, das damalige Bleiben und Auseinandergehen war.

Die genaue Analyse der Schriften dieser Jahre, da sich die Christenheit an einem Scheideweg befand, könnte mit besonderer Deutlichkeit eine theologische Alternative aufzeigen, für die wir heute mehr Verständnis haben als die Zeit der Confessio Augustana und des Tridentinums. Aber zu meinen, daß die kirchenpolitische Wirkungslosigkeit dieser „dritten Kraft“ (wobei die Apostrophierung durchaus problematisch bleibt) ein Kriterium für geringere religiöse Tiefe der Erasmischen Alternative darstellt, ist übrigens eine metahistorische Aussage, die daher global weder zu beweisen noch zu widerlegen ist. Unsere Texte könnten jedoch, wie ich meine, darlegen, daß der Hinweis von Louis Bouyer, mit der Unterdrückung des Erasmischen Angebots sei der Christenheit eine überaus evangelische Möglichkeit verloren gegangen, zurecht besteht. Dabei ist es nicht die Aufgabe der Historie, Appelle zu erlassen. Das soll aber niemanden hindern, verschüttete Schätze wieder zu heben, wenn auch das Rad der Geschichte nicht mehr zurückzudrehen ist.

Bevor noch die Kirchenspaltung richtig in Gang gekommen war, ist für Erasmus die reformatorische *discordia* undiskutabel. Trotzdem gelten zunächst seine Sympathien Luther und seinen Freunden. Auch weiß er den Prälaten gegenüber die Hauptschuldigen und die geistlichen bzw. theologischen Gründe für den *tumultus* beim Namen zu nennen. Die Kirchenhistorie sollte daher nicht Erasmus und seine Freunde, auch nicht die kecken Dunkelmännerbriefe als Ursache der Reformation brandmarken. Sie sollte vielmehr in den Erasmianern ein tragfähiges Modell der Ökumene einer noch freieren Christenheit sehen.

Der Kampf des Erasmus gegen *tyrannis, superstitio, caerimoniae, discordia* und *tumultus* und seine Alternative der *innocentia, pax, accommodatio, lenitas* und des *ministerium* hätten ein Modell der Versöhnung sein können, das bis heute aktuell geblieben ist. Wohlgemerkt, das Modell war schon erstellt, bevor es noch richtig zur Spaltung gekommen war.

Aber wir müssen noch mehr ins einzelne gehen. Wir haben uns ausführlicher mit Problemen der literarischen Gestaltung befaßt, wie es die Eigenart der Quellen nahelegte. Ich meine, im Studium der formellen und damit auch inhaltlichen Qualitäten, eine Angelegenheit betrieben zu haben, die Hajo Holborn schon 1933 bei seiner Ausgabe instinktiv erkannte. Ich meine, es war deshalb kein Schaden, auch einmal die formale Einheit des Tessarons zu studieren.

Ein noch intensiveres Bemühen um die rechte Einschätzung der formalen Qualitäten des Erasmus, könnte seinen Biographen die Angst vor seiner Überbetonung des Literarischen nehmen. Gefährlich wäre nur Literatenhaftigkeit, aber nicht echte Kunst. Die Fragestellung, wer der Seriösere ist, der schwer verständlich schreibende Theologe bzw. Philosoph, oder der mozartartige Meister der sprachlichen Form, wird sich als falsch entpuppen. Die formale Bemühungen des Erasmus, neue theologische Ausdrucksmittel, sprachliche Formen und *genera* zu finden, müßten neu gewürdigt werden. Vielleicht hat der folgenschwere Grobianismus der Reformationszeit auch in der pubertären Unsicherheit einer aufbrechenden Periode, die ihre neuen Formen noch nicht gefunden hat, eine seiner Wurzeln. Die Sprache des Erasmus mit ihrer Offenheit für das Sowohl-alsauch hätte viele Irrungen und Mißverständnisse verhindern können. Aber vielleicht war die Zeit noch nicht human genug für seine gebildete Kunstprosa.

Wenn man die formalen Qualitäten des Erasmus einmal wirklich erkannt hat, wird man seine verschiedenen *genera* unterschiedlich auch für die Kirchenhistorie interpretieren. Der vornehme, ausgleichende, konziliante, fast unpolemische Ton unserer Schriften müßte bei einer Beurteilung etwa der Kirchlichkeit des Erasmus ebenso berücksichtigt werden wie der lose Ton der Satiren. Diese Dinge zu beachten wäre für eine faire historische Schlußfolgerung indispensabel. Das würde auch das Rätsel lösen, warum ein heiliger Thomas Morus das Lob der Torheit in seinem Hause schreiben ließ und ohne Gefährdung seiner Kirchlichkeit die bissige Kritik samt ihrem Verfasser zu schätzen wußte.

Einer beiläufigen Anregung Hajo Holborns folgend, wurde auch in unseren Ausführungen das Erasmische Bemühen um „Form" im Schreiben wie im Leben als geistesgeschichtliche Alternative zum Phänomen des Grobianismus der Reformation und Gegenreformation sichtbar. Diese Spur müßte man noch weiterhin verfolgen. Für Erasmus war Barbarei und Unwissenheit ein sittliches Problem. Und „Formlosigkeit", allseits verstanden, war für ihn der Anfang des Verfalls, das Fenster zur Gewalttätigkeit und zum Aberglauben.

So konnten wir auch der Umwertung der mittelalterlichen *artes* besonderes Augenmerk schenken. In der Neubewertung der *poetica* für die Theologie und den Theologen war es möglich, auf Erkenntnissen Hasting Rashdalls aufbauend, in verschiedener Hinsicht ein bestimmendes Motiv unserer Texte herauszuarbeiten. Erasmus braucht die Kenntnis poetischer Strukturen und Formen seiner Meinung nach, um an die Schrift hermeneutisch richtig heranzugehen. Er sucht nach der neuen *ancilla theologiae,* die adäquater sein soll als die *dialectica* der Scholastiker. Er meint dadurch eine größere Volkstümlichkeit der Theologie erreichen zu können, die er übrigens durch eine Pseudodichtung ebenfalls gefährdet sieht. Letztlich meint er aber durch die *poetica* einen Theologentyp heranbilden zu können, der fern von allem oberflächlichen Ästhetizismus eine Disposition für das Schöne und damit für Toleranz, Gepflegtheit und Offenheit allen Werten gegenüber und vor allem für das *colloquium* mit sich bringt. Die *alba indoles* der Poeten wird als Gegengift für den tierischen Ernst der *tyrannis* und *superstitio* angeboten, die im kirchlichen Bereich verpönt sein müßte.

In den hermeneutischen Fragen konnten wir wiederholt die kontroverstheologischen Erörterungen von Otto Kuss über die verschiedene Position zur „Klarheit" der Schrift bei Erasmus und Luther bestätigen. Ebenso waren die diesbezüglichen Erörterungen von J. B. Payne als Ausgangsbasis sehr dienlich.

Zusätzlich war zu verdeutlichen, daß für Erasmus alle rechte Auslegung in einer fundamentalen Christozentrik begründet ist. Nach ihm muß die *varietas* aller möglichen hermeneutischen Regeln auf einen *concentus* der biblischen Texte und Bücher zurückgeführt werden, der auf der Gestalt Christi basiert. Dazu kam der letzte *consensus* mit der kirchlichen Tradition und ihren Definitionen. Außerdem war zu zeigen, daß alles Bemühen um die rechte Auslegung bei Erasmus den Zweck hat, Dogma, Moral und Kirchenrecht sinnhafter darzulegen und zu verinnerlichen. Erasmus will durch sein Schrifttum reformieren, nicht aber dogmatisieren.

Für manche mag in diesem Zusammenhang die entschiedene Kritik einer platonisierenden Allegorese, die Erasmus in unseren Texten ausspricht, überraschend sein. Die Sache fordert es jedoch, daß er auch in diesen Fragen trotz aller prinzipiellen Ablehnung keine sture Haltung einnahm.

Schon mancher Historiker hat mit dem Spaten in der Hand Troja gesucht und Knossos gefunden. Ich würde es daher nicht als Schande empfinden, wenn etwa ein zünftiger Fundamentaltheologe käme und Desiderate seines Faches in den Erasmischen Schriften formuliert fände. Damit entschiede sich auch die Frage um die rechte Theologenschaft des Erasmus. Das würde nämlich in all dem Streit seit je übersehen. Es hat keinen Sinn, Erasmus systematisch, im Sinne der Dogmatik oder der Moraltheologie zu überfordern. Das konnte vielleicht Kohls auf Grund des *Enchiridions* noch tun, wobei diesbezüglich Bedenken bleiben. Dem reiferen Erasmus der Wende zur Reformation geht es jedoch um eine Reduktion der dogmatischen Vielwisserei auf die Fundamente des Glaubens und auf den ursprünglichen Sinn.

Wenn er sich adogmatisch gebärdet, dann beabsichtigt er schon eine Relativierung der Theologie, mehr aber strebt er danach, sie zu verwesentlichen. Seine vielgeschmähte Unbestimmtheit kommt dabei dem Eigentlichen der Glaubensbotschaft näher als manche forsche These.

Vielfach wurden unsere Einleitungsschriften als eine Anweisung für Erstsemestrige, nämlich die *tirunculi* der Theologie, aufgefaßt. Das ist nicht ganz falsch. Zusätzlich müht sich jedoch Erasmus in *Paraclesis, Methodus, Apologia* und *Ratio verae theologiae* um die Fundamente der Theologie überhaupt. Es geht ihm um die *per-*

suasio. Das rechte Christentum soll aus sich, als *ipsa veritas,* und eben im allseitigen inneren *consensus* und Zusammenklang mit Christus und der kirchlichen Tradition glaubhaft werden. Darum müht er sich so sehr um die *fides,* die Triebfeder aller Erneuerung, die er der *fiducia nostri* gegenüberstellt. Was Gottlieb Söhngen mit dem Untertitel „Theologisches Kategorienlehre" in LThK, Bd. 4, ²1960, Sp. 456 f., als Wunschliste einer modernen Fundamentaltheologie stichwortartig zusammenstellt, finden wir fast ausnahmslos in unseren Schriften vor.

Erasmus macht seinen Gegnern den Vorwurf des Moralismus nicht schwer. Unter seinen Händen verwandelt sich jede regula fidei zu einer regula vitae. Insofern ist Erasmus adogmatisch, als für ihn das Dogma erst relevant wird, wenn es im christlichen Leben Gestalt annimmt. Sein „Moralismus" ist aber nicht, wie es nicht selten vorkommt, ein Surrogat für fehlende Glaubenstiefe, sondern als Ausdruck eines echten reformatorischen Pathos zu verstehen. Dabei ist er lebendige Konkretisierung seiner seit Auer, Padberg und Kohls zur Genüge bekannten Christozentrik. An unseren Texten konnte das nahtlose Ineinander der *innocentia* Christi und der Christen besonders schön studiert werden.

Bei allem Festhalten des Grundsätzlichen in sittlichen Fragen ist die Erasmische Ethik gekennzeichnet durch ein besonderes Verständnis der jeweiligen Bedingtheit und Grenzen des heilsgeschichtlichen *tempus.* Hier konnten wir Ansätze eines geschichtlichen Denkens beobachten, dem Historie mehr bedeutet als die Kuriositätensammlung, die der Rhetor braucht, um seine Rede zu garnieren und der Editor, um seine Textausgabe einzuleiten. Das *tolerandi sunt imbecilles* spielt bei ihm eine große Rolle. Barmherzigkeit und Toleranz charakterisieren daher seine moraltheologischen Anschauungen. Die Duldung des Unevangelischen ist für ihn aber nicht von der Erwartung eines geschichtlichen Wachstumsprozesses für den einzelnen und die Gemeinschaft zu trennen. Wir könnten das auch sein Fortschrittsdenken nennen.

Die Toleranz ist im freien Gnadenwirken Gottes begründet, das ihrerseits die evangelische Freiheit im Menschen schafft. Ähnlich wie die *pax* für Erasmus geradezu ein Kriterium religiöser Wahrheit ist, so steht für ihn im Konfliktfall bei moralischen Entscheidungen die Freiheit der Kinder Gottes höher an als andere Werte. Ohne Freiheit gibt es für ihn keine Moral. Diese Zusammenhänge konnten andere Texte bis jetzt nicht mit dieser Deutlichkeit zeigen.

In der Frage der Erasmischen *pietas* konnte ich auf den Befunden, die Alfons Auer dem Enchiridion entnahm, organisch weiterbauen. Daß *schismatis odium* immer beide Teile, vor allem auch das kirchliche Leitungsamt bestimmen müßte, wurde besonders klar. Die geschichtlichen Auswirkungen des *pax-* und des *consensus*-Gedankens auf das Verhältnis des Erasmus zur Reformation konnte, Anregungen von James Kelsey McConica folgend, wiederholt erläutert werden.

In der Art, wie Erasmus das kirchliche Leitungsamt im Lichte des *ministerium* und der *accomodatio* sieht, ja dabei eine sgn. Wahrheit geradezu riskiert, geht er Wege, die bis zum heutigen Tage nicht überholt sind.

Seine Auffassung von *fides* und *caritas* als Wurzel allen Heils und der *fiducia nostri* als des Zustands der Unerlöstheit, dazu der beständigen Ablehnung der *caerimoniae* im Sinne einer Werkgerechtigkeit hätte eine vermittelnde Alternative im reformatorischen Streit um die Rechtfertigung darstellen können.

Der Vorwurf, daß Erasmus ein traditionsfeindlicher und unkirchlicher Biblizist war, wurde nicht erst durch diese Arbeit entkräftet. Für uns ist es nicht unbedeutend, daß in unseren Schriften, die nur in späteren Interpolationen von der reformatorischen Auseinandersetzung beeinflußt sind, der *consensus* mit der kirchlichen Tradition eine maßvolle, aber ständig neu betonte Rolle spielt. Die Stellung des Papstes wird diskutiert. Erasmus huldigt aber weder einem einseitigen Konziliarismus noch einem ebensolchen Papalismus. In diesem Punkt konnten wir im allgemeinen mit Georg Gebhardt übereinstimmen. Die Kirche wird auch nicht hingenommen wie sie ist, sondern vom Evangelium her werden an sie fordernde Ansprüche erhoben. Die Spannung des *ordo auctoritatis* zwischen Christus und der Kirche bleibt bestehen.

Zur angeblichen Hauptsünde des Erasmus, seiner maßlosen Kritik an der scholastischen Tradition, müßte jeder Kirchenhistoriker unsere Schriften einsehen. Zweifellos, die Kritik ist wie ein roter Faden gegeben. Aber sie endigt versöhnlich und mit Respekt. In unseren Texten ist dazu die Tatsache lehrreich, die meines Wissens noch nicht genügend gesehen wurde, daß die *veteres* für Erasmus zwar großes Vorbild sind, andererseits aber gleichfalls unerwarteter Kritik unterzogen werden. Seine hervorragende Kenntnis etwa des Augustinus oder Origenes war ja immer bekannt, daß er sich jedoch von ihnen bereits sehr selbständig absetzt, wird zu wenig beachtet. Daß Erasmus alle Kritik schließlich durch Selbstironie zu mildern weiß, müßte auch einkalkuliert werden, wenn man von seiner destruktiven Wirkweise spricht.

Erasmus unterzieht tatsächlich alles, Lehre und Institution, dem *iudicium* der *philosophia Christi*, wie er sie sieht. Wir können allerdings nicht Bestrebungen, die zu verinnerlichen, zu reformieren und dem Evangelium gemäß umzugestalten trachten, als von vornherein destruktiv bezeichnen. Das erweisen unserer Meinung nach die Texte, die dem 31. Oktober 1517 zeitlich sehr nahe stehen. Wir werden daher die Erasmische Traditionskritik nur mit Vorbehalt als eine der maßgeblichsten Wirkursachen der Reformationszeit hinnehmen können.

Zeittafel

1466/1469	28. Oktober: Erasmus in Rotterdam oder in Gouda geboren
1475—1484	Schule in Deventer und in s'Hertogenbosch
1486	Augustinerchorherrenkloster Steyn bei Gouda
1490	Plan zu den *Antibarbari. De contemptu mundi*
1492	Sekretär des Bischofs von Cambrai, Heinrich von Bergen
1495	Studium in Paris am Collège Montaigu
1499	Erste Englandreise, Freundschaft mit Thomas Morus und John Colet
1503	*Enchiridion militis christiani* gedruckt
1506	Herbst: Italienreise. Belagerung von Bologna
1507	Venedig. Bekanntschaft mit Hieronymus Aleander
1508	*Adagia* von Aldus Manutius gedruckt
1509	Frühjahr: kurzer Romaufenthalt
1510	Luthers Romreise
1510—1514	Englandaufenthalt. *Moriae encomion*
1512—1517	5. Laterankonzil
1512	Druck der *De copia verborum ac rerum*
1513—1521	Leo X.
1514—1517	Fertigstellung der Complutenser Polyglotte
1514	Albrecht von Brandenburg wird Erzbischof von Mainz
1516	*Hieronymusausgabe. Novum instrumentum omne*
1517	Entbindung von den Gelübden. Hofrat des späteren Kaisers Karl V. Ximénes stirbt. Thesen Luthers. Hadrian von Utrecht Kardinal
1519	Erasmus sucht Luther zu verteidigen. Leipziger Disputation zwischen Luther und Eck
1522/23	Hutten von Erasmus abgewiesen
1524—1525	Bauernkrieg
1524	*De libero arbitrio diatribe*
1525	Luther schreibt: *De servo arbitrio*
1530	Augsburger Konfession
1533	*Liber de sarcienda ecclesiae concordia*
1535	Thomas Morus und John Fisher hingerichtet
1536	11./12. Juli: Erasmus stirbt in Basel

Quellen und Literatur

A. Quellen

Desiderii Erasmi Roterodami opera omnia emendatiora et auctiora, ad optimas editiones, praecipue quas ipse Erasmus postremo curavit, summa fide exacta, doctorum virorum notis illustrata, ed. Joannes Clericus, 10 Bde., Leiden 1703 bis 1706, Reprint, Hildesheim 1961—1962; London 1962 (= LB).

Desiderius Erasmus Roterodamus. Ausgewählte Werke, hr. Hajo Holborn und Annemarie Holborn, (= Veröffentlichungen der Kommission zur Erforschung der Geschichte der Reformation und Gegenreformation), München 1933, Reprint, München 1964 (= H).

Erasmus von Rotterdam. In Novum Testamentum Praefationes. Vorreden zum Neuen Testament. Ratio. Theologische Methodenlehre, übers., eing. und Anmerkungen Gerhard Bernhard Winkler, Bd. 3: Erasmus von Rotterdam. Ausgewählte Schriften. Ausgabe in acht Bänden. Lateinisch und deutsch, hr. Werner Welzig, Darmstadt 1967 ff. (= W).

M. Luther, Werke. Kritische Gesamtausgabe („Weimarer Ausgabe"), 58 Bde., Weimar 1883—1948 (= WA).

D. Martin Luthers Werke, Briefwechsel, 12 Bde., Weimar 1930—67 (= WABr).

D. Martin Luthers Werke, Tischreden, 6 Bde., Weimar 1912—21 (= WATr).

Obras Escogidas del Padre Pedro de Rivadeneira, ed. Vicente de la Fuente, (= Biblioteca de Autores Espanoles, Bd. 60), Madrid 1952.

Opus epistolarum Desiderii Erasmi Roterodami, ed. Percy Stafford Allen, H. M. Allen, H. W. Garrod, 11 Bde., Bd. 12: Indices, ed. Barbara Flower, Elisabeth Rosenbaum, Oxford 1906—1958, teilw. Reprint, Oxford 1963 ff. (= Allen).

P. Petri de Ribadeneyra Collectanea, in: Fontes narrativi de S. Ignatio de Loyola et de Societatis Iesu initiis, Bd. 2: Narrationes scriptae annis 1557 bis 1574, ed. Candidus de Dalmases (= Monumenta Historica Societatis Iesu, Bd. 73).

Quellen zur Geschichte des Papsttums und des römischen Katholizismus, Bd. 1: Von den Anfängen bis zum Tridentinum, hr. $^{1-5}$Carl Mirbt, ^{6}Kurt Aland, Tübingen ^{6}1967.

B. Literatur

Actes du Congrès Érasme, organisé par la Municipalité de Rotterdam sous les auspices de l'Académie Royale Néerlandaise des Sciences et des Sciences Humaines, ed. Cornelis Reedijk, Amsterdam, London 1971.

Auer, Albert, Leidenstheologie im Spätmittelalter (= Kirchengeschichtliche Quellen und Studien, Bd. 2), St. Ottilien 1952.

Auer, Alfons, Die vollkommene Frömmigkeit des Christen. Nach dem Enchiridion militis Christiani des Erasmus von Rotterdam, Düsseldorf 1954.

Béné, Charles, Erasme et Saint Augustin, on Influence de Saint Augustin sur l'Humanisme d'Érasme (= Travaux d'humanisme et renaissance, Bd. 103), Genf 1969.

Bibliotheca Erasmiana. Bibliographie des oeuvres d'Érasme. Adagia, Extrait de la Bibliotheca Belgica, ed. Ferdinand van der Haeghen, R. van den Bergen, T. J. I. Arnold, Gent 1897 (die folgenden Bände bis 1915), (= Bibliotheca Erasmiana II).

Bibliotheca Erasmiana. Répertoire des oeuvres d'Érasme, 1er, 2e, 3e Série, Auteurs publiés, Traduits ou Annotés par Érasme. Liste sommaire et provisoire, ed. Ferdinand van der Haeghen, Gent 1893, Reprint, Nieuwkoop 1961 (= Bibliotheca Erasmiana).

BAINTON, Roland H., Erasmus and the Persecuted, in: Scrinium Erasmianum II, p.197—202.

BEUMER, Johannes, Der Briefwechsel zwischen Erasmus und Johannes Lang, in: Scrinium Erasmianum II, aaO., p.315—323.

BEUMER, Johannes, Erasmus von Rotterdam und sein Verhältnis zu dem Deutschen Humanismus mit besonderer Rücksicht auf die konfessionellen Gegensätze, in: Scrinium Erasmianum I, aaO., p.165—201.

BOUYER, Louis, Autour d'Érasme, Études sur le christianisme des Humanistes catholiques, Paris [8]1955.

BLUDAU, Augustin, Die beiden ersten Erasmus-Ausgaben des Neuen Testamentes und ihre Gegner, in: Biblische Studien 7 (1902), S. 425—569.

BRÜCK, Anton Philipp, Kardinal Albrecht von Brandenburg, Kurfürst und Erzbischof von Mainz, in: Der Reichstag zu Worms von 1521. Reichspolitik und Luthersache, hr. Fritz Reuter, Worms 1971, S. 257—270.

CHANTRAINE, Georges, Mysterium et Sacramentum dans le „Dulce Bellum", in: Colloquium Erasmianum, aaO., p.33—45.

Colloquium Erasmianum. Actes du Colloque International réuni à Mons du 26 au 29 octobre 1967 à l'occasion du cinquième centenaire de la naissance d'Érasme, ed. Centre Universitaire de l'état, Mons 1968.

COPPENS, Joseph, Les Idées Réformistes d'Érasme dans les Préfaces aux Paraphrases du Nouveau Testament, in: Analecta Lovaniensia Biblica et Orientalia, Ser. III, Fasc. 27 (1961), p.344—371.

COPPENS, Joseph, Où en est le portrait d'Érasme théologien?, in: Scrinium Erasmianum II, aaO., p.594—597.

CORBETT, E. P. J., Classical Rhetoric for the Modern Student, New York 1965.

ECKERT, Willehad Paul, Erasmus von Rotterdam. Werk und Wirkung (= „Zeugnisse der Buchkunst"/Viertes Buch), 2 Bde., Köln 1967.

GEBHARDT, Georg, Die Stellung des Erasmus von Rotterdam zur Römischen Kirche, Marburg/Lahn 1966.

GERTZ, Bernhard, Glaubenswelt als Analogie. Die theologische Analogie-Lehre Erich Przywaras und ihr Ort in der Auseinandersetzung um die analogia fidei, Düsseldorf 1969.

HILDEBRANDT-GÜNTHER, Renate, Antike Rhetorik und deutsche literarische Theorie im 17. Jahrhundert (= Marburger Beiträge zur Germanistik, hr. Josef Kunz und Ludwig Erich Schmitt, Bd. 13), Marburg 1966.

HOLBORN, Hajo, Deutsche Geschichte der Neuzeit, Bd. 1, München, Wien (Übersetzung) [3]1970.

HUIZINGA, Johan, Erasmus, übers. Werner Kaegi, Basel [4]1951.

IJSEWIJN, Jozef, Erasmus ex poeta theologus, in: Scrinium Erasmianum I, aaO., p.375—389.

ISERLOH, Erwin, Die protestantische Reformation, in: Handbuch der Kirchengeschichte, hr. Hubert Jedin, Bd. 4: Reformation, Katholische Reform und Gegenreformation, hr. Erwin Iserloh, Josef Glazik, Hubert Jedin, Freiburg, Basel, Wien 1967, S. 3—446.

ISERLOH, Erwin, Wie es zur Reformation kam, in: Lebendiges Zeugnis s. n. (1964) Heft 2, S. 133—152.

JEDIN, Hubert, Geschichte des Konzils von Trient, 3 Bde., Freiburg, Basel, Wien [2]1951, 1957, 1970.

JEDIN, Hubert, Thomas Morus — Martyrer des Gewissens, in: Kirche des Glaubens, Kirche der Geschichte. Ausgewählte Aufsätze und Vorträge, Bd. 1: Kirchengeschichtsschreibung, Italien und das Papsttum, Deutschland, Abendland und Weltkirche, Freiburg, Basel, Wien 1966, S. 367—379.

KOHLS, Ernst-Wilhelm, Das Geburtsjahr des Erasmus, in: Theologische Zeitschrift 22 (1966), S. 96—121.

KOHLS, Ernst-Wilhelm, Noch einmal das Geburtsjahr des Erasmus. Antwort an R. R. Post, in: Theologische Zeitschrift 22 (1966), S. 347—359.

KOHLS, Ernst-Wilhelm, Die Theologie des Erasmus, Bd. 1: Textband, Bd. 2: Anmerkungen und Register, Basel 1966.

KOHLS, Ernst-Wilhelm, Zur Frage der Schulträgerschaft der Brüder vom gemeinsamen Leben und zum Rektoratsbeginn des Alexander Hegius in Deventer, in: Jahrbuch des Vereins für Westfälische Kirchengeschichte 61 (1968), S. 33 bis 44.

KUSS, Otto, Über die Klarheit der Schrift. Historische und hermeneutische Überlegung zu der Kontroverse des Erasmus und des Luther über den freien oder versklavten Willen, in: Theologie und Glaube 60 (1970), S. 273—321.

LAUSBERG, Heinrich, Elemente der literarischen Rhetorik. Ein Einführung für Studierende der klassischen, romanischen, englischen und deutschen Philologie, München [3]1967 (= Kleiner Lausberg).

LAUSBERG, Heinrich, Handbuch der literarischen Rhetorik. Eine Grundlegung der Literaturwissenschaft, 2 Bde., München 1960 (= Großer Lausberg).

LORTZ, Joseph, Erasmus — kirchengeschichtlich, in: Aus Theologie und Philosophie. Festschrift für Fritz Tillmann zu seinem 75. Geburtstag, Düsseldorf 1950, S. 271—326.

MARGOLIN, Jean-Claude, Douze année de Bibliographie Érasmienne (1950—1961), (= De Pétrarque a Descartes, ed. Pierre Mesnard, Bd. 6), Paris 1963.

MCCONICA, James Kelsey, Erasmus and the Grammar of Consent, in: Scrinium Erasmianum II, aaO., p.77—99.

MEISSINGER, Karl August, Erasmus von Rotterdam (= Veröffentlichungen des Instituts für Reformationsforschung, Bd. 1), Berlin [2]1948.

MESNARD, Pierre, La Paraclesis d'Érasme, in: Bibliothèque d'Humanisme et Renaissance. Travaux et Documents 13 (1951), p.26—42 (frz. Text: p.35—42).

MESTWERDT, Paul, Die Anfänge des Erasmus. Humanismus und „Devotio Moderna" (= Studien zur Kultur und Geschichte der Reformation, Bd. 2), Leipzig 1917.

NEWALD, Richard, Erasmus Roterodamus, Freiburg 1947.

PADBERG, Rudolf, Erasmus als Katechet. Der literarische Beitrag des Erasmus von Rotterdam zur katholischen Katechese des 16. Jahrhunderts. Eine Untersuchung zur Geschichte der Katechese. Freiburg 1956.

PADBERG, Rudolf, Pax Erasmiana. Das politische Engagement und die „politische Theologie" des Erasmus von Rotterdam, in: Scrinium Erasmianum II, p.301 —312.

PADBERG, Rudolf, Reformatio Catholica. Die theologische Konzeption der Erasmischen Erneuerung, in: Volk Gottes, Festgabe für J. Höfer, hr. Remigius Bäumer und Heimo Dolch, Freiburg, Basel, Wien 1967, S. 293—305.

PAYNE, J. B., Toward the Hermeneutics of Erasmus, in: Scrinium Erasmianum II, p.13—49.

PFEIFFER, Rudolf, Besprechung der von Annemarie und Hajo Holborn herausgegebenen ausgewählten Werke des Desiderius Erasmus Roterodamus, in: Gnomon 12 (1936), S. 625—634.

PFEIFFER, Rudolf, Die Einheit im geistigen Werk des Erasmus, in: Deutsche Vierteljahresschrift für Literaturwissenschaft und Geistesgeschichte 15 (1937), S. 473—487.

RASHDALL, Hastings, The Universities of Europe in the Middle Ages. An New Edition in Three Volumes, ed. F. M. Powicke und A. B. Emden, Oxford 1936, Reprint, London 1958.

REEDIJK, Cornelis, Érasme, Thierry Martens, et le Iulius Exclusus, in: Scrinium Erasmianum II, aaO., p.351—378.

RENAUDET, Augustin, Érasme et l'Italie (= Travaux d'Humanisme et Renaissance, Bd. 15), Genf 1954.

RENAUDET, Augustin, Érasme, sa pensée religieuse et son action d'après sa correspondance, 1518—1521, Paris 1926.

RENAUDET, Augustin, Études Érasmiennes (1521—1529), Paris 1939.

REUSCH, Franz Heinrich, Der Index der verbotenen Bücher. Ein Beitrag zur Kirchen- und Literaturgeschichte, 2 Bde. (Band 2 in 2 Abteilungen), Bonn 1883—1885, Reprint, Aalen 1967.

RUPPRICH, Hans, Die deutsche Literatur vom späten Mittelalter bis zum Barock. Erster Teil: Das ausgehende Mittelalter, Humanismus und Renaissance 1370 bis 1520, in: Geschichte der deutschen Literatur von den Anfängen bis zur Gegenwart, hr. Heinrich de Boor und Richard Newald, Bd. 4/1, München 1970.

RUPPRICH, Hans, Erasmus von Rotterdam. Versuch eines Wesensbildes im Rahmen einer Geschichte der deutschen Literatur, in: Gestalt und Wirklichkeit. Festgabe für Ferdinand Weinhandl, hr. Robert Mühlher und Johann Fischl, Berlin 1967, S. 359—374.

SCHOTTENLOHER, Otto, Erasmus und die Respublica Christiana, in: Historische Zeitschrift 210 (1970), S. 295—323.

Scrinium Erasmianum. Mélanges Historiques publiés sous le patronage de l'université de Louvain à l'occasion du cinquième centenaire de la naissance d'Érasme, 2 Bde., ed. Josef Coppens, Leiden 1969 (= Scrinium Erasmianum).

STUPPERICH, Robert, Die theologische Neuorientierung des Erasmus in der Ratio sev Methodvs 1516/18, in: Actes du Congrès Érasme, aaO., p.148—158.

WINKLER, Gerhard Bernhard, Erasmus und die Juden, in: Festschrift Franz Loidl. Zum 65. Geburtstag, Bd. 2, hr. Viktor Flieder (= Sammlung „Aus Christentum und Kultur", Sonderband II), Wien 1970, S. 381—392.

Namenregister

Orts- und Sachregister